国家社科基金
后期资助项目
GUOJIA SHEKE JIJIN HOUQI ZIZHU XIANGMU

生态位视角下黄河流域城市
高质量发展适宜性路径研究

吴玉萍　等著

中国财经出版传媒集团

经济科学出版社
Economic Science Press
北京

国家社科基金后期资助项目
出版说明

后期资助项目是国家社科基金设立的一类重要项目，旨在鼓励广大社科研究者潜心治学，支持基础研究多出优秀成果。它是经过严格评审，从接近完成的科研成果中遴选立项的。为扩大后期资助项目的影响，更好地推动学术发展，促进成果转化，全国哲学社会科学工作办公室按照"统一设计、统一标识、统一版式、形成系列"的总体要求，组织出版国家社科基金后期资助项目成果。

全国哲学社会科学工作办公室

课题组成员名单

课题组组长： 吴玉萍

课题组成员： 鲁昭含　王　宁

前　　言

　　黄河流域生态保护与高质量发展战略是国家重大战略布局，对于如何推动黄河流域高质量发展，习近平总书记提出"要从实际出发，宜水则水、宜山则山、宜粮则粮、宜农则农、宜工则工、宜商则商，积极探索富有地域特色的高质量发展新路子。"由此可见，如何根据因地制宜的原则，因地施策、因实施策、因时施策是黄河流域高质量发展要解决的关键问题。而黄河流域所经区域要探索和选择特色高质量发展之路，如何因地制宜？其所依据资源的"态"与"势"是什么？所拥有的"地"与"实"又是什么？要准确地回答这些问题，需要开展更深入的研究。

　　本研究以生态位理论为主，综合运用区域发展经济学、地理学等相关理论和方法，按照"理论构建—定量评价—路径选择—路径实施"的总体研究思路和主线，对黄河流域城市高质量发展路径进行了深入的理论与实证探索，主要研究内容包括以下三部分：

　　（1）构建黄河流域城市高质量发展生态位理论与分析框架，为解决流域各城市高质量发展路径"怎么选"提供选择的视角和途径。首先，将生态位理论引入黄河流域城市高质量发展，界定了黄河流域城市高质量发展生态位的内涵与构成要素。根据黄河流域城市高质量发展实际情况，将黄河流域城市高质量发展生态位细分为基础设施资源生态位、服务业资源生态位、对外开放资源生态位、创新资源生态位、工业资源生态位、农业资源生态位、生态环境资源生态位七个资源生态位。其次，提出黄河流域城市高质量发展生态位适宜度、宽度、重叠度等测度因素的作用机理与评测方法，并构建黄河流域城市高质量发展测度指标体系，从而确定了黄河流域城市高质量发展适宜性路径分析的框架和流程。

　　（2）根据所构建的高质量发展生态位理论与分析框架，对流域所经城市进行实证分析，根据分析结果对流域城市高质量发展适宜性路径进行分类，解决流域所经城市高质量发展路径"选什么"的问题。首先，收集黄河流域 8 省 50 个城市 27 个指标在 2011～2020 年期间的数据，根据所构建的高质量发展生态位理论与分析框架，从生态位适宜度、重叠度、宽度、时空演化、网络结构等维度对流域城市高质量发展进行实证分析。其次，确定流域城市高质量发展适宜性路径的类型与分类标准，根据黄河流域生态保护和高质量发展战略与规划纲要等依据，根据上述实证分析结果，将 50 个城市高质量发展适宜性路径分为三类：引领发展型（包括中心性引领型和区域性引领型两类）、特色发展型（包括特色农业发展型、特色工业发展型、特色服务发展型、生态功能型）、涵养发展型，并对以上三大类七小类城市的高质量发展现状、障碍因子进行分析。

（3）提出不同类别城市高质量发展路径的实施策略，为解决流域所经城市高质量发展路径"怎么走"提供理论依据和对策建议。首先，应用 NK 模型从理论角度探索黄河流域城市高质量发展路径的演化机制，提出现有城市高质量发展的最优演化路径，从理论上剖析其高质量发展适宜性路径的实现机理；其次，从宏观视角分别提出引领发展型、特色发展型、涵养发展型这三大类高质量发展路径的实施策略，为流域城市高质量发展路径实施提供战略指导；最后，从微观层面分别选择七小类的代表性城市探讨具体的城市高质量发展路径的实施，为流域城市高质量发展路径的具体实施提供借鉴。

通过上述研究，得出如下结论：

（1）从生态学的角度来看，黄河流经区域是一个特殊的自然—经济—社会复合生态系统，其高质量发展受自然资源禀赋、基础设施、经济发展基础等多个生态位因子的制约和限制。同时，黄河流域不同城市之间在高质量发展过程中为了争夺相对有限的发展资源与空间，会形成同一空间中如同物种间的竞争与协同关系。因此，引入生态学中的生态位理论，将有助于更直观、有效地分析黄河流域各区域高质量发展在其特定的区域中的地位与功能，明确各区域的适宜性发展路径。

（2）通过对黄流域 50 个城市高质量发展生态位进行实证分析发现，在适宜度方面，黄河流域 50 个城市生态适宜度两极分化比较明显，差异化较大，部分城市具有明显的特色，但大部分城市差异化不明显，整体比较落后；在宽度方面，大部分城市各资源生态位的生态位宽度差异较大，两极分化明显，且整体生态位宽度值在不断下降；在时空演化方面，流域整体创新资源生态位波动不大，基础设施、服务业、对外开放三个资源生态位中上游城市波动较大，空间差异明显，上游城市整体较落后；在重叠度方面，七个资源生态位的黄河流域各城市之间的生态位重叠度差异化较大，服务业资源竞争最为激烈，主要原因是其整体发展水平较低；在网络结构方面，流域上游城市基本在边缘地带，与其他城市之间的联系较少，流域整体发展不均衡，大部分以省会城市为中心，向外辐射。

（3）黄河流域城市高质量发展适宜性路径可分为三大类：引领发展型、特色发展型、涵养发展型。其中，引领发展型包括两类：①中心性引领型，适宜城市有济南、西安等；②区域性引领型，适宜城市有太原、济宁等。特色发展型包括四类：①农业特色发展型，适宜城市有巴彦淖尔、德州等；②工业特色发展型，适宜城市有鄂尔多斯、榆林等；③服务业特色发展型，适宜城市有兰州、呼和浩特等；④生态功能型，适宜城市有固原、商洛等。涵养发展型适宜城市有石嘴山、乌海等。根据上述分类结果，对黄河流域城市高质量发展障碍因子进行分析，结果表明，创新是除中心性引领型之外的其他六种类型城市高质量发展的首要障碍因子，对外开放是影响所有城市高质量发展的次要障碍因子。

（4）流域城市类型多样，发展基础和资源禀赋不尽相同，其高质量发展的路径、重点各不相同。从宏观的类别层面看，引领发展型城市首先要充分利用自己的优势，加强在创新等方面的引领作用，其次要集中提升"短板"。特色发展型城市首先要做大、做强、做精特色行业，形成自身优势发展壁垒，其次要扩充资源生态位数量。涵养发展型城市首先要改善民生、提高生活水平，其次积极对外开放，和其他优势城市达成资源寄生关系，最后实施生态位特化战略，寻找自身的优势发展点。

（5）从整体过程来看，黄河流域城市高质量发展路径演化过程与黄河流域城市高质量发展生态位演变过程是一致的。生态位的高低决定了流域城市应该选择的高质量发展路径，流域城市高质量发展路径与生态位相互匹配地呈阶梯式演化；从演化过程的影响因素来看，不同生态位主导的最优路径演化过程是不同的，基础设施、对外开放、创新资源是影响流域城市高质量发展的核心要素；服务业、工业、农业、生态环境资源是非核心要素。

本研究是国家社会科学基金后期资助鉴定结项成果，课题主持人是吴玉萍教授，课题组成员有鲁昭含博士、王宁。吴玉萍教授担任项目统筹与管理、理论构建、实证分析等；鲁昭含博士主要负责数据处理、实证分析、书稿写作等；王宁担任部分实证分析与书稿写作任务。书稿第1章由吴玉萍、鲁昭含、王宁撰写；第2章由鲁昭含撰写；第3章由吴玉萍、王宁撰写；第4章由鲁昭含撰写；第5章由鲁昭含、王宁撰写；第6章由吴玉萍、鲁昭含撰写；第7、第8章由鲁昭含撰写；第9章由吴玉萍撰写。

作者
2024年4月

目　　录

第1章 引 言

1.1 研究目的和意义

1.1.1 研究背景

黄河流域横跨中国东、中、西部三大区域，是我国重要的生态屏障和重要的经济地带。在生态方面，拥有黄河源生态保护区、黄土高原生态保护区、秦岭山地生态保护区和黄河三角洲湿地生态保护区等9个生态功能保护区，合计约占整个流域面积的46%。黄河流域地形地貌复杂，气候类型多样，其中国土空间利用水平地域差异明显。2019年，生产、生活、生态空间分别占全域的21.39%、2.71%和75.90%，生态空间占据绝对主体地位，其中生态地区主要集中在上游的内蒙古高原。① 稳定型生态城市集中在甘肃省的白银市、天水市、平凉市、定西市。黄河流域多年平均植被覆盖度空间差异明显，除河西走廊、宁夏平原、河套平原等外，主要呈现南高北低、由东南向西北递减的趋势。在经济方面，在我国城市群"5+9+6"的空间组织格局中，支撑黄河流域生态治理和高质量发展的城市群有稳步建设的3个区域级城市群（山东半岛城市群、中原城市群和关中平原城市群）和引导培育的4个地区性城市群（兰西城市群、晋中城市群、呼包鄂榆城市群和宁夏沿黄城市群），具有不可替代的战略地位。

2019年9月，习近平总书记在河南考察期间强调了黄河流域的生态保护和高质量发展问题，并主持召开黄河流域生态保护和高质量发展座谈

---

① 中共中央 国务院印发《黄河流域生态保护和高质量发展规划纲要》[EB/OL]. (2021. 10.1). [2021. 12.1]. https://www. gov. cn/gongbao/content/2021/content_5647346. htm?eqid=9cc0abfd001dab7b000000026465892d.

会。黄河流域生态保护和高质量发展一经确定为国家战略，就引起了学术界的广泛关注。关于如何推动黄河流域高质量发展，习近平总书记提出"要从实际出发，宜水则水、宜山则山，宜粮则粮、宜农则农，宜工则工、宜商则商，积极探索富有地域特色的高质量发展新路子。"①

因此，如何根据因地制宜的原则，因地施策、因实施策、因时施策是黄河流域高质量发展要解决的关键问题。而黄河流域所经区域要实现探索和选择特色的高质量发展之路，其所依据资源的"态"与"势"是什么？所拥有的"地"与"实"是什么？又如何因地制宜？只有开展更深入地研究才能准确地回答这些问题。

从生态学的角度来看，黄河流经区域是一个特殊的自然—经济—社会复合生态系统，其高质量发展受自然资源禀赋、基础设施、经济发展基础等多个生态位因子的制约和限制。同时，黄河流域不同城市之间在高质量发展的过程中为了争夺相对有限的发展资源与空间，会形成同一空间如同物种间的竞争与协同关系。因此，引入生态学中的生态位理论，将有助于更直观有效地分析黄河流域各区域高质量发展在其特定的区域中的地位与功能，明确各区域的适宜性发展路径，同时对流域的空间布局及其区域协作有很好的指导作用。

1.1.2 研究意义

1.1.2.1 学术价值

（1）将生态位理论引入对黄河流域城市高质量发展的研究，可以丰富、完善流域高质量发展的研究内容和理论体系。运用生态位概念对流域各城市高质量发展的综合资源和环境进行生态学定位，利用生态位适宜度提出流域所经城市高质量发展适宜性路径，运用生态位态势理论将各区域的高质量发展现状（态）和多年变化率（势）有机结合在一起，动态分析和静态分析相结合，更具说服力。

（2）基于生态位视角，提出了黄河流域城市高质量发展适宜性路径分析的框架和流程，创新性地将黄河流域城市高质量发展路径分为三大类、七小类，并分别提出了各类路径的实施策略。以上研究，一方面有助于习近平总书记"从实际出发，宜水则水、宜山则山，宜粮则粮、宜农则

---

① 习近平在黄河流域生态保护和高质量发展座谈会上的讲话［EB/OL］. (2019 – 10 – 15)［2019 – 9 – 18］. https：//www. gov. cn/xinwen/2019 – 10/15/content _5440023. htm？eqid = 90c685c600028bbb000000026461f87b.

农，宜工则工，积极探索富有地域特色的高质量发展新路子"战略指导的落实，同时有效地补充和丰富了黄河流域高质量发展研究的内容。

1.1.2.2　应用价值

习近平总书记在郑州主持召开的黄河流域生态保护和高质量发展座谈会上提出了"黄河流域生态保护和高质量发展"这一重大国家战略。① 在此背景下，从生态位视角探索黄河流域各省区城市的高质量特色发展路径、实施方案及政策措施，对于实现这一重大国家战略，促进黄河流域相关城市生态保护与高质量发展具有重要作用。

1.2　国内外研究现状

1.2.1　高质量发展的国内外研究现状

在党的十九大报告中，习近平总书记首次提出高质量发展的概念，他指出，我国经济已由高速增长阶段转向高质量发展阶段。高质量发展的概念提出后，国内外学者在理解高质量发展内涵的基础上，对高质量发展展开了一系列研究。总体来看，已有研究主要集中在以下三个方面。

1.2.1.1　高质量发展的内涵

探索高质量发展相关理论的前提是要对高质量发展的内涵有深刻的认知和理解。学者们目前对高质量发展内涵的理解主要集中在两个方面：经济层面的高质量发展和社会生态层面的高质量发展。[1-5]

关于经济层面的高质量发展，苏联学者卡马耶夫（1983）首先提出"经济增长质量"的概念，他提出经济增长是速度与质量的结合，不能只强调经济的生产效率。当经济增长到一定规模时，就必须将关注点放到提高质量上。[6]巴罗（Barro，2002）对经济的增长数量和经济的增长质量做了详细区分，他提出一个国家或地区真正的发展水平，不能单纯用人均GDP来衡量，还必须考虑居民健康水平、教育、法律和秩序发展程度、收入不平等程度等与经济增长质量相关的因素。[7]库兹涅茨认为，经济高质量发展基于生产技术进步和政策调整，从而实现人民对商品需求更高程度

---

① 中共中央 国务院印发《黄河流域生态保护和高质量发展规划纲要》[EB/OL].（2021. 10. 1）. [2021. 12. 1]. https：//www. gov. cn/gongbao/content/2021/content_5647346. htm?eqid = 9cc0abf d001dab7b000000026465892d.

的满足。[8]国内方面，徐学敏（1998）对经济的发展质量进行定义，他认为经济发展质量从根本上讲就是效率最大化，用最小投入实现最大产出。转变经济体制和经济增长方式，不仅要注重提高效率，还要注重质量，充分利用比较优势，通过提升"质"来实现量的扩张。[9]韩士元（2005）提出，城市经济发展的质量是不同生产要素配置和相互作用的结果，包括经济增长对环境、生态和社会发展的影响，主要体现在两个方面：社会效益和经济效益。[10]杨伟民（2018）等学者认为高质量发展在于不断优化经济结构，经济增长动力逐渐转向创新驱动发展。[11,12]李变花（2005）提出从高质量发展的目标来考虑，经济增长质量就是提升人民的生活水平，为人们带来更多的产品和服务；从时间的角度来看，经济的高质量发展就是可持续的经济增长；从发展的动力来看，高质量发展就是指利用先进的生产技术和人才，提高经济效益，促进经济增长方式转变。[13]张立群（2018）、王珺（2018）从社会的供求关系切入，认为高质量发展能解决产业结构性失衡，促进供给侧高效优质的发展。[14,15]高质量发展是比经济增长范围更宽、要求更高的发展状态，它能够衡量一个时期的经济发展水平，且高质量发展不仅能够反映社会经济总量和社会物质总量的增长，而且是对社会经济总量和社会物质总量的价值判断。[16]朱永明等（2022）认为经济高质量发展是在发展经济的同时应不忘兼顾结构优化、福利改善、效益提升与生态环境保护等各个方面。[17]

关于社会层面的高质量发展，萨巴蒂尼（Sabatini，2008）认为对于发展质量的研究应从人类发展、环境保护和社会公平三个角度来进行考虑。[18]姆拉奇拉（Mlachila，2014）等学者认为，高质量发展不仅是经济层面经济增长率的提高，人民社会福利的提高也是高质量发展的一个重要层面。[19]张博雅（2019）等认为，可持续发展就是在生态环境的承载范围内，尽可能地提高人民的生活质量。[20,21]周艳霞（2017）认为，高质量发展不仅包含经济层面的可持续增长，也包括人口数量、人口素质以及生态环境等因素的可持续发展。[22]胡敏（2018）和王小广（2020）认为高质量发展可以延伸至民生保障和生态文明等方面，使人民生活得更加幸福和谐。[23,24]任保平（2018）则是从提高社会供给、社会公平、生态建设以及现代化建设这四个方面来对新时代的高质量发展作出定义。[25]陈明华（2022）认为高质量发展要具有有效性、协调性、创新性、持续性、共享性以及稳定性。[26]

1.2.1.2　区域高质量发展水平评价

在对高质量发展内涵和特征充分理解的基础上，国内外学者们对高质量发展水平进行了丰富的定量探索。

在高质量发展的评价指标体系方面有以下两种：其一，经济层面的高质量发展评价指标体系。在该层面多采用综合评价指标体系，重点关注了社会发展、收入分配、污染控制、创新发展等因素。托马斯（Thomas，2001）从社会发展、环境污染控制和增加可支配收入等方面评估、比较各国的经济增长质量。[27]罗伯特·巴罗（Robert J. Barro，2002）是从政治制度、犯罪、宗教、收入分配和健康等方面衡量经济的发展质量。[28]宋明顺等（2015）选取了国民总收入、单位能源消耗、CPI 等二级指标，从竞争、民生、生态三个方面反映了我国经济社会宏观质量与可持续发展状况。[29]2017 年高质量发展理念被提出后，潘建成（2018）认为经济的高质量发展可以从创新动能、效率、产品质量和社会资源四个方面来评价。[30]任保平和李禹墨（2018）等学者认为，解决发展的不平衡与不充分问题是高质量发展的关键，提出新时代我国走高质量发展道路的路径。[31]徐志向和丁任重（2019）在新发展理念的五大维度上加入总量维度，构建了六个维度的指标体系来评价中国省际经济发展质量。[32]师博（2018）提出经济的高质量发展可以从发展的基本原理、发展的社会成果和发展的生态成果三个方面来评价。[33]程广斌（2022）则从创新发展、协调发展、绿色发展、经济开放与成果共享等方面构建经济高质量发展水平测度体系。[34]其二，社会高质量发展评价的研究方面，国内外学者重点关注了社会福利、生态环境、社会风险等因素。欧洲社会基金会于 1997 年、2001 年分别出版了《欧洲社会质量》[35]和《社会质量：欧洲远景》[36]。崔岩和黄永亮（2018）从经济和社会保障、社会包容度、社会赋权和社会凝聚力四个社会维度对 2015 年我国 31 个省份的社会发展水平进行了测算。[37]王群勇（2018）认为从全国这个宏观角度来看，环境规制对提高经济增长数量方面发挥着显著的正向作用。[38]闫丽洁等（2022）将黄河流域高质量发展系统细分为经济社会发展系统、环境承载系统与资源承载系统。[39]

在评价的方法方面，主成分分析法、熵权法等客观赋权方法被较多地应用于高质量发展水平的测度，此外更为简单直接的均等权重法及其他函数或模型构建方法也有应用。李馨（2018）采用"均等权重赋值法"对我国 2016 年 30 个城市省际经济高质量发展水平进行测度和分析。[40]师博和任保平（2018）构建了包含经济增长的基本面和社会成果两个方面的经济高质量发展评价模型。[41]赵敏等（2022）基于"创新、协调、绿色、开放、共享"五个维度构建黄河流域农业产业高质量发展评价体系，从空间格局和时间衍变两个方面测度了 2010～2019 年黄河流域农业产业高质量发展水平。[42]孙静等（2023）基于黄河流域生态保护和高质量发展的理念，从经济、创新、民生、环境和生态五个维度对黄河流域甘肃段的高质量发展水平进行测度。[43]

在评价的区域方面，目前现有研究大都集中在长江流域、黄河流域、东北地区、长三角等具有鲜明特色的区域。杨仁发和杨超（2019）从五个维度构建了长江经济带高质量发展评价指标体系，运用长江经济带 108 个城市十年间的数据，使用熵值法以及空间自相关分析法分析长江经济带高质量发展时空序列特征，识别出有利于长江经济带高质量发展的要素，并指出产业结构在经济带高质量发展中占据了重要位置，这些结论可以为后续区域高质量发展研究的指标设计提供有效参考。[44]宋东林、邱赛男和范欣（2021）以东北地区为研究对象，对区域高质量发展水平进行测度并提出相应的发展对策，给出了东北地区高质量发展的针对性建议。[45]陈雯等（2022）依托新发展理念构建了长三角一体化高质量发展评价指标体系，评估了其高质量发展水平。[46]

1.2.1.3　区域高质量发展的策略

如何实现高质量发展也是学者们关注的重点领域，目前创新驱动、扩大开发、促进协调发展、发展区域特色等被认为是区域高质量发展的重要策略。赖敏和余泳泽等（2018）指出创新驱动是高质量发展的第一动力，[47]刘瑞（2020）认为开放程度对实现高质量发展具有重要推动力，[48]李子联等（2019）指出高质量发展要协调、绿色、共享发展，[49,50]徐辉等（2019）认为因地制宜、发展区域特色产业能够推动高质量发展。[51]钞小静和薛志欣（2018）认为中国的经济高质量发展可从创新引领、优化产业发展结构和提高产业发展效率三个角度切入。[52]王山等（2022）通过构建长三角区域经济高质量发展评价指标体系，得出绿色发展、协调发展和创新发展是长三角区域经济一体化的主要驱动力。[53]师博和任保平（2018）从全国视角提出应建立区域政府间的发展质量竞争激励机制、从制度上推动高质量发展。[41]总体来看，创新发展理念已成为高质量发展驱动因子和策略形成的立足点。

1.2.2　黄河流域高质量发展的国内外研究现状

自黄河流域生态保护和高质量发展战略提出后，如何促进黄河流域高质量发展成为学者们关注的热点之一。总体来看，已有研究主要集中在两方面：一是关于黄河流域高质量发展的实施策略的研究，二是流域高质量发展水平测度的研究。

1.2.2.1　黄河流域高质量发展的实施策略

目前该领域的研究成果主要包括四个方面：一是加强生态治理。生态治理是黄河流域高质量发展的根子，因此，需要从健全黄河流域生态法治规范体系、协同治理等方面入手保护黄河流域生态。[54]二是加强水资源利用。黄河流域生态环境脆弱，水资源供需矛盾突出。因此，如何破解水资源约束是流域实现高质量发展的关键问题之一。[55]应有效调控水资源，提高水资源承载力。三是注重分区域研究，遵循因地制宜原则。黄河流域各地自然资源禀赋、经济发展条件各不相同，不可能是一个模式，要根据黄河流域各区域特点分区域研究。[56]比如，黄河上游地区是贫困易发高发的地区，因此，要研究该地区减贫转向与发展问题。四是构建现代产业体系。建设现代化产业体系是实现黄河流域高质量发展的重要支撑。[57]通过培育壮大新兴产业、改造提升传统产业、大力发展现代服务业等措施构建现代产业体系以推动沿黄地区中心城市及城市群高质量发展。

1.2.2.2　黄河流域高质量发展水平测度

随着对黄河流域高质量发展研究的深入，学者们开始探索用定量的方法准确定位当前黄河流域高质量发展过程中的薄弱部分，其中高质量发展水平测度是最早开始关注的领域。黄庆华等（2019）选取了经济发展、创新驱动、生态文明、社会民生等指标构建评价体系对重庆市的发展水平进行了综合评估。[58]徐辉（2019）、赵文莉（2020）等学者从经济社会发展和生态安全两大方面，构建了包括经济发展、创新驱动、民生改善、环境状况和生态状况五个维度的评价指标体系，利用熵权法对流域所经9省份的高质量发展水平进行了测度，并分析了其在2008 ~ 2017年间的时空演变规律。[51,59]晋晓琴和郭燕燕等（2020）选取经济、创新、协调、绿色、开放、共享六个维度共18个指标，构造了黄河流域制造业高质量发展评价体系，研究中采用熵权法确定指标的客观权重，运用生态位公式计算了黄河流域高质量发展生态位值。[60]申庆元（2022）从经济高质量发展、创新驱动发展、生态环境保护、城市治理、民生福祉五个维度构建黄河流域中心城市高质量发展水平测度体系，运用熵权 - TOPSIS评价法从综合水平、各资源生态位两个方面评价其高质量发展状况。[61]

1.2.3　生态位的国内外研究现状

1.2.3.1　生态位理论相关领域研究现状

生态位理论是生态学最重要的理论之一，被广泛应用于物种间关系、种群进化、生物多样性与稳定性等方面的研究。近年来，生态位理论在学术研究中的应用越来越广泛，不仅应用在生态学领域，还应用在创新、创业、产业发展、区域发展、教育、文化、旅游、信息、建筑等领域。以下分别就生态位理论在与本研究较为相关领域中的应用状况展开论述。

（1）创新领域。目前，生态位理论主要应用于科技创新、企业创新、区域发展创新、商业模式创新、高校创新创业教育、创新生态系统等领域。

在高校科技创新领域，王章豹等（2007）首先运用生态位理论分析了高校科技创新中存在的问题，并针对存在的问题提出了高校科技创新的三种策略，分别是生态位分化、扩充以及生态系统协同进化策略，为后续研究提供了新的研究视角。[62]陈元（2008）基于生态位态势理论，运用北京大学、中山大学、厦门大学等10所高校的态势数据验证了所建立的高校科技创新能力评价模型的有效性。[63]王哲和聂飞飞（2010）基于生态位宽度理论，对我国四川、重庆、陕西等西部6省（市）高校的科技创新能力进行剖析，验证了用生态位宽度理论研究高校科技创新能力问题的可行性。[64]石薛桥和薛文涛（2020）测算了中部六省的高校创新能力生态位值，同时利用生态位扩充模型分析了中部六省的高校创新能力发展趋势，扩展了研究高校创新能力发展的思路。[65]阳镇等（2021）利用生态位理论探讨了如何推动高校科技成果转化的问题。[66]

在产业创新领域中，刘则渊等学者（1994）较早带动了国内产业创新生态理论的研究浪潮，指出推进产业的生态化发展是实现我国经济可持续、高质量发展的战略决策，并分别对农业、工业、第三产业的生态化建设提出建议。[67]傅羿芳和朱斌（2004）对自然生态系统要素和创新生态系统要素之间进行一致性和差异性比较之后，提出了高科技产业集群持续创新生态系统的构成。[68]雷雨嫣和陈关聚等（2018）运用生态位适宜度模型评测高技术产业创新生态系统，利用信息熵模型计算高技术产业创新生态系统的各生态因子的权重，提出了扩大创新生态系统进化空间的发展路径。[69]杨剑钊（2020）从生态学共生与进化视角，揭示了高技术产业创新生态系统的运行过程并提出其运行的共生机制、进化机制的基本框架。[70]

伊辉勇等（2022）采用空间杜宾模型研究了高技术产业创新生态系统的生态位适宜度与创新绩效的空间关系。[71]

（2）旅游领域。目前，生态位理论在旅游领域主要应用于旅游生态脆弱性评价、旅游竞争力提升、旅游发展策略、旅游吸引力和文化旅游产业发展等方面。

黄芳（2001）提出将生态位理论应用于研究旅游系统自然属性的生态系统以及社会经济系统，[72]随后学者们逐渐将生态位理论应用于旅游领域的现实问题，提出了许多新的旅游生态位概念。李淑娟和陈静（2014）在研究山东省区域旅游竞争与合作方面的研究时，利用生态位理论构建了包含资源、市场、社会经济和环境四个维度的山东省旅游城市生态位测度体系。[73]彭莹和严力蛟（2015）在研究旅游城市竞争发展问题时，构建了包含旅游城市生态位重叠度以及生态位大小的竞争关系判断框架，根据生态位错位、扩充理论提出了具有针对性的竞争建议。[74]孙海燕和孙峰华等（2015）运用生态位态势理论，从业绩、潜力、环境三个维度计算了山东半岛 7 个城市旅游业的态与势两方面 2003～2012 年共 10 年的竞争力数值。[75]马勇和童昀（2018）根据多维超体积生态位理论、生态位态势理论，构建了旅游生态位测度指标体系，测算出长江中游城市群旅游生态位的"态""势"以及旅游综合生态位。[76]陈文捷和闫孝茹（2019）在研究珠江—西江经济带的区域城市旅游问题时构建了旅游生态位指标体系，通过将生态位宽度、生态位重叠度数值与区域内平均水平进行比较，将区域内的城市进行等级划分，进而根据生态位扩充、生态位分离等理论对不同城市提出不同的发展策略。[77]贺小荣和彭坤杰（2021）根据空间生态位理论、多维超体积生态位理论构建了城市旅游生态位指标体系，计算出了各城市各维度的脆弱性综合指数。[78]

（3）区域发展领域。目前，生态位理论在区域高质量发展中的应用还处于起步阶段，主要应用于区域创新、区域经济高质量发展、区域可持续发展等方面。

在区域创新发展方面，黄鲁成（2006）运用生态系统中的制约与应变观念，对区域创新系统的制约因子进行了探究，据此提出对应因子发生改变时区域创新生态系统的应变对策。[79]刘洪久和胡彦荣等（2013）选取创新群落、创新资源、创新环境三个维度构建了创新生态系统适宜度评估体系，采用生态位适宜度计量模型，得出苏州、上海、南京、杭州等地的生态位适宜度值。[80]李晓娣等（2020）以共生为视角，运用 TOPSIS 生态位评估投影集成模型及二次加权算法，对我国区域创新生态系统整体及各生态特征的发展状况进行静态和动态综合评价。[81]甄美荣和江晓壮（2020）从资源、活力、环境三个维度构建适宜度指标体系，测度国家高新区的生态位适宜度与经济效度间的关系。[82]

黄顺春和何永保（2018）基于"创新、协调、绿色、开放、共享"理念，提出了包含六大维度的区域经济高质量发展评价体系，在此基础上构建了熵值－生态位评价模型来评价区域经济高质量发展。[83]刘和东和陈洁（2021）剖析了生态位适宜度对经济高质量发展的影响机理，构建门槛效应模型，测量生态位适宜度及其对经济高质量发展的影响效应，运用Arcgis软件对生态位适宜度进行可视化分析。[84]晋晓琴等（2020）为了改善黄河流域的生态环境，促进制造业高质量发展，着眼于高质量发展内涵，以经济、创新、协调、绿色、开放、共享六个维度构建制造业高质量评价体系，运用生态位方法测度了黄河流域制造业高质量发展的生态位值。[60]

1.2.3.2　生态位适宜度研究现状

生态位适宜度通常被用于测量现实生态位与理想生态位间的接近度，可以反映整个生态系统的实际发展状况和拥有的可持续发展能力。目前，生态位适宜度理论已被广泛应用在城市发展、自然资源、教育、旅游、产业、创新等方面，均取得了较好的效果。

城市发展方面，郭燕青、姚远等（2020）基于生态位适宜度理论，考虑空间以及时间因素两个方面的影响，构建创新生态系统的评价模型，为生态系统运行效果评价提供了参考。[85,86]刘和东和陈洁（2021）构建门槛效应模型，分析了生态位适宜度对经济高质量发展的影响机理。[84]

自然资源方面，蔡海生和陈艺等（2020）基于生态位适宜度理论，通过对生态位适宜性单一指数和综合指数的计算方法进行研究，分析了区域富硒土壤资源开发利用的适宜性分区问题。[87]王明杰和余斌等（2020）将生态位适宜度的评价模型引入对土地利用多功能适宜度的评估系统，探索建立了与国土空间规划体系相适应的国土空间开发适宜性评价体系与技术规程。[88]

旅游方面，李菲菲和耿修林等（2020）采用多维超体积生态位模型，从"生态位适宜度"方面比较分析了各省的旅游产业竞争力。[89]

产业方面，符勇拓（2020）将生态位适宜度引入海洋产业研究中，构建了海洋产业生态位适宜度评价指标体系。[90]蹇令香和曹章露（2018）基于生态位适宜性理论及相应测度方法，计算了广东省港口产业生态位的强度、宽度、重叠度、适宜度等指标数值。[91]

教育方面，高仓健和梁钦（2020）等基于生态位适宜度理论对我国社会创业教育的发展进行评估；[92] 蒲星权（2014）选用生态位适宜度理论和模型，对重庆高校市级 148 个重点学科进行了生态位适宜度测算分析。[93]

创新方面，解学梅等（2021）从创新、资源、生境与技术四个方面构建区域创新生态系统生态位适宜度评价指标体系，对区域创新生态系统进行了评价。[94] 唐棠（2017）基于生态位适宜度理论，构建了区域创新生态系统生态位适宜度评价模型。[95] 傅建敏（2015）基于生态位理论，结合生态位适宜度模型，构建了区域创新适宜度评价指标体系，对京津冀地区创新适宜度及其进化动量进行测度。[96]

目前生态位适宜度理论尚未应用于测度黄河流域高质量发展的研究，本研究基于该理论对流域高质量发展路径进行创新研究，希望能够取得预期研究效果。

1.2.4　文献评述

通过文献梳理可以发现，国内外学者在黄河流域高质量发展的内涵、推进策略、发展水平评价等方面取得了一定的研究成果，学者们从不同的视角和维度为推进黄河流域高质量发展提供了理论支撑和政策建议。但总体来看，目前研究仍处在探索阶段，研究方法多以定性为主，研究的视角也需要不断的多元化，同时尚缺少对黄河流域高质量发展适宜性路径这一视角的针对性研究。

黄河流域高质量发展是一个自然、社会、经济三方面相互结合促进的过程，是一个特殊的自然—经济—社会复合生态系统。将黄河流域高质量发展与普通生态系统相比，黄河流域高质量发展也具有相应的生态位，不同发展状况的生态单元的生态位也是不同的，各生态单元应当根据自身生态位的经济、社会、生态方面的特点制定发展目标与发展路径，所以采用生态位理论来研究黄河流域高质量发展是极为合适的。

基于此，本研究以生态位理论为基础，探索能够全面、准确地评估黄河流域高质量发展环境和条件的评价体系，确定黄河流域所经区域高质量发展的适宜性路径，为实现黄河流域高质量发展分类施策提供理论基础和合理的决策。

1.3 研究思路和方法

1.3.1 研究思路

本研究按照"理论构建—定量评价—路径选择—路径实施"的总体研究思路和主线，在研究过程中注重定性与定量分析方法相结合、态与势分析相结合、理论分析与实践应用相结合，致力于黄河流域高质量发展适宜性路径的选择与实施。

在设置具体研究内容和开展研究时，遵循以下思路：一是以文献综述和理论梳理为前提，提出关键科学问题，为项目研究的开展奠定理论基础；二是以广泛的数据收集为基础，尽可能多地收集黄河流域高质量发展相关数据，为保证项目研究的深入开展和科学性打下数据基础；三是以黄河流域高质量发展生态位评价为核心，提出黄河流域高质量发展的适应性路径的类型和选择标准，为黄河流域高质量发展路径的选择与实施提出解决方案；四是以提出实现黄河流域经济高质量发展适宜性路径的措施方案和政策建议为落脚点，强化项目研究的理论依据和应用价值。

1.3.2 研究方法

1.3.2.1 文献分析法

本研究收集、整理和阅读了国内外有关黄河流域高质量发展和生态位的文献，在此基础上，总结和归纳已有研究的成果和尚待解决的问题，为建立本研究的研究思路、理论模型积累奠定知识储备和研究基础。

1.3.2.2 实地调研法

一方面，本研究通过到黄河流域上、中、下游 6～10 个代表性城市进行实地考察，了解和确认了其发展状况，为本研究提出黄河流域高质量发展的生态位维度奠定现实基础；另一方面，本研究通过专家访谈法调查了相关决策部门对特色高质量发展适宜性路径的认识。

1.3.2.3 静态分析与动态分析相结合

静态分析旨在分析某一时点上黄河流域的协调发展状况，动态分析旨在分析某一时间段内黄河流域的协调发展特征。静态分析方面,本研究揭示了黄河流域各省份的七个生态位状况在 2011 年、2016 年和 2020 年三个时间点上的空间变化;动态分析方面,本研究剖析了 2011 ~ 2020 年黄河流域七个生态位方面的空间动态特征。通过以上静态和动态的分析,更加深刻全面地把握了黄河流域高质量发展的规律,从而有利于提出科学的黄河流域高质量发展建议。

1.3.2.4 数理统计方法

本研究通过对黄河流域所流经 50 个城市 2011 ~ 2020 年相关数据的整理,综合运用基于熵值 – TOPSIS、聚类分析等统计分析法对黄河流域城市高质量发展的生态位进行评价,并对其高质量发展的适宜性路径进行分类,从而为定量分析黄河流域所经城市的高质量发展适宜性路径提供方法支撑。

1.3.2.5 ArcGIS 空间分析法

借助 ArcGIS 软件的空间数据处理和空间分析功能,分析不同时间截面的黄河流域所经城市的高质量发展生态位的空间特征及其演化规律,为黄河流域各城市实施特色高质量发展适宜性路径提供决策参考。

1.4 研 究 内 容

本研究的主体内容如下:

第 1 章:引言。本部分首先介绍了本研究的研究背景和研究意义、国内外研究现状,随后对高质量发展、黄河流域以及生态位三个方面的学术史及研究动态进行梳理和简要总结;其次在此基础上提出了本研究的研究思路和研究方法,总结了本研究的研究框架、内容和创新点。

第 2 章:相关概念与理论基础。对生态位理论、高质量发展、区域经济的相关概念与理论进行综述。

第 3 章:黄河流域城市高质量发展生态位理论框架构建。首先,研究了黄河流域现阶段发展概况,在此基础上界定了黄河流域城市高质量发展的内涵;其次明确了黄河流域城市高质量发展生态位的定义与构成要素;最后对黄河流域城市高质量发展生态位的演变过程进行探讨。

第 4 章:黄河流域城市高质量发展生态位的测度模型。首先,详细介绍黄河流域城市高质量发展生态位测度要素的概念、测度方法及其作用，提出生态位适宜度、生态位宽度、生态位重叠度、网络结构、障碍因子分析五个方面的测度要素；其次，根据系统性原则、科学性原则、代表性原则，构建了黄河流域高质量发展测度指标体系，具体包括 7 个维度、27 个具体指标；最后，对所构建的高质量发展生态位的测度模型在高质量发展路径选择中的应用进行了分析。

第 5 章：黄河流域城市高质量发展生态位的测算。本章首先界定了研究区域及数据来源；其次介绍了熵权 - TOPSI 方法的赋权方法与计算过程；最后对黄河流域城市高质量发展情况从生态位适宜度、生态位宽度、生态位时空变化、生态位重叠度、网络结构分析五个方面进行实证分析。

第 6 章：基于生态位测度的黄河流域城市高质量发展适宜性路径的分类。首先，提出了流域城市高质量发展适宜性路径分类选择的依据，并据此对流域城市高质量发展适宜性路径进行了分类；其次，分别分析了引领发展型路径、特色发展型路径和涵养发展型路径三种基本路径城市的发展现状和发展障碍因子，找出了阻碍其高质量发展的影响因素。

第 7 章：黄河流域城市高质量发展路径的演化。首先，验证了 NK 模型在黄河流域城市高质量发展中的适用性，在此基础上构建了黄河流域城市高质量发展 NK 模型；其次，在已构建的 NK 模型基础上寻找黄河流域城市高质量发展的最优演化路径；最后，提出不同类型城市高质量发展最优演化路径。

第 8 章：黄河流域城市高质量发展适宜性路径的实施。本部分重点从实践层面提出流域城市高质量发展适宜性路径实施策略。首先，从宏观视角分别提出引领发展型、特色发展型、发展困难型这三大类高质量发展路径的实施策略；其次，从微观层面分别选择七小类的代表性城市探讨具体的城市高质量发展路径的实施，为流域城市高质量发展路径的具体实施提供借鉴。

第 9 章：结论与展望。本章首先是对第 4、第 5 章的实证结论进行简要总结，随后基于本研究实证提出黄河流域整体的高质量发展策略；其次基于第 5 章的实证结论提出黄河流域城市高质量发展适宜性路径，最后提出本研究的研究不足与展望。

根据上述研究内容，本研究的技术路线如图 1 - 1 所示。

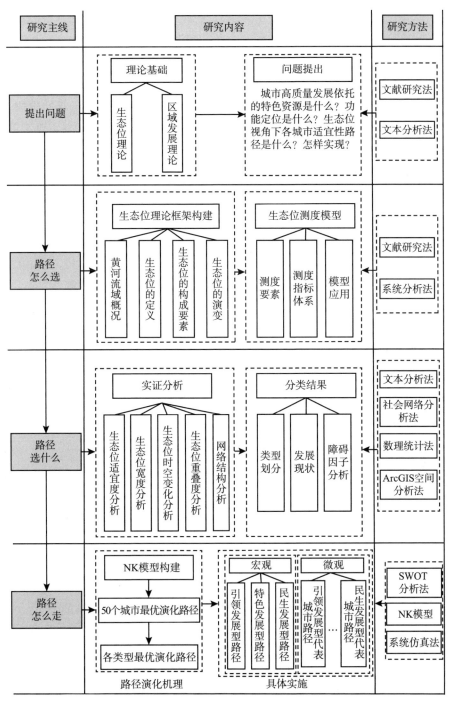

图 1-1　技术路线

1.5 研究创新点

（1）研究视角独特。当前黄河流域高质量发展的研究处于起始阶段，现有研究多集中在宏观层面，且大多为定性研究，少量定量研究主要侧重于黄河流域高质量发展水平的评价。本研究尝试以生态位理论为视角，以定性与定量相结合的方法探索黄河流域高质量发展特色之路。

（2）研究内容新颖。本研究通过构建黄河流域高质量发展生态位评价模型，系统地提出了黄河流域高质量发展适宜性路径，较好地解决了研究区域怎样选择特色高质量发展之路，并明确了其发展路径多大程度上适宜的问题。同时，通过理论阐述、案例示范、静与动、态与势、点与面相结合的研究全面提出了其高质量发展适宜性路径的实施策略与政策。

（3）研究方法学科交叉特色鲜明。本研究立足于黄河流域高质量发展与其生存环境的相互作用关系，将生态位理论引入黄河流域高质量发展适宜性路径研究，剖析了流域各城市高质量发展适宜性路径的选择与实施问题。同时，本研究将 GIS 空间分析技术应用到黄河流域高质量发展适宜性路径的空间特征和演化规律分析中，从而将研究结果科学、形象地呈现出来，使研究更具学科交叉的鲜明特色。

第2章 相关概念及理论基础

2.1 相关概念

2.1.1 高质量发展的相关概念

2.1.1.1 数量和质量

数量和质量是发展的两个方面，数量强调的是经济规模的扩张，质量强调的是经济质量的提升，数量和质量的划分意义在于分别从定量角度和定性角度对经济增长作出全面系统的评价。[97]

2.1.1.2 经济发展和经济增长

经济发展和经济增长的研究一直在被讨论，但在实际研究中很少对两者进行严格区分。目前有两种代表性观点：一是经济发展与经济增长之间存在一定的关系，但这两个因素之间也存在根本的区别；二是经济增长不仅意味着劳动生产的增加和国民财富的增加，也意味着人均国民生产总值的增加，两者是相同的。自 1960 年以来，后一种观点受到一些国家的质疑，一些国家的国内生产总值虽然增长较快，但该国经济社会政治结构并未相应改善，贫困现象依然显著，收入分配悬殊明显。因此，多数学者认为有必要区分经济增长和经济发展。经济发展的内涵包括更多，是一个动态的、长期的演进过程。[98]威廉·阿瑟·刘易斯（William Arthur Lewis, 1955）在他的《经济增长理论》一书中提到人均收入可以作为经济发展的衡量标准，提出经济增长并不是简单地考虑经济增长率，它是一个追求经济全面发展的综合概念，其中包括产业结构、科技和人居环境。[99]一般而言，"量"的积累侧面反映了经济的增长，经济发展是"量"的积累和"质"的全面提升。

2.1.1.3 高质量发展

习近平总书记在党的十九大会议上提出了高质量发展的概念，包含"创新、协调、绿色、开放、共享"五大理念。目前对高质量发展概念的理解主要包含以下三个方面：一是保持经济的平稳、协调发展，合理调整产业结构，从开放理念出发，建立全方位开放的新发展模式；二是深入贯彻共享理念，让社会全体成员在享受经济发展成果的同时，积累人力资源，推动社会进一步发展；三是落实绿色发展理念，强调经济发展与生态环境质量的协调，推进生态文明建设是当前高质量发展的主要任务。

根据上述对高质量发展内涵的理解，本研究将高质量发展定义为，以满足人民日益增长的美好生活需求和实现社会的全面发展为目的，具有生产要素投入少、资源配置高效、资源环境与经济协调发展、经济效益和社会效益高等特点，契合五大发展理念的发展模式。

2.1.2 生态位的概念

生态位的概念源于生态学，指的是某一种群在生态系统中所占据的时空位置及其对其他相关物种的影响。1917 年，英国的生物学家格林内尔（Grinnell）[100]最早对"生态位"进行定义，他认为生态位是"被个体或种群所占据的生态空间"，并将功能生态位定义为物种生存所必需的空间和条件。之后，埃尔顿（Elton，1927）将空间生态位定义为侧重于生存环境与天敌、食物之间的关系。[101]哈钦森（Hutchinson，1957）[102]定义了多维超体积生态位，认为物种生存受到多个资源因子的限制，不同物种对每个资源因子都有其对应的适应范围，在多个资源因子构成的多维空间中，根据适应范围可以分为高适应区间和低适应区间。在以上三种定义被提出之后，国内外学者们继续完善生态位理论，提出了很多新的定义。

惠特·塔克（Whit Taker，1975）认为生态位是物种在环境中所处的位置以及与其他物种的相互关系。[103]我国著名学者李自珍（1993）在总结哈钦森等（Hutchinson et al.）学者的生态位理论的基础上又提出了生态位适宜度这一概念[102]，他将生态位适宜度定义为"一个生物种居住地的现实资源位与其最佳资源位之间的贴近程度"，并给出了具体的计算模型。[104]朱春全（1997）提出生态位包括"态"和"势"两个方面，其中"态"是过去发展结果的体现，"势"是未来的增长趋势，等等。[105]

上述学者分别从不同的视角对生态位的概念进行了界定，拓宽了生态位的内涵，为物种研究提供了一个系统的、相互作用的新视角，目前被广泛应用于物种间关系、种群进化、生物多样性与稳定性等方面的研究，并取得了丰硕的成果。

2.2　生态位的相关理论

2.2.1　生态位适宜度理论

生态位适宜度理论最早于 1957 年由莱博尔德（Leibold M. A.）[106]提出，他基于格林内尔（Grinnell）[107]、查尔斯·埃尔顿（Charles Elton）[108,109]等学者的生态位理论，哈钦森（Hutchinson）[102]的"N 维超体积生态位"理论认为在某一生态空间内，生物体的生存会受到时间、空间等多种环境因素制约，假设环境因素可以作为 N 维空间内的坐标被度量，那么生物体对其 N 维资源的选择情况即可显示生态位适宜度的变化规律。国内李自珍等学者为揭示作物生长条件、生长周期、作物群落结构和环境供给之间的变化规律，首次将生态位理论引进作物的生长系统研究中，构建了生态适宜度理论模式和测算方法，进行了定量分析并取得了较好的效果。

当前，生态位适宜度理论通常被用于测量现实生态位与理想生态位间的接近度，其测量原理如图 2 - 1 所示。生态位适宜度可以反映整个生态系统的实际发展状况和拥有的可持续发展能力，因而被广泛应用于区域发展、产业分工、物流、教育、旅游、产业、创新等方面，并与各领域的理论相结合，均取得了较好的效果。

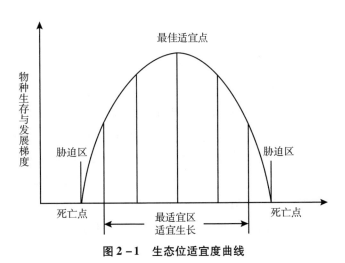

图 2 - 1　生态位适宜度曲线

2.2.2　生态位宽度理论

生态位宽度也被称为生态位大小，是生态位的重要表征指标之一。麦克特尼（Macarthur，1968）将生态位宽度定义为"生态位空间中，生物对象在某个方向或者维度上产生的位移"。[110,111]帕特曼和拉滕（Putman & Wratten，1984）认为生态位宽度是生物体利用并占据生态位资源，其利用或者占据的测度大小。[112]

生态位的宽度能够反映生物体对外部环境的资源利用情况或适应能力。生物体的生态位越宽，表明生物体对周边环境的适应性越强，且资源利用范围越广，其生态位就越大。相对地，生物体的生态位越窄，该生物体对环境的适应性就越弱，资源利用范围越小，所占的生态位也就越小。

基于上述理论，本研究将黄河流经城市看作生态位宽度理论中的生物体，通过测算各城市各资源生态位的宽度，来衡量其资源利用情况。

2.2.3　生态位态势理论

生态位态势理论最早由朱春全（1997）提出，他认为生态位包含"态"和"势"两个层面，生态位是物种的态势与生态系统态势总和的比值，体现的是该生物在所处生态系统中的相对地位。[105]他认为生态圈中的一类或一群生物就是一个生物单元，生物单元也可以是一个生物个体、生物物种或者是生物群落。因此只要定义的延伸符合类比逻辑，具备生物单元的基本属性，就可以根据具体的研究内容对其进行不同的定义，如从生态学领域拓展到社会科学领域。

态势理论将物种的成长和环境相互作用所累积的结果表述为其存在的状态，即"态"。"态"是一个生物单元在某个特定时间点的状态（生物量、个体数量、资源占有率、适应情况等），具体表现为资源占有能力、适应性等方面。物种对环境的影响即为"势"。"势"能够表现出生物体未来的发展趋势，是物种对环境的支配地位或实际影响。一个生物体在一段时间内对外界环境具有一定的影响力，如能量和物质转化率、生物增长率、经济增长率。"态"和"势"这两个属性共同决定了生态位的大小。从上述生态位的"态""势"的定义可以看出，生态位的态势不仅能够表现物种在空间和时间维度上所占据的位置，而且还能表现出物种之间的相互作用关系。

　　态势理论中，态的变化遵循"S"形曲线，势的变化遵循"钟"形曲线，并且"态"和"势"是不断发展和演变的。首先，"态"在一定时间内的变化曲线一般呈 S 形，一般情况下分为三个不同阶段：成长阶段、稳定阶段、滞缓阶段。成长阶段中，生物单元在当前环境下以逐渐变大的速度繁衍；当其数量与质量达到一定水平后进入稳定阶段，其增长速度持续升高后逐渐下降；增长速度在下降过程中"态"的变化曲线趋于平缓，生物单元的数量基本不变，当前属于滞缓阶段。"态"的计算公式如式（2.1）所示。

$$\frac{\mathrm{d}N}{\mathrm{d}t} = r\left[\,(K - N)/K\,\right]N \tag{2.1}$$

　　式中，K 指生态系统中的环境容纳量，N 指某个生物个体、物种或种群在该环境条件下的生存能力，即"态"的度量指标（一般用数量和质量表示），r 指内禀增长率。内禀增长率指环境条件良好、无天敌、周围其他物种的生长都控制在最理想的程度上，此时年龄结构稳定的某物种的增长速率，也就是说物种在最理想的环境中生存繁衍的速率。t 是时间变量。其次，"势"的变化曲线在一定时间内呈"钟"形，实际上，"势"表示"态"在一定时间的变化快慢，即"态"变化速率的一阶导数 $\mathrm{d}N/\mathrm{d}t$。"态"与"势"的变化趋势如图 2-2 所示。生态位态势理论能够反映出自然界和人类社会各生物单元的生存发展和演变规律，运用该理论也能更好地理解生态系统中存在的竞争、排斥等现象。

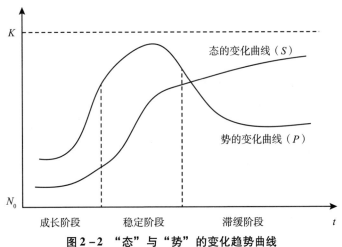

图 2-2　"态"与"势"的变化趋势曲线

2.2.4　生态位重叠理论

生物学家高斯（G. F. Gause，1934）通过实验研究发现，在资源有限的情况下，同一资源被两个或多个物种同时需要时，物种间必然会产生竞争和排斥，这就是最初定义的生态位重叠理论。[113]

学术界对生态位重叠现象的定义较为统一，总体上是将两物种占据同一资源或空间的重叠程度作为重叠度大小。如吴颖莹（2015）把两个物种或多个物种之间生态位交叉的比例作为重叠度大小，即两物种或多物种对同一资源的共同利用程度。[114]一般来说，生态位的重叠必然导致竞争，重叠度越大，竞争的可能性越大。特别是在生态圈中的资源挖掘空间有限时，物种之间较高的生态位重叠度一般会产生更激烈的竞争，但当环境资源富足时，生态位的重叠一般不会导致竞争，此时的重叠现象反而在一定程度上能够促进彼此的共同进步。这就可能会使得生态系统中不同物种之间采取某种互惠互利与共赢生长的合作方式。

若生物单元 A 和 B 的生态位宽度相同，则生态位重叠度存在以下三种情况，当 A 和 B 生态位不存在重叠时，无论资源是否充足，A、B 之间都不会发生竞争；当 A 和 B 生态位存在重叠时，资源的丰富程度与竞争的激烈程度成反比，即资源充足的情况下 A、B 之间不存在竞争，资源缺乏的情况下资源缺乏越严重，竞争水平越激烈；当 A 和 B 的生态位完全重叠时，无论资源是否充足，A、B 之间都会存在竞争。具体竞争情况如表 2－1 所示。

表 2－1　　　　生态位宽度相同情况下生物单元 A、B 的竞争情况

重叠与分离程度	资源情况	竞争情况
A 和 B 完全分离	充足	不存在
	缺乏	不存在
A 和 B 部分重叠	充足	不存在
	缺乏	存在
A 和 B 完全重叠	充足	存在
	缺乏	存在

应用在区域城市的生态位竞争领域时，生态位重叠就是当同一资源被两个或多个城市同时需要时，城市之间产生的竞争和排斥行为。重叠程度

不同，城市间采取的竞争策略也不同，为了更好地理解城市间在不同重叠度下的竞争关系，在此给出生态位的一维资源利用图，并结合生态位的完全分离、较小的重叠度和较大的重叠度，给出同一区域城市间某个生态位重叠与竞争的关系，如图 2－3 与图 2－4 所示。该图一般呈正态分布，图中 1、2、3 分别代表三个不同的城市，d 表示峰值之间的距离，w 表示曲线的标准差。

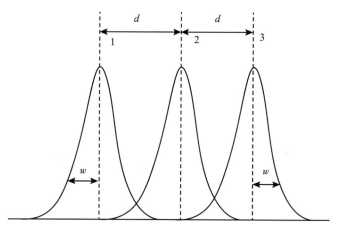

图 2－3 资源利用生态位小部分重叠

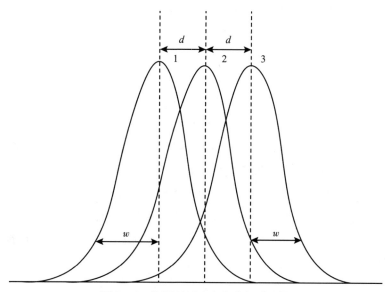

图 2－4 资源利用生态位大部分重叠

（1）城市间某生态位完全重叠或者完全分离，说明城市间占据完全不同的生存资源与活动环境，一般这样的现象在现实中是不存在的，是理论上的理想化表现。

（2）城市间的生态位小部分重叠在一维资源利用曲线中，当 $d > w$ 时，不同城市资源利用曲线之间的重叠部分较小，如图 2 - 3 所示。此时，一般来说城市之间的竞争也较小。这种情况说明该生态位资源比较富足，还存在没有被开发利用的闲置资源，也可能是不同城市之间的资源类型差距较大。

（3）城市间生态位大部分重叠在一维资源利用曲线中，当 $d < w$ 时，呈正态分布的曲线之间重叠部分变大，如图 2 - 4 所示，说明城市间竞争比较激烈。这是由于该生态位的资源有限，或者是不同城市在所有资源生态位上的需求较为相似，引发了竞争。

2.3 区域发展的相关理论

2.3.1 比较优势理论

在亚当·斯密绝对优势理论[115]的研究基础上，大卫·李嘉图（David Ricardo）将其发展为比较优势理论[116]。该理论的核心在于通过市场竞争机制将国家的资源主动配置到生产效率相对较高的行业，然后根据各地区的相对优势实施区域分工，最终实现双方共赢。[117]在区域的经济活动过程中，企业会根据地区在劳动力、资金、制度、技术等方面的比较优势，积极对产品进行合理定位，打造区域优势产品，积累企业优势；区域内优势企业集聚形成区域产业优势，区域内优势产业集聚形成区域产业规模优势，而规模优势则决定了该区域的产业竞争力。因此，归根结底一个地区的产业优势还是由劳动力、资本、制度和技术等经济因素决定的。各地区根据自身现有的经济要素选择区域分工或专业化生产，形成本地区企业和产业的比较优势，由此形成本地区的产业规模优势，最终达到不断提升本地区区域竞争力的目的。

2.3.2 要素禀赋理论

瑞典经济学家伊莱·赫克舍（Eli F. Heckscher, 1919）最早提出要素禀赋理论，后经其学生贝尔蒂·奥林（Berti Ohlin）系统整理形成了较为完整的理论，因此，该理论又被称为 H－O 理论。[118]要素禀赋理论最早是伴随着新古典比较优势理论产生的，最初的研究目的是解释国际贸易领域两个经济主体间开展贸易的原因以及贸易双方为什么会具有各自的比较优势。其基本分析思路是，由于地区要素禀赋的差异造成了在技术水平相同的条件下不同经济体间的产出差异，产出上的差异带来商品供给能力的差异，进而使得两个经济体间的商品价格不同，从而可以分析出不同经济体间进行贸易的可能性。从成本的角度来看，不同地区的禀赋差异会导致各要素之间的价格差异，从而导致不同地区同一产品的生产成本不同，使得两个经济体间相同商品的价格产生差异。从产出和成本角度都可以解释贸易发生的根本原因是地区要素禀赋的差异。

与李嘉图提出的比较优势理论基本观点不同，要素禀赋理论的前提是两个经济体间劳动生产率和技术水平无差异，要素禀赋差异是进行贸易的根本原因。如果贸易双方按照自身要素禀赋状况进行生产，出口国利用自身的优势禀赋，出口自身的优势产品、富裕资源，进口一些本国的稀缺资源、技术，便能达到优势互补，双方共赢。

2.3.3 增长极理论

"增长极"是经济学家弗朗索瓦·佩鲁首先提出的经济概念。[119]他认为，如果将经济空间视为一个力场，那么力场中具有推力的单位就可以被称为力场中的一个增长极。如果增长极是具备驱动力的企业，那么它不仅自身可以快速增长，还会以不同的方式向外围辐射，通过乘数效应加速相关业务增长甚至行业成长，从而影响整个经济的发展。因此，增长极必须具备三个基本特征：一是具有足够大的直接或间接影响经济发展的影响力；二是与其他业务或行业相比，增长极必须增长得足够快；三是行业或企业之间的关系足够密切，如此增长极的带动效率便能够提高，推动区域经济发展。

2.4 本 章 小 结

本章节的主要目的是对本研究的相关概念、理论基础进行研究，为后续研究奠定理论基础。

　　首先，从数量与质量、经济发展和经济增长两个层面对高质量发展的概念进行细分解读，然后结合习近平总书记关于高质量发展内涵的讲话，提出本研究对城市高质量发展的定义，为后文建立黄河流域城市高质量发展的评价体系奠定基础；其次，对生态位相关的适宜度理论、宽度理论、态势理论、重叠理论进行阐述，为后文将生态位理论与黄河流域城市高质量发展的结合奠定理论基础，也为后文的实证研究建立方法依据；最后，对区域发展相关的比较优势理论、要素禀赋理论和增长极理论进行阐述，为后文提出黄河流域城市高质量发展适宜性路径提供理论参考。

第3章 黄河流域城市高质量发展
生态位理论框架构建

从宏观视角来看，黄河流域城市高质量发展类似于自然系统中物种的演变。因此，从生态位视角剖析，更能抽丝剥茧地分析黄河流域城市高质量发展状况，从而确定其高质量发展的适宜性路径。本章在分析黄河流域城市高质量发展及其生态位内涵的基础上，重点分析了黄河流域城市发展生态位的构成要素及其演变。

3.1 黄河流域概况

3.1.1 自然地理概况

黄河是我国第二大河流，整个流域面积接近 80 万平方千米。形态呈现为一个巨大的"几"字，途经 9 个省和自治区。[120] 该流域宜农宜牧，贯穿我国东西两部，且绝大部分区域位于我国的西北部地区，东西长 1900千米，南北宽 1100 千米。黄河流域地域辽阔，贯穿了多种地形地貌。[121]各地区气候、植被等方面也表现出了复杂性和多样性。

（1）整体地势形态表现为西部高，东部低。西部地区主要由高山组成，平均海拔达到 4 千米以上，具体表现为常年积雪冰川形态；中部地区大部分为黄土地势；东部表现为黄河与平原共生，因此洪水对土地会造成一定的威胁。

（2）黄河流域东临海岸，西居内陆，受大气环流和季风环流影响，流域内不同地区气候差异显著。从季风角度看，兰州以北地区属西藏高原季风区，其余地方为温带和副热带季风区；从气候角度看，黄河流域主要属于南温带、中温带和高原气候区。流域西北部为干旱气候，中部为半干旱气候，东南部属半湿润气候。[122]气候整体特征表现为光照充足，太阳辐射强；季节差别大、温差悬殊；降水集中，分布不均；冰雹多，扬沙多；无霜期短。

（3）植被与所处地理位置和自然条件有很大关系，黄河流域不仅分布着水平地带性植被，也有依据山地生境而分布的垂直地带性植被，加上黄土丘陵地貌造就的沟壑生境，使该区的植被类型更加多样化。[123]

3.1.2 城市概况

黄河流域作为中华民族最早开发与发展的地区，城市发展具有悠久历史，早在四千多年以前，黄河中下游的城市就已经初现。根据相关文献和考古资料记载，商朝及春秋战国时期的主要城市都集中在黄河流域。在汉唐时期，领土扩张和经济发展迅速扩大到长江以南地区，沿海、北部和新疆等地的城市也随之发展。时至今日，黄河流域的城市继续承担国家发展的重要作用，其影响力纵贯古今。

依据由国务院批复、水利部黄河水利委员会编撰的《黄河流域综合规划（2012－2030）》，黄河流域涉及9省区66个城市。在统计流域整体概况时，为便于研究，本研究借鉴杨永春等（2020）的划分原则：一是将落入黄河流域空间范围内的9省区相关地市都划入；二是若与其他流域的界限有冲突，则根据该地市面积在黄河流域所占比例是否为50%以上，或地级政府的所在地是否在黄河流域，或黄河干流及其一级支流是否流经该地市，来确定这个地市是否属于黄河流域。[124]本研究共选择了9省区60个城市。9省区分别是青海省、宁夏回族自治区、甘肃省、内蒙古自治区、陕西省、山西省、河南省、山东省、四川省；60个城市分别是西宁市、银川市、石嘴山市、吴忠市、固原市、中卫市、兰州市、白银市、天水市、平凉市、庆阳市、定西市、呼和浩特市、包头市、乌海市、鄂尔多斯市、巴彦淖尔市、西安市、铜川市、宝鸡市、咸阳市、渭南市、延安市、榆林市、商洛市、太原市、长治市、晋城市、朔州市、晋中市、运城市、忻州市、临汾市、吕梁市、郑州市、开封市、洛阳市、新乡市、焦作市、濮阳市、三门峡市、济南市、淄博市、东营市、济宁市、泰安市、德州市、聊城市、滨州市、菏泽市、海东市、海北藏族自治州、黄南藏族自治州、海南藏族自治州、果洛藏族自治州、玉树藏族自治州、临夏回族自治州、阿坝藏族羌族自治州、甘南藏族自治州、阿拉善盟。

3.1.3 人口概况

目前，黄河流域总人口为 11368.2 万人，占全国总人口的 8.63%，其中人口最多的省份是河南省。黄河流域内超过 95% 的人口集中生存在不到 1/2 的土地上，且人口分布重心向东偏移。从黄河流域区段分布来看，下游是人口密度极高的地方，亦是黄河流域人口的核心集中区域，而在黄河流域的上游，人口分布则呈点状式的零散分布，主要分布在各省的省会和其他的中心城市，并且这片区域内相对发展较好的城市几乎都拥有着丰富的矿产资源。也可以说，黄河流域的人口分布具有比较明显的资源耦合性和经济政治重合性。[125]

通过图 3 – 1 中对黄河流域城市人口数量的统计发现，人口主要集中分布在中下游城市，其中人口数量最多的城市为西安市和郑州市，且下游的城市群集中了最多的人口。人口作为产业经济发展的基础，对当地产值具有一定的影响，同时也是当地经济实力、吸引力和发展潜力的一个重要体现。在黄河流域人口结构方面，上游地区城市群的整体发展水平低于中游地区和下游地区。虽然中游地区城市群所占规划面积相对较大，但是在城镇、人口和经济规模层面相对较小。

3.1.4 经济发展概况

黄河流域地域辽阔，且流域大部分城市位于我国中西部地区，该地区经济基础也相对薄弱，由于历史、自然条件等原因，流域内城市的发展基础差异较大。但是，随着近年来西部大开发、中部崛起等战略的实施，流域经济社会方面也得到了快速发展。1980 年以来，流域国内生产总值年均增长率达到 11%，人均 GDP 增长了 10 倍以上。[126] 黄河流域的高质量发展也成为我国重大国家发展战略。

济南、郑州、西安等黄河流域中心城市是黄河流域优质发展的重要载体，要促进黄河流域的高质量发展，必须发挥中心城市的主导作用，带动流域内的要素流动，形成优势互补的高质量经济发展布局。图 3 – 2 为 2011 年与 2020 年黄河流域 60 个城市的 GDP 对比。图中显示，2020 年的 GDP 数值较 2011 年整体都实现了增长，但不同城市之间增长幅度差异较大。郑州市涨幅最大，其崛起是大势所趋，作为东西南北的交通枢纽以及物流中心，它拥有其他城市无可比拟的地理优势。其次是西安市，西安市作为陕西省的省会，在举全省之力的建设下也取得了不错的成绩。GDP 总额变化最小的是巴彦淖尔市、铜川市和乌海市。这三个城市都属于

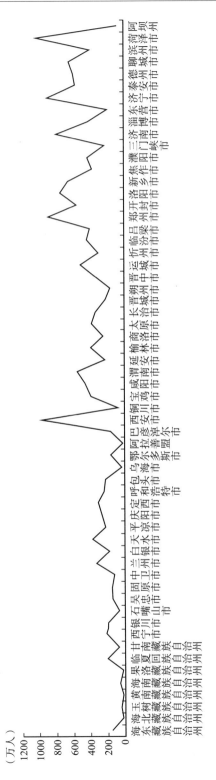

图3-1　黄河流域人口分布

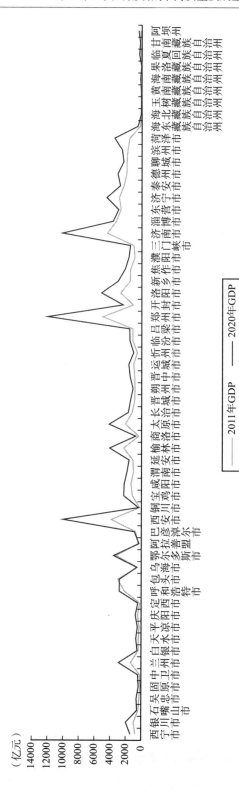

图 3-2　黄河流域 2011 年和 2020 年度城市 GDP 对比

经济不发达的西部地区。从增量规模上看，GDP 发展的差异，一方面反映了黄河流域各地区发展至今现有的实力基础；另一方面也是这些地区发掘和增强自身实力的一种直观证明，显示出了其在黄河流域的地位，有助于这些地区在黄河流域经济发展中起到更强的领头作用。

3.1.5　生态环境发展概况

从生态环境发展现状来看，黄河流域依然面临着突出的生态环境问题。首先，黄河流域生态环境脆弱，每年都有大量的黄土流失，仅黄土高原流失面积就达到 45.4 万平方千米。其次，黄河流域水资源约束性较强，保护与发展之间矛盾突出，如何在资源环境约束下实现高质量发展是黄河流域发展的主要矛盾，推进生态环境的保护和发展的关键不在于解决自然资源的匮乏现状，而是要加强自然资源的保护与利用。水资源的主要制约因素不是水资源总量，而是水资源利用效率和结构的合理性。在今后黄河流域社会经济快速发展进程中，水污染治理的难度将大大增加，流域内水环境压力会更大，水资源的发展形势在较长时期内仍然十分严峻。

近年来，随着黄河流域生态环境保护规划的提出，流域内的生态环境得到持续改善。图 3 - 3、图 3 - 4 为 2011～2020 年黄河流域建成区绿化覆盖率及黄河流域工业废水排量总量变化示意图。从图中可以看出，近年来，建成区绿化覆盖率呈平稳上升趋势，表明流域内在绿化方面所作的工作已经渐渐取得了积极效果。黄河流域工业废水排放总量整体呈现出下降趋势，一方面反映出黄河流域工业污染治理的进步，工业污染排放逐年降低，相应的污染治理能力得到了进一步提升。另一方面反映出黄河流域对污染治理的重视，以及流域内污染治理水平的不断提升。

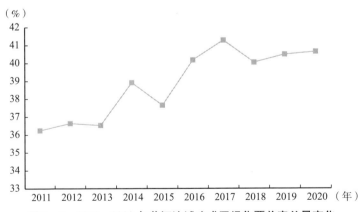

图 3 - 3　2011～2020 年黄河流域建成区绿化覆盖率总量变化

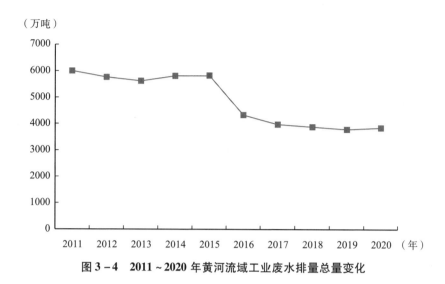

图 3 - 4　2011～2020 年黄河流域工业废水排量总量变化

3.2　黄河流域城市高质量发展的内涵

黄河流域高质量发展在我国经济社会稳定发展中具有十分重要的地位。2020 年十九届五中全会指出，解决现阶段主要矛盾是"十四五"期间发展的根本目的。这从根本上确定了高质量发展的目标。黄河流域从西到东横跨 4 个地貌单元，流经 9 个省区，整体地理跨度较大，涉及省域较多，不同地区的资源禀赋各不相同，发展现状也各不相同，发展中遇到的问题复杂多样。总体来说，黄河流域经济发展与生态保护间的矛盾较为突出，流域整体综合发展的难度也较大。

所以，黄河流域城市高质量发展应充分体现全局性和系统性，从流域整体实际现状出发，以保护、治理生态环境为前提，以创新、协调、绿色、开放、共享的新发展理念为指引，以解决当前社会主要矛盾为目的，结合地区资源禀赋确定合理发展路径而进行全方位发展。

综上所述，黄河流域城市高质量发展的基本内涵可以归结为如下几点：

（1）黄河流域贯彻落实以创新驱动黄河流域城市高质量发展的方针，促进区域创新体系不断成熟；

（2）拥有一定规模的先进制造业作为经济根基；

（3）拥有良好的生态环境，人与自然和谐相处；

（4）黄河流域的人民生活得到较大保障，生活成本相对下降；

（5）黄河流域各省区根据实际情况设计出适宜性发展路径并加以实施；

（6）注重经济社会发展，更注重保护生态环境。

以上述内涵为标准进行流域城市高质量发展建设，对于黄河流域内达不到高质量发展标准的城市，要识别出主要障碍因素并进行改善和消除；对于已经达到高质量发展标准的城市，宣传其城市发展模式，为其他相似城市提供发展路径上的借鉴。

3.3 黄河流域城市高质量发展生态位的内涵

3.3.1 黄河流域城市高质量发展生态位的定义与特征

尽管关于高质量发展生态位的概念比较匮乏，但是生态位在旅游、企业发展等人文社科其他领域的研究早已开展，这些领域生态位的定义为本研究提供了有益的借鉴。如旅游生态位是指在区域特定环境中，基于旅游地与当地经济发展、区域环境以及其他旅游地的相互作用，在旅游资源、旅游市场、社会经济和生态环境维度上，所占有的生态地位和所发挥的功能作用。[127]省域旅游产业竞争力生态位指省域旅游产业的现实生态环境，反映了省域旅游产业发展的现实资源条件。[128]航运中心的生态位指的是航运中心在一定时间和空间内所利用的资源的集合，它能动地反映了航运中心在航运中心生态系统中与其他港口城市之间相互作用过程中所形成的相对地位和功能作用。宏观的企业生态位以企业种群为生态位的基本分析单位，关注于同质企业集群与环境的双向适应性。[129]微观的企业生态位以企业和个体为基本分析单位，关注于企业和个体所能利用的资源、发挥的功能、占据的市场，关注于企业和个体适应环境并能动改造环境的双向互动性。[130]东北地区国有林区林业产业生态位是指国有林区林业产业生态系统内各层级生态元发展存续所依赖或能被利用的，在时间和空间上占据或潜在占据的林业资源、气候、地域、能源等自然因素和社会关系、劳动力、技术、市场需求、政策和制度等社会因素的模糊集合。[131]

结合之前学者的相关研究，本研究将黄河流域城市高质量发展生态位定义为，在一定的时间和空间局限中，黄河流域城市高质量发展所需的各种资源及其承担的经济、社会功能关系的总和。黄河流域城市高质量发展生态位具有两方面的含义：一方面是在特定的生态资源空间中，黄河流域城市实施高质量发展活动所能获得的资源空间的部分，以及其所表现出的能力位置；另一方面是黄河流域高质量发展活动的实施对外部环境所产生的影响。

通过上述定义，可以得出黄河流域城市高质量发展生态位具有以下基本特征：

（1）受资源禀赋条件的制约。黄河流域高质量发展受基础设施、创新资源、服务业资源、生态环境资源、工业资源等多个因子的限制和制约。流域城市资源禀赋越高，则其高质量发展过程中可加以利用的资源规模越大，其高质量发展进程更快速。黄河流域城市高质量发展受其自身资源禀赋条件的制约，高质量发展的结果也是为了更有效率地开发利用资源，两者是相辅相成的。

（2）受外部社会经济条件的影响。人类活动的表现形式之一为社会经济活动，黄河流域城市高质量发展也是无数发展活动综合的结果。归根结底，黄河流域城市高质量发展也是建立在经济活动基础之上的。黄河流域城市高质量发展生态位的发展与演变都会受到社会经济条件的影响。

（3）受影响因子阈值的限制。每个影响因子对于黄河流域城市高质量发展都有一个合理的阈值，在这些阈值限定的范围内进行的发展都符合黄河流域城市高质量发展要求。所有阈值限定产生的结果最终组合起来就是黄河流域城市高质量发展生态位。

3.3.2　黄河流域城市高质量发展生态位与发展路径的关系

"路径"一词通常可理解为道路、轨迹、方法，本研究将黄河流域城市高质量发展路径定义为黄河流域城市依据自身的技术状况、资源条件、战略目标等要求，所采用的符合城市初始条件和长远利益的流域城市高质量发展的手段和方法。

如何选择一条合理的流域城市高质量发展路径，对于实现流域城市高质量发展的战略目标、提高黄河流域城市高质量发展能力都具有重要的现实意义。一般情况下，正确的高质量发展路径应该是在了解流域城市自身资源能力状况的基础上与外部环境综合权衡下选择的。黄河流域城市高质量发展生态位指的是这些城市在特定的环境中所形成的空间位置与功能作用，这不仅反映了流域城市自身高质量发展能力，也是黄河流域城市与外部周围环境相互作用的综合体现。

黄河流域城市高质量发展生态位与发展路径的关系如图 3 - 5 所示。黄河流域城市高质量发展生态位与发展路径之间相互作用、相互影响，具体的关系表现如下：

（1）黄河流域城市高质量发展路径的选择是以黄河流域城市高质量发展生态位为基础的。黄河流域城市高质量发展路径应该根据客观条件有依据有条理地选择与实施，不能凭空进行。黄河流域城市高质量发展生态位反映了流域城市进行高质量发展活动的自身资源能力状况和外部环境两个方面的内容，客观全面地体现了黄河流域城市高质量发展所处的一种状态。黄河流域城市高质量发展生态位状况对城市高质量发展具有重要的潜在影响，流域城市必须对自身所处的生态位进行准确定位才能健康发展。因此，黄河流域城市高质量发展生态位对其发展路径来说，既是前提条件，又是现实基础。

（2）黄河流域城市高质量发展路径的选择随着黄河流域城市高质量发展生态位的变化而变化。受外部环境等不确定因素影响，黄河流域城市高质量发展的生态位并非固定不变的，随着各种影响因子的变化，其生态位也随之改变，它是一个与环境相互作用的动态演化结果。黄河流域城市高质量发展活动想要实现预期目标，不仅要选择合适的发展路径，更要根据黄河流域城市高质量发展生态位的变化而适时地对发展路径进行调整。黄河流域城市高质量发展生态位是内部高质量发展能力与外部创新环境的综合体现，如果一直保持原有的发展路径而不做修改或重新选择，那么不但会使流域城市错失良机，还会导致高质量发展活动面临严峻的风险，最终妨碍流域城市的发展进程。

（3）黄河流域城市高质量发展路径的实施会对黄河流域城市高质量发展生态位产生影响。在对黄河流域城市高质量发展生态位状况进行有效分析后，就可选择合适的黄河流域城市高质量发展路径，然后根据这个路径展开一系列的高质量发展活动，使得流域城市高质量发展达到预期效果，此时流域城市的高质量发展生态位就发生了变化，在下一次的高质量发展活动进行之前就要重新对其生态位进行分析判断，然后根据生态位的变化对黄河流域城市高质量发展路径做出及时调整，从而使高质量发展主体在新的黄河流域城市高质量发展生态位状态下选择适合的高质量发展路径。

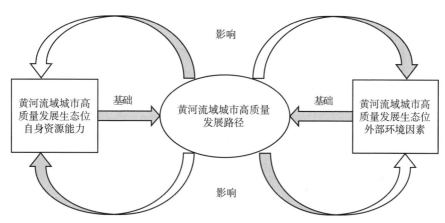

图 3 - 5　黄河流域城市高质量发展生态位与发展路径的关系

3.4　黄河流域城市高质量发展生态位的构成要素

3.4.1　黄河流域城市高质量发展生态位的基本类型

黄河流域城市高质量发展生态位是一个复杂、多功能的生态位，为了更加深入地研究黄河流域城市高质量发展状况，需要将黄河流域城市高质量发展生态位进行详细的划分。

根据生态位的分类，[132] 本研究将黄河流域城市高质量发展生态位细分为黄河流域城市高质量发展实际生态位、黄河流域城市高质量发展基础生态位、黄河流域城市高质量发展潜在生态位，如图 3 - 6 所示。黄河流域城市高质量发展基础生态位是指根据城市高质量发展现状提供的理想资源匹配状态。黄河流域城市高质量发展实际生态位是指根据城市高质量发展现状提供的现实资源匹配状态。黄河流域城市高质量发展潜在生态位是指城市高质量发展有可能实现的资源匹配状态。

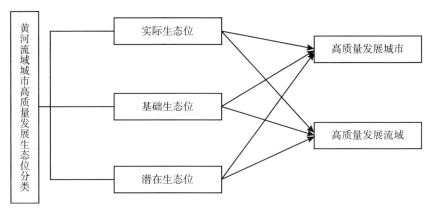

图 3 - 6 黄河流域城市高质量发展生态位分类

3.4.2 黄河流域城市高质量发展生态位的构成

黄河流域城市高质量发展生态位的构成基于其所依托的资源和对资源的利用程度。从空间划分上看，可以用各资源生态位来表示具有不同方向和量纲的生态因子。因此，可以将黄河流域城市高质量发展生态位进行资源生态位的划分，以便进一步研究。本研究把黄河流域城市高质量发展资源生态位定义为可以影响黄河流域城市高质量发展状况的生态因子的总和。

为了科学地将黄河流域城市高质量发展资源生态位进行分解，本研究收集并汇总了相关学者在人文社科相关领域生态位的划分，如表 3 - 1 所示。

表 3 - 1　　　　　　　　　相关领域生态位划分结果

作者	研究对象	生态位划分结果
李香梅[133]	绿色工艺创新路径演化	创新需求生态位、创新资源生态位、创新制度生态位
肖长江[134]	区域建设用地的空间配置	自然生态位、经济生态位、自然 - 经济生态位
李娜[135]	装备制造业升级路径	需求生态位、资源生态位、文化生态位、技术生态位
赵素霞[136]	高标准农田建设	自然环境生态位、社会经济生态位
彭文俊[137]	建筑生态位与评价方法	使用功能生态位、建造技术生态位、形象艺术生态位、运营管理生态位、社会效益生态位
梁龙等[138]	贵州茶产业发展	生产要素生态位、核心能力生态位、产业生态位、区域生态位

基于生态位的研究视角，本研究依据习近平总书记关于黄河流域城市高质量发展的重要论述，结合之前学者的研究以及对不同领域研究时生态位的划分结果，将黄河流域城市高质量发展生态位分为七个资源生态位：基础设施资源生态位、服务业资源生态位、对外开放资源生态位、创新资源生态位、工业资源生态位、农业资源生态位、生态环境资源生态位。上述七个资源生态位共同影响着黄河流域城市高质量发展生态位的发展状况。

3.4.2.1　基础设施资源生态位

（1）基础设施资源生态位的定义。基础设施资源生态位是指在一定时间和空间范围内，城市基础设施建设和发展所需的物质条件和物质基础。基础设施资源生态位与城市的地区特点以及资源禀赋条件密切相关，代表着支撑基础设施发展的物质资源总和。基础设施资源的"态"是基础设施资源在以往发展过程中的累计成果，是相关政策法规、积累的资源相互作用形成的。基础设施资源的"势"是指人们对基础设施资源的需要程度。这也在一定程度上反映了基础设施资源未来的发展趋势。

基础设施资源的开发和利用的效率和效果很大程度上取决于各类基础设施资源竞争能力的大小。简言之，就是取决于该种基础设施资源是否贴合人们生存生活的需要。这对基础设施资源的开发和利用具有显著的现实意义。

（2）基础设施资源生态位的特征。基础设施资源生态位在一定程度上代表地区现阶段发展状况，也可以反映出当地政府对生态环境以及居民生活的关注度。基础设施资源发展状况较好的地区，其经济持续发展能力也较强。总体来说，基础设施资源生态位具有较强的地域性、规划性，与经济发展水平的关系也较为密切。

一是地域性强。基础设施资源的设置需要依据特定的地方特色而做出改变，基础设施的建设必须有实际效用。基础设施资源的生态位也与地域相关联。不同地域的基础设施资源生态位差异较大。

二是规划性强。基础设施资源都是通过制定一定的计划，从而建造实现的。每一个基础设施都有其特定的规划与安排，相应的基础设施资源生态位也受其限制。基础设施资源生态位的规划性是由很多因素决定的，其中最重要的因素是资源的稀缺性。经过合理规划再建设的基础设施资源才能够发挥出真正的效用，真正起到有利于社会的效果。

三是与经济发展水平关系密切。地区经济发展水平越高，基础设施资源的经济投入越巨大，从而会产生更加丰富的基础设施资源，从而得出经济发展水平不同，基础设施资源生态位也不尽相同的结论。通常来说，经济发展水平与基础设施资源生态位的竞争力呈正相关关系。

四是奠基性。奠基性是基础设施资源生态位的特有属性，对于不同地区也具有相同的效用。基础设施资源生态位是人们生产生活的基础，也是其他经济活动的基础。没有完善的基础设施资源，就没有强劲的经济发展动力。基础设施资源生态位竞争力越强，其奠基性就越强。

五是时限性。不同时期的基础设施资源生态位不同。在物质极为匮乏的年代，基础设施资源生态位较小，而在如今物质较为丰富的年代，对于基础设施资源的功能要求越来越多，也越来越复杂。基础设施资源生态位的竞争力也随之增强。

基础设施资源具有举足轻重的地位，在发展过程中基础设施建设也总是排在第一位。黄河流域城市高质量发展中，基础设施资源生态位的特定地位也是不可替代的。

3.4.2.2　服务业资源生态位

随着生态位相关研究的不断加深，服务业中类似于自然生态系统生态位的部分引起了广泛关注。

（1）服务业资源生态位的定义。服务业资源生态位是指某区域服务业在其所处的地区发展所需的条件和物质基础。服务业资源的"态"是当前服务业资源的状态与发展水平。服务业资源的"势"是服务业资源开发利用过程中对环境的现实影响能力。服务业资源生态位的大小直接决定了服务业资源的竞争能力强弱。现阶段服务业资源生态位正在逐步扩张中，未来服务业资源开发利用的竞争会更加激烈。了解服务业资源生态位的内涵以及特征，有助于为服务业的未来发展铺平道路。

（2）服务业资源生态位的特征。服务业资源生态位是与人们日常生活质量息息相关的生态位。服务业资源生态位开发利用的程度越高，人们生活的幸福感与满意度越高。服务业资源生态位的特色易于被发掘，也易于被模仿，具有主动性、竞争性强、重叠度高的特点。

一是主动性强。主动性强有两个方面的含义。一方面，相对而言，服务业从业者的自主选择空间较大。生产性服务业从业者可以主动决定何时进入与退出市场。生活性服务业由于门槛相对较低，其从业者的自由度更高。另一方面，一些服务业需要主动寻求消费者。如主动设定相应的引流策略，以及充分挖掘自身服务特色等行为。服务业资源需要主动做出努力，才能更好地被市场接纳。

二是重叠度高，竞争性强。服务业资源生态位的重叠度较高，且服务业资源发展空间较为匮乏的地区，有可能引起服务业各单元间的过度竞争。各服务业资源之间的竞争无外乎两种结果：第一类是竞争能力弱的服务业资源被抢占市场，难以为继，进而退出市场；第二类是竞争能力弱的服务业资源主动缩减自身市场份额，以期减少竞争。优胜劣汰、适者生存的规则在此也同样适用。只有自身竞争能力强的服务业资源才能得以存续，长久发展。

三是特色易于被发掘，也易于被模仿。首先，自身特色创新方面，服务业资源的种类繁多，可以创新的突破点众多，易于形成可以影响甚至决定服务业资源生态位大小的新特色。但是对于自身特色不鲜明的服务业资源，开发新的特色有时也相对较为困难。其次，对于他人已经开发完成的特色服务业中，模仿这种已然开发好的服务资金和资源消耗相对较少，所以开发的新特征也极易被效仿。这在一定程度上加大了服务业资源生态位的重叠度与竞争性。

四是地域特色较强。不同地域的服务业资源特色不同。绝大部分服务业的对象都是所在地的消费者，风俗习惯、生活方式的不同都会使不同地域的服务业产生差异。

3.4.2.3　对外开放资源生态位

本节首先分析对外开放资源生态位的定义，然后在此基础上探讨对外开放资源生态位的特征。

（1）对外开放资源生态位的定义。对外开放资源生存发展所需的条件及物质基础即称为对外开放资源生态位。对外开放资源的"态"属性是我国重新打开国门以来的各项政策以及不断发展过程中积累、控制的资源等相互作用产生的。对外开放资源的"势"属性是指对外开放资源所带来的影响以及产生的支配能力，在一定程度上代表着对外开放资源的发展潜力。对外开放资源的态势之和决定了对外开放资源的竞争能力。

对外开放资源生态位决定了对外开放资源在经济活动中的竞争能力，还制约着对外开放资源发挥的作用以及生存的状况。随着世界互联程度的加深，对外开放资源生态位也显得愈发重要。

对外开放资源的开发利用过程涉及经济、自然和社会领域，所以，对外开放资源的开发与利用也是一个经济—社会—自然生态系统。对外开放资源在经济、社会领域中可供其使用的条件越好，对自然领域的负面影响越低，社会经济发展对对外开放资源的需求越大，对外开放资源生态位的地位越高。

（2）对外开放资源生态位的特征。对外开放资源生态位是国家和地区吸引力的代表，对外开放资源的开发利用程度越高，在一定程度上也代表着这一地区的发展潜力越高。由此，对外开放资源对于地区发展具有一定的预测作用。了解对外开放资源生态位的特征会使对外开放资源的开发和利用过程的难度降低。总体来说，对外开放资源生态位具有地区差异性、开放性以及可持续增长性。

一是地区差异性。对外开放资源的开发与利用程度与地区开放程度及地区吸引力成正比。相对而言，沿海地区具有一定的地理优势，加之国家的开放政策的特意倾斜，沿海地区一直是对外开放资源开发利用的温床。内陆地区虽然没有鲜明的地理优势，但很多地域都有显著的民族风情与独特文化，这也会在一定程度上吸引对外开放资源。所以，沿海地区以及内陆特色省份的对外开放资源都较为丰富。但是地区不同，吸引对外开放资源的特质不同，利用对外开放资源的能力也有区别，最终不同地区的对外开放资源的质量以及数量也会存在差距。

二是开放性。对外开放资源的舶来品特性决定了地区发展必须掌握好对其依赖程度。在发展过程中，过度依赖对外开放资源，会大大增加经济环境动荡的可能性，极易被"卡脖子"，所以要提前杜绝这一风险，创造良好的经商营商环境。但在当今开放的世界中，闭门造车已不可行，所以对外开放资源的开发和利用势不可挡。随着世界开放程度的加深，人们对对外开放资源的理解也会随之加深，对外开放资源的开发和利用速度不断加强。

三是对外开放资源生态位的大小是会随着实际状况的变化而不断发生改变的。对外开放资源的开发利用过程中，对外开放资源不仅会为地区带来一定的影响，其本身也会发生改变。对外开放资源在其开发利用过程中会在经济方面产生不同程度的变化，若某一对外开放资源在开发利用过程中逐渐弱化，其他对外开放资源会引以为鉴，可能会退出这一地区。但若在开发利用过程中产生了巨大的经济效益，可能会使其他对外开放资源竞相效仿，涌入这一地区。所以对外开放资源生态位的大小不仅与现阶段对外开放资源的发展状况相关，也与前期对外开放资源的发展状况相关。

3.4.2.4　创新资源生态位

（1）创新资源生态位的定义。创新资源生态位是指在特定的地区范围内，创新资源与创新环境之间通过物质循环、信息流动及能量转换等作用形成的生态位。创新资源的"态"是现阶段创新资源的实际状况。创新资源的"势"是未来创新资源的发展方向，即创新资源的发展潜力。创新资源的态势之和代表了创新资源的竞争力大小。创新资源的开发利用会很大程度地改变人们的生活方式，这一程度的强弱取决于创新资源生态位的大小。创新资源生态位的大小在一定程度上也取决于其态势之和的大小。

（2）创新资源生态位的特征。创新资源的开发利用受其地域发展水平、创新环境以及人力资本等方面的影响。因此，创新资源生态位具有丰富的内容，有一定的不均衡性，也会受到当地社会环境的制约。

一是资源分布具有不均衡性。创新资源发展的基本条件就是当地经济发展水平，这往往影响和决定着创新资源的规模和性质。首先，不同经济发展水平的地区，创新资源的需求以及发展情况也不相同。创新资源的分布往往会根据国家对各地区经济发展规划、各地区实际发展状况与发展需求来决定。其中，国家的科技资源布局以及各区域传统优势行业情况会对创新资源的分布产生决定性的影响。创新资源生态位具有不均衡性的另一原因是当地政府对创新资源开发利用的支持力度。政府的支持力度越大，创新资源越多。

二是受社会环境的制约。良好的社会环境才能产生更庞大的创新资源。各个区域制定创新政策，加大对创新资源的投入力度，当地社会就会形成促进创新的文化，形成培养民众创新思维的机制，这都会使创新活动迸发。

三是创新资源内容丰富。熊彼特创新理论中提出的五种创新方式不仅是企业的创新途径，也可以将其延伸到区域层面。所以进行创新的形式众多，相应的创新资源也种类繁多。但是目前，黄河流域城市将创新资源转化为资本存量的能力还处于较低水平。创新资源投入对经济增长的贡献程度也不够高。在未来的发展过程中，仍需在这一方面投入较大精力。

3.4.2.5　工业资源生态位

（1）工业资源生态位的定义。工业资源生态位指的是在一定区域内的工业资源发展趋势、开发利用中对生态资源的影响趋势以及固有的工业基础所组成的最大领域范围。工业资源生态位的"态"是以往发展过程中产生的工业基础，如化石能源、相关政策等。工业资源生态位的"势"是未来工业资源开发利用的发展潜力，既包含工业资源自身的发展趋势，又包含对生态环境的影响趋势。工业资源生态位的态势之和构成了工业资源发展的基础环境。

（2）工业资源生态位的特征。工业资源生态位是与区域综合实力息息相关的生态位。工业资源生态位越大，工业资源开发利用的范围越大，程度越高。但工业资源开发利用会受到很多因素的影响。工业资源需要依托人力才能运转，还需受资源分布、环境政策等的限制。所以工业资源生态位总体具有以下特征：

一是人群聚集性。工业是能够高效带动就业的劳动密集型产业，因为工业资源的运作主体是员工，工业资源的开发利用需要投入大量的人力资源，所以会吸引来自不同地方的人们来寻求工作机会。工业资源的开发利用带来的附加资源的开发利用也会吸引一部分人慕名而来。

二是依赖性强。工业企业选址时不仅要考虑当地用工成本，还要考虑交通、政策，以及资源获取的便利性。工业资源开发利用时对这些基础条件也有较高的依赖性。基础设施条件较好的地区，工业企业所生产的产品可以运送到市场上，产品的变现速度更快，资金周转效率更高。

3.4.2.6　农业资源生态位

（1）农业资源生态位的定义。农业资源生态位是指农业资源所能获取资源补给的渠道、未来的发展趋势以及现有的农业资源发展基础所组成的空间域。农业资源生态位是农业资源开发利用所依托的条件和基础。农业资源生态位是范围最宽泛的一个生态位。农业资源的"态"是指现阶段农业发展状况以及农业资源的利用情况。农业资源的"势"是指农业资源开发利用过程中对生态环境的影响能力和对自然资源的支配能力。农业资源生态位的确定有利于农业资源更有效地开发与利用，实现其与社会经济、生态的良性发展。

黄河流域是我国主要的农业集聚地区，同时农业是其他一切生产的前提，为其他生产提供物质基础。虽然农业资源在社会资源中所占据的比重在逐年下降，但农业资源本身的体量是在逐步上升的。农业资源是关乎民生根本的资源，农业资源生态位的研究也是必不可少的。

（2）农业资源生态位的特征。农业资源是最为基础的生存资源，其生存发展的空间大多极为相似，但是农业资源生态位也极易被影响，可控性较强。

一是基础性较强。农业资源在资源的开发利用过程属于基础资源的开发与利用。因此农业资源生态位也具有相应的基础性。此外，农业资源作为人类安身立命的基本资源，本身在所有资源中也具有绝对高的地位。农业资源的开发利用是一切生产活动得以正常进行的前提，所以农业资源的开发利用可以说是其他资源开发利用的基础。

二是生态位的重叠度极高。很多农业资源都是相互竞争的关系，所以农业资源生态位的重叠度较大。如农林牧渔中的农和林，在某地区人们想要发展农业时，林业在此地区的发展机会就会被压缩，因为两者自然生长就需要竞争必需的土地资源。不同地域土地资源的丰富程度不同，平原地区的土地资源相对富足，山地丘陵地带的土地资源相对贫瘠。在资源贫瘠的地区，物种的生态位重叠度会直接决定物种的生存难度。

三是可控性强。农业资源是人们安身立命的资源，但也不能盲目扩张，盲目的扩张会对原生态带来难以弥补的伤害。农业资源的开发和利用，受国家和区域相关政策的影响较大。所以区域可以通过制定相应的政策来调控农业资源开发利用的状况。退耕还林、退田还湖的政策就是调控农业资源开发利用程度的相关政策。只有经过调控后的合理开发利用才是可持续的开发利用，才最符合长远利益。

3.4.2.7　生态环境资源生态位

（1）生态环境资源生态位的定义。生态环境资源生态位是指生态环境资源开发利用以及自身循环过程中所能用到的一系列物质基础与现实条件。生态环境资源是决定人类是否能够长久地生存在地球上的关键资源，所以生态环境资源开发利用生态位是一个具有较强基础性的生态位。生态环境资源生态位会随着生态环境资源的状况发生改变。而生态环境资源状况发生改变的主要原因是生态环境资源遭到破坏。生态环境资源破坏一般分为两种类型：一是自然原因。自然原因方面主要是指由于地理灾害导致的破坏。这对自然界本身产生的影响较大，人力可以改变的程度十分有限。二是人为原因。人为原因主要是指生态环境资源开发利用后，由于生产生活产生的废弃物没有经过处理，直接排放而造成的污染。

（2）生态环境资源生态位的特征。黄河流域城市生态环境资源分布不均，生态环境资源的开发利用与地理位置高度相关，且生态环境资源中有一部分是不可再生资源，这决定了生态环境资源的重要性。总体而言，生态环境资源生态位的地区差异较大，极易受影响，且生态环境资源生态位的一些资源也是不可再生的。

一是地区分布不均，差异性大。黄河流域降水资源整体偏少，年均降水量具有丰枯交替变化的波动特性，总的格局是由东南向西北递减，降水量最大处位于流域南部久治、栾川一带，年均达到 750 毫米，向北递减至呼和浩特一线的 400 毫米，再递减至银川以及乌拉特后旗一线的 200 毫米。黄河流域农田资源主要分布在中下游地区，整体呈减少趋势。而且由于城镇化的快速发展以及农业过度开发导致流域草地面积不断缩减，尤其是泾河、渭河、汾河等地区草地向农地转移最为显著。黄河中游地区大多数的荒漠化是由人类活动引发的，并在自然外应力的作用下加剧。黄河流域荒漠面积呈先增后减的趋势。且黄河流域灾害频发，水害严重；地质灾害聚集分布，形成陇中黄土高原和陇南山地两个高发区。一个是兰州市和青海省交界处，另一个是甘肃省南部与陕西省交界处。中下游地区地质灾害相对分散，零星分布于山西、陕西两省，以滑坡、崩塌为主。

二是具有不可再生性。生态环境资源开发利用后，排除人为干预的因素，有一部分资源在相当长的一段时间内都是不可再生的。与其他资源相比，水资源等不可再生的资源的循环速度很慢，所以人们对这类资源的开发利用不仅要有节约意识，还要有一定的规划。只有这样，生态环境资源的开发利用才是可持续的，不会因为现在的过度浪费，导致子孙后代饱受物资缺乏的困扰。

三是极易受影响。生态环境资源的开发利用过程中极易受到各方面因素的影响。所以生态环境资源生态位也极易受影响。这一影响可以细分为人类活动和自然灾害两种。人类活动和自然灾害都会对生态环境资源生态位产生较大影响。人类活动对生态位影响的目的性较强，而自然灾害对生态环境资源生态位的影响则是随机的。

3.4.3　黄河流域城市高质量发展生态位的资源谱系

3.4.3.1　黄河流域城市高质量发展生态位的影响因子阈值

黄河流域城市高质量发展生态位的影响因子阈值是指黄河流域城市高质量发展过程中对各种资源开发利用的一个合理分配值。黄河流域城市只能在基础设施资源、对外开放资源等影响因子的综合影响下才能更有效率地实现高质量发展。不同影响因子对黄河流域城市高质量发展的作用不同，其开发利用的阈值也不相同。

3.4.3.2　黄河流域城市高质量发展生态位的资源梯度分配

黄河流域城市高质量发展生态位的发展情况与生态环境中影响该生态位发展的资源梯度分配状况密切相关。黄河流域城市高质量发展生态位、黄河流域城市高质量发展生态位的影响因子阈值和黄河流域城市高质量发展生态位的资源谱系共同决定了黄河流域城市高质量发展生态位的资源分配梯度。资源分配状况的合理性与黄河流域城市高质量发展生态位适宜度水平高低呈正相关，应根据现实资源禀赋与客观发展需求制定科学的资源分配梯度。

3.4.3.3　黄河流域城市高质量发展生态位的资源矩阵

黄河流域城市高质量发展生态位与各资源生态位上的资源谱系划分状况密切相关。本研究中资源生态位的资源梯度是根据资源开发利用的适宜性进行划分的。如服务业资源生态位的资源开发利用程度可以分为非常适宜、比较适宜、一般适宜、不适宜四种类型。黄河流域城市在高质量发展上的资源划分状况可以用生态位资源矩阵表示。研究中影响因子的资源状态用 1、2、3、4 代表非常适宜、比较适宜、一般适宜、不适宜四种程度，则黄河流域城市 i 在利用该资源生态位的第 j 个资源状态时的比例用 P_{ij} 表示，如表 3 - 2 所示。

表 3 - 2　　　　　黄河流域城市高质量发展生态位资源矩阵

	P_{11}	P_{12}	P_{13}	P_{14}
	P_{21}	P_{22}	P_{23}	P_{24}
	$\vdots$	$\vdots$	$\vdots$	$\vdots$
黄河流域 n 个城市	P_{m1}	P_{m2}	P_{m3}	P_{m4}
	$\vdots$	$\vdots$	$\vdots$	$\vdots$
	P_{n1}	P_{n2}	P_{n3}	P_{n4}

3.4.4　黄河流域城市高质量发展生态位多维超体积结构

黄河流域城市高质量发展生态位多维超体积结构反映的主要是黄河流域城市高质量发展中各资源生态位的适应性、高质量发展对影响因子的开发利用能力以及黄河流域不同城市对同一资源利用的情况对比。

黄河流域城市高质量发展生态位是一个标准的多维超体积生态位。可以用如下函数形式对黄河流域城市高质量发展生态位进行解释。

$$Y = f_{(x_i)} \tag{3.1}$$

式中，Y 代表黄河流域城市高质量发展生态位；x_i 代表影响黄河流域城市高质量发展的各个因素，也可以被称为生态位影响因子；$i = 1$，2，3，$\cdots$，n，表示生态因子的总个数，可以展现影响黄河流域城市高质量发展因素的多少。

综上所述，黄河流域城市高质量发展生态位是一个受很多因素影响，可以影响黄河流域城市高质量发展进程的多维超体积生态位，可以综合反映区域内高质量发展在整体黄河流域中的空间位置。黄河流域城市高质量发展生态位多维超体积结构具有以下特征：一是黄河流域城市高质量发展生态位多维超体积空间结构关联性。根据黄河流域城市的高质量发展现状以及发展趋势，可以识别出黄河流域城市高质量发展生态位的构成，进而构建黄河流域城市高质量发展生态位多维超体积结构。二是黄河流域城市高质量发展生态位多维超体积空间结构关系。黄河流域城市高质量发展生态位多维超体积空间所包含的对资源的使用能力、对外部变化的适应能力以及黄河流域城市间对不同资源生态位资源的竞争关系，共同组成了黄河流域城市高质量发展生态位多维超体积空间结构关系。

3.5　黄河流域城市高质量发展生态位的演变

3.5.1　黄河流域城市高质量发展生态位演变的定义

黄河流域城市高质量发展生态位的演变是指黄河流域城市在高质量发展过程中，在功能需求增长或环境压力驱动下，通过选择、拓展、跃迁不同维度的影响因子，发现高质量发展的优势资源变化，大力开发并整合该优势资源，使黄河流域城市高质量发展实际生态位不断优化，最终使得经济与生态环境达到和谐状态的动态过程。

通过 3.4.1 小节可知，黄河流域城市生态位的基础类型包括基础生态位、实际生态位和潜在生态位，而基础生态位和实际生态位是一体两面、相互影响的关系。对于流域城市来说，其实际生态位受到黄河流域城市高质量发展基础生态位的影响，其基础生态位影响了流域城市实际生态位所能达到的上限；另外，流域城市高质量发展的实际生态位也会影响其基础生态位的演化。

流域城市高质量发展的基础生态位是流域城市根据其在生态系统中所处的竞争环境作出的演化策略选择，由于流域城市高质量发展的实际生态位的变化会改变流域城市在生态系统中的竞争力排序，导致流域城市高质量发展的实际生态位变化也会反向影响流域城市的演化策略选择。因此，对黄河流域城市高质量发展生态位演化的分析不能单独着眼于实际生态位的演化或者基础生态位的演化。黄河流域城市高质量发展生态位的演化包含两层含义：实际生态位的动态变化以及基础生态位的调整。

第一，实际生态位的动态演化。由于流域城市与其生态系统均处于变化之中，因此流域城市高质量发展在基础生态位的范围内与环境的匹配程度也处在动态变化之中，即流域城市的实际生态位是随时间而不断变化的，是时间的敏感变量，具有连续演化的特性，流域城市高质量发展实际生态位演化示意图如图 3 - 7 所示。

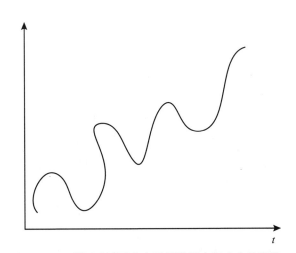

图 3 - 7 黄河流域城市高质量发展实际生态位演变

第二，基础生态位的调整。由于流域城市之间的生态位重叠或其他竞争原因，流域城市可以通过增加、减少或变换生态位因子实现基础生态位的变化；另外，随着黄河流域城市高质量发展生态系统的成长，系统内会有新的潜在生态位因子产生，或者某些旧的生态位因子消失，如果流域城市高质量发展的基础生态位不进行改变，就会跟随不适宜在黄河流域城市高质量发展生态系统中发展的旧生态位因子一起衰落。在此意义上，黄河流域城市高质量发展基础生态位是一个时间段变量，具有跳跃演化的特性，如图 3 - 8 所示。

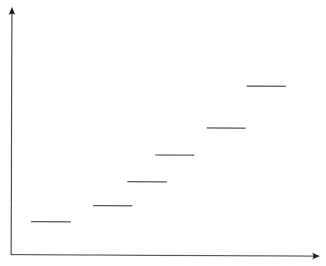

图 3 - 8　黄河流域城市高质量发展基础生态位演变

3.5.2　黄河流域城市高质量发展生态位演变的过程

黄河流域城市高质量发展生态位的演变反映了黄河流域城市在高质量发展过程中的自身状态变化，以及各资源生态位下各影响因子的阈值改变。一方面，黄河流域城市在高质量发展过程中会根据自身资源禀赋寻求更加适宜的生态位，不断促进自身高质量发展。另一方面，随着影响因子资源的变动以及外部环境的变化，城市需要通过生态位的扩充、分离来探索新的适宜生态位，以促进实际生态位的演变。

类似于生命体，流域城市高质量发展也有自身的生命周期。在黄河流域城市高质量发展生态系统内，流域城市高质量发展的基础生态位决定了流域城市发展所需的资源种类，而流域城市高质量发展的基础生态位与流域其他城市高质量发展的基础生态位之间的重叠关系以及流域城市与流域其他城市的竞争力即生态位强度决定了流域城市在当前关系下的发展上限。假如流域城市高质量发展的基础生态位一定时，流域城市高质量发展必然会从成长、发展、成熟，最后走向衰亡，流域城市只有在走向衰落之前调整其基础生态位，才能打破当前的生命周期，走向升级进化之路。黄河流域城市高质量发展生态位演化的规律实质上就是流域城市不断调整其高质量发展基础生态位并使实际生态位不断向基础生态位靠近的过程。[139]通过上述分析可以看出，黄河流域城市高质量发展生态位的演变过程如图 3 - 9 所示。

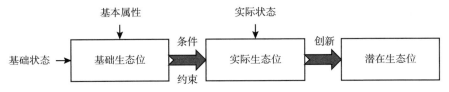

图 3 - 9　基础生态位、实际生态位与潜在生态位之间的演变关系

3.5.3　黄河流域城市高质量发展生态位演变与发展路径演化的关系

演化是指事物的发展和变化，具有不可逆性。黄河流域城市高质量发展路径演化是指黄河流域城市高质量发展路径有规律的变化和推进过程。通过之前章节对黄河流域城市高质量发展生态位与其高质量发展路径关系的分析可知，黄河流域城市高质量发展路径并不是一成不变的，它会随着生态位的变化而变化，也就是说黄河流域城市高质量发展路径是不断演化的。由此可以看出，黄河流域城市高质量发展生态位演变与发展路径演化有着必然的联系。

（1）黄河流域城市高质量发展生态位变化推动着其发展路径演化。黄河流域城市高质量发展生态位决定了流域城市在高质量发展活动中获取和配置创新资源和生产要素能力的大小。随着时间的流逝和内外部环境的不断变化，黄河流域城市高质量发展生态位存在漂移现象，原有的旧生态位不断被环境改变并逐渐淘汰，新的生态位产生。面对新的生态位，旧的高质量发展路径不再与之匹配，此时流域城市就需要根据现有生态位进行高质量发展路径的调整，否则高质量发展就会跟随旧生态位一起被淘汰。这样，高质量发展占据了新的生态位。新的生态位随着内外环境的变化又会变成旧生态位，流域城市再一次调整创新路径，以此类推。流域城市高质量发展实现了路径演化。

（2）黄河流域城市高质量发展生态位大小决定着黄河流域城市高质量发展路径演化速度。流域中的每个城市都有自己的规模，而并非规模越大，高质量发展获取资源、利用资源的能力就越强。在黄河流域城市高质量发展路径演化的初始阶段，由于外部环境不确定性的存在，资源的管理者对流域城市高质量发展各组成部分的认知主要取决于生态位的大小，所以，黄河流域城市高质量发展生态位引导了黄河流域城市高质量发展路径演化的资源流动。一般情况下，一个较高的黄河流域城市高质量发展生态位会更容易被重视，也有能力吸引资源并加速流域城市高质量发展路径的演化，否则反之。

（3）黄河流域城市高质量发展生态位演变与其高质量发展路径演化过程一致。黄河流域城市高质量发展存在多种路径，具体何种路径演化取决于环境对其的"自然选择"。黄河流域城市高质量发展路径的变化与高质量发展行为的改变以及外部环境相应的"挑剔"反应形成了创新路径的演化。以生态学角度看，黄河流域城市高质量发展生态学主要研究的是流域城市的高质量发展同环境变化之间的相互作用关系，因此也可利用生态学来研究黄河流域城市高质量发展路径的演化同外部环境变化的相互关系，黄河流域城市高质量发展生态位是一种基于内部资源与外部环境的客观存在。可以说黄河流域城市高质量发展路径演化思想和黄河流域城市高质量发展生态位理论以不同角度解释了高质量发展路径与环境的关系，它们都强调外部环境因素对路径演化的促进作用。所以，黄河流域城市高质量发展路径在与外部环境的调整匹配中，一方面实现了黄河流域城市高质量发展生态位的变化，另一方面也表现出了一种演化形态。换句话说，黄河流域城市高质量发展路径演化过程与黄河流域城市高质量发展生态位演变过程是一致的，如图3－10所示。

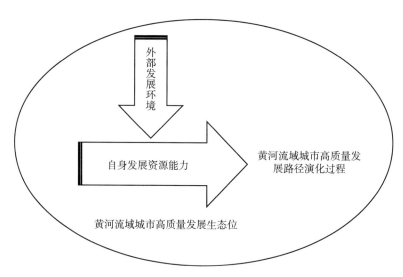

图3－10　黄河流域城市高质量发展生态位与其发展路径演化一致模型

3.6　本章小结

本章的主要目的是构建黄河流域城市高质量发展生态位的理论框架。

首先，分析了黄河流域现阶段概况，在此基础上，界定了黄河流域城市高质量发展的内涵，分析了其与高质量发展之间的关系。其次，明确了黄河流域城市高质量发展生态位的构成要素，分析了其生态位的基本类型、构成、资源谱系与多维超体积结构。将黄河流域城市高质量发展生态位划分为对外开放资源生态位、基础设施资源生态位、服务业资源生态位、创新资源生态位、农业资源生态位、生态环境资源生态位、工业资源生态位 7 个资源生态位。最后，讨论了黄河流域城市高质量发展生态位的演变，分析了其生态位演变的定义与过程，以及其与发展路径演化的关系。

第4章 黄河流域城市高质量发展
生态位的测度模型

高质量发展生态位测度模型以高质量发展生态位超体积为基础,利用高质量发展生态位的适宜度、宽度、重叠度、网络结构分析四种测度要素来测度黄河流域各城市高质量发展的各种生态关系,为黄河流域城市高质量发展生态位的测算提供理论依据。

4.1 黄河流域城市高质量发展生态位测度要素

4.1.1 高质量发展生态位的适宜度

高质量发展生态位适宜度是指高质量发展的现实生态位与其最佳生态位的贴近程度,可反映高质量发展在其所处的环境中的位置。

7个资源生态位适宜度的具体测度方法如下:首先,利用熵权法分别求出27个指标的权重,之后对每个资源生态位用 TOPSIS 法分别求出各城市与最佳理想解的距离,进而计算出每个城市各维度的相对贴近度,即生态位适宜度,并进行优劣排序。

测度生态位适宜度的作用,第一,用于描述高质量发展的生态因子在环境中的适宜性水平,可作为评价高质量发展可持续性功能的重要指标;第二,用于判断高质量发展7个资源生态位在其所处的环境中的位置;第三,可通过采取适宜性策略提高高质量发展生态因子的适宜性,提升高质量发展在其所处的环境中的位置。

4.1.2 高质量发展生态位的宽度

高质量发展生态位宽度是指高质量发展所拥有或可利用的全部生态因

子的集合，是基于各生态因子所占据资源幅度的测度。生态位宽度值越大表明该城市资源利用率越高，高质量发展程度越高。

生态位宽度常采用 Levins、Shannon-Wiener 生态位宽度指数等方法[140,141]来测度，本研究采用态势来测度生态位宽度，"态"是描述黄河流域城市高质量发展的现实状况，"势"是指黄河流域城市高质量发展未来潜在的发展趋势，生态位宽度取决于其所能够获取资源的"态"和"势"，"势"的指标以每隔 n 年为时间尺度，量纲转换系数为 $1/n$。[142] 因此，本研究用黄河流域 50 个城市中各资源生态位适宜度的数据来衡量"态"，以 2011 ~ 2012 年、2013 ~ 2014 年、2015 ~ 2016 年、2017 ~ 2018 年、2019 ~ 2020 年每两年的生态位适宜度增长量作为"势"，时间是每隔两年，所以量纲系数为 1。本研究中共有 7 个维度资源生态位，具体计算公式如下：

$$N_i = \frac{S_i + A_i P_i}{\sum_{j=1}^{n} (S_j + A_j P_j)} \tag{4.1}$$

式中，S_i、P_i 分别为城市 i 的"态"与"势"；S_j、P_j 分别为城市 j 的"态"与"势"；A_i、A_j 为量纲转换系数；n 为城市数量。$(S_i + A_i P_i)$ 可视为城市 i 的绝对生态位，N_i 则为城市 i 的相对生态位宽度。

测度生态位宽度的作用，第一，高质量发展生态位宽度可表明高质量发展在发展环境中的生存能力。高质量发展生态位宽度可反映高质量发展的生存空间范围、多样化程度和对周围环境条件的利用能力。第二，高质量发展生态位宽度可反映高质量发展的特殊化程度。生态位宽度大说明其利用的资源多样性大，表示高质量发展对该维度资源的需求越多，生态位宽度越小，则发展越容易受限。

4.1.3　高质量发展生态位的重叠度

高质量发展生态位重叠度是指任意两个城市的高质量发展生态位相似情况，包含对同一种生态因子的利用能力的相似性度量。高质量发展生态位因城市地理位置限制，容易导致高质量发展在各资源生态位上发生生态位重叠或竞争。

本研究利用两个城市利用资源的实际程度，采用 Pianka 模型计算黄河流域城市各资源生态位的重叠度，计算方法[143]如下：

$$D_{ikj} = \frac{\sum_{j=1}^{n} F_{ij} F_{kj}}{\sqrt{(\sum_{j=1}^{n} F_{ij}^2)(\sum_{j=1}^{n} F_{kj}^2)}} \tag{4.2}$$

　　式中，D_{ikj} 为城市 i 和 k 在资源 j 上的生态位重叠值，域值为 $[0, 1]$，F_{ij} 为城市 i 对第 j 项指标资源利用状况占其利用全部资源状态的比例。F_{kj} 为城市 k 对第 j 项指标资源利用状况占其利用全部资源状态的比例。D_{ik} 值越大，说明城市 i 和城市 k 之间发展方式越接近，彼此潜在竞争程度越高。

　　高质量发展在各资源生态位上的生态位重叠度反映了城市利用各资源的趋同性和差异性。如果两城市高质量发展的生态位重叠程度大，说明这两个城市的生态相似性程度高，竞争较为激烈。一般高质量发展的资源生态位之间应保持适当重叠，才能有利于促进高质量发展结构的多样性和均衡性。

4.1.4　高质量发展生态位的网络结构分析

　　高质量发展生态位的网络结构分析是分析城市之间的空间关联网络特征，旨在揭示各城市在空间网络中的地位和作用。

　　网络结构分析研究方法近年来被广泛应用于各种网络组织结构分析，[144] 引力模型被广泛应用在城市空间相互作用研究中。为建立黄河流域 50 个城市的高质量发展空间网络，本研究应用引力模型分析黄河流域 50 个城市的高质量发展的空间联系和强度。本研究对传统引力模型调整如下[145]：

$$S_{i \to j} = L_{ij} \frac{G M_i M_j}{d_{ij}^b} \tag{4.3}$$

$$S_{j \to i} = L_{ji} \frac{G M_i M_j}{d_{ij}^b} \tag{4.4}$$

$$L_{ij} = \frac{M_i}{M_i + M_j} \tag{4.5}$$

$$L_{ji} = \frac{M_j}{M_i + M_j} \tag{4.6}$$

　　式中，G 为引力常量，通常取 1；b 为距离衰减系数，通常取 2；M_i，M_j 分别为城市 i 和城市 j 的各资源生态位的适宜度；d_{ij} 为城市 i 和城市 j 之间的距离；$S_{j \to i}$ 为城市 j 对城市 i 的作用强度，$S_{i \to j}$ 为城市 i 对城市 j 的作用强度。

　　黄河流域 50 个城市之间既相互独立，又相互联系，通过研究 50 个城市的网络关系，有助于把个体间关系与大规模的社会系统结构结合起来，更直观地观察出各城市之间各资源生态位的整体空间特征。

4.2　黄河流域城市高质量发展生态位测度指标体系的构建

4.2.1　指标体系构建的原则

本研究针对 3.4.2 小节提出的基础设施、服务业、对外开放、创新、工业、农业、生态环境 7 个资源生态位，建立基于生态位的黄河流域城市高质量发展测度指标体系。在构建该指标体系的过程中，主要遵循以下原则：系统性原则、科学性原则、代表性原则、可比性原则、可操作性原则。

（1）系统性原则。把决策对象视为一个整体的系统，以系统整体目标的优化为准则，协调系统中各分系统的相互关系，使系统完整、平衡。系统的整体性就是评价指标体系应是层层递进的，由此可以进行多维度分层研究，进而客观系统地反映研究对象的动态变化情况。黄河流域高质量发展系统是一个由多个子系统组成的复杂的系统，这些子系统既相互独立，又彼此联系，形成了黄河流域高质量发展的有机整体。每个子系统都由若干指标构成，每个指标分别从不同方面反映出各个子系统的特征和状态。指标选取应该综合考虑黄河流域高质量发展生态位的各个方面，各指标之间要具有一定的逻辑关系，要能够全面系统地反映黄河流域高质量发展生态位的各个子系统状况。

（2）科学性原则。黄河流域高质量发展测度指标的选取必须符合科学规律，有明确科学的含义，要以科学理论和客观事实为准则，且各指标之间不能相互冲突，保证测度结果的可信度。结合收集到的数据以及生态位理论，我们从基础设施、服务、对外开放、创新、工业、农业、生态环境 7 个资源生态位来科学、客观地选取指标。同时，测度指标体系内的数据来自国家公开发布的统计刊物或官方网站。此外，研究者在国家数据平台获取资料的机会应是均等的，以方便其他研究者的参考及检验。

（3）代表性原则。合理地控制指标数量是客观评价生态位的重要一环。测度指标会直接影响到测度结果的准确性，指标太多可能会使问题复杂化，指标太少会降低测度结果的可信度。通过选择具有较强代表性的指标，可以减少指标统计工作量，降低计算误差和提高工作效益。黄河流域高质量发展生态位的衡量指标众多，涉及多个资源生态位、多个因子，要选取能够反映评价对象的核心的、具有代表性的指标，这样才能反映黄河流域高质量发展情况。

（4）可比性原则。黄河流域城市高质量发展生态位测度指标的选取必须具有可比性，在遵循系统性、科学性、代表性原则的基础上，尽量选择能够量化的指标。所选取的测度指标在指标的含义、统计口径、横向和纵向指标方面均应具有一致性。同时，不论是横向空间上还是纵向时间上都要具有可比性，那些在不同地区之间差别不大的指标，或者较长时期内变化不明显的指标，尽量考虑予以剔除。同时，测度指标体系纳入的指标应符合政府机构的统计规范，指标的统计口径和测算方式应与国家统计法规、实施条例及管理方法中的规定相契合。

（5）可操作性原则。测度指标体系的各项指标应便于收集，统计口径一致，这样才能使得指标能够在多个维度进行综合对比，提高结果的真实性和准确性。指标获取的难易程度与准确度会对测度结果及实证研究的合理评判产生至关重要的影响。因此，为了数据易获取和量化分析，要选取具有可操作性的指标，以保证测度过程的可行性以及测度结果的准确性和实用性。即指标的数量要适中、量化难度不宜太难、数据易收集。黄河流域高质量发展生态位的各项指标是依据黄河流域多年的官方统计数据，采用定量分析和数学模型的方法计算出各项指标及其数值，量化地反映出黄河流域高质量发展生态位。

4.2.2　指标筛选方法

正确测度黄河流域高质量发展生态位的前提和基础是选择有效的测度指标，构建出比较合理、完整的指标体系。通过对目前国内外学者有关黄河流域高质量发展测度指标与方法的文献梳理，发现关于黄河流域高质量发展生态位测度指标体系构建的相关研究成果数量相对较少，且已有的指标体系侧重方向不同。黄河流域高质量发展系统是一个复杂的生态系统，所以本研究在相关研究成果基础上加以改进与完善，期望构建出层次分明、结构清晰、内容具体的黄河流域高质量发展测度指标体系，能够充分地反映黄河流域高质量发展的全貌。

具体筛选思路如下：将黄河流域城市高质量发展生态位测度指标体系分解为三个层次，依次为目标层、准则层和指标层。目标层为本研究要构建的黄河流域城市高质量发展生态位测度指标体系；准则层为影响黄河流域城市高质量发展的各资源生态位；指标层是最终选取的各个具体影响因子。

4.2.3　指标的选取

4.2.3.1　基础设施资源生态位

基础设施是生产力要素的一种体现，它反映了社会的物质生活丰富程度，是城市高质量发展最基本、最根本的保障要素。基础设施的开发利用是衡量城市发展质量的重要因素之一，其开发和利用很大程度上取决于各类基础设施资源竞争能力的大小。经过指标筛选后，最终确定选取市区年末实有城市道路面积、地方财政教育支出、每百人公共图书馆藏书册数、执业（助理）医师数、公路客运量、人均城镇居民生活用电、互联网宽带接入用户数七个指标来测度基础设施资源生态位。

4.2.3.2　服务业资源生态位

服务业是第三产业的重要组成部分，其重要性主要表现在服务业占GDP 的比重、全社会的就业情况及其发展前景等方面。服务业资源生态位也是黄河流域高质量发展系统中不可或缺的一个子系统，分析服务业资源生态位子系统是制定黄河流域高质量发展路径的必要环节，是黄河流域高质量发展路径选择的重要依据。经过筛选后，在确定服务业资源生态位构成时，本研究选取第三产业从业人员和第三产业生产总值两个指标来测度服务业资源生态位。

4.2.3.3　对外开放资源生态位

黄河流域是我国经济布局中不可或缺的一环，但黄河流域整体对外开放程度低，如何做好新时代对外开放工作，主动融入发展大局，在对外开放及区域协调发展大局中找准坐标、发挥优势是黄河流域发展的重要内容。经过指标筛选后，本研究选取当年实际使用外商投资金额、旅游外汇收入和进出口总额三个指标来测度对外开放资源生态位。

4.2.3.4　创新资源生态位

创新对黄河流域高质量发展的推动作用非常显著，是高质量发展的强大动能。创新资源的开发利用受到地域发展水平、政府创新政策以及人力资本等方面的影响，不同经济发展水平的地区，创新资源的需求以及发展情况也不相同，会受到当地社会环境的制约。本研究选取地方财政科学技术支出、发明专利授权量、实用新型专利授权量、各地区 R&D 经费内部支出四个指标来测度创新资源生态位。

4.2.3.5　工业资源生态位

工业是为生产生活、各行业的经济活动提供物质产品的基础，是最主要的物质生产部门，对推动经济持续健康发展有着突出作用。工业为技术创新与模式创新等活动提供了非常重要的载体。经筛选后，本研究选取规模以上工业企业总产值、规模以上工业企业固资合计和工业固废综合利用率三个指标来测度工业资源生态位。

4.2.3.6　农业资源生态位

农业资源是衡量黄河流域城市高质量发展的重要维度之一，是基本民生的基础保障。农业是人类生存之本，支撑着国民经济的建设和发展，是国民经济的一个重要的产业部门，是高质量发展的重要基础之一。经过筛选，本研究选取农业机械总动力、农林牧渔业从业人员数和农林牧渔总产值三个指标来测度农业资源生态位。

4.2.3.7　生态环境资源生态位

黄河流域是中国水资源最为紧缺、供需矛盾最为突出、生态环境最为脆弱的地区之一。经过筛选，本研究选取城镇生活污水处理率、工业废水排放量、水资源总量、万元 GDP 能耗、建成区绿化覆盖率五个指标来测度生态环境资源生态位。

4.2.4　指标体系的确定

根据上述指标选取的原则，本研究最终确定了黄河流域城市高质量发展生态位的测度指标体系框架，分为三个层次，即目标层、准则层和指标层，具体包括 7 个资源生态位，27 个具体指标，见表 4 - 1。

表 4 - 1　　　　黄河流域城市高质量发展生态位测度指标体系

目标层 A	准则层 B	指标层 C
黄河流域城市高质量发展生态位测度	基础设施资源生态位	市区年末实有城市道路面积（万平方米）
		地方财政教育支出（万元）
		执业（助理）医师数（人）
		每百人公共图书馆藏书册数（册）
		公路客运量（万人）
		人均城镇居民生活用电（千瓦时）
		互联网宽带接入用户数（万户）

续表

目标层 A	准则层 B	指标层 C
黄河流域城市高质量发展生态位测度	服务业资源生态位	第三产业从业人员（人）
		第三产业生产总值（亿元）
	对外开放资源生态位	当年实际使用外商投资金额（万美元）
		旅游外汇收入（万美元）
		进出口总额（万美元）
	创新资源生态位	地方财政科学技术支出（万元）
		发明专利授权量（项）
		实用新型专利授权量（项）
		各地区 R&D 经费内部支出（万元）
	工业资源生态位	规模以上工业企业总产值（万元）
		规模以上工业企业固资合计（万元）
		工业固废综合利用率（%）
	农业资源生态位	农业机械总动力（万千瓦）
		农林牧渔业从业人员数（万人）
		农林牧渔总产值（亿元）
	生态环境资源生态位	城镇生活污水处理率（%）
		工业废水排放量（万吨）
		水资源总量（$10^4\ m^3$）
		万元 GDP 能耗（吨标准煤/万元）
		建成区绿化覆盖率（%）

以上 27 个具体指标的含义如下：

市区年末实有城市道路面积：指道路实际城市面积和与道路相通的广场、桥梁、隧道的城市面积。

地方财政教育支出：公共财政预算支出中的教育支出项目。

执业（助理）医师数：全市执业医师和执业助理医师人数总和。

每百人公共图书馆藏书册数：各城市公共图书馆每百人拥有的藏书数量，是各市藏书总量与百人数之比。

公路客运量：公路运输部门在一定时期内实际运送旅客的数量，不包括城市公用交通。

人均城镇居民生活用电：各城市城镇居民每年的人均生活用电量。

互联网宽带接入用户数：各城市在电信企业登记注册，接入中国互联网的用户数量。

第三产业从业人员：第三产业全年从业人员数量。

第三产业生产总值：第三产业全年生产总值。

当年实际使用外资金额：指批准的合同外资金额的实际执行数。

旅游外汇收入：指来华旅游的海外游客在大陆旅游过程中由游客或游客的代表交由宾馆支付的一切旅游支出。

进出口总额：指实际进出我国国境的货物总金额。

地方财政科学技术支出：即公共财政预算支出中的科学技术支出项目。

发明专利授权量：指经过初审、实审最终获得授权并公告的发明专利数量。

实用新型专利授权量：指经过初审、实审最终获得授权并公告的实用新型专利数量。

各地区 R&D 经费内部支出：企事业单位用于内部开展 R&D 活动（包括基础研究、应用研究、试验发展）的实际支出。

规模以上工业企业总产值：规模以上工业企业在一定时期内生产的工业最终产品或提供工业性劳务活动的总价值量。

规模以上工业企业固资合计：指核算使用期限超过一年，单位价值在规定标准以上，并且在使用过程中保持原有物质形态的规模以上工业企业资产。

工业固废综合利用率：工业固体废物综合利用量占工业固体废物产生量的百分率。计算公式为工业固体废物综合利用率＝工业固体废物综合利用量÷（工业固体废物产生量＋综合利用往年贮存量）×100%

农业机械总动力：指各种农业动力机械的动力的额定功率总和。

农林牧渔业从业人员数：从事农业、林业、畜牧业、渔业的生产、治理、产品初加工的人员数。

农林牧渔总产值：指以货币表现的农、林、牧、渔业全部产品和对农林牧渔业生产活动进行的各种支持性服务活动的价值总量。

城镇生活污水处理率：经过处理的城镇生活污水占生活污水排放总量的比重。

工业废水排放量：指经过工业企业厂区所有排放口排放到企业外部的全部废水总量。

水资源总量：指降水所形成的地表和地下的产水总量。

万元 GDP 能耗：各市当年能源消费总量与 GDP 之比。

建成区绿化覆盖率：建成区绿化覆盖率等于建成区绿化面积与建成区面积之比。

4.3 黄河流域城市高质量发展生态位测度模型的应用

高质量发展生态位反映了一定时期高质量发展与其所在的环境之间的关系，高质量发展环境又影响着高质量发展路径的选择和应用。因此，本研究通过高质量发展生态位的生态位宽度、生态位重叠度、生态位适宜度、生态位障碍度、网络结构分析等测度要素来分析高质量发展路径的选择和应用关系。

黄河流域城市高质量发展生态位与其高质量发展路径选择的关系如图 4-1 所示。

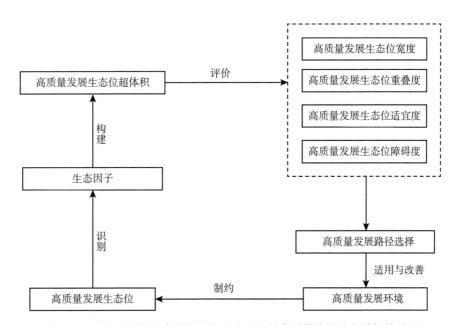

图 4-1 黄河流域城市高质量发展生态位与其高质量发展路径选择的关系

一方面，通过黄河流域城市高质量发展生态位生态因子可以构建黄河流域高质量发展生态位超体积结构分析模型，在高质量发展生态位超体积结构分析的基础上测度高质量发展生态位的适宜度、宽度、重叠度、网络结构分析，从而对高质量发展适宜性路径的选择进行优化，高质量发展路径的选择又可以适应与改善高质量发展的环境。另一方面，高质量发展环境同时制约着高质量发展生态位，从而可以识别出新的生态因子，进而构建新的高质量发展生态位超体积结构分析模型，形成新的循环。

黄河流域城市高质量发展生态位在其高质量发展适宜性路径分析中的应用如图4-2所示。

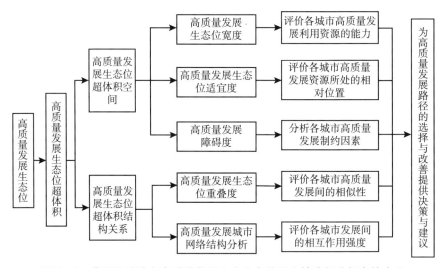

图4-2　黄河流域城市高质量发展生态位在其适宜性路径分析中的应用

高质量发展生态位超体积模型从两个方面为高质量发展路径的选择提供决策与建议。一方面，从高质量发展生态位超体积空间来衡量，主要利用高质量发展生态位适宜度评价高质量发展在发展环境中的适应现状；利用高质量发展生态位宽度可评价高质量发展对各资源生态位中资源的利用能力；利用障碍因子分析可评价高质量发展中的制约因素。另一方面，从高质量发展生态位超体积结构关系来衡量，通过高质量发展生态位重叠度来评价黄河流域各城市之间的生态关系；通过网络结构分析来评价黄河流域各城市之间的相互作用强度，进而为高质量发展路径的选择与改善提供决策与建议。

4.4　本章小结

本章的主要目的是构建黄河流域城市高质量发展生态位的框架体系与流程，为下一章测度黄河流域城市高质量发展生态位提供理论和数据基础。

首先，详细介绍黄河流域高质量发展生态位适宜度、生态位宽度、生态位重叠度、生态位网络结构分析四个方面的测度要素的概念、测度方法及其作用。其次，根据指标体系构建的系统性原则、科学性原则、代表性原则、可比性原则、可操作性原则来筛选指标，最终确定了具体包括 7 个资源生态位，27 个具体指标的黄河流域城市高质量发展生态位指标体系。最后，对构建的黄河流域高质量发展测度模型在高质量发展路径选择中的应用情况进行分析。

第5章　黄河流域城市高质量发展生态位的测算

5.1　研究区域与数据来源

5.1.1　研究区域

在黄河流域流经的 9 省区 60 个城市中，四川省仅包含阿坝州一个自治州，但由于这个自治州的数据缺失严重，因此本研究选取其余 8 个省区作为研究对象。青海省的海东市、海北藏族自治州、黄南藏族自治州、海南藏族自治州、果洛藏族自治州、玉树藏族自治州和甘肃省的临夏回族自治州、甘南藏族自治州，内蒙古自治区的阿拉善盟这 9 个城市数据缺失较多，为保证研究的准确性去掉这 9 个城市。因此，本研究的研究区域是黄河流域 8 省 50 个城市，这 50 个城市分别是西宁市、银川市、石嘴山市、吴忠市、固原市、中卫市、兰州市、白银市、天水市、平凉市、庆阳市、定西市、呼和浩特市、包头市、乌海市、鄂尔多斯市、巴彦淖尔市、西安市、铜川市、宝鸡市、咸阳市、渭南市、延安市、榆林市、商洛市、太原市、长治市、晋城市、朔州市、晋中市、运城市、忻州市、临汾市、吕梁市、郑州市、开封市、洛阳市、新乡市、焦作市、濮阳市、三门峡市、济南市、淄博市、东营市、济宁市、泰安市、德州市、聊城市、滨州市、菏泽市。

5.1.2　数据来源

本研究对 2011～2020 年期间上述 8 省区 50 个城市的 7 个资源生态位 27 个指标进行计量分析。为保证数据的可得性与可靠性，本研究数据来源于历年《中国城市统计年鉴》《中国统计年鉴》《中国科技统计年鉴》

《河南省统计年鉴》以及各省份统计年鉴和各城市国民经济和社会发展统计公报等官方数据，对个别城市、个别年份数据缺失情况采用缺失值估计来补充数据。

5.1.3　数据处理

由于原始数据均有量纲，需要先将各原始数据标准化处理，使之处于同一个数量级别上，才能进行综合测评分析。本研究所选取的指标既有与黄河流域高质量发展变化呈正相关的，也有与黄河流域高质量发展变化呈负相关的，需要先将负面数据进行转换后，再运用前文数据标准化方法处理。

5.2　赋权方法与计算

本研究采用熵权 – TOPSIS 方法。熵权法是一种比较常见的客观赋权的评价方法，测度指标的权重取决于指标值的变异程度，能在某种程度上消除人为因素和主观评价性，反映了指标之间的相对重要性。TOPSIS 方法则是通过衡量有限评价对象与最优解、最劣解的距离进行排序。黄河流域城市高质量发展涉及面广、研究时段长、样本数据多，熵权 – TOPSIS 法结合了熵权法和 TOPSIS 法的优点，可以有效消除主观性带来的偏差，计算出测度对象和最优解、最劣解的距离，比较直观。熵权 – TOPSIS 模型应用步骤如下：

第一，标准化处理得到标准化矩阵 Z_{ij}。在黄河流域城市生态位测度指标体系设计中，由于各资源生态位各个测度指标的性质不同，所以量纲和数量级也不同。当各指标水平相差较大时，若直接用原始数值进行分析，就会突出数值较高的指标在综合分析中的作用，弱化数值水平较低指标的作用。为了保证结果的准确性与可靠性，需要对原始指标数据进行标准化处理，去除数据的单位限制，将其转化为无量纲的纯数值，便于不同单位或量级的指标能够进行比较和加权，使得数据具有可比性。数据的标准化方法有很多种，本研究采用极值法来实现原始数据的标准化。

设 X_{ij}（$i = 1, 2, 3, 4, \cdots, n$，$j = 1, 2, 3, 4, \cdots, m$；$n = 50$，$m = 27$）是第 i 个城市第 j 个指标的观测值，建立矩阵 $X = \begin{bmatrix} x_{11} & \cdots & x_{1m} \\ \cdots & \cdots & \cdots \\ x_{n1} & \cdots & x_{nm} \end{bmatrix}$。

第二，对 X_{ij} 进行标准化处理，得到 Z_{ij}。

$$Z_{ij} = \frac{x_{ij} - \min(x_{ij})}{\max(x_{ij}) - \min(x_{ij})}, \quad Z_{ij} \text{为正向指标} \tag{5.1}$$

$$Z_{ij} = \frac{\max(x_{ij}) - x_{ij}}{\max(x_{ij}) - \min(x_{ij})}, \quad Z_{ij} \text{为逆向指标} \tag{5.2}$$

第三，求各指标的信息熵 e_j。

$$P_{ij} = Z_{ij} \Big/ \sum_{i=1}^{n} Z_{ij} \tag{5.3}$$

$$e_j = \frac{1}{\ln m} \sum_{i=1}^{m} p_{ij} \ln(p_{ij}) \tag{5.4}$$

第四，求第 j 个指标的权重系数 W_j。

$$W_j = (1 - e_j) \Big/ \sum_{j=1}^{m} (1 - e_j) \tag{5.5}$$

第五，确定城市 i 的正负理想解 Q_i^+ 和 Q_i^-。确定权重系数之后，利用 TOPSIS 法进行决策方案的选择。建立黄河流域城市高质量发展生态位水平测度指标的加权矩阵 W_{ij}。Q_i^+ 是评价指标对象中第 i 个评价对象在第 j 个指标的最大值，即正理想解，设定 Q_i^- 是评价指标对象中第 i 个评价对象在第 j 个指标的最小值，即负理想解。其中，$W_{ij} = (r_{ij})_{mn}$，$r_{ij} = W_{ij} \times Z_{ij}$。

令第 j 个指标在 50 个城市中的最大值和最小值分别用 Q_i^+、Q_i^- 来表示，用公式（5.6）和公式（5.7）计算欧氏距离 D_i^+、D_i^-。

$$D_i^+ = \sqrt{\sum_{j=1}^{m} (Q_j^+ - r_{ij})^2} \tag{5.6}$$

$$D_i^- = \sqrt{\sum_{j=1}^{m} (Q_j^- - r_{ij})^2} \tag{5.7}$$

第六，利用公式（5.8）计算各城市 i 与理想解的相对接近度 C_i。

按照 C_i 的得分大小可以评价方案的优劣次序。当指标体系包含多个层级指标时，可以逐层使用熵权 – TOPSIS 法拟合最终的综合指数。

$$C_i = D_i^- / (D_i^+ + D_i^-) \tag{5.8}$$

本研究所构建的黄河流域城市高质量发展生态位测度指标体系分为目标层、准则层和指标层 3 个递进层次，即目标层 1 个指标，准则层 7 个指标，指标层 27 个指标。根据上文中熵权法可算出权重，如表 5 – 1 所示。

表 5 – 1　　　　　　黄河流域城市高质量发展生态位权重分配

一级指标	权重	二级指标	权重	指标属性
基础设施资源生态位	0.1877	市区年末实有铺装道路面积（万平方米）	0.0330	正向
		每百人公共图书馆藏书册数（册）	0.0339	正向
		地方财政教育支出（万元）	0.0196	正向
		执业（助理）医师数（人）	0.0275	正向
		公路客运量（万人）	0.0287	正向
		人均城镇居民生活用电（千瓦时）	0.0207	正向
		互联网宽带接入用户数（万户）	0.0243	正向
服务业资源生态位	0.1066	第三产业从业人员（人）	0.0321	正向
		第三产业生产总值（亿元）	0.0745	正向
开放资源生态位	0.2317	当年实际使用外商投资金额（万美元）	0.0831	正向
		旅游外汇收入（万美元）	0.0623	正向
		进出口总额（万美元）	0.0863	正向
创新资源生态位	0.2732	科学技术支出（万元）	0.0613	正向
		发明专利授权量（项）	0.0899	正向
		实用新型专利授权量（项）	0.0613	正向
		各地区 R&D 经费内部支出（万元）	0.0607	正向
工业资源生态位	0.0521	规模以上工业企业总产值（万元）	0.0263	正向
		规模以上工业企业固资合计（万元）	0.0204	正向
		工业固废综合利用率（%）	0.0054	正向
农业资源生态位	0.0956	农业机械总动力（万千瓦）	0.0268	正向
		农林牧渔业从业人员数（人）	0.0379	正向
		农林牧渔总产值（亿元）	0.0309	正向
生态环境资源生态位	0.0530	城镇生活污水处理率（%）	0.0062	正向
		工业废水排放量（万吨）	0.0025	负向
		水资源总量（万立方米）	0.0261	正向
		建成区绿化覆盖率（%）	0.0025	正向
		万元 GDP 能耗（吨标准煤/万元）	0.0158	负向

5.3   生态位适宜度测算结果分析

按照表4-1所建立的黄河流域城市高质量发展生态位测度指标体系，根据公式（5.1）和公式（5.2）将黄河流域50个城市的2020年的各个指标的原始数据进行标准化处理，利用熵权法求出各个指标的权重，用熵权-TOPSIS模型分别计算出50个城市的各个资源生态位的生态位适宜度，具体结果见表5-2和表5-3。

表5-2　　　　　2020年黄河流域城市高质量发展生态位适宜度

城市	基础设施资源	服务资源	对外资源	创新资源	工业资源	农业资源	生态环境资源	综合
西宁市	0.0964	0.0555	0.0165	0.0223	0.2522	0.0678	0.1237	0.0805
银川市	0.1628	0.0716	0.0170	0.0681	0.3092	0.0999	0.0847	0.1025
石嘴山市	0.0869	0.0038	0.0048	0.0221	0.1303	0.0363	0.0997	0.0546
吴忠市	0.0871	0.0064	0.0022	0.0167	0.1666	0.0787	0.0979	0.0611
固原市	0.0713	0.0023	0.0023	0.0065	0.1696	0.0859	0.5472	0.2063
中卫市	0.0521	0.0003	0.0076	0.0122	0.1038	0.0807	0.1052	0.0518
兰州市	0.1733	0.1551	0.0167	0.1238	0.2649	0.1322	0.0959	0.1256
白银市	0.1513	0.0124	0.0078	0.0104	0.1860	0.1038	0.1174	0.0842
天水市	0.1170	0.0284	0.0049	0.0120	0.2149	0.1030	0.1948	0.0932
平凉市	0.0892	0.0175	0.0015	0.0034	0.1915	0.0805	0.1506	0.0742
庆阳市	0.0842	0.0219	0.0033	0.0050	0.2488	0.0823	0.3014	0.1134
定西市	0.0914	0.0194	0.0014	0.0053	0.2184	0.0830	0.2369	0.0966
呼和浩特市	0.1330	0.1323	0.0622	0.0685	0.2593	0.1109	0.1250	0.1076
包头市	0.3974	0.1020	0.0303	0.0634	0.3110	0.0763	0.1056	0.1889
乌海市	0.0940	0.0010	0.0120	0.0111	0.1579	0.0024	0.0956	0.0559
鄂尔多斯市	0.1541	0.0796	0.0659	0.0560	0.7157	0.1120	0.2130	0.1628
巴彦淖尔市	0.0567	0.0244	0.0278	0.0078	0.1030	0.7613	0.3406	0.2598
西安市	0.6448	0.9486	0.7096	0.7219	0.6529	0.2142	0.2198	0.6044
铜川市	0.0689	0.0046	0.005	0.0022	0.2194	0.0219	0.4133	0.1607
宝鸡市	0.1686	0.0603	0.0176	0.0522	0.242	0.1816	0.1997	0.1201

续表

城市	基础设施资源	服务资源	对外资源	创新资源	工业资源	农业资源	生态环境资源	综合
咸阳市	0.1748	0.0688	0.0206	0.0363	0.2875	0.2191	0.1396	0.1220
渭南市	0.1580	0.0690	0.0040	0.0241	0.1895	0.3173	0.1404	0.1314
延安市	0.0940	0.1422	0.0133	0.021	0.2660	0.1537	0.1691	0.1059
榆林市	0.1542	0.1049	0.0072	0.0338	0.8510	0.1967	0.1986	0.1842
商洛市	0.0756	0.0190	0.0036	0.0049	0.1385	0.0717	0.3382	0.1186
太原市	0.5766	0.2051	0.1326	0.2732	0.2836	0.0312	0.1419	0.2848
长治市	0.1972	0.0581	0.0286	0.0253	0.3119	0.0795	0.1476	0.1099
晋城市	0.1349	0.0377	0.0230	0.0246	0.2752	0.0565	0.1239	0.0854
朔州市	0.0534	0.0424	0.0069	0.0035	0.2293	0.0870	0.1639	0.0771
晋中市	0.1115	0.0511	0.0208	0.0283	0.1944	0.0873	0.1305	0.0792
运城市	0.2420	0.0659	0.0075	0.0319	0.1916	0.1981	0.1236	0.1254
忻州市	0.0699	0.0364	0.0048	0.0070	0.1758	0.0905	0.1729	0.0764
临汾市	0.1161	0.0593	0.0022	0.0190	0.2448	0.1037	0.1282	0.0837
吕梁市	0.0875	0.0444	0.0216	0.0139	0.3447	0.0724	0.1466	0.0905
郑州市	0.4026	0.4896	0.7922	0.6229	0.6772	0.1615	0.1556	0.5261
开封市	0.1372	0.0756	0.2755	0.0648	0.2877	0.2457	0.1799	0.1932
洛阳市	0.2525	0.2430	0.1925	0.2426	0.4219	0.2131	0.1831	0.2293
新乡市	0.1769	0.1094	0.0841	0.1200	0.2835	0.2654	0.1374	0.1535
焦作市	0.0900	0.0742	0.0661	0.0787	0.2855	0.1144	0.1220	0.1007
濮阳市	0.1100	0.0542	0.0494	0.0588	0.2083	0.1703	0.1325	0.1015
三门峡市	0.0829	0.0342	0.0832	0.0393	0.1922	0.0936	0.1769	0.0941
济南市	0.4452	0.4156	0.2735	0.5598	0.5682	0.2543	0.2208	0.3954
淄博市	0.2434	0.1256	0.1033	0.1564	0.4077	0.1146	0.1486	0.1681
东营市	0.1516	0.0749	0.1573	0.107	0.3168	0.1210	0.1165	0.1413
济宁市	0.2833	0.1433	0.0842	0.1437	0.4678	0.3521	0.2272	0.2189
泰安市	0.1646	0.0979	0.2624	0.0893	0.3152	0.2136	0.2031	0.1937
德州市	0.1622	0.1055	0.0478	0.1286	0.3826	0.3484	0.1365	0.1776
聊城市	0.1681	0.0893	0.0503	0.0921	0.3328	0.3029	0.1141	0.1561
滨州市	0.1222	0.0856	0.0950	0.1517	0.4831	0.1904	0.1197	0.1519
菏泽市	0.2136	0.1314	0.0533	0.0654	0.4463	0.3121	0.1938	0.1785

表 5 - 3　　2020 年黄河流域城市高质量发展各资源生态位适宜度排序

城市	基础资源	服务业资源	对外开放资源	创新资源	工业资源	农业资源	生态环境资源	综合生态位
西宁市	33	30	31	32	28	45	37	42
银川市	18	23	29	17	18	30	50	32
石嘴山市	41	47	42	33	48	47	46	49
吴忠市	40	45	47	36	45	41	47	47
固原市	45	48	46	44	44	35	1	8
中卫市	50	50	35	38	49	38	45	50
兰州市	14	6	30	10	26	21	48	23
白银市	24	44	34	41	42	27	41	40
天水市	29	38	40	39	35	29	14	37
平凉市	38	43	49	49	40	39	23	46
庆阳市	42	40	45	46	29	37	5	28
定西市	36	41	50	45	34	36	6	35
呼和浩特市	27	9	16	16	27	26	35	30
包头市	5	15	21	20	17	42	44	11
乌海市	35	49	33	40	46	50	49	48
鄂尔多斯市	22	17	15	22	2	25	10	16
巴彦淖尔市	48	39	23	42	50	1	3	5
西安市	1	1	2	1	4	11	9	1
铜川市	47	46	39	50	33	49	2	17
宝鸡市	15	27	28	23	31	17	12	26
咸阳市	13	25	27	25	20	10	29	25
渭南市	20	24	43	31	41	4	28	22
延安市	34	8	32	34	25	20	20	31
榆林市	21	14	37	26	1	15	13	12
商洛市	44	42	44	47	47	44	4	27
太原市	2	5	8	4	22	48	27	4
长治市	11	29	22	29	16	40	25	29
晋城市	26	35	24	30	24	46	36	39
朔州市	49	34	38	48	32	34	21	44
晋中市	31	32	26	28	37	33	33	43

续表

城市	基础资源	服务业资源	对外开放资源	创新资源	工业资源	农业资源	生态环境资源	综合生态位
运城市	9	26	36	27	39	14	38	24
忻州市	46	36	41	43	43	32	19	45
临汾市	30	28	48	35	30	28	34	41
吕梁市	39	33	25	37	12	43	26	38
郑州市	4	2	1	2	3	19	22	2
开封市	25	20	3	19	19	9	17	10
洛阳市	7	4	6	5	9	13	16	6
新乡市	12	12	12	11	23	7	30	19
焦作市	37	22	14	15	21	24	39	34
濮阳市	32	31	19	21	36	18	32	33
三门峡市	43	37	13	24	38	31	18	36
济南市	3	3	4	3	5	8	8	3
淄博市	8	11	9	6	10	23	24	15
东营市	23	21	7	12	14	22	42	21
济宁市	6	7	11	8	7	2	7	7
泰安市	17	16	5	14	15	12	11	9
德州市	19	13	20	9	11	3	31	14
聊城市	16	18	18	13	13	6	43	18
滨州市	28	19	10	7	6	16	40	20
菏泽市	10	10	17	18	8	5	15	13

　　为了能更好地研究黄河流域 50 个城市的高质量发展差异，促进黄河流域整体均衡发展。本研究依据各城市综合生态位值及其排名情况，利用 K-means 均值聚类法分析，将黄河流域高质量发展适宜性分成四类，分别是非常适宜、适宜、一般适宜和不适宜。黄河流域高质量发展各资源生态位的适宜度分析见下文。

5.3.1　基础设施资源生态位适宜度分析

　　50 个城市中基础设施资源生态位值大于等于 0.3 的城市共 5 个，依次是西安市、包头市、济南市、郑州市和太原市。从整体看，黄河流域城市

的基础设施资源生态位差距较大，其中西安市基础设施资源生态位值为
0.6448，排序为第一，且 4 个省会城市基础设施资源生态位都大于 0.3，
相对其他城市的基础设施资源生态位较高。

根据构建的黄河流域城市高质量发展生态位测度指标体系，选定基础
设施资源生态位测度的指标，利用熵权 – TOPSIS 法计算出基础设施资源
生态位的综合生态位数值，并运用 K – means 均值聚类法分析，将黄河流
域城市基础设施资源生态位分为四类，如表 5 – 4 所示。

表 5 – 4   黄河流域城市基础设施资源生态位适宜度聚类结果

类别	城市	占比
非常适宜	西安市、太原市	4%
比较适宜	包头市、济南市、郑州市	6%
一般适宜	洛阳市、济宁市、渭南市、菏泽市、淄博市、宝鸡市、咸阳市、新乡市、兰州市、泰安市、银川市、聊城市、鄂尔多斯市、德州市、榆林市、东营市、白银市、运城市、长治市	38%
不适宜	延安市、西宁市、石嘴山市、吴忠市、固原市、中卫市、天水市、平凉市、庆阳市、定西市、呼和浩特市、乌海市、巴彦淖尔市、铜川市、商洛市、晋城市、朔州市、忻州市、临汾市、吕梁市、开封市、焦作市、濮阳市、三门峡市、滨州市、晋中市	52%

黄河流域基础设施资源非常适宜区包括西安市和太原市 2 个城市，占
比 4%。这 2 个城市处于黄河流域基础设施资源生态位高度适宜阶段，代
表了黄河流域基础设施资源生态位的最高水平。黄河流域资源生态位比较
适宜区包括 3 个城市，占比 6%，分别是包头市、济南市和郑州市。这两
类区域具有明显的区位优势。一般是各省份的省会城市，市场经济和社会
发展等起步较早，具备良好的初始条件。一般适宜的城市有洛阳市和济宁
市等 19 个城市。第四类不适宜的城市有西宁市和石嘴山市等 26 个城市，
占比 52%。

5.3.2 服务业资源生态位适宜度分析

50 个城市中服务业资源生态位值大于等于 0.3 的城市，共 3 个城市，
依次是济南市、西安市和郑州市。其中西安市服务业资源生态位数值最
大，达到 0.9486，其次是郑州市，数值为 0.4896，济南市排名第三，数
值为 0.4156，说明这 3 个城市服务业资源生态位发展较好。50 个城市生

态位平均值是 0.1023，除西安市、郑州市、济南市、洛阳市、太原市、兰州市、济宁市、延安市、呼和浩特市、菏泽市、淄博市、新乡市、德州市、榆林市 14 个城市以外都未达到该生态位平均值，这说明大部分城市服务业资源生态位发展动力不足。

根据构建的黄河流域城市高质量发展生态位测度指标体系，选定服务业资源生态位测度的指标，利用熵权 – TOPSIS 法计算出服务业资源生态位的综合生态位数值，并运用 K-means 均值聚类法分析，将黄河流域城市服务业资源生态位分为四类，如表 5 – 5 所示。

表 5 – 5　　黄河流域城市服务业资源生态位适宜度聚类结果

类别	城市	占比
非常适宜	西安市	2%
比较适宜	济南市、郑州市	4%
一般适宜	兰州市、呼和浩特市、榆林市、太原市、洛阳市、淄博市、济宁市、菏泽市、包头市、新乡市、泰安市、聊城市、延安市、德州市、滨州市	30%
不适宜	西宁市、银川市、石嘴山市、吴忠市、固原市、中卫市、白银市、天水市、平凉市、庆阳市、定西市、乌海市、鄂尔多斯市、巴彦淖尔市、铜川市、宝鸡市、咸阳市、渭南市、商洛市、长治市、晋城市、朔州市、晋中市、运城市、忻州市、临汾市、吕梁市、开封市、焦作市、濮阳市、三门峡市、东营市	64%

黄河流域服务业资源非常适宜的城市仅西安市 1 个，占比 2%。西安市是省会城市，处于黄河流域服务业资源生态位高度适宜阶段，代表了黄河流域服务业资源生态位的最高水平。黄河流域服务业资源生态位比较适宜的有 2 个城市，占比 4%，分别是济南市和郑州市，这 2 个城市都属于省会城市，具有区位优势。非常适宜和比较适宜这两类区域具有明显的区位优势，一般是各省份的省会城市或者是省会辐射区，其市场经济和社会发展等起步较早，具备良好的初始条件。一般适宜的共有 15 个城市，占比 30%，如兰州市、呼和浩特市。不适宜的共 32 个城市，占比 64%。

5.3.3　对外开放资源生态位适宜度分析

50 个城市中对外开放资源生态位值大于等于 0.3 的城市有 2 个，依次是郑州市和西安市。其中郑州市对外开放资源生态位值为 0.7922，西安市对外开放资源生态位值为 0.7096，远高于排名第三的开封市，数值为

0.2755。黄河流域 8 省区 50 个城市对外开放资源生态位平均值是 0.0797，除西安市、郑州市、洛阳市、济南市、东营市、太原市、泰安市、淄博市、滨州市、济宁市、三门峡市、新乡市、开封市 13 个城市外，其他城市均未达到对外开放资源生态位平均值，这说明黄河流域整体对外开放情况需要提升。

根据构建的黄河流域城市高质量发展生态位测度指标体系，选定对外开放资源生态位测度的指标，利用熵权–TOPSIS 法计算出对外开放资源生态位的综合生态位数值，并运用 K-means 均值聚类法分析，将黄河流域城市对外开放资源生态位分为四类，如表 5–6 所示。

表 5–6　　　黄河流域城市对外开放资源生态位适宜度聚类结果

类别	城市	占比
非常适宜	西安市、郑州市	4%
比较适宜	洛阳市、济南市、开封市、泰安市	8%
一般适宜	呼和浩特市、鄂尔多斯市、太原市、新乡市、焦作市、三门峡市、淄博市、东营市、济宁市、滨州市、濮阳市、德州市、聊城市、菏泽市	28%
不适宜	西宁市、银川市、石嘴山市、吴忠市、固原市、中卫市、兰州市、白银市、天水市、平凉市、庆阳市、定西市、包头市、乌海市、巴彦淖尔市、铜川市、咸阳市、渭南市、延安市、榆林市、商洛市、长治市、晋城市、朔州市、运城市、忻州市、临汾市、吕梁市、宝鸡市、晋中市	60%

黄河流域对外开放资源非常适宜区仅有西安市和郑州市 2 个城市，占比仅 4%。西安市、郑州市属于省会城市，处于黄河流域对外开放资源生态位高度适宜阶段，代表了黄河流域对外开放资源生态位的最高水平。这主要是因为陕西省自贸试验区西安区域充分发挥了自贸试验区的载体和平台作用，使得西安的对外开放水平明显高于其他黄河流域城市。同时，西安自贸区的优势向周边地区辐射，与兰州市、三门峡市等城市建立合作机制，使兰州市，尤其是三门峡市对外开放水平明显提高。黄河流域对外开放资源生态位比较适宜区包括洛阳市、济南市、开封市、泰安市 4 个城市，占比 8%。其中济南市属于省会城市，具有区位优势。洛阳市对外开放资源生态位较高主要是由于洛阳市招商引资、对外贸易、对外经济合作的规模快速增长，质量不断改善，积极主动实施对外开放，布局"一带一路"等沿线国家新兴市场。一般适宜区共有 14 个城市，占比 28%，如太原市、呼和浩特市。不适宜的共 30 个城市，占比 60%，占比较高，这说

明黄河流域城市整体对外开放水平较低。

5.3.4　创新资源生态位适宜度分析

50 个城市中创新资源生态位值大于等于 0.3 的城市共 3 个，依次是西安市、郑州市、济南市。其中西安市创新资源生态位值最大，为 0.7219；其次是郑州市，数值为 0.6229；济南市 0.5598，排名第三。黄河流域创新资源生态位平均值是 0.0912，除西安市、郑州市、济南市、太原市、洛阳市、淄博市、滨州市、济宁市、德州市、兰州市、新乡市、东营市、聊城市 13 个城市以外，其余 37 个城市均未达到创新资源生态位平均值。

根据构建的黄河流域城市高质量发展生态位测度指标体系，选定创新资源生态位测度的指标，利用熵权 – TOPSIS 法计算出创新资源生态位的综合生态位数值，并运用 K-means 均值聚类法分析，将黄河流域城市创新资源生态位分为四类，如表 5 – 7 所示。

表 5 – 7　　　　黄河流域城市创新资源生态位适宜度聚类结果

类别	城市	占比
非常适宜	西安市、郑州市、济南市	6%
比较适宜	太原市、洛阳市	4%
一般适宜	兰州市、新乡市、焦作市、淄博市、东营市、济宁市、泰安市、德州市、聊城市、滨州市	20%
不适宜	西宁市、银川市、石嘴山市、吴忠市、固原市、中卫市、白银市、天水市、平凉市、庆阳市、定西市、呼和浩特市、包头市、乌海市、鄂尔多斯市、巴彦淖尔市、铜川市、宝鸡市、咸阳市、渭南市、延安市、榆林市、商洛市、长治市、晋城市、朔州市、晋中市、运城市、忻州市、临汾市、吕梁市、开封市、濮阳市、三门峡市、菏泽市	70%

黄河流域创新资源非常适宜区仅包括西安市、郑州市、济南市 3 个城市，占比 6%。西安市处于黄河流域创新资源生态位高度适宜阶段，代表了黄河流域创新资源生态位的最高水平。黄河流域创新资源生态位比较适宜区包括太原市和洛阳市 2 个城市，占比 4%。太原市属于省会城市，具有明显的区位优势。一般适宜区共有 10 个城市，占比 20%，如兰州市、新乡市等。兰州市由于地理因素等原因相对于其他几个省会城市创新资源生态位略低。不适宜区共 34 个城市，占比 68%，如西宁市、银川市、石嘴山市、吴忠市等。

5.3.5　工业资源生态位适宜度分析

50 个城市中工业资源生态位值大于等于 0.4 的共 10 个，依次是榆林市、鄂尔多斯市、郑州市、西安市、济南市、滨州市、济宁市、菏泽市、洛阳市、淄博市，其中榆林市工业资源生态位值是 0.8510，位居第一。黄河流域工业资源生态位平均值是 0.3036，除榆林市、鄂尔多斯市、郑州市、西安市、济南市、滨州市、济宁市、菏泽市、洛阳市、淄博市、德州市、吕梁市、聊城市、东营市、泰安市、长治市、包头市、银川市 18 个城市外，其余城市都未达到平均值。

根据构建的黄河流域城市高质量发展生态位测度指标体系，选定工业资源生态位测度的指标，利用熵权 – TOPSIS 法计算出工业资源生态位的综合生态位数值，并运用 K-means 均值聚类法分析，将黄河流域城市工业资源生态位分为四类，如表 5 – 8 所示。

表 5 – 8　　　　黄河流域城市工业资源生态位适宜度聚类结果

类别	城市	占比
非常适宜	榆林市、鄂尔多斯市、西安市、郑州市、济南市	10%
比较适宜	洛阳市、淄博市、济宁市、德州市、滨州市、菏泽市	12%
一般适宜	西宁市、银川市、兰州市、庆阳市、呼和浩特市、包头市、宝鸡市、咸阳市、延安市、太原市、长治市、晋城市、朔州市、临汾市、吕梁市、开封市、新乡市、焦作市、东营市、泰安市、聊城市	42%
不适宜	石嘴山市、吴忠市、固原市、中卫市、白银市、天水市、平凉市、定西市、乌海市、巴彦淖尔市、铜川市、渭南市、商洛市、运城市、晋中市、忻州市、濮阳市、三门峡市	36%

黄河流域工业资源非常适宜区包括榆林市、鄂尔多斯市、西安市、郑州市、济南市 5 个城市，占比 10%。榆林市处于黄河流域工业资源生态位高度适宜阶段，代表了黄河流域工业资源生态位的最高水平，主要原因是榆林市资源优势突出，特别是煤、气、油、盐资源富集一地，组合配置好，开发潜力巨大。榆林市神府煤田是世界七大煤田之一，石油储量是陕甘宁油气田的核心组成部分。但产业结构失衡是榆林市最为突出的难题。鄂尔多斯市工业资源生态位较高得利于几大企业和能源的优势，主要以煤炭、化工、天然气等资源为主，有世界级的大型现代化露天煤矿——东胜煤田、准噶尔煤田等，是我国西煤东运、西气东输、西电东送的重要基

地，其他 3 个城市均为省会城市，具有明显的区位优势。黄河流域工业资源生态位比较适宜区有 6 个城市，占比 12%，分别是洛阳市、淄博市、菏泽市、德州市、济宁市、滨州市。滨州市也是老牌重工业城市。一般适宜区共有 21 个城市，占比 42%，如兰州市、银川市等。不适宜区共 18 个城市，占比 36%，比如固原市、石嘴山市等。

5.3.6　农业资源生态位适宜度分析

50 个城市中农业资源生态位值大于等于 0.3 的城市共 6 个，依次是巴彦淖尔市、德州市、济宁市、渭南市、菏泽市、聊城市。其中巴彦淖尔市农业资源生态位数值是 0.7613，排名第一。黄河流域农业资源生态位平均值是 0.1551，除巴彦淖尔市、济宁市、德州市、渭南市、菏泽市、聊城市、新乡市、济南市、开封市、咸阳市、西安市、泰安市、洛阳市、运城市、榆林市、滨州市、宝鸡市、濮阳市、郑州市 19 个城市外，其他城市均未达到平均值。

根据构建的黄河流域城市高质量发展生态位测度指标体系，选定农业资源生态位测度的指标，利用熵权 – TOPSIS 法计算出农业资源生态位的综合生态位数值，并运用 K-means 均值聚类法分析，将黄河流域城市农业资源生态位分为四类，如表 5 – 9 所示。

表 5 – 9　　　　黄河流域城市农业资源生态位适宜度聚类结果

类别	城市	占比
非常适宜	巴彦淖尔市	2%
比较适宜	渭南市、新乡市、济宁市、德州市、聊城市、菏泽市	12%
一般适宜	西安市、宝鸡市、咸阳市、延安市、榆林市、运城市、郑州市、开封市、洛阳市、濮阳市、济南市、泰安市、滨州市	26%
不适宜	西宁市、天水市、鄂尔多斯市、石嘴山市、吴忠市、固原市、中卫市、兰州市、白银市、平凉市、庆阳市、定西市、乌海市、铜川市、商洛市、太原市、长治市、晋城市、临汾市、朔州市、晋中市、忻州市、吕梁市、焦作市、三门峡市、淄博市、东营市、银川市、呼和浩特市、包头市	60%

黄河流域农业资源非常适宜区仅巴彦淖尔市一个城市，占比 2%。巴彦淖尔市处于黄河流域农业资源生态位高度适宜阶段，代表了黄河流域农业资源生态位的最高水平。巴彦淖尔市主要依托优越的资源禀赋，是农作

物种植的黄金纬度带，地下水资源储量丰富，也是亚洲最大的一首制自流引水灌区。黄河流域农业资源生态位比较适宜区有 6 个城市，占比 12%，分别是渭南市、新乡市、济宁市、德州市、聊城市、菏泽市。一般适宜区共有 13 个城市，占比 26%，如西安市、宝鸡市等。不适宜区共 30 个城市，占比 60%，比如西宁市、石嘴山市、吴忠市等。

5.3.7 生态环境资源生态位适宜度分析

50 个城市中生态环境资源生态位值大于等于 0.3 的城市共 5 个，依次是固原市、铜川市、巴彦淖尔市、商洛市、庆阳市。其中固原市生态位值为 0.5472，远高于排名第二的铜川市，其数值为 0.4133。黄河流域生态环境资源生态位平均值是 0.174，除固原市、铜川市、巴彦淖尔市、商洛市、庆阳市、定西市、济宁市、济南市、西安市、鄂尔多斯市、泰安市、宝鸡市、榆林市、天水市、菏泽市、洛阳市、开封市、三门峡市 19 个城市外，其他城市均未达到平均值。

根据构建的黄河流域城市高质量发展生态位测度指标体系，选定生态环境资源生态位测度的 5 个指标，利用熵权 - TOPSIS 法计算出生态环境资源生态位的综合生态位数值，并运用 K-means 均值聚类法分析，将黄河流域城市生态环境资源生态位分为四类，如表 5 - 10 所示。

表 5 - 10　　黄河流域城市生态环境资源生态位适宜度聚类结果

类别	城市	占比
非常适宜	固原市	2%
比较适宜	庆阳市、巴彦淖尔市、铜川市、商洛市	8%
一般适宜	天水市、定西市、鄂尔多斯市、西安市、宝鸡市、延安市、榆林市、朔州市、忻州市、开封市、洛阳市、三门峡市、济南市、济宁市、泰安市、菏泽市	32%
不适宜	西宁市、银川市、石嘴山市、吴忠市、中卫市、兰州市、白银市、平凉市、呼和浩特市、包头市、乌海市、咸阳市、渭南市、太原市、长治市、晋城市、晋中市、运城市、临汾市、吕梁市、郑州市、新乡市、濮阳市、焦作市、东营市、德州市、聊城市、滨州市、淄博市	58%

黄河流域生态环境资源非常适宜区仅固原市一个城市，占比 2%。固原市处于黄河流域生态环境资源生态位高度适宜阶段，代表了黄河流域生态环境资源生态位的最高水平。固原市主要依托优越的资源禀赋，地下水

资源储量丰富。黄河流域生态环境资源生态位比较适宜区有 4 个城市，占比 8%，分别是定西市、巴彦淖尔市、商洛市。一般适宜区共有 16 个城市，占比 32%，如西宁市、天水市等。不适宜区共 29 个城市，占比 58%，如石嘴山市、吴忠市等。

5.4 生态位时空演化分析

为了更好地探索黄河流域城市高质量发展的空间分布特征，总结和提炼黄河流域城市高质量发展适宜性路径的空间分布规律，本节根据前文对流域发展水平的"非常适宜、比较适宜、一般适宜、不适宜"分类标准，对流域 50 个城市的高质量发展生态位时空演化特征进行分析。

5.4.1 基础设施资源生态位时空分析

对黄河流域 50 个城市 2011 年、2016 年和 2020 年的基础设施资源生态位时空演化特征进行分析，如表 5－11 所示。

表 5－11　黄河流域城市高质量发展基础设施资源生态位的时空演化

生态位适宜度分类	2011 年	2016 年	2020 年
非常适宜	西安市、济南市、郑州市、淄博市	西安市、济南市、郑州市	西安市、太原市、济南市、郑州市、包头市
比较适宜	太原市、济宁市、兰州市、银川市、包头市、洛阳市、菏泽市、西宁市、呼和浩特市、铜川市、运城市、聊城市、榆林市	太原市、洛阳市、济宁市、银川市、呼和浩特市、菏泽市、淄博市、渭南市、鄂尔多斯市、宝鸡市、咸阳市	济宁市、洛阳市、淄博市、运城市、菏泽市
一般适宜	鄂尔多斯市、渭南市、泰安市、德州市、东营市、滨州市、吕梁市、新乡市、咸阳市、宝鸡市、临汾市、延安市、乌海市、开封市、焦作市、长治市、三门峡市、晋中市	兰州市、新乡市、泰安市、东营市、德州市、聊城市、乌海市、包头市、开封市、榆林市、西宁市、运城市	长治市、新乡市、咸阳市、兰州市、宝鸡市、聊城市、泰安市、银川市、德州市、渭南市、榆林市、鄂尔多斯市、东营市、白银市、开封市、晋城市、呼和浩特市

生态位适宜度分类	2011 年	2016 年	2020 年
不适宜	石嘴山市、忻州市、濮阳市、天水市、吴忠市、商洛市、晋城市、巴彦淖尔市、白银市、庆阳市、朔州市、定西市、固原市、平凉市、中卫市	滨州市、长治市、焦作市、濮阳市、石嘴山市、临汾市、铜川市、延安市、天水市、平凉市、三门峡市、晋中市、吕梁市、吴忠市、定西市、商洛市、庆阳市、晋城市、巴彦淖尔市、忻州市、白银市、固原市、朔州市、中卫市	滨州市、天水市、临汾市、晋中市、濮阳市、西宁市、乌海市、延安市、定西市、焦作市、平凉市、吕梁市、吴忠市、石嘴山市、庆阳市、三门峡市、商洛市、固原市、忻州市、铜川市、巴彦淖尔市、朔州市、中卫市

从时间演化情况来看，十年间黄河流域城市基础设施资源生态位整体波动较大。其中，非常适宜区在黄河流域中下游，2011～2020 年整体基本保持不变；比较适宜区的城市较为分散，且 2011～2020 年比较适宜区城市数量逐渐下降；一般适宜区城市数量先减少后增加，2011～2016 年重心在黄河流域下游，整体基本保持不变，2016～2020 年重心往"几"字弯中心部位偏移，城市数量较 2011 年基本持平；不适宜区主要分布在黄河流域上游，2011～2020 年城市数量在逐渐增加，开始往黄河流域中游扩张。

西安市、郑州市和济南市三个城市在 2011～2020 年均位居前列，太原市由 2011～2016 年的比较适宜区发展到 2020 年非常适宜区。包头市从 2011 年比较适宜区发展到 2016 年一般适宜区，再到 2020 年非常适宜区，整体变动较大。这 5 个城市整体基础设施资源生态位非常适宜，且代表了黄河流域基础设施发展的最高水平。

从空间分布情况来看，黄河流域上游城市基础设施资源生态位相对较弱，发展较为缓慢。其中淄博市由 2011 年非常适宜区下降到比较适宜区；兰州市等城市由比较适宜区下降到一般适宜区；延安市、临汾市等城市由一般适宜区下降到不适宜区；"几"字弯左下角部分城市基础设施资源生态位有待提升。黄河流域下游城市基础设施资源生态位相对较高，发展较好，中游城市基础设施资源生态位相对次之。其中，长治市、晋城市等城市基础设施资源生态位先下降后上升，由 2016 年不适宜区上升到 2020 年一般适宜区。白银市整体水平上升，由 2011 年、2016 年的不适宜区上升到 2020 年的一般适宜区。

5.4.2　服务业资源生态位时空分析

对黄河流域 50 个城市 2011 年、2016 年和 2020 年的服务业资源生态位时空演化特征进行分析，如表 5 - 12 所示。

表 5 - 12　黄河流域城市高质量发展服务业资源生态位的时空演化

生态位适宜度分类	2011 年	2016 年	2020 年
非常适宜	西安市、济南市、郑州市	西安市、郑州市、济南市	西安市
比较适宜	太原市、呼和浩特市、济宁市、淄博市、包头市、洛阳市、鄂尔多斯市、泰安市、兰州市	太原市、呼和浩特市、洛阳市、济宁市、淄博市、兰州市、包头市、泰安市、鄂尔多斯市、德州市	郑州市、济南市
一般适宜	菏泽市、德州市、聊城市、东营市、新乡市、开封市、滨州市、榆林市、临汾市、咸阳市、渭南市、运城市、长治市、西宁市、银川市、吕梁市、晋中市、焦作市、宝鸡市、忻州市	菏泽市、聊城市、东营市、榆林市、滨州市、新乡市、咸阳市、渭南市、开封市、焦作市、银川市、运城市、临汾市、西宁市、长治市、晋中市、宝鸡市、吕梁市、延安市、濮阳市	洛阳市、太原市、兰州市、济宁市、延安市、呼和浩特市、菏泽市、淄博市、新乡市、德州市、榆林市、包头市、泰安市、鄂尔多斯市、聊城市、滨州市
不适宜	延安市、濮阳市、朔州市、晋城市、三门峡市、天水市、商洛市、庆阳市、定西市、平凉市、白银市、巴彦淖尔市、乌海市、铜川市、吴忠市、石嘴山市、固原市、中卫市	忻州市、晋城市、天水市、三门峡市、朔州市、商洛市、庆阳市、巴彦淖尔市、定西市、平凉市、白银市、乌海市、铜川市、吴忠市、固原市、石嘴山市、中卫市	开封市、东营市、焦作市、银川市、渭南市、咸阳市、运城市、宝鸡市、临汾市、长治市、西宁市、濮阳市、晋中市、吕梁市、朔州市、晋城市、忻州市、三门峡市、天水市、巴彦淖尔市、庆阳市、定西市、商洛市、平凉市、白银市、吴忠市、铜川市、石嘴山市、固原市、乌海市、中卫市

从时间演化情况来看，十年间黄河流域城市服务业资源生态位波动较大。其中，非常适宜区位于黄河流域中下游，2011 ~ 2016 年整体保持不变；2016 ~ 2020 年呈下降趋势；比较适宜区的城市较为分散，2011 ~ 2016 年在逐渐增加，2016 ~ 2020 年又大幅下降；一般适宜区城市数量在减少，2011 ~ 2016 年重心往"几"字弯右边移动，2015 ~ 2019 年重

心又返回"几"字弯中心部位，但城市数量较 2011 年下降；不适宜区城市数量主要集中在黄河流域上游，2011～2016 年数量下降，2016～2020 年又呈现上升趋势，且重心往"几"字弯两边偏移。西安市在 2011、2016、2020 年皆位居前列，郑州市和济南市 2 个城市在 2011 年、2016 年处于非常适宜区，2020 年下降到比较适宜区，整体上服务业资源生态位非常适宜，总体发展比较稳定，且代表了黄河流域服务业资源生态位发展的最高水平。

从空间分布情况来看，黄河流域上游城市服务业资源生态位相对较弱，发展较为缓慢，发展水平有待提升。其中包头市、鄂尔多斯市、呼和浩特市等城市由 2011 年和 2016 年的比较适宜区下降为 2020 年的一般适宜区；黄河流域中游城市服务业资源生态位相对次之，其中，山西省的临汾市、吕梁市等城市以及陕西省宝鸡市、咸阳市等城市由 2011 年和 2016 年的一般适宜区下降到 2020 年的不适宜区；黄河流域下游城市服务业资源生态位相对较高，发展较好，但济宁市、泰安市等城市整体水平在下降，由 2011 年、2016 年的比较适宜区下降到 2020 年的一般适宜区。

5.4.3 对外开放资源生态位时空分析

对黄河流域 50 个城市 2011 年、2016 年和 2020 年的对外开放资源生态位时空演化特征进行分析，如表 5 - 13 所示。

表 5 - 13 黄河流域城市高质量发展对外开放资源生态位的时空演化

生态位适宜度分类	2011 年	2016 年	2020 年
非常适宜	西安市、郑州市	西安市、郑州市	郑州市、西安市
比较适宜	济南市、太原市、洛阳市、济宁市、淄博市、东营市、泰安市、滨州市	兰州市、洛阳市、济南市	开封市、济南市、泰安市、洛阳市
一般适宜	包头市、鄂尔多斯市、呼和浩特市、聊城市、焦作市、三门峡市、新乡市、晋中市、德州市、开封市、菏泽市、忻州市、宝鸡市	东营市、太原市、鄂尔多斯市、泰安市、新乡市、淄博市、呼和浩特市、济宁市、滨州市、包头市、三门峡市、晋中市	东营市、太原市、淄博市、滨州市、济宁市、新乡市、三门峡市、焦作市、鄂尔多斯市、呼和浩特市、菏泽市、聊城市、濮阳市、德州市

续表

生态位适宜度分类	2011 年	2016 年	2020 年
不适宜	运城市、晋城市、兰州市、银川市、长治市、吕梁市、延安市、临汾市、濮阳市、西宁市、巴彦淖尔市、白银市、朔州市、乌海市、商洛市、咸阳市、石嘴山市、渭南市、天水市、中卫市、铜川市、榆林市、吴忠市、定西市、庆阳市、平凉市、固原市	焦作市、聊城市、菏泽市、宝鸡市、濮阳市、开封市、延安市、德州市、长治市、天水市、白银市、银川市、巴彦淖尔市、咸阳市、西宁市、晋城市、临汾市、运城市、乌海市、忻州市、朔州市、庆阳市、中卫市、吴忠市、石嘴山市、吕梁市、榆林市、渭南市、商洛市、平凉市、固原市、铜川市、定西市	包头市、长治市、巴彦淖尔市、晋城市、吕梁市、晋中市、咸阳市、宝鸡市、银川市、兰州市、西宁市、延安市、乌海市、白银市、中卫市、运城市、榆林市、朔州市、铜川市、天水市、忻州市、石嘴山市、渭南市、商洛市、庆阳市、固原市、临汾市、吴忠市、平凉市、定西市

从时间演化情况来看，十年间黄河流域城市对外开放资源生态位波动较大，整体对外开放资源生态位在下降。其中，非常适宜区在黄河流域中下游，2011～2016 年城市数量基本保持不变，2016～2020 年数量减少；比较适宜区的城市较为分散，2011～2016 年数量急剧降低，2016～2020 年黄河流域上游降低至个别城市；一般适宜区城市数量在增加，2011～2016 年重心往黄河流域下游和"几"字弯上部分移动，2016～2020 年重心往"几"字弯中心部位偏移，城市数量较 2011 年上升；不适宜区主要集中在黄河流域上中游，2011～2016 年城市数量在逐渐增加，开始往黄河流域下游扩张，2016～2020 年重心又往黄河流域上中游移回，城市数量逐渐减少。

西安市和郑州市在 2011～2020 年均位居前列，这两个城市整体对外开放资源生态位非常适宜，发展比较稳定，且代表了黄河流域对外开放发展的最高水平。

从空间分布情况来看，黄河流域上游城市对外开放资源生态位相对较弱，有待提升。其中，包头市对外开放资源生态位 2016 年之后由一般适宜区下降到不适宜区；兰州市由 2011 年的不适宜区上升到 2016 年的比较适宜区，再下降到 2020 年的不适宜区，下降幅度较大。黄河流域中游城市对外开放资源生态位相对较弱，宝鸡市和忻州市对外开放资源生态位在不断下降，由 2011 年的一般适宜区下降到 2016～2020 年的不适宜区。黄河流域下游城市对外开放资源生态位相对较高，发展较好。其中，开封市由 2011 年的一般适宜区到 2016 年的不适宜区上升到 2020 年的比较适宜区，整体水平上升幅度较大，山东的德州市、聊城市等城市由 2011 年的一般适宜区到 2016 年的不适宜区上升到 2020 年的一般适宜区。

5.4.4　创新资源生态位时空分析

对黄河流域 50 个城市 2011 年、2016 年和 2020 年的创新资源生态位时空演化特征进行分析，如表 5-14 所示。

表 5-14　　黄河流域城市高质量发展创新资源生态位的时空演化

生态位适宜度分类	2011 年	2016 年	2020 年
非常适宜	西安市、济南市	西安市、济南市、郑州市	西安市、郑州市、济南市
比较适宜	郑州市、淄博市、济宁市、太原市、洛阳市	淄博市、洛阳市、济宁市、太原市、东营市	太原市、洛阳市、淄博市、滨州市、济宁市
一般适宜	东营市、滨州市、泰安市、鄂尔多斯市、聊城市、兰州市、德州市、焦作市、新乡市、菏泽市、包头市、榆林市	泰安市、滨州市、新乡市、兰州市、德州市、聊城市、菏泽市、焦作市、包头市、银川市、榆林市、宝鸡市、呼和浩特市	德州市、兰州市、新乡市、东营市、聊城市、泰安市、焦作市、呼和浩特市、银川市、菏泽市、开封市、包头市、濮阳市、鄂尔多斯市、宝鸡市
不适宜	呼和浩特市、长治市、咸阳市、银川市、宝鸡市、濮阳市、三门峡市、延安市、晋城市、开封市、吕梁市、运城市、晋中市、西宁市、临汾市、忻州市、渭南市、乌海市、朔州市、天水市、庆阳市、定西市、白银市、巴彦淖尔市、吴忠市、商洛市、石嘴山市、平凉市、固原市、中卫市、铜川市	开封市、长治市、咸阳市、濮阳市、渭南市、延安市、西宁市、鄂尔多斯市、三门峡市、运城市、吕梁市、晋中市、晋城市、白银市、乌海市、吴忠市、临汾市、中卫市、天水市、石嘴山市、忻州市、商洛市、庆阳市、定西市、巴彦淖尔市、铜川市、朔州市、平凉市、固原市	三门峡市、咸阳市、榆林市、运城市、晋中市、长治市、晋城市、渭南市、西宁市、石嘴山市、延安市、临汾市、吴忠市、吕梁市、中卫市、天水市、乌海市、白银市、巴彦淖尔市、忻州市、固原市、定西市、庆阳市、商洛市、朔州市、平凉市、铜川市

从时间演化情况来看，十年间黄河流域城市创新资源生态位波动不大。其中，非常适宜区在黄河流域中下游，2011~2020 年整体基本保持不变；比较适宜区城市数量在增加，重心在黄河流域下游，2011~2016 年城市数量在增加，2016~2019 年基本不变；一般适宜区的城市集中在"几"字弯中心和黄河流域下游，2010~2016 年数量基本不变，但往"几"字

弯下部移动, 2016～2020 年基本保持不变; 不适宜区主要集中在黄河流域上中游, 2011～2020 年城市数量在逐渐减少。

西安市和济南市 2011～2020 年皆位居前列, 创新资源生态位非常适宜, 总体发展比较稳定, 且代表了黄河流域创新发展的最高水平。黄河流域整体创新资源生态位在上升。

从空间分布情况来看, 黄河流域上游城市创新资源生态位相对较弱, 有待提升。其中, 滨州市创新资源生态位由 2011 年、2016 年的一般适宜区上升到 2020 年的比较适宜区。黄河流域中游城市创新资源生态位相对较弱, 大部分城市创新资源生态位相对保持不变。宝鸡市、呼和浩特市创新资源生态位在不断提高, 由 2011 年的不适宜区到 2016 年的一般适宜区, 且 2020 依旧保持在一般适宜区, 开封市、濮阳市 2020 年上升为一般适宜区。鄂尔多斯市由 2011 年的一般适宜区到 2016 年的不适宜区, 再到 2020 年的一般适宜区; 东营市由 2011 年一般适宜区到 2016 年比较适宜区, 再到 2020 年一般适宜区, 变动较大。黄河流域下游城市创新资源生态位相对较高, 发展较好。其中郑州市整体水平上升, 由 2011 年比较适宜区上升到 2016 年的非常适宜区, 且保持不变。

5.4.5　工业资源生态位时空分析

对黄河流域 50 个城市 2011 年、2016 年和 2020 年的工业资源生态位时空演化特征进行分析, 空间分布情况如表 5-15 所示。

表 5-15　黄河流域城市高质量发展工业资源生态位的时空演化

生态位适宜度分类	2011 年	2016 年	2020 年
非常适宜	呼和浩特市、东营市、郑州市、鄂尔多斯市、榆林市、淄博市	郑州市、淄博市、东营市、鄂尔多斯市、德州市、榆林市、聊城市、菏泽市	榆林市、鄂尔多斯市、郑州市、西安市
比较适宜	德州市、济宁市、菏泽市、泰安市、滨州市、济南市、包头市、洛阳市、西安市、聊城市、新乡市	济宁市、济南市、西安市、滨州市、洛阳市、泰安市、焦作市、咸阳市、新乡市、开封市、延安市	济南市、滨州市、济宁市、菏泽市、洛阳市、淄博市、德州市

续表

生态位适宜度分类	2011 年	2016 年	2020 年
一般适宜	延安市、银川市、咸阳市、长治市、太原市、吕梁市、焦作市、渭南市、晋城市、开封市、濮阳市、庆阳市、晋中市、兰州市、三门峡市、忻州市、临汾市、朔州市、吴忠市、运城市、铜川市	濮阳市、渭南市、包头市、长治市、吕梁市、庆阳市、兰州市、太原市、晋城市、铜川市、三门峡市、宝鸡市、银川市、平凉市、中卫市、定西市、固原市、忻州市、呼和浩特市、白银市、朔州市	吕梁市、聊城市、东营市、泰安市、长治市、包头市、银川市、开封市、咸阳市、焦作市、太原市、新乡市、晋城市、延安市、兰州市、呼和浩特市、西宁市、庆阳市、临汾市、宝鸡市
不适宜	宝鸡市、天水市、固原市、定西市、中卫市、乌海市、石嘴山市、西宁市、平凉市、白银市、巴彦淖尔市、商洛市	天水市、吴忠市、商洛市、石嘴山市、西宁市、运城市、晋中市、巴彦淖尔市、临汾市、乌海市	朔州市、铜川市、定西市、天水市、濮阳市、晋中市、三门峡市、运城市、平凉市、渭南市、白银市、忻州市、固原市、吴忠市、乌海市、商洛市、石嘴山市、中卫市、巴彦淖尔市

从时间演化情况来看，十年间黄河流域城市工业资源生态位波动较大。其中，非常适宜区 2011 年分布在"几"字弯中心和黄河流域下游，2011～2016 年城市数量在增加，重心往黄河流域下游偏移，2016～2020 年城市数量减少，"几"字弯中心的城市数量在增加，黄河流域下游城市减少；比较适宜区集中在黄河流域下游，2011～2020 年城市数量减少，开始在下游分散分布；一般适宜区城市数量在减少，2011～2016 年重心往"几"字弯下部分移动，2016～2020 年重心往黄河流域下游偏移，城市数量增加；不适宜区 2011 年主要集中在黄河流域上游，2011～2020 年逐渐围绕"几"字弯开始扩散。

鄂尔多斯市、榆林市和郑州市 2011～2020 年皆位居前列，工业资源生态位非常适宜，总体发展比较稳定且代表了黄河流域工业发展的最高水平。总体来看，黄河流域整体工业资源生态位在下降。

从空间分布情况来看，黄河流域上游城市工业资源生态位相对较弱，有待提升，其中，包头市工业资源生态位由 2011 年的比较适宜区下降到 2016 年的一般适宜区，且在 2020 年继续停留在一般适宜区；定西市、固原市、平凉市工业资源生态位由 2011 年的不适宜区上升到 2016 年的一般适宜区，后又下降到 2020 年的不适宜区，变动较大。黄河流域中游城市工业资源生态位相对较弱，整体生态位也在不断下降。

朔州市、忻州市等城市由 2011～2016 年的一般适宜区下降到 2020 年的不适宜区；西安市由 2011～2016 年的比较适宜区上升到 2020 年的非常适宜区。黄河流域下游城市工业资源生态位相对较高，发展较好，但整体生态位先上升后下降。其中菏泽市、德州市由 2011 年的比较适宜区上升到 2016 年的非常适宜区，2020 年又下降到比较适宜区；聊城市由 2011 年的比较适宜区上升到 2016 年的非常适宜区，再下降到 2020 年的一般适宜区，变动较大。

5.4.6 农业资源生态位时空分析

对黄河流域 50 个城市 2011 年、2016 年和 2020 年的农业资源生态位时空演化特征进行分析，如表 5-16 所示。

表 5-16 黄河流域城市高质量发展农业资源生态位的时空演化

生态位适宜度分类	2011 年	2016 年	2020 年
非常适宜	德州市、菏泽市、济宁市、渭南市、聊城市、巴彦淖尔市	巴彦淖尔市、济宁市、德州市、渭南市	巴彦淖尔市
比较适宜	银川市、开封市、济南市、泰安市、运城市、朔州市、咸阳市、新乡市、滨州市、洛阳市、东营市、鄂尔多斯市、榆林市、郑州市、西安市、宝鸡市	聊城市、菏泽市、泰安市、开封市、新乡市、咸阳市、银川市、济南市、洛阳市、榆林市、鄂尔多斯市、天水市、运城市、滨州市、郑州市、西安市、宝鸡市	济宁市、德州市、渭南市、菏泽市、聊城市、新乡市、济南市、开封市、咸阳市、西安市、泰安市、洛阳市、运城市、榆林市、滨州市、宝鸡市
一般适宜	临汾市、焦作市、呼和浩特市、淄博市、吴忠市、延安市、天水市、晋中市、中卫市、忻州市、包头市	呼和浩特市、临汾市、濮阳市、延安市、包头市、淄博市、吴忠市、忻州市、焦作市、东营市、中卫市、朔州市、商洛市、晋中市、白银市、乌海市、平凉市、三门峡市	濮阳市、郑州市、延安市、兰州市、东营市、淄博市、焦作市、鄂尔多斯市、呼和浩特市、白银市、临汾市、天水市、银川市、三门峡市、忻州市、晋中市、朔州市、固原市、定西市、庆阳市、中卫市、平凉市、长治市、吴忠市、包头市、吕梁市、商洛市、西宁市

生态位适宜度分类	2011 年	2016 年	2020 年
不适宜	濮阳市、乌海市、平凉市、长治市、商洛市、太原市、三门峡市、吕梁市、固原市、定西市、晋城市、白银市、庆阳市、石嘴山市、兰州市、西宁市、铜川市	定西市、太原市、庆阳市、固原市、晋城市、长治市、西宁市、吕梁市、兰州市、石嘴山市、铜川市	晋城市、石嘴山市、太原市、铜川市、乌海市

从时间演化情况来看，十年间黄河流域城市农业资源生态位波动较大，整体农业资源生态位在下降。其中，非常适宜区在黄河流域上游内蒙古段和黄河流域下游，2011～2016 年城市数量保持不变，2016～2020 年内蒙段城市数量不变，黄河流域下游数量减少；比较适宜区的城市集中在黄河流域下游，2011～2016 年在逐渐增加，2016～2020 年黄河流域上游城市数量减少，下游城市数量增加；一般适宜区城市在 2011～2016 年保持不变，2016～2020 年大幅增加，重心往黄河流域上中游移动；不适宜区城市数量在逐渐减少，城市分布逐渐在"几"字弯周围分散。

巴彦淖尔市 2011～2020 年皆位居前列，渭南市、济宁市、德州市农业资源生态位由 2011～2016 年的非常适宜区下降到 2020 年的比较适宜区，这四个城市整体农业资源生态位非常适宜，发展比较稳定，且代表了黄河流域农业发展的最高水平。

从空间分布情况来看，黄河流域上游城市农业资源生态位相对较弱，整体也在不断提高。其中，兰州市、定西市、固原市、庆阳市等城市农业资源生态位都有所提升，由 2011～2016 年的不适宜区提升到 2020 年的一般适宜区。黄河流域中游城市农业资源生态位次之，整体水平在提高。吕梁市、长治市农业资源生态位相对水平在不断提高，由 2011～2016 年的不适宜区到 2020 年的一般适宜区；渭南市农业资源生态位相对水平由 2011～2016 年的非常适宜区降低到 2020 年的比较适宜区。黄河流域下游城市农业资源生态位相对较高，发展较好，但是整体水平有所下降。其中聊城市、菏泽市由 2011 年的非常适宜区下降到 2016 年的比较适宜区，2020 年保持不变；东营市由 2011 年的比较适宜区下降 2020 年的一般适宜区。

5.4.7　生态环境资源生态位时空分析

对黄河流域 50 个城市 2011 年、2016 年和 2020 年的生态环境资源生态位时空演化特征进行分析，如表 5 - 17 所示。

表 5 - 17　黄河流域城市高质量发展生态环境资源生态位的时空演化

生态位适宜度分类	2011 年	2016 年	2020 年
非常适宜	定西市、庆阳市、固原市、郑州市、新乡市、天水市、铜川市	固原市、定西市	固原市、铜川市、巴彦淖尔市、商洛市
比较适宜	焦作市、开封市、洛阳市、包头市、鄂尔多斯市、银川市、巴彦淖尔市	商洛市、庆阳市、巴彦淖尔市、济宁市、天水市、郑州市、开封市、西安市、铜川市、榆林市、鄂尔多斯市、濮阳市	庆阳市、定西市、济宁市、济南市、西安市、鄂尔多斯市、泰安市、宝鸡市、榆林市、天水市、菏泽市
一般适宜	宝鸡市、商洛市、乌海市、濮阳市、咸阳市、西安市、朔州市、中卫市、晋中市、呼和浩特市、聊城市、延安市、菏泽市、东营市、泰安市、榆林市、滨州市、济宁市、吴忠市、济南市、石嘴山市、长治市、太原市、德州市、晋城市、三门峡市、淄博市、运城市、临汾市、吕梁市、兰州市	白银市、新乡市、洛阳市、呼和浩特市、平凉市、济南市、菏泽市、泰安市、延安市、焦作市、宝鸡市、忻州市、三门峡市、德州市、咸阳市、聊城市、银川市、晋城市、东营市、长治市、淄博市、运城市、吕梁市、渭南市、临汾市、晋中市、乌海市、包头市、西宁市、滨州市、吴忠市、兰州市	洛阳市、开封市、三门峡市、忻州市、延安市、朔州市、郑州市、平凉市、淄博市、长治市、吕梁市、太原市、渭南市、咸阳市、新乡市、德州市
不适宜	渭南市、白银市、西宁市、忻州市、平凉市	朔州市、中卫市、石嘴山市、太原市	濮阳市、晋中市、临汾市、呼和浩特市、晋城市、西宁市、运城市、焦作市、滨州市、白银市、东营市、聊城市、包头市、中卫市、石嘴山市、吴忠市、兰州市、乌海市、银川市

从时间演化情况来看，十年间黄河流域城市生态环境资源生态位波动较大，先降后升，2011 ~ 2016 年间黄河流域整体生态环境资源生态位有所降低，2016 ~ 2020 年又回升。非常适宜区在黄河流域上游，2011 ~ 2020

年城市数量在增加,在上游逐渐扩散;比较适宜区城市数量在 2011~2020 年不断增加,重心在"几"字弯中心部位;一般适宜区的城市 2011 年集中在黄河流域下游,2011~2016 年逐渐增加,重心往"几"字弯偏移,2016~2020 年城市数量又逐渐下降,重心移回黄河流域下游;不适宜区城市数量整体下降,分布较为分散,2011~2016 年在逐渐减少,2016~2020 年城市数量又逐渐增加,重心在黄河流域上游和下游部分。

固原市 2011~2020 年皆位居前列,生态环境资源生态位非常适宜,总体发展比较稳定且代表了黄河流域生态环境发展的最高水平。十年间黄河流域整体生态环境资源生态位相对水平基本不变。

从空间分布情况来看,黄河流域上游城市生态环境资源生态位相对较高,大部分城市先升后降,其中巴彦淖尔市、银川市、商洛市整体水平上升,由 2011 年、2016 年的比较适宜区上升到 2020 年的非常适宜区。

黄河流域中游城市生态环境资源生态位次之,也是大部分城市先升后降。其中朔州市、太原市由 2011 年的一般适宜区下降到 2016 年的不适宜区,2020 年上升到一般适宜区;忻州市生态环境资源相对提升,由 2011 年的不适宜区上升到了 2016 年的一般适宜区,且 2020 年保持不变。

黄河流域下游城市生态环境资源生态位相对较弱,有待提升,其中,济南市、泰安市、菏泽市生态环境资源生态位 2016 年之后由一般适宜区上升到比较适宜区。

5.5　生态位宽度测算结果分析

本研究用 50 个城市各指标因子的标准化后的数据来衡量"态",以 2011~2012 年、2013~2014 年、2015~2016 年、2017~2018 年、2019~2020 年,每两年标准后的数据增长量作为"势",以每年的增长为衡量尺度,即量纲转换系数为 1。根据 4.1.2 小节所述的计算方法,分别测算出 50 个城市 2011~2020 年各资源生态位 10 年的生态位宽度平均值,具体结果见下文。

5.5.1　基础设施资源生态位宽度分析

本研究利用公式(4.1)计算黄河流域 50 个城市基础设施资源生态位宽度值,进行时间变化分析,该生态位宽度计算结果如表 5-18 所示。采用 K-means 均值聚类法，将生态位宽度值分为四类，分别是宽、较宽、较窄、窄，分析 2011～2020 年各个城市的基础设施资源生态位宽度分类情况，如表 5－19 所示。

表 5－18　　黄河流域城市高质量发展基础设施资源生态位宽度

城市	2011～2016 年	2016～2020 年	2011～2020 年
西宁市	0.013419	0.009831	0.007223
银川市	0.030531	0.014714	0.015844
石嘴山市	0.013597	0.009106	0.009962
吴忠市	0.010543	0.010324	0.010640
固原市	0.008245	0.008677	0.009138
中卫市	0.004685	0.006756	0.006487
兰州市	0.020980	0.019720	0.017422
白银市	0.008339	0.021916	0.021109
天水市	0.012421	0.014657	0.015181
平凉市	0.013047	0.010041	0.011977
庆阳市	0.010358	0.010064	0.010928
定西市	0.010927	0.011083	0.012090
呼和浩特市	0.028236	0.010880	0.012871
包头市	0.016944	0.058483	0.051906
乌海市	0.020984	0.007595	0.010269
鄂尔多斯市	0.027655	0.014984	0.017877
巴彦淖尔市	0.009405	0.005764	0.006524
西安市	0.064900	0.079887	0.074045
铜川市	0.010498	0.006280	0.003168
宝鸡市	0.028356	0.017450	0.021419
咸阳市	0.028008	0.018511	0.021954
渭南市	0.028590	0.015320	0.018501
延安市	0.011819	0.010723	0.010260
榆林市	0.016907	0.018508	0.017148
商洛市	0.010426	0.008497	0.009104
太原市	0.038925	0.080429	0.077468
长治市	0.014785	0.026938	0.026195
晋城市	0.009337	0.018761	0.018227

城市	2011~2016 年	2016~2020 年	2011~2020 年
朔州市	0.006320	0.006327	0.006286
晋中市	0.011605	0.013835	0.013497
运城市	0.013511	0.034077	0.029572
忻州市	0.008627	0.008041	0.007682
临汾市	0.012942	0.013978	0.013439
吕梁市	0.010367	0.009985	0.008572
郑州市	0.053423	0.045889	0.048133
开封市	0.019115	0.015426	0.016853
洛阳市	0.038531	0.027092	0.030314
新乡市	0.022859	0.020618	0.022267
焦作市	0.014191	0.009296	0.009870
濮阳市	0.014462	0.012744	0.013880
三门峡市	0.011652	0.009046	0.009086
济南市	0.055019	0.052056	0.052888
淄博市	0.024087	0.029468	0.024167
东营市	0.021355	0.016824	0.017975
济宁市	0.035232	0.033152	0.034120
泰安市	0.021775	0.018788	0.019695
德州市	0.020805	0.018774	0.019580
聊城市	0.019135	0.019889	0.018479
滨州市	0.014228	0.014418	0.013743
菏泽市	0.027893	0.024376	0.024966

表 5-19　黄河流域城市高质量发展基础设施资源生态位宽度分类

生态位宽度分类	城市	平均宽度
宽	太原市、西安市、济南市、包头市、郑州市	4.6541
较宽	济宁市、洛阳市、运城市	2.7832
较窄	长治市、菏泽市、淄博市、新乡市、咸阳市、宝鸡市、白银市、泰安市、德州市、渭南市、聊城市、晋城市、东营市、鄂尔多斯市、兰州市、榆林市、开封市	2.0799

生态位宽度分类	城市	平均宽度
窄	银川市、天水市、濮阳市、滨州市、晋中市、临汾市、呼和浩特市、定西市、平凉市、庆阳市、吴忠市、乌海市、延安市、石嘴山、焦作市、固原市、商洛市、三门峡市、吕梁市、忻州市、西宁市、巴彦淖尔市、中卫市、朔州市、铜川市	1.4521

基础设施资源生态位宽度平均值是 0.02，除太原市、西安市、济南市、包头市、郑州市、济宁市、洛阳市、运城市、长治市、菏泽市、淄博市、新乡市、咸阳市、宝鸡市、白银市 15 个城市外，其他城市 2011 ~ 2020 年的基础设施资源生态位宽度值均未达到平均值。十年间，黄河流域 50 个城市生态位宽度在发生变化，总体可分为三类。第一类，基础设施资源生态位宽度保持不变，共 9 个城市，如聊城市、固原市等；第二类，基础设施资源生态位宽度呈增加趋势，共 13 个城市，如包头市、太原市等，说明这类城市基础设施资源生态位的利用程度在不断增加；第三类，基础设施资源生态位宽度呈下降趋势，共 28 个城市，如银川市、兰州市等。总体来看，流域内城市生态位宽度整体变化不大。

从表 5 - 19 可以看出，太原市、西安市、济南市、包头市、郑州市 5 个城市生态位宽度平均值最高，属于第一梯队，基础设施资源生态位宽度宽，即基础设施资源最好的 5 个城市。济宁市、洛阳市、运城市 3 个城市属于第二梯队，是基础设施资源生态位比较宽的城市。第三梯队基础设施资源生态位较窄的城市有兰州市、白银市等 17 个城市。第四梯队基础设施资源生态位窄的城市较多，如庆阳市、定西市等。由于黄河流域地理位置差距较大、资源禀赋不同，城市之间生态位宽度相差较大，基础设施发展不均衡，总体来看黄河流域下游城市基础设施发展相对较好，"几"字弯上下部分基础设施发展相对较弱。

5.5.2　服务业资源生态位宽度分析

本研究利用公式（4.1）计算黄河流域 50 个城市服务业资源生态位宽度值，进行时间变化分析，该生态位宽度计算结果如表 5 - 20 所示。分析 2011 ~ 2020 年各个城市的服务业资源生态位宽度空间分布情况，如表 5 - 21 所示。

表 5 - 20　　黄河流域城市高质量发展服务业资源生态位宽度

城市	2011~2016 年	2016~2020 年	2011~2020 年
西宁市	0.013400	0.009151	0.008224
银川市	0.015523	0.013191	0.013520
石嘴山市	0.000733	0.000654	0.000258
吴忠市	0.001397	0.001152	0.001090
固原市	0.001392	-0.000068	0.000045
中卫市	0.000661	-0.000299	-0.000335
兰州市	0.033169	0.029420	0.032561
白银市	0.003339	0.001805	0.001432
天水市	0.008358	0.003941	0.003993
平凉市	0.004299	0.002913	0.002916
庆阳市	0.005304	0.003735	0.003928
定西市	0.004907	0.003181	0.003322
呼和浩特市	0.037345	0.018993	0.018054
包头市	0.029758	0.013490	0.010282
乌海市	0.002056	-0.000884	-0.000897
鄂尔多斯市	0.028766	0.012170	0.010978
巴彦淖尔市	0.005347	0.004712	0.005870
西安市	0.102198	0.236353	0.247936
铜川市	0.001589	0.000492	0.000458
宝鸡市	0.012819	0.011193	0.011204
咸阳市	0.017729	0.010857	0.010372
渭南市	0.017329	0.011168	0.010759
延安市	0.011192	0.037762	0.039263
榆林市	0.019273	0.021247	0.021363
商洛市	0.005200	0.002776	0.002451
太原市	0.045786	0.036922	0.037437
长治市	0.012707	0.010234	0.008805
晋城市	0.008219	0.006754	0.006237
朔州市	0.006859	0.008827	0.007624
晋中市	0.012542	0.008255	0.007179
运城市	0.014633	0.011554	0.010237

续表

城市	2011～2016 年	2016～2020 年	2011～2020 年
忻州市	0.008896	0.005709	0.004135
临汾市	0.013931	0.009618	0.007024
吕梁市	0.010046	0.007302	0.004851
郑州市	0.090211	0.100842	0.109029
开封市	0.016505	0.013322	0.011411
洛阳市	0.037249	0.054097	0.056879
新乡市	0.018926	0.022685	0.022170
焦作市	0.016347	0.013776	0.015190
濮阳市	0.010944	0.010552	0.011217
三门峡市	0.007512	0.006051	0.005399
济南市	0.074168	0.084096	0.078932
淄博市	0.033695	0.018744	0.016577
东营市	0.019769	0.011504	0.010791
济宁市	0.036007	0.023114	0.021976
泰安市	0.029028	0.013222	0.012417
德州市	0.026377	0.017648	0.019132
聊城市	0.023065	0.014262	0.014474
滨州市	0.019121	0.015252	0.014836
菏泽市	0.024374	0.026551	0.026994

表 5-21　黄河流域城市高质量发展服务业资源生态位宽度分类

生态位宽度分类	城市	平均宽度
宽	西安市	0.2479
较宽	郑州市、济南市	0.0940
较窄	洛阳市、延安市、太原市、兰州市、菏泽市、新乡市、济宁市、榆林市	0.0323
窄	德州市、呼和浩特市、淄博市、焦作市、滨州市、聊城市、银川市、泰安市、开封市、濮阳市、宝鸡市、鄂尔多斯市、东营市、渭南市、咸阳市、包头市、运城市、长治市、西宁市、朔州市、晋中市、临汾市、晋城市、巴彦淖尔市、三门峡市、吕梁市、忻州市、天水市、庆阳市、定西市、平凉市、商洛市、白银市、吴忠市、铜川市、石嘴山市、固原市、中卫市、乌海市	0.0078

服务业资源生态位宽度平均值是 0.02，除西安市、郑州市、济南市、洛阳市、延安市、太原市、兰州市、菏泽市、新乡市、济宁市、榆林市 11 个城市外，其他城市均未达到服务业资源生态位宽度平均值。十年间，黄河流域 50 个城市服务业资源生态位宽度在发生变化，总体可分为三类。第一类，服务业资源生态位宽度保持不变，共 5 个城市，如石嘴山市、濮阳市等；第二类，服务业资源生态位宽度呈增加趋势，共 9 个城市，如西安市、延安市等，说明这类城市服务业资源生态位的利用程度在不断增加；第三类，服务业资源生态位宽度呈下降趋势，共 36 个城市，如焦作市、呼和浩特市等。总体来讲，黄河流域服务业资源生态位宽度值变化不大。

从表 5-21 可以看出，西安市生态位宽度平均值最高，属于第一梯队，服务业资源生态位宽度宽，即服务业资源最好的城市。济南市、郑州市属于第二梯队，服务业资源生态位较宽。第三梯队服务业资源生态位宽度较窄的城市有洛阳市、延安市等。第四梯队服务业资源生态位宽度窄的城市有白银市、忻州市等。由于黄河流域地理位置差距较大、资源禀赋不同，城市之间生态位宽度相差较大，从空间来看，黄河流域整体服务业资源生态位宽度较差，利用资源能力较弱，相对来说，黄河流域中下游城市服务业资源生态位数值高于黄河流域上游城市服务业资源生态位数值。

5.5.3　对外开放资源生态位宽度分析

本研究利用公式（4.1）计算黄河流域 50 个城市对外开放资源生态位宽度值，进行时间变化分析，该生态位宽度计算结果如表 5-22 所示。分析 2011～2020 年各个城市的对外开放资源生态位宽度空间分布情况，如表 5-23 所示。

表 5-22　　黄河流域城市高质量发展对外开放资源生态位宽度

城市	2011～2016 年	2016～2020 年	2011～2020 年
西宁市	0.004471	0.004018	0.003742
银川市	0.006556	0.003608	0.002648
石嘴山市	0.000000	0.001279	0.000497
吴忠市	0.001156	0.000447	0.000518
固原市	0.000778	0.000584	0.000802

续表

城市	2011~2016 年	2016~2020 年	2011~2020 年
中卫市	0.001088	0.002118	0.002336
兰州市	0.089491	-0.010179	0.002229
白银市	0.009350	0.000547	0.000838
天水市	0.011555	-0.000472	0.001207
平凉市	0.000838	0.000323	0.000504
庆阳市	0.001465	0.000776	0.001129
定西市	0.000702	0.000311	0.000447
呼和浩特市	0.024040	0.013198	0.009713
包头市	0.013338	0.004906	-0.002442
乌海市	0.003300	0.002913	0.002712
鄂尔多斯市	0.033458	0.012744	0.010721
巴彦淖尔市	0.006420	0.007229	0.007881
西安市	0.223632	0.173338	0.193411
铜川市	0.000415	0.001428	0.001456
宝鸡市	0.012182	0.002571	0.001157
咸阳市	0.006208	0.005149	0.006014
渭南市	-0.000038	0.001074	0.000426
延安市	0.010445	0.001894	0.001761
榆林市	0.000740	0.002062	0.002258
商洛市	-0.000514	0.000969	-0.000057
太原市	0.026933	0.032475	0.022657
长治市	0.008867	0.006844	0.006845
晋城市	0.001563	0.006192	0.004203
朔州市	0.000574	0.001720	0.000575
晋中市	0.017371	0.002528	0.001243
运城市	0.000310	0.001515	-0.001697
忻州市	-0.001933	0.000913	-0.003415
临汾市	0.002198	-0.000174	-0.002052
吕梁市	-0.002024	0.006515	0.004665
郑州市	0.142699	0.215893	0.243283
开封市	0.007855	0.083241	0.091984

续表

城市	2011～2016 年	2016～2020 年	2011～2020 年
洛阳市	0.064809	0.045263	0.046301
新乡市	0.037325	0.018862	0.023481
焦作市	0.011427	0.016756	0.012660
濮阳市	0.014584	0.012570	0.015415
三门峡市	0.019682	0.021470	0.023083
济南市	0.040799	0.073540	0.070342
淄博市	0.017469	0.025724	0.016778
东营市	0.036781	0.039605	0.037596
济宁市	0.015437	0.020042	0.009507
泰安市	0.027235	0.073869	0.075234
德州市	0.006201	0.012788	0.011048
聊城市	0.010347	0.012024	0.007029
滨州市	0.017273	0.023874	0.017800
菏泽市	0.015143	0.013117	0.013526

表 5 – 23　黄河流域城市高质量发展对外开放资源生态位宽度分类

生态位宽度分类	城市	平均宽度
宽	郑州市、西安市	5.8431
较宽	开封市、泰安市、济南市、洛阳市、东营市	2.4787
较窄	新乡市、三门峡市、太原市、滨州市、淄博市、濮阳市、菏泽市、焦作市、德州市、鄂尔多斯市、呼和浩特市、济宁市、巴彦淖尔市、聊城市、长治市、咸阳市	1.3669
窄	吕梁市、晋城市、西宁市、乌海市、银川市、中卫市、榆林市、兰州市、延安市、铜川市、晋中市、天水市、宝鸡市、庆阳市、白银市、固原市、朔州市、吴忠市、平凉市、石嘴山市、定西市、渭南市、商洛市、运城市、临汾市、包头市、忻州市	1.0970

　　对外开放资源生态位宽度平均值是 0.02，除郑州市、西安市、开封市、泰安市、济南市、洛阳市、东营市、新乡市、三门峡市、太原市 10个城市外，其他城市均未达到对外开放资源生态位宽度平均值。十年间，黄河流域 50 个城市对外开放资源生态位宽度在发生变化，总体可分为三类。第一类，对外开放资源生态位宽度保持不变，共 7 个城市，如巴彦淖

尔市、固原市等；第二类，对外开放资源生态位宽度呈增加趋势，共 24
个城市，如郑州市、开封市等，说明这类城市对外开放资源生态位的利用
程度在不断增加；第三类，对外开放资源生态位宽度呈下降趋势，共 19
个城市，如兰州市等。总体来讲，黄河流域整体对外开放资源生态位宽度
呈不断上升趋势。

从表 5-23 可以看出，西安市和郑州市对外开放资源生态位宽度宽，
属于第一梯队，对外开放程度较高，是对外开放资源及其利用程度最好的
城市。济南市、洛阳市等 5 个城市属于第二梯队，对外开放资源生态位较
宽，对外开放资源及其利用程度较好。第三梯队对外开放资源生态位宽度
较窄，包括新乡市、鄂尔多斯市、滨州市等城市。第四梯队对外开放资源
生态位宽度窄，包括白银市、吴忠市等城市。由于黄河流域地理位置差距
较大、资源禀赋不同，城市之间生态位宽度相差较大，从空间来看，黄河
流域对外开放发展较不均衡，黄河流域下游城市对外开放相对发展较好，
黄河流域中上游部分城市对外开放资源相对发展较弱。

5.5.4　创新资源生态位宽度分析

本研究利用公式（4.1）计算黄河流域 50 个城市创新资源生态位宽度
值，进行时间变化分析，该生态位宽度计算结果如表 5-24 所示。分析
2011~2020 年各个城市的创新资源生态位宽度空间分布情况，如表 5-25
所示。

表 5-24　　　　黄河流域城市高质量发展创新资源生态位宽度

城市	2011~2016 年	2016~2020 年	2011~2020 年
西宁市	0.006002	0.004559	0.004622
银川市	0.017134	0.014621	0.016110
石嘴山市	0.002508	0.005636	0.005847
吴忠市	0.003265	0.003867	0.004180
固原市	0.000183	0.001758	0.001524
中卫市	0.003054	0.002680	0.003168
兰州市	0.026836	0.027369	0.027815
白银市	0.004273	0.001752	0.002139
天水市	0.002063	0.002686	0.002185
平凉市	0.000133	0.000847	0.000483

续表

城市	2011~2016 年	2016~2020 年	2011~2020 年
庆阳市	0.000981	0.000985	0.000397
定西市	0.000926	0.001112	0.000615
呼和浩特市	0.013540	0.015497	0.015512
包头市	0.016447	0.013071	0.012919
乌海市	0.003576	0.002017	0.001782
鄂尔多斯市	-0.000197	0.014310	0.006738
巴彦淖尔市	0.000894	0.001879	0.001524
西安市	0.193013	0.150387	0.162079
铜川市	0.000880	0.000375	0.000443
宝鸡市	0.014984	0.010610	0.011688
咸阳市	0.007391	0.007901	0.006939
渭南市	0.008840	0.004420	0.005422
延安市	0.006946	0.003746	0.003248
榆林市	0.014668	0.005048	0.004709
商洛市	0.002013	0.000801	0.000885
太原市	0.036107	0.066483	0.062754
长治市	0.009211	0.004138	0.003099
晋城市	0.002824	0.005821	0.004289
朔州市	-0.000064	0.000761	-0.000310
晋中市	0.004237	0.006708	0.006232
运城市	0.005415	0.007429	0.007164
忻州市	0.001458	0.001331	0.000420
临汾市	0.002315	0.004536	0.003680
吕梁市	0.004154	0.002490	0.001644
郑州市	0.106887	0.148157	0.156795
开封市	0.011380	0.015335	0.016253
洛阳市	0.047809	0.055371	0.057188
新乡市	0.029730	0.026014	0.029057
焦作市	0.017708	0.017122	0.017116
濮阳市	0.007740	0.014402	0.013931
三门峡市	0.004700	0.009561	0.008394

续表

城市	2011～2016 年	2016～2020 年	2011～2020 年
济南市	0.104553	0.127554	0.123656
淄博市	0.048987	0.029484	0.028655
东营市	0.032980	0.020372	0.019939
济宁市	0.042870	0.027449	0.025441
泰安市	0.030839	0.015992	0.015759
德州市	0.026360	0.029201	0.030839
聊城市	0.024347	0.018782	0.018312
滨州市	0.028560	0.034457	0.033254
菏泽市	0.018537	0.013117	0.013471

表 5 - 25　　黄河流域城市高质量发展创新资源生态位宽度分类

生态位宽度分类	城市	平均宽度
宽	西安市、郑州市、济南市	5.1665
较宽	太原市、洛阳市	2.6991
较窄	滨州市、德州市、新乡市、淄博市、兰州市、济宁市、东营市、聊城市、焦作市、开封市、银川市、泰安市、呼和浩特市、濮阳市、菏泽市、包头市、宝鸡市	1.5825
窄	三门峡市、运城市、咸阳市、鄂尔多斯市、晋中市、石嘴山市、渭南市、榆林市、西宁市、晋城市、吴忠市、临汾市、延安市、中卫市、长治市、天水市、白银市、乌海市、吕梁市、固原市、巴彦淖尔市、商洛市、定西市、平凉市、铜川市、忻州市、庆阳市、朔州市	1.1008

创新资源生态位宽度平均值是 0.02，除西安市、郑州市、济南市、太原市、洛阳市、滨州市、德州市、新乡市、淄博市、兰州市、济宁市 11 个城市外，其他城市均未达到创新资源生态位宽度平均值。十年间，黄河流域 50 个城市创新资源生态位宽度在发生变化，总体可分为三类。第一类，创新资源生态位宽度保持不变，共 8 个城市，如庆阳市、忻州市等；第二类，创新资源生态位宽度呈增加趋势，共 22 个城市，如郑州市、济南市等，说明这类城市创新资源生态位的利用程度在不断增加；第三类，创新资源生态位宽度呈下降趋势，共 20 个城市，如淄博市、济宁市等。总体来讲，黄河流域整体创新资源生态位宽度呈上升趋势。

从表5-25可以看出，西安市、郑州市和济南市生态位宽度平均值最高，属于第一梯队，创新资源生态位宽度宽，创新程度较高，是创新资源最好的城市。洛阳市和太原市2个城市属于第二梯队，是创新资源生态位较宽的城市。第三梯队创新资源生态位较窄的城市有滨州市、德州市、新乡市、淄博市等。第四梯队创新资源生态窄的城市有白银市、吴忠市等。由于黄河流域地理位置差距较大、资源禀赋不同，城市之间生态位宽度相差较大，从空间来看，黄河流域创新发展较不均衡，下游城市、省会城市及其周边城市创新资源生态位发展较好。

5.5.5　工业资源生态位宽度分析

本研究利用公式（4.1）计算黄河流域50个城市工业资源生态位宽度值，进行时间变化分析，该生态位宽度计算结果如表5-26所示。分析2011~2020年各个城市的工业资源生态位宽度空间分布情况，如表5-27所示。

表5-26　　　　黄河流域城市高质量发展工业资源生态位宽度

城市	2011~2016年	2016~2020年	2011~2020年
西宁市	0.009514	0.018365	0.018032
银川市	0.012291	0.022094	0.020709
石嘴山市	0.009503	0.008335	0.008290
吴忠市	0.009609	0.011144	0.010442
固原市	0.012495	0.010900	0.011153
中卫市	0.013621	0.005291	0.006069
兰州市	0.014602	0.018077	0.017651
白银市	0.012445	0.012395	0.013107
天水市	0.010524	0.014985	0.014557
平凉市	0.014225	0.012457	0.013420
庆阳市	0.014812	0.016705	0.016343
定西市	0.013147	0.014766	0.014973
呼和浩特市	0.002458	0.018351	0.008888
包头市	0.014911	0.021542	0.020071
乌海市	0.001868	0.012128	0.010310
鄂尔多斯市	0.042421	0.048295	0.047982

城市	2011～2016 年	2016～2020 年	2011～2020 年
巴彦淖尔市	0.007407	0.006652	0.006750
西安市	0.026843	0.047124	0.046836
铜川市	0.014030	0.014573	0.014601
宝鸡市	0.013562	0.016582	0.016663
咸阳市	0.025486	0.017622	0.019025
渭南市	0.016169	0.011540	0.011570
延安市	0.022098	0.016543	0.017297
榆林市	0.037407	0.060493	0.058978
商洛市	0.011339	0.008943	0.010411
太原市	0.013357	0.019790	0.018762
长治市	0.014897	0.021790	0.020953
晋城市	0.013427	0.019120	0.018261
朔州市	0.011089	0.015953	0.015224
晋中市	0.006227	0.014013	0.012141
运城市	0.007117	0.013702	0.012398
忻州市	0.011363	0.011501	0.010980
临汾市	0.005368	0.018378	0.016370
吕梁市	0.014789	0.024506	0.023552
郑州市	0.064976	0.040425	0.044469
开封市	0.022858	0.018221	0.019259
洛阳市	0.026475	0.028279	0.028806
新乡市	0.022850	0.017748	0.018308
焦作市	0.026587	0.017250	0.018950
濮阳市	0.018991	0.012511	0.013075
三门峡市	0.013346	0.012391	0.012035
济南市	0.028366	0.039845	0.040080
淄博市	0.050624	0.021542	0.024661
东营市	0.045278	0.014769	0.015567
济宁市	0.029697	0.031230	0.031675
泰安市	0.025659	0.019618	0.020058

续表

城市	2011~2016 年	2016~2020 年	2011~2020 年
德州市	0.041099	0.021876	0.024811
聊城市	0.038690	0.018514	0.021994
滨州市	0.026447	0.033228	0.033252
菏泽市	0.037636	0.027896	0.030232

表 5 – 27　黄河流域城市高质量发展工业资源生态位宽度分类

生态位宽度分类	城市	平均宽度
宽	榆林市、鄂尔多斯市、西安市、郑州市、济南市	4.6887
较宽	滨州市、济宁市、菏泽市、洛阳市、德州市、淄博市、吕梁市	2.9571
较窄	聊城市、长治市、银川市、包头市、泰安市、开封市、咸阳市、焦作市、太原市、新乡市、晋城市、西宁市、兰州市、延安市、宝鸡市、临汾市、庆阳市、东营市、朔州市、定西市、铜川市、天水市	2.0484
窄	平凉市、白银市、濮阳市、运城市、晋中市、三门峡市、渭南市、固原市、忻州市、吴忠市、商洛市、乌海市、呼和浩特市、石嘴山市、巴彦淖尔市、中卫市	1.4097

　　工业资源生态位宽度平均值是 0.02，除榆林市、鄂尔多斯市、西安市、郑州市、济南市、滨州市、济宁市、菏泽市、洛阳市、德州市、淄博市、吕梁市、聊城市、长治市、银川市、包头市、泰安市 17 个城市外，其他城市均未达到工业资源生态位宽度平均值。十年间，黄河流域 50 个城市工业资源生态位宽度在发生变化，总体可分为三类。第一类，工业资源生态位宽度保持不变，共 5 个城市，如忻州市、巴彦淖尔市等；第二类，工业资源生态位宽度呈增加趋势，共 26 个城市，如榆林市、西安市等，说明这类城市工业资源生态位的利用程度在不断增加；第三类，工业资源生态位宽度呈下降趋势，共 19 个城市，如东营市、淄博市等。总体来讲，黄河流域整体工业资源生态位宽度呈上升趋势。

　　从表 5 – 27 可以看出，鄂尔多斯市、榆林市、西安市、郑州市、济南市 5 个城市生态位宽度最宽，属于第一梯队，工业资源非常适宜，工业程度较高，是工业资源最好的城市。滨州市、济宁市、菏泽市等 7 个城市属于第二梯队，是工业资源生态位较宽的城市。第三梯队工业资源生态位宽度较窄的城市有包头市、银川市等。第四梯队生态位宽度窄的城市有定西市、平凉市等。由于黄河流域地理位置差距较大、资源禀赋不同，城市之间生态位宽度相差较大，从空间来看，黄河流域工业发展较不均衡，黄河流域"几"字弯部分城市和下游部分城市工业发展相对较好。

5.5.6　农业资源生态位宽度分析

本研究利用公式（4.1）计算黄河流域 50 个城市农业资源生态位宽度值，进行时间变化分析，该生态位宽度计算结果如表 5 - 28 所示。分析 2011 ~ 2020 年各个城市的农业资源生态位宽度空间分布情况，如表 5 - 29 所示。

表 5 - 28　　　　黄河流域城市高质量发展农业资源生态位宽度

城市	2011 ~ 2016 年	2016 ~ 2020 年	2011 ~ 2020 年
西宁市	0.008562	0.008975	0.009810
银川市	0.027621	0.008099	0.004117
石嘴山市	0.000742	0.005316	0.003401
吴忠市	0.013171	0.008908	0.006880
固原市	0.007887	0.011848	0.011469
中卫市	0.013278	0.009495	0.008803
兰州市	0.006710	0.020155	0.021765
白银市	0.012821	0.013875	0.015423
天水市	0.028431	0.009693	0.011729
平凉市	0.011046	0.010160	0.009942
庆阳市	0.009148	0.011170	0.011925
定西市	0.010902	0.010784	0.011386
呼和浩特市	0.021436	0.012479	0.012818
包头市	0.016572	0.008102	0.008347
乌海市	0.010982	- 0.002974	- 0.005010
鄂尔多斯市	0.026063	0.011143	0.010175
巴彦淖尔市	0.077677	0.107729	0.126504
西安市	0.023763	0.028938	0.030232

续表

城市	2011~2016 年	2016~2020 年	2011~2020 年
铜川市	0.002180	0.003007	0.003058
宝鸡市	0.020712	0.024156	0.024200
咸阳市	0.029654	0.028089	0.029011
渭南市	0.042785	0.040813	0.042571
延安市	0.015643	0.020954	0.021022
榆林市	0.026477	0.025290	0.026274
商洛市	0.013404	0.008203	0.008486
太原市	0.008507	0.002494	0.000939
长治市	0.007065	0.010891	0.009911
晋城市	0.008120	0.006961	0.006477
朔州市	0.007458	0.010734	0.003853
晋中市	0.011782	0.010928	0.010036
运城市	0.024018	0.025720	0.024607
忻州市	0.014606	0.010895	0.010907
临汾市	0.019902	0.011388	0.010236
吕梁市	0.006584	0.009858	0.008867
郑州市	0.024232	0.019977	0.020215
开封市	0.029301	0.032369	0.032554
洛阳市	0.026253	0.027868	0.028110
新乡市	0.030004	0.035819	0.037942
焦作市	0.012150	0.014916	0.012449
濮阳市	0.021276	0.022894	0.026326
三门峡市	0.011282	0.012385	0.012852
济南市	0.027765	0.034215	0.034549
淄博市	0.014891	0.014550	0.013614
东营市	0.010509	0.016057	0.011864
济宁市	0.044524	0.045824	0.046613
泰安市	0.031509	0.026646	0.027333
德州市	0.039179	0.046005	0.043850

续表

城市	2011~2016 年	2016~2020 年	2011~2020 年
聊城市	0.037091	0.039659	0.039944
滨州市	0.024104	0.024528	0.023827
菏泽市	0.030218	0.042015	0.037791

表 5 – 29 黄河流域城市高质量发展农业资源生态位宽度分类

生态位宽度分类	城市	平均宽度
宽	巴彦淖尔市	0.1265
较宽	济宁市、德州市、渭南市、聊城市、新乡市、菏泽市、济南市	0.0405
较窄	开封市、西安市、咸阳市、洛阳市、泰安市、濮阳市、榆林市、运城市、宝鸡市、滨州市、兰州市、延安市、郑州市	0.0258
窄	白银市、淄博市、三门峡市、呼和浩特市、焦作市、庆阳市、东营市、天水市、固原市、定西市、忻州市、临汾市、鄂尔多斯市、晋中市、平凉市、长治市、西宁市、吕梁市、中卫市、商洛市、包头市、吴忠市、晋城市、银川市、朔州市、石嘴山市、铜川市、太原市、乌海市	0.0088

农业资源生态位宽度平均值是 0.02，除巴彦淖尔市、济宁市、德州市、渭南市、聊城市、新乡市、菏泽市、济南市、开封市、西安市、咸阳市、洛阳市、泰安市、濮阳市、榆林市、运城市、宝鸡市、滨州市、兰州市、延安市、郑州市 21 个城市外，其他城市均未达到农业资源生态位宽度平均值。十年间，黄河流域 50 个城市农业资源生态位宽度在发生变化，总体可分为三类。第一类，农业资源生态位宽度保持不变，共 5 个城市，比如淄博、定西市等；第二类，农业资源生态位宽度呈增加趋势，共 26 个城市，如巴彦淖尔市、兰州市等，说明这类城市农业资源生态位的利用程度在不断增加；第三类，农业资源生态位宽度呈下降趋势，共 19 个城市，如银川市、天水市等。总体来讲，黄河流域整体农业资源生态位宽度呈不断下降趋势。

从表 5 – 29 可以看出，巴彦淖尔市生态位宽度最宽，属于第一梯队，农业资源非常适宜，农业程度较高，是农业资源最好的城市。济宁市、德州市、渭南市等城市属于第二梯队，是农业资源生态位较宽的城市，农业资源比较适宜。第三梯队农业资源生态位较窄的城市有开封市、西安市等。第四梯队农业资源生态位窄的城市有银川市、晋城市等。由于黄河流域地理位置差距较大、资源禀赋不同，城市之间生态位宽度相差较大，从空间来看，黄河流域农业发展较不均衡，山东省、河南省、内蒙古自治区、陕西省 4 省区农业发展态势相对较好。

5.5.7 生态环境资源生态位宽度分析

利用公式（4.1）计算黄河流域 50 个城市生态环境资源生态位宽度值，进行时间变化分析，该生态位宽度计算结果如表 5 - 30 所示。分析 2011 ~ 2020 年各个城市的生态环境资源生态位宽度空间分布情况，如表 5 - 31 所示。

表 5 - 30　　黄河流域城市高质量发展生态环境资源生态位宽度

城市	2011 ~ 2016 年	2016 ~ 2020 年	2011 ~ 2020 年
西宁市	0.015857	0.013929	0.015395
银川市	0.016211	0.006741	0.005055
石嘴山市	0.010455	0.011380	0.009456
吴忠市	0.014159	0.009897	0.009097
固原市	0.054772	0.067572	0.073418
中卫市	0.010861	0.012018	0.009751
兰州市	0.014096	0.009762	0.009612
白银市	0.022570	0.010586	0.013418
天水市	0.027114	0.020184	0.018871
平凉市	0.021534	0.016725	0.021143
庆阳市	0.027427	0.036574	0.032803
定西市	0.047700	0.019569	0.021518
呼和浩特市	0.019798	0.012400	0.013181
包头市	0.012727	0.010959	0.007159
乌海市	0.014480	0.009199	0.007589
鄂尔多斯市	0.021833	0.025477	0.025246
巴彦淖尔市	0.031640	0.042999	0.046496
西安市	0.024061	0.026175	0.027926
铜川市	0.020747	0.057382	0.054315
宝鸡市	0.017566	0.024907	0.024152

续表

城市	2011~2016 年	2016~2020 年	2011~2020 年
咸阳市	0.017249	0.015438	0.014923
渭南市	0.016526	0.016197	0.017065
延安市	0.018778	0.019833	0.020382
榆林市	0.023326	0.023157	0.025292
商洛市	0.034167	0.041928	0.046709
太原市	0.002458	0.020724	0.016317
长治市	0.017356	0.016892	0.017230
晋城市	0.017471	0.013060	0.013482
朔州市	0.011017	0.021377	0.019078
晋中市	0.015054	0.014772	0.013945
运城市	0.017326	0.013144	0.013864
忻州市	0.019777	0.020689	0.023829
临汾市	0.015954	0.014328	0.014644
吕梁市	0.016706	0.017063	0.017693
郑州市	0.023514	0.014746	0.011126
开封市	0.022108	0.019753	0.018324
洛阳市	0.019297	0.021252	0.019288
新乡市	0.017376	0.013877	0.008702
焦作市	0.015878	0.012301	0.008340
濮阳市	0.022296	0.012687	0.013770
三门峡市	0.018081	0.021394	0.022065
济南市	0.019279	0.028038	0.028984
淄博市	0.017160	0.017146	0.017547
东营市	0.017209	0.011886	0.011945
济宁市	0.030945	0.025338	0.029962
泰安市	0.018976	0.025255	0.025958
德州市	0.018051	0.014900	0.015512
聊城市	0.017647	0.011339	0.011450
滨州市	0.014284	0.013350	0.012550
菏泽市	0.019127	0.023704	0.024421

表5-31　黄河流域城市高质量发展生态环境资源生态位宽度分类

生态位宽度分类	城市	平均宽度
宽	固原市、铜川市、商洛市、巴彦淖尔市	4.9488
较宽	庆阳市、济宁市、济南市、西安市、泰安市、榆林市、鄂尔多斯市、菏泽市、宝鸡市、忻州市、三门峡市、定西市、平凉市、延安市	2.5902
较窄	洛阳市、朔州市、天水市、开封市、吕梁市、淄博市、长治市、渭南市、太原市、德州市、西宁市、咸阳市、临汾市、晋中市、运城市、濮阳市、晋城市、白银市、呼和浩特市、滨州市、东营市、聊城市、郑州市	1.8018
窄	中卫市、兰州市、石嘴山市、吴忠市、新乡市、焦作市、乌海市、包头市、银川市	1.2559

　　生态环境资源生态位宽度平均值是0.02，除固原市、铜川市、商洛市、巴彦淖尔市、庆阳市、济宁市、济南市、西安市、泰安市、榆林市、鄂尔多斯市、菏泽市、宝鸡市、忻州市、三门峡市、定西市、平凉市、延安市18个城市外，其他城市均未达到生态环境资源生态位宽度平均值。十年间，黄河流域50个城市生态环境资源生态位宽度在发生变化，总体可分为三类。第一类，生态环境资源生态位宽度保持不变，共6个城市，如淄博市、榆林市等；第二类，生态环境资源生态位宽度呈增加趋势，共19个城市，如铜川市、太原市等，说明这类城市生态环境资源生态位的利用程度在不断增加；第三类，生态环境资源生态位宽度呈下降趋势，共25个城市，如定西市、白银市等。总体来讲，黄河流域整体生态环境资源生态位宽度呈下降趋势。

　　从表5-31可以看出，固原市、铜川市、商洛市、巴彦淖尔市4个城市的生态位宽度最宽，属于第一梯队，生态环境资源非常适宜，生态环境发展程度较高，是生态环境资源最好的城市。济南市、西安市等城市属于第二梯队，是生态环境资源生态位宽度较宽的城市，生态环境资源比较适宜。第三梯队生态环境资源生态位宽度较窄的城市有咸阳市、开封市等。第四梯队生态环境资源生态位窄的城市有中卫市、吴忠市等。由于黄河流域地理位置差距较大、资源禀赋不同，城市之间生态位宽度相差较大，从空间来看，黄河流域生态环境发展较不均衡，黄河流域上中游城市生态环境发展相对较好，黄河流域下游部分城市生态环境资源发展相对较弱。

5.6　生态位重叠度测算结果分析

本节首先对 50 个城市 7 个生态位资源生态位原始化数据进行标准化处理，在此基础上根据式（4.2）使用 DPS 软件对黄河流域 50 个城市的 7 个生态位的重叠度分别进行计算。

5.6.1　基础设施资源生态位重叠度分析

基础设施资源生态位重叠度测算结果如表 5 – 32 所示。

黄河流域 50 个城市基础设施资源生态位重叠度的变化范围在 0.0778 ~ 1 之间，其中生态位重叠度大于等于 0.9 的有 434 对；大于等于 0.7 小于 0.9 的有 521 对，占比接近 50%；大于等于 0.5 小于 0.7 的有 168 对；大于等于 0.3 小于 0.5 的有 100 对；小于 0.3 的有 27 对。根据表 5 – 32 可以得出以下结论：

（1）包头市、乌海市和石嘴山市这 3 个城市以及其余 49 个城市中绝大部分城市的基础设施资源生态位重叠度都比较低，说明这 3 个城市与其他城市基础设施资源生态位竞争关系较弱。

（2）从黄河流域整体来看，黄河流域整体竞争激烈程度排序为：黄河流域下游 > 黄河流域中游 > 黄河流域上游。

（3）从黄河流域上游来看，除省会城市外，黄河流域上游整体的基础设施资源生态位重叠度较低，彼此之间竞争关系较弱，可以适当加大基础设施建设，但黄河流域上游甘肃段与黄河流域中游城市之间的基础设施资源生态位重叠度较高，竞争相对较为激烈。

（4）从黄河流域中游来看，黄河流域中游城市之间的基础设施资源生态位重叠度相对于中游与上游、中游与下游的城市生态位重叠度高，说明黄河流域中游城市之间的竞争最为激烈。

（5）从黄河流域下游来看，黄河流域下游城市之间的生态位重叠度最高，其次是下游与中游城市之间，最后是下游与上游城市之间，说明黄河流域下游城市之间的竞争非常激烈。

表 5-32　基础设施资源生态位重叠度测算结果

城市	西宁市	银川市	石嘴山市	吴忠市	固原市	中卫市	兰州市	白银市	天水市	平凉市	庆阳市	定西市	呼和浩特市	包头市	乌海市	鄂尔多斯市	巴彦淖尔市	西安市	铜川市	宝鸡市	咸阳市	渭南市	延安市	榆林市	商洛市
西宁市	1	0.8319	0.3792	0.5466	0.7204	0.5600	0.9906	0.3969	0.8974	0.8864	0.8847	0.8746	0.9159	0.2986	0.1763	0.8020	0.8644	0.8423	0.4217	0.9339	0.9359	0.9103	0.8429	0.8702	0.8629
银川市	0.8319	1	0.7822	0.6100	0.7330	0.6529	0.8872	0.5286	0.6684	0.7286	0.6295	0.5958	0.9597	0.5331	0.5908	0.8619	0.9334	0.9252	0.5877	0.7667	0.7379	0.6007	0.6621	0.6873	0.6110
石嘴山市	0.3792	0.7822	1	0.7365	0.7073	0.7759	0.4882	0.7726	0.3360	0.4862	0.3184	0.2685	0.6515	0.8362	0.9562	0.7336	0.7542	0.7956	0.8222	0.4357	0.3842	0.2153	0.4420	0.3716	0.3300
吴忠市	0.5466	0.6100	0.7365	1	0.9584	0.9851	0.6019	0.9658	0.6445	0.7848	0.7004	0.6723	0.647	0.9129	0.758	0.8440	0.8165	0.8521	0.9391	0.6455	0.6193	0.6113	0.8168	0.6972	0.7186
固原市	0.7204	0.7330	0.7073	0.9584	1	0.9737	0.6301	0.9396	0.8001	0.8982	0.8321	0.8129	0.7858	0.7836	0.6491	0.9531	0.8957	0.9222	0.8469	0.7796	0.7445	0.7483	0.9264	0.3625	0.8321
中卫市	0.5600	0.6529	0.7759	0.9851	0.9737	1	0.6301	0.9396	0.6839	0.8100	0.7200	0.6940	0.6671	0.8766	0.7673	0.8910	0.8210	0.8687	0.9229	0.6695	0.6278	0.6135	0.8381	0.7351	0.7325
兰州市	0.9906	0.8872	0.4882	0.6019	0.6301	0.6301	1	0.4612	0.9039	0.9062	0.8834	0.8689	0.9435	0.3700	0.2826	0.8607	0.9037	0.8936	0.4933	0.9425	0.9324	0.8880	0.8595	0.8807	0.8627
白银市	0.3969	0.5286	0.7726	0.9658	0.9396	0.9396	0.4612	1	0.5102	0.6726	0.5659	0.5258	0.5148	0.9709	0.8400	0.7145	0.7211	0.7782	0.9894	0.5499	0.5291	0.4769	0.6778	0.5040	0.6028
天水市	0.8974	0.6684	0.3360	0.6445	0.8001	0.6839	0.9039	0.5102	1	0.9779	0.9900	0.9869	0.7430	0.3373	0.1760	0.8088	0.7549	0.7910	0.5227	0.9668	0.9499	0.9720	0.9526	0.9159	0.9834
平凉市	0.8864	0.7286	0.4862	0.7848	0.8982	0.8100	0.9062	0.6726	0.9779	1	0.9828	0.9701	0.7927	0.5251	0.3587	0.8789	0.8451	0.8822	0.6810	0.9649	0.9467	0.9495	0.9796	0.9158	0.9835
庆阳市	0.8847	0.6295	0.3184	0.7004	0.8321	0.7200	0.8834	0.5659	0.9900	0.9828	1	0.9976	0.7306	0.3937	0.1880	0.8085	0.7658	0.7925	0.5620	0.9512	0.9413	0.9840	0.9744	0.9259	0.9964
定西市	0.8746	0.5958	0.2685	0.6723	0.8129	0.6940	0.8689	0.5258	0.9869	0.9701	0.9976	1	0.7091	0.3472	0.1357	0.7928	0.7340	0.7591	0.5159	0.9331	0.9227	0.9824	0.9708	0.9344	0.9904
呼和浩特市	0.9159	0.9597	0.6515	0.647	0.7858	0.6671	0.9435	0.5148	0.7430	0.7927	0.7306	0.7091	1	0.4956	0.4643	0.8972	0.9649	0.9289	0.5408	0.8053	0.7885	0.7180	0.7639	0.8142	0.7027
包头市	0.2986	0.5331	0.8362	0.9129	0.7836	0.8766	0.3700	0.9709	0.3373	0.5251	0.3937	0.3472	0.4956	1	0.9196	0.6506	0.6971	0.7368	0.9648	0.4099	0.3910	0.3063	0.5282	0.3696	0.4291
乌海市	0.1763	0.5908	0.9562	0.758	0.6491	0.7673	0.2826	0.8400	0.1760	0.3587	0.1880	0.1357	0.4643	0.9196	1	0.5994	0.6256	0.6742	0.8692	0.2720	0.2290	0.0778	0.3349	0.2165	0.2150
鄂尔多斯市	0.8020	0.8619	0.7336	0.8440	0.9531	0.8910	0.8607	0.7145	0.8088	0.8789	0.8085	0.7928	0.8972	0.6506	0.5994	1	0.9266	0.9453	0.7148	0.7938	0.7473	0.7284	0.8950	0.9024	0.7886

续表

城市	西宁市	银川市	石嘴山市	吴忠市	固原市	中卫市	兰州市	白银市	天水市	平凉市	庆阳市	定西市	呼和浩特市	包头市	乌海市	鄂尔多斯市	巴彦淖尔市	西安市	铜川市	宝鸡市	咸阳市	渭南市	延安市	榆林市	商洛市
巴彦淖尔市	0.8644	0.9334	0.7542	0.8165	0.8957	0.8210	0.9037	0.7211	0.7549	0.8451	0.7638	0.7340	0.9649	0.6971	0.6256	0.9366	1	0.9867	0.7383	0.8200	0.8025	0.7299	0.8228	0.8085	0.7532
西安市	0.8423	0.9252	0.7956	0.8521	0.9222	0.8687	0.8936	0.7782	0.7910	0.8822	0.7925	0.7591	0.9289	0.7368	0.6742	0.9453	0.9867	1	0.8052	0.8547	0.8303	0.7448	0.8471	0.8000	0.7909
铜川市	0.4217	0.5877	0.8222	0.9391	0.8469	0.9229	0.4933	0.9894	0.5227	0.6810	0.5620	0.5159	0.5408	0.9648	0.8692	0.7148	0.7383	0.8052	1	0.5876	0.5652	0.4764	0.6585	0.4769	0.6020
宝鸡市	0.9339	0.7667	0.4357	0.6455	0.7796	0.6695	0.9425	0.5499	0.9668	0.9649	0.9512	0.9331	0.8053	0.4099	0.2720	0.7938	0.8200	0.8547	0.5876	1	0.9945	0.9525	0.8992	0.8378	0.9539
咸阳市	0.9359	0.7379	0.3842	0.6193	0.7445	0.6278	0.9324	0.5291	0.9499	0.9467	0.9413	0.9227	0.7885	0.3910	0.2290	0.7473	0.8025	0.8303	0.5652	0.9945	1	0.9592	0.8768	0.8088	0.9468
渭南市	0.9103	0.6007	0.2153	0.6113	0.7483	0.6135	0.8880	0.4769	0.9720	0.9495	0.9840	0.9824	0.7180	0.3063	0.0778	0.7284	0.7299	0.7448	0.4764	0.9525	0.9592	1	0.9280	0.8843	0.9807
延安市	0.8429	0.6621	0.4420	0.8168	0.9264	0.8381	0.8595	0.6778	0.9526	0.9796	0.9744	0.9708	0.7639	0.5282	0.3349	0.8950	0.8228	0.8471	0.6585	0.8992	0.8768	0.9280	1	0.9580	0.9674
榆林市	0.8702	0.6873	0.3716	0.6972	0.8625	0.7351	0.8807	0.5040	0.9159	0.9158	0.9259	0.9344	0.8142	0.3696	0.2165	0.9024	0.8085	0.8000	0.4769	0.8378	0.8088	0.8843	0.9580	1	0.8950
商洛市	0.8629	0.6110	0.3300	0.7186	0.8321	0.7325	0.8627	0.6028	0.9834	0.9835	0.9964	0.9904	0.7027	0.4291	0.2150	0.7886	0.7532	0.7909	0.6020	0.9539	0.9468	0.9807	0.9674	0.8950	1
太原市	0.7645	0.7311	0.4899	0.4514	0.5651	0.5022	0.7975	0.4417	0.8034	0.7922	0.7437	0.7103	0.6517	0.3312	0.3193	0.6061	0.6602	0.7345	0.5349	0.8981	0.8866	0.7461	0.6559	0.5565	0.7630
长治市	0.8506	0.7295	0.4646	0.6000	0.7134	0.6342	0.8715	0.5512	0.9205	0.9184	0.8896	0.8638	0.7149	0.4116	0.3117	0.7165	0.7462	0.8096	0.6116	0.9760	0.9676	0.8863	0.8216	0.7214	0.9055
晋城市	0.7955	0.6830	0.4909	0.6634	0.7426	0.6885	0.8208	0.6363	0.9022	0.9186	0.8831	0.8541	0.6646	0.4947	0.3738	0.7065	0.7319	0.8070	0.6906	0.9562	0.9484	0.8699	0.8269	0.6936	0.9082
朔州市	0.7887	0.8659	0.8022	0.9068	0.9616	0.9305	0.8485	0.8413	0.8098	0.9054	0.8157	0.7839	0.8654	0.7798	0.7046	0.9539	0.9530	0.9862	0.8612	0.8487	0.8164	0.7478	0.8814	0.8096	0.8200
晋中市	0.9335	0.8377	0.5737	0.7889	0.9078	0.8099	0.9570	0.6723	0.9441	0.9810	0.9456	0.9275	0.894	0.5613	0.4270	0.9224	0.9274	0.9446	0.6879	0.9609	0.9440	0.9183	0.9538	0.9151	0.9398
运城市	0.8441	0.5954	0.2434	0.4829	0.6063	0.4991	0.8333	0.4202	0.9181	0.8830	0.8967	0.8806	0.6246	0.2546	0.0954	0.5935	0.6368	0.6891	0.4691	0.9584	0.9681	0.9260	0.7911	0.6962	0.9121
忻州市	0.9516	0.7784	0.4409	0.7324	0.8755	0.7478	0.9563	0.5765	0.9497	0.9654	0.9600	0.9538	0.8833	0.4537	0.2858	0.8998	0.8905	0.886	0.5724	0.9353	0.9235	0.9447	0.9643	0.9629	0.9429

城市	西宁市	银川市	石嘴山市	吴忠市	固原市	中卫市	兰州市	白银市	天水市	平凉市	庆阳市	定西市	呼和浩特市	包头市	乌海市	鄂尔多斯市	巴彦淖尔市	西安市	铜川市	宝鸡市	咸阳市	渭南市	延安市	榆林市	商洛市
临汾市	0.9573	0.7479	0.3792	0.6815	0.7901	0.6578	0.9392	0.5624	0.8987	0.9216	0.9208	0.9057	0.8557	0.4548	0.2461	0.7849	0.8701	0.8568	0.5681	0.9389	0.9549	0.9472	0.8901	0.8532	0.9168
吕梁市	0.8992	0.6437	0.2903	0.7006	0.8391	0.7006	0.8847	0.5199	0.9151	0.9209	0.9463	0.9520	0.8018	0.3841	0.1610	0.8397	0.8089	0.7885	0.4862	0.8613	0.8564	0.9371	0.9563	0.9713	0.9241
郑州市	0.9817	0.8540	0.4481	0.6288	0.7868	0.6350	0.9786	0.4668	0.8602	0.8757	0.8626	0.8532	0.9551	0.3903	0.2636	0.8636	0.9169	0.8800	0.4737	0.8858	0.8830	0.8726	0.8607	0.9030	0.8355
开封市	0.9941	0.8787	0.4606	0.5895	0.7515	0.6011	0.9934	0.4458	0.8692	0.8771	0.8585	0.8441	0.9527	0.3681	0.2627	0.8370	0.9087	0.8826	0.4714	0.9172	0.9162	0.8762	0.8353	0.8639	0.8363
洛阳市	0.9921	0.8731	0.4827	0.6383	0.7936	0.6530	0.9962	0.4990	0.9022	0.9144	0.8937	0.8787	0.9444	0.4092	0.2939	0.8626	0.9175	0.9026	0.5228	0.9419	0.9373	0.9017	0.8749	0.8870	0.8754
新乡市	0.9837	0.7401	0.2927	0.5714	0.7237	0.566	0.9599	0.4283	0.9206	0.9086	0.9254	0.9176	0.8505	0.3066	0.1210	0.7580	0.8236	0.8068	0.4403	0.9461	0.9588	0.9600	0.8726	0.8697	0.9119
焦作市	0.9742	0.8839	0.5140	0.6637	0.7990	0.6614	0.9759	0.5256	0.8387	0.8722	0.8433	0.8261	0.9671	0.4638	0.3421	0.8639	0.9455	0.9127	0.5402	0.8902	0.8907	0.8543	0.8441	0.8642	0.8232
濮阳市	0.9479	0.7798	0.4496	0.7503	0.8812	0.7542	0.9493	0.5960	0.9247	0.9513	0.9435	0.9360	0.8937	0.4848	0.3055	0.8982	0.9061	0.8929	0.5866	0.9172	0.9098	0.9320	0.9552	0.9537	0.9267
三门峡市	0.8989	0.7673	0.5388	0.8343	0.9159	0.8302	0.9123	0.7353	0.9260	0.9780	0.9483	0.9283	0.8417	0.6206	0.4331	0.8814	0.9072	0.9256	0.7393	0.9467	0.9414	0.9283	0.9571	0.8847	0.9523
济南市	0.9128	0.9655	0.6588	0.6365	0.7866	0.6687	0.9459	0.4999	0.7546	0.7975	0.7346	0.7146	0.9974	0.4754	0.4614	0.9090	0.9567	0.9261	0.5289	0.8082	0.7850	0.7146	0.7686	0.8253	0.7045
淄博市	0.8872	0.9674	0.6613	0.5899	0.7523	0.6344	0.9259	0.4487	0.7218	0.7580	0.6921	0.6738	0.9880	0.4321	0.4514	0.8981	0.9318	0.8998	0.4816	0.7709	0.7414	0.6668	0.7297	0.8055	0.6570
东营市	0.7655	0.9056	0.8377	0.8750	0.9334	0.8936	0.8266	0.7896	0.7018	0.8118	0.7118	0.6817	0.9169	0.7749	0.7334	0.9637	0.9787	0.9785	0.7998	0.7457	0.7117	0.6436	0.8082	0.7883	0.7021
济宁市	0.9664	0.8938	0.5118	0.6280	0.7977	0.6530	0.9781	0.4619	0.8463	0.8631	0.8369	0.8273	0.9744	0.3948	0.3129	0.8998	0.9282	0.8948	0.4743	0.8661	0.8509	0.8303	0.8497	0.9084	0.8048
泰安市	0.9787	0.8962	0.4956	0.6052	0.7731	0.6243	0.9853	0.4468	0.8447	0.8589	0.8344	0.8226	0.9740	0.3809	0.2946	0.8741	0.9245	0.8904	0.4649	0.8789	0.8697	0.8388	0.8341	0.8861	0.8049
德州市	0.9707	0.9051	0.5133	0.6082	0.7680	0.6216	0.9773	0.4543	0.8172	0.8393	0.8097	0.7960	0.9818	0.4006	0.3172	0.8693	0.9336	0.8943	0.4722	0.8606	0.8535	0.8162	0.8143	0.8672	0.7804
聊城市	0.9697	0.8512	0.4790	0.6804	0.8238	0.6820	0.9698	0.5228	0.8597	0.8877	0.8696	0.8588	0.9550	0.4479	0.3100	0.8844	0.9340	0.8992	0.5241	0.8825	0.8788	0.8723	0.8800	0.9115	0.8450
滨州市	0.9542	0.8972	0.5578	0.6944	0.8359	0.7047	0.9669	0.5425	0.8306	0.8695	0.8339	0.8197	0.9801	0.4854	0.3838	0.9123	0.9587	0.9248	0.5499	0.8615	0.8504	0.8253	0.8591	0.8971	0.8076
菏泽市	0.9839	0.7724	0.3177	0.5745	0.7373	0.5702	0.9622	0.4051	0.8768	0.8726	0.8857	0.8820	0.9002	0.3070	0.1382	0.7983	0.8558	0.8161	0.4048	0.8909	0.8987	0.9137	0.8603	0.8992	0.8599

续表

城市	太原市	长治市	晋城市	朔州市	晋中市	运城市	忻州市	临汾市	吕梁市	郑州市	开封市	洛阳市	新乡市	焦作市	濮阳市	三门峡市	济南市	淄博市	东营市	济宁市	泰安市	德州市	聊城市	滨州市	菏泽市
西宁市	0.7645	0.8506	0.7955	0.7887	0.9335	0.8441	0.9516	0.9573	0.8992	0.9817	0.9941	0.9921	0.9837	0.9742	0.9479	0.8989	0.9128	0.8872	0.7655	0.9664	0.9787	0.9707	0.9697	0.9542	0.9839
银川市	0.7311	0.7295	0.6830	0.8659	0.8377	0.5954	0.7784	0.7479	0.6437	0.8540	0.8787	0.8731	0.7401	0.8839	0.7798	0.7673	0.9655	0.9674	0.9056	0.8938	0.8962	0.9051	0.8512	0.8972	0.7724
石嘴山市	0.4899	0.4646	0.4909	0.8022	0.5737	0.2434	0.4409	0.3792	0.2903	0.4481	0.4606	0.4827	0.2927	0.5140	0.4496	0.5388	0.6588	0.6613	0.8377	0.5118	0.4956	0.5133	0.4790	0.5578	0.3177
吴忠市	0.4514	0.6000	0.6634	0.9068	0.7889	0.4829	0.7324	0.6815	0.7006	0.6288	0.5895	0.6383	0.5714	0.6637	0.7503	0.8343	0.6365	0.5899	0.8750	0.6280	0.6052	0.6082	0.6804	0.6944	0.5745
固原市	0.5651	0.7134	0.7426	0.9616	0.9078	0.6063	0.8755	0.7901	0.8391	0.7868	0.7515	0.7936	0.7237	0.7990	0.8812	0.9159	0.7866	0.7523	0.9334	0.7977	0.7731	0.7680	0.8238	0.8359	0.7373
中卫市	0.5022	0.6342	0.6885	0.9305	0.8099	0.4991	0.7478	0.6578	0.7006	0.635	0.6011	0.6530	0.5660	0.6614	0.7542	0.8302	0.6687	0.6344	0.8936	0.6530	0.6243	0.6216	0.6820	0.7047	0.5702
兰州市	0.7975	0.8715	0.8208	0.8485	0.9570	0.8333	0.9563	0.9392	0.8847	0.9786	0.9934	0.9962	0.9599	0.9759	0.9493	0.9123	0.9459	0.9259	0.8266	0.9781	0.9853	0.9773	0.9698	0.9669	0.9622
白银市	0.4417	0.5512	0.6363	0.8413	0.6723	0.4202	0.5765	0.5624	0.5199	0.4668	0.4458	0.4990	0.4283	0.5256	0.5960	0.7353	0.4999	0.4487	0.7896	0.4619	0.4468	0.4543	0.5228	0.5425	0.4051
天水市	0.8034	0.9205	0.9022	0.8098	0.9441	0.9181	0.9497	0.8987	0.9151	0.8602	0.8692	0.9022	0.9206	0.8387	0.9247	0.9260	0.7546	0.7218	0.7018	0.8463	0.8447	0.8172	0.8597	0.8306	0.8768
平凉市	0.7922	0.9184	0.9186	0.9054	0.981	0.8830	0.9654	0.9216	0.9209	0.8757	0.8771	0.9144	0.9086	0.8722	0.9513	0.9780	0.7975	0.7580	0.8118	0.8631	0.8589	0.8393	0.8877	0.8695	0.8726
庆阳市	0.7437	0.8896	0.8831	0.8157	0.9456	0.8967	0.9600	0.9208	0.9463	0.8626	0.8585	0.8937	0.9254	0.8433	0.9435	0.9483	0.7346	0.6921	0.7118	0.8369	0.8344	0.8097	0.8696	0.8339	0.8857
定西市	0.7103	0.8638	0.8541	0.7839	0.9275	0.8806	0.9538	0.9057	0.9520	0.8532	0.8441	0.8787	0.9176	0.8261	0.9360	0.9283	0.7146	0.6738	0.6817	0.8273	0.8226	0.7960	0.8588	0.8197	0.8820
呼和浩特市	0.6517	0.7149	0.6646	0.8654	0.8940	0.6246	0.8833	0.8557	0.8018	0.9551	0.9527	0.9444	0.8505	0.9671	0.8937	0.8417	0.9974	0.9880	0.9169	0.9744	0.9740	0.9818	0.9550	0.9801	0.9002
包头市	0.3312	0.4116	0.4947	0.7798	0.5613	0.2546	0.4537	0.4548	0.3841	0.3903	0.3681	0.4092	0.3066	0.4638	0.4848	0.6206	0.4754	0.4321	0.7749	0.3948	0.3809	0.4006	0.4479	0.4854	0.3070
乌海市	0.3193	0.3117	0.3738	0.7046	0.4270	0.0954	0.2858	0.2461	0.1610	0.2636	0.2627	0.2939	0.1210	0.3421	0.3055	0.4331	0.4614	0.4514	0.7334	0.3129	0.2946	0.3172	0.3100	0.3838	0.1382
鄂尔多斯市	0.6061	0.7165	0.7065	0.9539	0.9224	0.5935	0.8998	0.7849	0.8397	0.8636	0.8370	0.8626	0.7580	0.8639	0.8982	0.8814	0.9090	0.8981	0.9637	0.8998	0.8741	0.8693	0.8844	0.9123	0.7983

续表

城市	太原市	长治市	晋城市	朔州市	晋中市	运城市	忻州市	临汾市	吕梁市	郑州市	开封市	洛阳市	新乡市	焦作市	濮阳市	三门峡市	济南市	淄博市	东营市	济宁市	泰安市	德州市	聊城市	滨州市	菏泽市
巴彦淖尔市	0.6602	0.7462	0.7319	0.9530	0.9274	0.6368	0.8905	0.8701	0.8089	0.9169	0.9087	0.9175	0.8236	0.9455	0.9061	0.9072	0.9567	0.9318	0.9787	0.9282	0.9245	0.9336	0.9340	0.9587	0.8558
西安市	0.7345	0.8096	0.8070	0.9862	0.9446	0.6891	0.8860	0.8568	0.7885	0.8800	0.8826	0.9026	0.8068	0.9127	0.8929	0.9256	0.9261	0.8998	0.9785	0.8948	0.8904	0.8943	0.8992	0.9248	0.8161
铜川市	0.5349	0.6116	0.6906	0.8612	0.6879	0.4691	0.5724	0.5681	0.4862	0.4737	0.4714	0.5228	0.4403	0.5402	0.5866	0.7393	0.5289	0.4816	0.7998	0.4743	0.4649	0.4722	0.5241	0.5499	0.4048
宝鸡市	0.8981	0.9760	0.9562	0.8487	0.9609	0.9584	0.9353	0.9389	0.8613	0.8858	0.9172	0.9419	0.9461	0.8902	0.9172	0.9467	0.8082	0.7709	0.7457	0.8661	0.8789	0.8606	0.8825	0.8615	0.8909
咸阳市	0.8866	0.9676	0.9484	0.8164	0.9440	0.9681	0.9235	0.9549	0.8564	0.8830	0.9162	0.9373	0.9588	0.8907	0.9098	0.9414	0.7850	0.7414	0.7117	0.8509	0.8697	0.8535	0.8788	0.8504	0.8987
渭南市	0.7461	0.8863	0.8699	0.7478	0.9183	0.9260	0.9447	0.9472	0.9371	0.8726	0.8762	0.9017	0.9600	0.8543	0.9320	0.9283	0.7146	0.6668	0.6436	0.8303	0.8388	0.8162	0.8723	0.8253	0.9137
延安市	0.6559	0.8216	0.8269	0.8814	0.9538	0.7911	0.9643	0.8901	0.9563	0.8607	0.8353	0.8749	0.8726	0.8441	0.9552	0.9571	0.7686	0.7297	0.8082	0.8497	0.8341	0.8143	0.8800	0.8591	0.8603
榆林市	0.5565	0.7214	0.6936	0.8096	0.9151	0.6962	0.9629	0.8532	0.9713	0.9030	0.8639	0.8870	0.8697	0.8642	0.9537	0.8847	0.8253	0.8055	0.7883	0.9084	0.8861	0.8672	0.9115	0.8971	0.8992
商洛市	0.7630	0.9055	0.9082	0.8200	0.9398	0.9121	0.9429	0.9168	0.9241	0.8355	0.8363	0.8754	0.9119	0.8232	0.9267	0.9523	0.7045	0.6570	0.7021	0.8048	0.8049	0.7804	0.8450	0.8076	0.8599
太原市	1	0.9644	0.9439	0.7263	0.7910	0.9154	0.7010	0.7302	0.5535	0.6660	0.7495	0.7727	0.7479	0.6946	0.6667	0.7540	0.6648	0.6429	0.5914	0.6647	0.6908	0.6723	0.6502	0.6491	0.6511
长治市	0.9644	1	0.9902	0.8151	0.9017	0.9699	0.8417	0.8571	0.7369	0.7766	0.8316	0.8626	0.8617	0.7935	0.8147	0.8868	0.7222	0.6864	0.6795	0.7610	0.7791	0.7584	0.7715	0.7554	0.7764
晋城市	0.9439	0.9902	1	0.8293	0.8890	0.9546	0.8175	0.8375	0.7166	0.7275	0.7790	0.8187	0.8216	0.7519	0.7930	0.8924	0.6689	0.6255	0.6796	0.7067	0.7232	0.7029	0.7310	0.7135	0.7266
朔州市	0.7263	0.8151	0.8293	1	0.9414	0.6895	0.8764	0.8245	0.7862	0.8273	0.8251	0.8582	0.7665	0.8571	0.8779	0.9307	0.8671	0.8380	0.9678	0.8441	0.8330	0.8316	0.8533	0.8768	0.7643
晋中市	0.7910	0.9017	0.8890	0.9414	1	0.8457	0.9807	0.9472	0.9196	0.9379	0.9398	0.9649	0.9310	0.9430	0.9750	0.9852	0.8951	0.8612	0.8874	0.9328	0.9310	0.9202	0.9479	0.9426	0.9176
运城市	0.9154	0.9699	0.9546	0.6895	0.8457	1	0.8179	0.8639	0.7481	0.7499	0.8036	0.8303	0.8846	0.7540	0.7909	0.8469	0.6260	0.5815	0.5361	0.7096	0.7355	0.7105	0.7381	0.6972	0.7866
忻州市	0.7010	0.8417	0.8175	0.8764	0.9807	0.8179	1	0.9577	0.9755	0.9635	0.9488	0.9680	0.9575	0.9501	0.9967	0.9660	0.8830	0.8497	0.8379	0.9514	0.9465	0.9338	0.9702	0.9532	0.9611
临汾市	0.7302	0.8571	0.8375	0.8245	0.9472	0.8639	0.9577	1	0.9275	0.9501	0.9519	0.9625	0.9841	0.9570	0.9655	0.9613	0.8385	0.7887	0.7757	0.9084	0.9231	0.9179	0.9544	0.9248	0.9653

续表

城市	太原市	长治市	晋城市	朔州市	晋中市	运城市	忻州市	临汾市	吕梁市	郑州市	开封市	洛阳市	新乡市	焦作市	濮阳市	三门峡市	济南市	淄博市	东营市	济宁市	泰安市	德州市	聊城市	滨州市	菏泽市
吕梁市	0.5535	0.7369	0.7166	0.7862	0.9196	0.7481	0.9755	0.9275	1	0.9253	0.8874	0.9066	0.9284	0.8963	0.9776	0.9216	0.7972	0.7588	0.7553	0.9004	0.8905	0.8761	0.9356	0.9035	0.9442
郑州市	0.6660	0.7766	0.7275	0.8273	0.9379	0.7499	0.9635	0.9501	0.9253	1	0.9907	0.9880	0.9591	0.9931	0.9700	0.9072	0.9488	0.9242	0.8391	0.9912	0.9945	0.9924	0.9973	0.9904	0.9882
开封市	0.7495	0.8316	0.7790	0.8251	0.9398	0.8036	0.9488	0.9519	0.8874	0.9907	1	0.9964	0.9670	0.9906	0.9500	0.9035	0.9481	0.9244	0.8201	0.9819	0.9922	0.9890	0.9825	0.9767	0.9785
洛阳市	0.7727	0.8626	0.8187	0.8582	0.9649	0.8303	0.9680	0.9625	0.9066	0.9880	0.9964	1	0.9720	0.9881	0.9666	0.9334	0.9414	0.9148	0.8382	0.9792	0.9870	0.9811	0.9834	0.9764	0.9756
新乡市	0.7479	0.8617	0.8216	0.7665	0.9310	0.8846	0.9575	0.9841	0.9284	0.9591	0.9670	0.9720	1	0.9508	0.9559	0.9233	0.8411	0.8013	0.7164	0.9235	0.9386	0.9279	0.9519	0.9193	0.9827
焦作市	0.6946	0.7935	0.7519	0.8571	0.9430	0.7540	0.9501	0.9570	0.8963	0.9931	0.9906	0.9881	0.9508	1	0.9606	0.9198	0.9566	0.9280	0.8680	0.9820	0.9894	0.9915	0.9935	0.9910	0.9736
濮阳市	0.6667	0.8147	0.7930	0.8779	0.9750	0.7909	0.9967	0.9655	0.9776	0.9700	0.9500	0.9666	0.9559	0.9606	1	0.9678	0.8884	0.8520	0.8517	0.9538	0.9497	0.9408	0.9795	0.9628	0.9666
三门峡市	0.7540	0.8868	0.8924	0.9307	0.9852	0.8469	0.9660	0.9613	0.9216	0.9072	0.9035	0.9334	0.9233	0.9198	0.9678	1	0.8333	0.7851	0.8636	0.8837	0.8850	0.8763	0.9249	0.9090	0.8988
济南市	0.6648	0.7222	0.6689	0.8671	0.8951	0.6260	0.8830	0.8385	0.7972	0.9488	0.9481	0.9414	0.8411	0.9566	0.8884	0.8333	1	0.9955	0.9154	0.9755	0.9724	0.9775	0.9471	0.9750	0.8907
淄博市	0.6429	0.6864	0.6255	0.8380	0.8612	0.5815	0.8497	0.7887	0.7588	0.9242	0.9244	0.9148	0.8013	0.9280	0.8520	0.7851	0.9955	1	0.8974	0.9617	0.9558	0.9606	0.9192	0.9538	0.8592
东营市	0.5914	0.6795	0.6796	0.9678	0.8874	0.5361	0.8379	0.7757	0.7553	0.8391	0.8201	0.8382	0.7164	0.8680	0.8517	0.8636	0.9154	0.8974	1	0.8681	0.8519	0.8607	0.8653	0.9033	0.7585
济宁市	0.6647	0.7610	0.7067	0.8441	0.9328	0.7096	0.9514	0.9084	0.9004	0.9912	0.9819	0.9792	0.9235	0.9820	0.9538	0.8837	0.9755	0.9617	0.8681	1	0.9973	0.9948	0.9877	0.9931	0.9633
泰安市	0.6908	0.7791	0.7232	0.8330	0.9310	0.7355	0.9465	0.9231	0.8905	0.9945	0.9922	0.9870	0.9386	0.9894	0.9497	0.8850	0.9724	0.9558	0.8519	0.9973	1	0.9984	0.9885	0.9910	0.9710
德州市	0.6723	0.7584	0.7029	0.8316	0.9202	0.7105	0.9338	0.9179	0.8761	0.9924	0.9890	0.9811	0.9279	0.9915	0.9408	0.8763	0.9775	0.9606	0.8607	0.9948	0.9984	1	0.9875	0.9926	0.9652
聊城市	0.6502	0.7715	0.7310	0.8533	0.9479	0.7381	0.9702	0.9544	0.9356	0.9973	0.9825	0.9834	0.9519	0.9935	0.9795	0.9249	0.9471	0.9192	0.8653	0.9877	0.9885	0.9875	1	0.9939	0.9824
滨州市	0.6491	0.7554	0.7135	0.8768	0.9426	0.6972	0.9532	0.9248	0.9035	0.9904	0.9767	0.9764	0.9193	0.9910	0.9628	0.9090	0.9750	0.9538	0.9033	0.9931	0.9910	0.9926	0.9939	1	0.9589
菏泽市	0.6511	0.7764	0.7266	0.7643	0.9176	0.7866	0.9611	0.9653	0.9442	0.9882	0.9785	0.9756	0.9827	0.9736	0.9666	0.8988	0.8907	0.8592	0.7585	0.9633	0.9710	0.9652	0.9824	0.9589	1

5.6.2 服务业资源生态位重叠度分析

服务业资源生态位重叠度测算结果如表 5 – 33 所示。

黄河流域 50 个城市服务业资源生态位重叠度值变化范围在 0.2～1 之间，其中生态位重叠度大于等于 0.9 的有 966 对，占比超过 77%；大于等于 0.7 小于 0.9 的有 203 对；大于等于 0.5 小于 0.7 的有 59 对；大于等于 0.3 小于 0.5 的有 20 对；小于 0.3 的有 2 对。根据表 5 – 33 可以得出以下结论：

（1）乌海市、延安市、白银市这 3 个城市和其余 49 个城市中绝大部分城市的服务业资源生态位重叠度都相对较低，尤其是乌海市和其余 49 个城市的生态位重叠度之和是 29.675，明显低于排名第二的延安市，说明这 3 个城市与其他城市服务业资源生态位竞争关系相对其他城市稍好一些，但总体竞争还是比较激烈的。

（2）从黄河流域整体情况来看，黄河流域整体的服务业资源生态位重叠度较高，77% 以上的城市重叠度大于 0.9，彼此之间竞争较为激烈。

5.6.3 对外开放资源生态位重叠度分析

对外开放资源生态位重叠度测算结果如表 5 – 34 所示。

黄河流域 50 个城市对外开放资源生态位重叠度值变化范围在 0.0563～1 之间。其中生态位重叠度大于等于 0.9 的有 319 对；大于等于 0.7 小于 0.9 的有 350 对；大于等于 0.5 小于 0.7 的有 229 对；大于等于 0.3 小于 0.5 的有 250 对；小于 0.3 的有 102 对。根据表 5 – 34 可以得出以下结论：

（1）乌海市、太原市、开封市、临汾市、东营市、泰安书、西宁市、白银市、庆阳市、延安市、长治市、新乡市、淄博市、滨州市这 14 个城市的对外开放资源生态位重叠度相对稍低，说明这 14 个城市与其他城市对外开放资源生态位竞争关系较弱。

（2）从黄河流域整体来看，黄河流域整体对外开放资源生态位重叠度相对较低，竞争不是特别激烈。

（3）从黄河流域上游来看，黄河流域上游城市整体的对外开放资源生态位重叠度相对较低，彼此之间竞争关系较弱，可以适当加大对外开放建设。尤其是黄河流域上游甘肃段整体的对外开放资源生态位重叠度较低，竞争程度也稍低。

（4）黄河流域下游城市德州市、滨州市、菏泽市整体的对外开放资源生态位重叠度明显较其他下游城市的对外开放资源生态位重叠度低。

表 5-33 服务业资源生态位重叠度测算结果

城市	西宁市	银川市	石嘴山市	吴忠市	固原市	中卫市	兰州市	白银市	天水市	平凉市	庆阳市	定西市	呼和浩特市	包头市	乌海市	鄂尔多斯市	巴彦淖尔市	西安市	铜川市	宝鸡市	咸阳市	渭南市	延安市	榆林市	商洛市
西宁市	1	0.9979	0.9771	0.9887	0.9099	0.9433	0.9869	0.6515	0.8768	0.6943	0.8015	0.7847	0.9995	0.9996	0.4039	1	0.9355	0.8705	0.8184	0.9776	0.9762	0.9615	0.6279	0.9762	0.9460
银川市	0.9979	1	0.9611	0.9964	0.9351	0.9630	0.9953	0.6997	0.9064	0.7399	0.8389	0.8236	0.9994	0.9955	0.4629	0.9984	0.9566	0.9009	0.8542	0.9892	0.9883	0.9774	0.6775	0.9883	0.9651
石嘴山市	0.9771	0.9611	1	0.9342	0.8008	0.8511	0.9299	0.4751	0.7544	0.5253	0.6559	0.6348	0.9701	0.9829	0.2000	0.9753	0.8388	0.7459	0.6773	0.9103	0.9076	0.8810	0.4479	0.9077	0.8553
吴忠市	0.9887	0.9964	0.9342	1	0.9618	0.9824	0.9999	0.7578	0.9390	0.7943	0.8821	0.8687	0.9929	0.9839	0.5365	0.9899	0.9779	0.9345	0.8952	0.9981	0.9977	0.9918	0.7374	0.9977	0.9839
固原市	0.9099	0.9351	0.8008	0.9618	1	0.9960	0.9649	0.9075	0.9973	0.9303	0.9773	0.9711	0.9223	0.8975	0.7470	0.9134	0.9978	0.9962	0.9830	0.9769	0.9782	0.9889	0.8942	0.9782	0.9953
中卫市	0.9433	0.9630	0.8511	0.9824	0.9960	1	0.9845	0.8663	0.9867	0.8938	0.9545	0.9459	0.9532	0.9333	0.6846	0.9461	0.9997	0.9845	0.9627	0.9921	0.9929	0.9982	0.8506	0.9928	1
兰州市	0.9869	0.9953	0.9299	0.9999	0.9649	0.9845	1	0.7654	0.9430	0.8014	0.8875	0.8745	0.9914	0.9818	0.5463	0.9882	0.9803	0.9386	0.9004	0.9987	0.9984	0.9933	0.7453	0.9984	0.9859
白银市	0.6515	0.6997	0.4751	0.7578	0.9075	0.8663	0.7654	1	0.9360	0.9983	0.9758	0.9815	0.6746	0.6291	0.9572	0.6579	0.8776	0.9405	0.9692	0.7967	0.8006	0.8349	0.9995	0.8004	0.8623
天水市	0.8768	0.9064	0.7544	0.9390	0.9973	0.9867	0.9430	0.9360	1	0.9548	0.9903	0.9861	0.8913	0.8625	0.7940	0.8809	0.9902	0.9999	0.9939	0.9584	0.9603	0.9752	0.9248	0.9602	0.9854
平凉市	0.6943	0.7399	0.5253	0.7943	0.9303	0.8938	0.8014	0.9983	0.9548	1	0.9869	0.9909	0.7162	0.6731	0.9388	0.7004	0.9039	0.9586	0.9818	0.8303	0.8339	0.8654	0.9961	0.8338	0.8902
庆阳市	0.8015	0.8389	0.6559	0.8821	0.9773	0.9545	0.8875	0.9758	0.9903	0.9869	1	0.9996	0.8196	0.7838	0.8708	0.8065	0.9611	0.9920	0.9996	0.9095	0.9121	0.9350	0.9687	0.9121	0.9521
定西市	0.7847	0.8236	0.6348	0.8687	0.9711	0.9459	0.8745	0.9815	0.9861	0.9909	0.9996	1	0.8035	0.7664	0.8840	0.7899	0.9531	0.9882	0.9984	0.8977	0.9005	0.9249	0.9751	0.9004	0.9433
呼和浩特市	0.9995	0.9994	0.9701	0.9929	0.9223	0.9532	0.9914	0.6746	0.8913	0.7162	0.8196	0.8035	1	0.9982	0.4320	0.9997	0.9459	0.8853	0.8357	0.9836	0.9824	0.9695	0.6516	0.9825	0.9555
包头市	0.9996	0.9955	0.9829	0.9839	0.8975	0.9333	0.9818	0.6291	0.8625	0.6731	0.7838	0.7664	0.9982	1	0.3772	0.9993	0.9248	0.8559	0.8013	0.9710	0.9695	0.9531	0.6050	0.9695	0.9361
乌海市	0.4039	0.4629	0.2000	0.5365	0.7470	0.6846	0.5463	0.9572	0.7940	0.9388	0.8708	0.8840	0.4320	0.3772	1	0.4117	0.7012	0.8018	0.8563	0.5876	0.5928	0.6398	0.9656	0.5926	0.6788
鄂尔多斯市	1	0.9984	0.9753	0.9899	0.9134	0.9461	0.9882	0.6579	0.8809	0.7004	0.8065	0.7899	0.9997	0.9993	0.4117	1	0.9384	0.8747	0.8232	0.9793	0.9780	0.9638	0.6344	0.9780	0.9487

续表

城市	西宁市	银川市	石嘴山市	吴忠市	固原市	中卫市	兰州市	白银市	天水市	平凉市	庆阳市	定西市	呼和浩特市	包头市	乌海市	鄂尔多斯市	巴彦淖尔市	西安市	铜川市	宝鸡市	咸阳市	渭南市	延安市	榆林市	商洛市
巴彦淖尔市	0.9355	0.9566	0.8388	0.9779	0.9978	0.9997	0.9803	0.8776	0.9902	0.9039	0.9611	0.9531	0.9459	0.9248	0.7012	0.9384	1	0.9883	0.9687	0.9889	0.9899	0.9966	0.8624	0.9898	0.9995
西安市	0.8705	0.9009	0.7459	0.9345	0.9962	0.9845	0.9386	0.9405	0.9999	0.9586	0.9920	0.9882	0.8853	0.8559	0.8018	0.8747	0.9883	1	0.9952	0.9547	0.9566	0.9723	0.9296	0.9565	0.9831
铜川市	0.8184	0.8542	0.6773	0.8952	0.9830	0.9627	0.9004	0.9692	0.9939	0.9818	0.9996	0.9984	0.8357	0.8013	0.8563	0.8232	0.9687	0.9952	1	0.9211	0.9236	0.9448	0.9611	0.9235	0.9605
宝鸡市	0.9776	0.9892	0.9103	0.9981	0.9769	0.9921	0.9987	0.7967	0.9584	0.8303	0.9095	0.8977	0.9836	0.9710	0.5876	0.9793	0.9889	0.9547	0.9211	1	1	0.9978	0.7778	1	0.9930
咸阳市	0.9762	0.9883	0.9076	0.9977	0.9782	0.9929	0.9984	0.8006	0.9603	0.8339	0.9121	0.9005	0.9824	0.9695	0.5928	0.9780	0.9899	0.9566	0.9236	1	1	0.9982	0.7818	0.9982	0.9938
渭南市	0.9615	0.9774	0.8810	0.9918	0.9889	0.9982	0.9933	0.8349	0.9752	0.8654	0.9350	0.9249	0.9695	0.9531	0.6398	0.9638	0.9966	0.9723	0.9448	0.9978	0.9982	1	0.8176	0.9982	0.9987
延安市	0.6279	0.6775	0.4479	0.7374	0.8942	0.8506	0.7453	0.9995	0.9248	0.9961	0.9687	0.9751	0.6516	0.6050	0.9656	0.6344	0.8624	0.9296	0.9611	0.7778	0.7818	0.8176	1	0.7817	0.8463
榆林市	0.9774	0.9883	0.9077	0.9977	0.9782	0.9928	0.9984	0.8004	0.9602	0.8338	0.9121	0.9004	0.9825	0.9695	0.5926	0.9780	0.9898	0.9565	0.9235	1	0.9982	0.9982	0.7817	1	0.9938
商洛市	0.9762	0.9651	0.8553	0.9839	0.9953	1	0.9859	0.8623	0.9854	0.8902	0.9521	0.9433	0.9555	0.9361	0.6788	0.9487	0.9995	0.9831	0.9605	0.9930	0.9938	0.9987	0.8463	0.9938	1
太原市	0.9460	0.9991	0.9489	0.9990	0.9489	0.9733	0.9985	0.7286	0.9231	0.7670	0.8606	0.8463	0.9971	0.9908	0.4991	0.9952	0.9678	0.9180	0.8749	0.9944	0.9937	0.9853	0.7072	0.9938	0.9751
长治市	0.9943	0.9807	0.8885	0.9937	0.9864	0.9971	0.9950	0.8260	0.9715	0.8572	0.9292	0.9186	0.9733	0.9578	0.6274	0.9679	0.9951	0.9684	0.9394	0.9987	0.9990	0.9999	0.8083	0.9990	0.9977
晋城市	0.9658	0.9958	0.9319	1	0.9635	0.9635	0.9836	0.7619	0.9411	0.7981	0.8611	0.8718	0.9921	0.9828	0.5417	0.9890	0.9791	0.9367	0.8980	0.9985	0.9981	0.9926	0.7416	0.9981	0.9850
朔州市	0.9878	0.9792	0.8850	0.9929	0.9876	0.9876	1	0.8302	0.9733	0.8611	0.9319	0.9216	0.9716	0.9556	0.6332	0.9660	0.9958	0.9702	0.9420	0.9983	0.9987	1	0.8127	0.9987	0.9982
晋中市	0.9638	0.9825	0.8927	0.9947	0.9848	0.9964	0.9977	0.8206	0.9693	0.8523	0.9256	0.9149	0.9754	0.9605	0.6200	0.9703	0.9941	0.9660	0.9361	0.9992	0.9994	0.9997	0.8027	0.9994	0.9970
运城市	0.9625	0.9782	0.8827	0.9923	0.9883	0.9980	0.9937	0.8328	0.9744	0.8635	0.9337	0.9234	0.9704	0.9542	0.6369	0.9648	0.9963	0.9714	0.9436	0.9981	0.9984	1	0.8155	0.9984	0.9985
忻州市	0.9403	0.9606	0.8463	0.9807	0.9968	1	0.9829	0.8708	0.9881	0.8978	0.9572	0.9488	0.9504	0.9300	0.6912	0.9431	0.9999	0.9861	0.9651	0.9909	0.9917	0.9976	0.8553	0.9917	0.9999

续表

城市	西宁市	银川市	石嘴山市	吴忠市	固原市	中卫市	兰州市	白银市	天水市	平凉市	庆阳市	定西市	呼和浩特市	包头市	乌海市	鄂尔多斯市	巴彦淖尔市	西安市	铜川市	宝鸡市	咸阳市	渭南市	延安市	榆林市	商洛市
临汾市	0.9601	0.9763	0.8786	0.9912	0.9896	0.9985	0.9926	0.8377	0.9763	0.8679	0.9368	0.9268	0.9683	0.9515	0.6437	0.9624	0.997	0.9734	0.9465	0.9975	0.9979	1	0.8205	0.9979	0.9989
吕梁市	0.9264	0.9490	0.8250	0.9724	0.9991	0.9989	0.9750	0.8892	0.9933	0.9142	0.9677	0.9604	0.9376	0.9150	0.7187	0.9295	0.9997	0.9918	0.9745	0.9849	0.9860	0.9942	0.8748	0.9860	0.9984
郑州市	0.9984	1	0.9634	0.9956	0.9321	0.9607	0.9945	0.6937	0.9028	0.7342	0.8343	0.8188	0.9997	0.9963	0.4554	0.9988	0.9541	0.8972	0.8498	0.9880	0.9870	0.9756	0.6712	0.9870	0.9629
开封市	0.9983	1	0.9632	0.9957	0.9323	0.9609	0.9945	0.6941	0.9031	0.7346	0.8346	0.8191	0.9996	0.9962	0.4559	0.9988	0.9543	0.8974	0.8501	0.9881	0.9871	0.9757	0.6717	0.9871	0.9631
洛阳市	0.9673	0.9818	0.8912	0.9944	0.9854	0.9967	0.9956	0.8226	0.9701	0.8541	0.9269	0.9163	0.9747	0.9595	0.6227	0.9694	0.9945	0.9669	0.9373	0.9990	0.9993	0.9998	0.8047	0.9993	0.9973
新乡市	0.9844	0.9938	0.9245	0.9997	0.9687	0.9870	0.9999	0.7747	0.9477	0.8100	0.8941	0.8815	0.9894	0.9789	0.5584	0.9859	0.9830	0.9435	0.9066	0.9994	0.9991	0.9948	0.7549	0.9991	0.9882
焦作市	0.9967	0.9999	0.9564	0.9976	0.9407	0.9673	0.9968	0.7113	0.9132	0.7508	0.8477	0.8327	0.9987	0.9939	0.4773	0.9973	0.9612	0.9078	0.8626	0.9915	0.9906	0.9807	0.6894	0.9907	0.9693
濮阳市	0.9956	0.9996	0.9529	0.9984	0.9448	0.9703	0.9977	0.7197	0.9180	0.7587	0.8540	0.8393	0.9980	0.9925	0.4878	0.9964	0.9645	0.9128	0.8686	0.9930	0.9922	0.9830	0.6980	0.9922	0.9722
三门峡市	0.9996	0.9992	0.9711	0.9924	0.9207	0.9519	0.9908	0.6715	0.8894	0.7133	0.8172	0.8010	1	0.9984	0.4282	0.9998	0.9446	0.8834	0.8334	0.9828	0.9816	0.9685	0.6484	0.9817	0.9543
济南市	1	0.9981	0.9763	0.9893	0.9114	0.9446	0.9875	0.6543	0.8786	0.6970	0.8037	0.7870	0.9996	0.9995	0.4073	1	0.9368	0.8724	0.8205	0.9783	0.9770	0.9625	0.6308	0.9770	0.9472
淄博市	0.9986	0.9999	0.9643	0.9953	0.9308	0.9597	0.9941	0.6911	0.9013	0.7318	0.8323	0.8167	0.9997	0.9966	0.4523	0.9990	0.9530	0.8956	0.8479	0.9874	0.9864	0.9748	0.6686	0.9864	0.9619
东营市	1	0.9979	0.9768	0.9889	0.9104	0.9438	0.9871	0.6525	0.8775	0.6952	0.8023	0.7855	0.9996	0.9995	0.4051	1	0.9359	0.8712	0.8191	0.9778	0.9765	0.9618	0.6289	0.9765	0.9464
济宁市	0.9928	0.9828	0.9956	0.9636	0.8536	0.8968	0.9604	0.5558	0.8129	0.6030	0.7240	0.7047	0.9886	0.9959	0.2914	0.9917	0.8863	0.8053	0.7436	0.9452	0.9431	0.9216	0.5301	0.9432	0.9003
泰安市	0.9983	1	0.9630	0.9958	0.9325	0.9611	0.9946	0.6946	0.9034	0.7351	0.8350	0.8195	0.9996	0.9962	0.4565	0.9988	0.9545	0.8977	0.8505	0.9882	0.9872	0.9759	0.6722	0.9872	0.9632
德州市	0.9996	0.9993	0.9709	0.9924	0.9209	0.9521	0.9909	0.6720	0.8897	0.7138	0.8176	0.8014	1	0.9984	0.4289	0.9998	0.9448	0.8837	0.8338	0.9830	0.9818	0.9687	0.6490	0.9818	0.9545
聊城市	0.9896	0.9969	0.9364	1	0.9601	0.9812	0.9998	0.7538	0.9368	0.7905	0.8791	0.8657	0.9936	0.9850	0.5312	0.9908	0.9765	0.9322	0.8925	0.9977	0.9972	0.9910	0.7332	0.9972	0.9827
滨州市	0.9988	0.9999	0.9657	0.9948	0.9289	0.9583	0.9935	0.6874	0.8990	0.7283	0.8294	0.8137	0.9998	0.9970	0.4477	0.9992	0.9514	0.8933	0.8452	0.9866	0.9855	0.9736	0.6648	0.9856	0.9605
菏泽市	0.9950	0.9994	0.9508	0.9987	0.9469	0.9719	0.9981	0.7242	0.9206	0.7629	0.8574	0.8429	0.9976	0.9916	0.4936	0.9958	0.9662	0.9155	0.8718	0.9937	0.9930	0.9842	0.7027	0.9930	0.9737

续表

城市	太原市	长治市	晋城市	朔州市	晋中市	运城市	忻州市	临汾市	吕梁市	郑州市	开封市	洛阳市	新乡市	焦作市	濮阳市	三门峡市	济南市	淄博市	东营市	济宁市	泰安市	德州市	聊城市	滨州市	菏泽市
西宁市	0.9943	0.9658	0.9878	0.9638	0.9682	0.9625	0.9403	0.9601	0.9264	0.9984	0.9983	0.9673	0.9844	0.9667	0.9956	0.9996	1	0.9986	1	0.9928	0.9983	0.9996	0.9896	0.9988	0.9950
银川市	0.9991	0.9807	0.9958	0.9792	0.9825	0.9782	0.9606	0.9763	0.9490	1	1	0.9818	0.9938	0.9999	0.9996	0.9992	0.9981	0.9999	0.9979	0.9828	1	0.9993	0.9969	0.9999	0.9994
石嘴山市	0.9489	0.8885	0.9319	0.8850	0.8927	0.8827	0.8463	0.8786	0.8250	0.9634	0.9632	0.8912	0.9245	0.9564	0.9529	0.9711	0.9763	0.9643	0.9768	0.9956	0.9630	0.9709	0.9364	0.9557	0.9508
吴忠市	0.999	0.9937	1	0.9929	0.9947	0.9923	0.9807	0.9912	0.9724	0.9956	0.9957	0.9944	0.9997	0.9976	0.9984	0.9924	0.9893	0.9953	0.9889	0.9636	0.9958	0.9924	1	0.9948	0.9987
固原市	0.9489	0.9864	0.9635	0.9876	0.9848	0.9883	0.9968	0.9896	0.9991	0.9321	0.9323	0.9854	0.9687	0.9407	0.9448	0.9207	0.9114	0.9308	0.9104	0.8536	0.9325	0.9209	0.9601	0.9289	0.9469
中卫市	0.9733	0.9971	0.9836	0.9977	0.9964	0.9980	1	0.9985	0.9989	0.9609	0.9609	0.9967	0.987	0.9673	0.9703	0.9519	0.9446	0.9597	0.9438	0.8968	0.9611	0.9521	0.9812	0.9583	0.9719
兰州市	0.9985	0.9950	1	0.9942	0.9959	0.9937	0.9829	0.9926	0.9750	0.9945	0.9945	0.9956	0.9999	0.9968	0.9977	0.9908	0.9875	0.9941	0.9871	0.9604	0.9946	0.9909	0.9998	0.9935	0.9981
白银市	0.7286	0.8260	0.7619	0.8302	0.8206	0.8328	0.8708	0.8377	0.8892	0.6937	0.6941	0.8226	0.7747	0.7113	0.7197	0.6715	0.6543	0.6911	0.6525	0.5558	0.6946	0.672	0.7538	0.6874	0.7242
天水市	0.9231	0.9715	0.9411	0.9733	0.9693	0.9744	0.9881	0.9763	0.9933	0.9028	0.9031	0.9701	0.9477	0.9132	0.9180	0.8894	0.8736	0.9013	0.8775	0.8129	0.9034	0.8897	0.9368	0.8990	0.9206
平凉市	0.7670	0.8572	0.7981	0.8611	0.8523	0.8635	0.8978	0.8679	0.9142	0.7342	0.7346	0.8541	0.81	0.7508	0.7587	0.7133	0.697	0.7318	0.6952	0.6030	0.7351	0.7138	0.7905	0.7283	0.7629
庆阳市	0.8606	0.9292	0.8850	0.9319	0.9256	0.9337	0.9572	0.9368	0.9677	0.8343	0.8346	0.9269	0.8941	0.8477	0.8540	0.8172	0.8037	0.8323	0.8023	0.7240	0.8350	0.8176	0.8791	0.8294	0.8574
定西市	0.8463	0.9186	0.8718	0.9216	0.9149	0.9234	0.9488	0.9268	0.9604	0.8188	0.8191	0.9163	0.8815	0.8327	0.8393	0.8010	0.7370	0.8167	0.7855	0.7047	0.8195	0.8014	0.8657	0.8137	0.8429
呼和浩特市	0.9971	0.9733	0.9921	0.9716	0.9754	0.9704	0.9504	0.9683	0.9376	0.9997	0.9996	0.9747	0.9894	0.9987	0.9980	1	0.9996	0.9997	0.9996	0.9886	0.9996	1	0.9936	0.9998	0.9976
包头市	0.9908	0.9578	0.9828	0.9556	0.9605	0.9542	0.9300	0.9515	0.9150	0.9963	0.9962	0.9595	0.9789	0.9939	0.9925	0.9984	0.9995	0.9966	0.9995	0.9959	0.9962	0.9984	0.9850	0.9970	0.9916
乌海市	0.4991	0.6274	0.5417	0.6332	0.6200	0.6369	0.6912	0.6437	0.7187	0.4554	0.4559	0.6227	0.5584	0.4773	0.4878	0.4282	0.4073	0.4523	0.4051	0.2914	0.4565	0.4289	0.5312	0.4477	0.4936
鄂尔多斯市	0.9952	0.9679	0.9890	0.9660	0.9703	0.9648	0.9431	0.9624	0.9295	0.9988	0.9988	0.9694	0.9859	0.9973	0.9964	0.9998	1	0.9990		0.9917	0.9988	0.9998	0.9908	0.9992	0.9958

续表

城市	太原市	长治市	晋城市	朔州市	晋中市	运城市	忻州市	临汾市	吕梁市	郑州市	开封市	洛阳市	新乡市	焦作市	濮阳市	三门峡市	济南市	淄博市	东营市	济宁市	泰安市	德州市	聊城市	滨州市	菏泽市
巴彦淖尔市	0.9678	0.9951	0.9791	0.9958	0.9941	0.9963	0.9999	0.9970	0.9997	0.9541	0.9543	0.9945	0.9830	0.9612	0.9645	0.9446	0.9368	0.9530	0.9359	0.8863	0.9545	0.9448	0.9765	0.9514	0.9662
西安市	0.9180	0.9684	0.9367	0.9702	0.9660	0.9714	0.9861	0.9734	0.9918	0.8972	0.8974	0.9669	0.9435	0.9078	0.9128	0.8834	0.8724	0.8956	0.8712	0.8053	0.8977	0.8837	0.9322	0.8933	0.9155
铜川市	0.8749	0.9394	0.8980	0.9420	0.9361	0.9436	0.9651	0.9465	0.9745	0.8498	0.8501	0.9373	0.9066	0.8626	0.8686	0.8334	0.8205	0.8479	0.8191	0.7436	0.8505	0.8338	0.8925	0.8452	0.8718
宝鸡市	0.9944	0.9987	0.9985	0.9983	0.9992	0.9981	0.9909	0.9975	0.9849	0.988	0.9881	0.9990	0.9994	0.9915	0.9930	0.9828	0.9783	0.9874	0.9778	0.9452	0.9882	0.9830	0.9977	0.9866	0.9937
咸阳市	0.9937	0.9990	0.9981	0.9987	0.9994	0.9984	0.9917	0.9979	0.9860	0.9870	0.9871	0.9993	0.9991	0.9906	0.9922	0.9816	0.9770	0.9864	0.9765	0.9431	0.9872	0.9818	0.9972	0.9855	0.9930
渭南市	0.9853	0.9999	0.9926	1	0.9997	1	0.9976	1	0.9942	0.9756	0.9757	0.9998	0.9948	0.9807	0.983	0.9685	0.9625	0.9748	0.9618	0.9216	0.9759	0.9687	0.9910	0.9736	0.9842
延安市	0.7072	0.8083	0.7416	0.8127	0.8027	0.8155	0.8553	0.8205	0.8748	0.6712	0.6717	0.8047	0.7549	0.6894	0.6980	0.6484	0.6308	0.6686	0.6289	0.5301	0.6722	0.6490	0.7332	0.6648	0.7027
榆林市	0.9938	0.9990	0.9981	0.9987	0.9994	0.9984	0.9917	0.9979	0.9860	0.9870	0.9871	0.9993	0.9991	0.9907	0.9922	0.9817	0.9770	0.9864	0.9765	0.9432	0.9872	0.9818	0.9972	0.9856	0.9930
商洛市	0.9751	0.9977	0.9850	0.9982	0.9970	0.9985	0.9989	0.9989	0.9984	0.9629	0.9631	0.9973	0.9882	0.9693	0.9722	0.9543	0.9472	0.9619	0.9464	0.9003	0.9632	0.9545	0.9827	0.9605	0.9737
太原市	1	0.9879	0.9988	0.9867	0.9893	0.9859	0.9712	0.9844	0.9612	0.9988	0.9988	0.9888	0.9976	0.9997	0.9999	0.9968	0.9947	0.9986	0.9944	0.9744	0.9988	0.9969	0.9993	0.9983	1
长治市	0.9879	1	0.9944	1	0.9999	0.9999	0.9964	0.9998	0.9924	0.9790	0.9791	1	0.9963	0.9837	0.9858	0.9724	0.9667	0.9783	0.9661	0.9277	0.9792	0.9725	0.9930	0.9772	0.9869
晋城市	0.9988	0.9944	1	0.9936	0.9954	0.9930	0.9819	0.9920	0.9738	0.9950	0.9951	0.9950	0.9998	0.9972	0.9980	0.9916	0.9883	0.9947	0.9880	0.9619	0.9952	0.9917	0.9999	0.9941	0.9984
朔州市	0.9867	1	0.9936	1	0.9999	1	0.9970	0.9999	0.9933	0.9774	0.9776	0.9999	0.9957	0.9824	0.9845	0.9706	0.9648	0.9767	0.9641	0.9249	0.9777	0.9708	0.9921	0.9756	0.9857
晋中市	0.9893	0.9999	0.9954	0.9999	1	0.9998	0.9956	0.9995	0.9911	0.9809	0.9810	1	0.9971	0.9854	0.9874	0.9745	0.9691	0.9802	0.9685	0.9312	0.9811	0.9747	0.9941	0.9791	0.9884
运城市	0.9859	0.9999	0.9930	1	0.9998	1	0.9974	1	0.9938	0.9764	0.9765	0.9998	0.9952	0.9814	0.9837	0.9694	0.9635	0.9756	0.9629	0.9230	0.9767	0.9696	0.9915	0.9745	0.9848
忻州市	0.9712	0.9964	0.9819	0.9970	0.9956	0.9974	1	0.9980	0.9992	0.9582	0.9583	0.9959	0.9855	0.9650	0.9680	0.9490	0.9416	0.9571	0.9407	0.8927	0.9585	0.9493	0.9795	0.9556	0.9697
临汾市	0.9844	0.9998	0.9920	0.9999	0.9995	1	0.9980	1	0.9947	0.9745	0.9746	0.9996	0.9943	0.9797	0.9821	0.9672	0.9611	0.9737	0.9604	0.9196	0.9747	0.9674	0.9903	0.9725	0.9833

续表

城市	太原市	长治市	晋城市	朔州市	晋中市	运城市	忻州市	临汾市	吕梁市	郑州市	开封市	洛阳市	新乡市	焦作市	濮阳市	三门峡市	济南市	淄博市	东营市	济宁市	泰安市	德州市	聊城市	滨州市	菏泽市
吕梁市	0.9612	0.9924	0.9738	0.9933	0.9911	0.9938	0.9992	0.9947	1	0.9463	0.9465	0.9465	0.9782	0.9540	0.9576	0.9361	0.9278	0.9452	0.9269	0.8746	0.9468	0.9364	0.9709	0.9435	0.9595
郑州市	0.9988	0.9790	0.9950	0.9774	0.9809	0.9764	0.9582	0.9745	0.9463	1	1	0.9802	0.9928	0.9997	0.9993	0.9995	0.9986	0.9984	0.9984	0.9843	0.9930	0.9996	0.9962	1	0.9991
开封市	0.9988	0.9791	0.9951	0.9776	0.9810	0.9765	0.9583	0.9746	0.9465	1	1	0.9803	0.9929	0.9997	0.9993	0.9995	0.9985	0.9984	0.9984	0.9842	0.9930	0.9995	0.9963	1	0.9991
洛阳市	0.9888	1	0.9950	0.9999	1	0.9998	0.9959	0.9996	0.9916	0.9802	0.9803	1	0.9968	0.9848	0.9868	0.9737	0.9682	0.9795	0.9676	0.9299	0.9804	0.9739	0.9937	0.9784	0.9879
新乡市	0.9976	0.9963	0.9998	0.9957	0.9971	0.9952	0.9855	0.9943	0.9782	0.9928	0.9929	0.9968	1	0.9955	0.9966	0.9888	0.9851	0.9924	0.9847	0.9563	0.9930	0.9889	0.9995	0.9518	0.9971
焦作市	0.9997	0.9837	0.9972	0.9824	0.9854	0.9814	0.9650	0.9797	0.9540	0.9997	0.9997	0.9848	0.9955	1	0.9999	0.9985	0.9970	0.9996	0.9968	0.9797	0.9997	0.9985	0.9980	0.9994	0.9998
濮阳市	0.9999	0.9858	0.9980	0.9845	0.9874	0.9837	0.9680	0.9821	0.9576	0.9993	0.9993	0.9868	0.9966	0.9999	1	0.9977	0.9959	0.9992	0.9957	0.9772	0.9994	0.9978	0.9987	0.9990	0.9973
三门峡市	0.9968	0.9724	0.9916	0.9706	0.9745	0.9694	0.9490	0.9672	0.9361	0.9995	0.9995	0.9737	0.9888	0.9985	0.9977	1	0.9997	0.9996	0.9957	0.9892	0.9995	0.9931	0.9998	0.9998	0.9953
济南市	0.9986	0.9667	0.9883	0.9648	0.9691	0.9635	0.9416	0.9611	0.9278	0.9986	0.9985	0.9682	0.9851	0.9970	0.9959	0.9997	1	0.9997	0.9988	0.9923	0.9985	0.9997	0.9901	0.9990	0.9989
淄博市	0.9986	0.9783	0.9947	0.9767	0.9802	0.9756	0.9571	0.9737	0.9452	1	1	0.9795	0.9924	0.9996	0.9992	0.9996	0.9997	1	0.9986	0.9850	0.9984	0.9997	0.9959	0.9990	0.9989
东营市	0.9944	0.9661	0.9880	0.9641	0.9685	0.9629	0.9407	0.9604	0.9269	0.9984	0.9984	0.9676	0.9847	0.9968	0.9957	0.9957	0.9988	0.9926	1	0.9926	0.9984	0.9997	0.9898	0.9989	0.9951
济宁市	0.9744	0.9277	0.9619	0.9249	0.9312	0.9230	0.8927	0.9196	0.8746	0.9843	0.9842	0.9299	0.9563	0.9797	0.9772	0.9892	0.9923	0.9850	0.9926	1	0.9841	0.9891	0.9652	0.9858	0.9758
泰安市	0.9988	0.9792	0.9952	0.9777	0.9811	0.9767	0.9585	0.9747	0.9468	1	1	0.9804	0.9930	0.9997	0.9994	0.9995	0.9985	0.9984	0.9984	0.9841	1	0.9995	0.9963	0.9991	0.9991
德州市	0.9969	0.9725	0.9917	0.9708	0.9747	0.9696	0.9493	0.9674	0.9364	0.9996	0.9995	0.9739	0.9889	0.9985	0.9978	0.9931	0.9997	0.9997	0.9997	0.9891	0.9995	1	0.9932	0.9998	0.9973
聊城市	0.9993	0.9930	0.9999	0.9921	0.9941	0.9915	0.9795	0.9903	0.9709	0.9962	0.9963	0.9937	0.9995	0.9980	0.9987	0.9998	0.9901	0.9959	0.9898	0.9652	0.9963	0.9932	1	0.9954	0.9990
滨州市	0.9983	0.9772	0.9941	0.9756	0.9791	0.9745	0.9556	0.9725	0.9435	1	1	0.9784	0.9518	0.9994	0.9990	0.9998	0.9990	0.9990	0.9989	0.9858	0.9991	0.9998	0.9954	1	0.9986
菏泽市	1	0.9869	0.9884	0.9857	0.9884	0.9848	0.9697	0.9833	0.9595	0.9991	0.9991	0.9879	0.9971	0.9998	0.9973	0.9953	0.9989	0.9989	0.9951	0.9758	0.9991	0.9973	0.9990	0.9986	1

表 5 - 34　对外开放资源生态位重叠度测算结果

城市	西宁市	银川市	石嘴山市	吴忠市	固原市	中卫市	兰州市	白银市	天水市	平凉市	庆阳市	定西市	呼和浩特市	包头市	乌海市	鄂尔多斯市	巴彦淖尔市	西安市	铜川市	宝鸡市	咸阳市	渭南市	延安市	榆林市	商洛市
西宁市	1	0.9431	0.3340	0.5988	0.9523	0.9838	0.7658	0.2447	0.4133	0.6266	0.4689	0.4260	0.9625	0.8555	0.9945	0.6549	0.3660	0.7511	0.9545	0.8879	0.8657	0.7745	0.9855	0.8411	0.5917
银川市	0.9431	1	0.6074	0.5668	0.8526	0.9823	0.9360	0.5350	0.6785	0.6123	0.4182	0.4105	0.9565	0.9786	0.9189	0.5984	0.5689	0.8398	0.9077	0.9727	0.9807	0.8389	0.9683	0.8095	0.6863
石嘴山市	0.3340	0.6074	1	0.4764	0.2898	0.4975	0.8209	0.9952	0.9947	0.5285	0.3908	0.4713	0.4764	0.7514	0.2520	0.4227	0.9316	0.7776	0.4393	0.7271	0.7509	0.7291	0.3904	0.5060	0.7765
吴忠市	0.5988	0.5668	0.4764	1	0.7879	0.6489	0.4611	0.4089	0.4721	0.9976	0.9853	0.9795	0.7601	0.5419	0.5248	0.9952	0.7383	0.8756	0.8099	0.7060	0.5857	0.8998	0.4923	0.9354	0.9236
固原市	0.9523	0.8526	0.2898	0.7879	1	0.9344	0.6407	0.1952	0.3493	0.7998	0.6966	0.6488	0.9588	0.7530	0.9309	0.8372	0.4319	0.8053	0.9870	0.8483	0.7786	0.8407	0.8888	0.9412	0.7038
中卫市	0.9838	0.9823	0.4975	0.6489	0.9344	1	0.8585	0.4142	0.5689	0.6839	0.5140	0.4898	0.9876	0.9287	0.9625	0.6901	0.5175	0.8424	0.9645	0.9559	0.9385	0.8551	0.9796	0.8750	0.6973
兰州市	0.7658	0.9360	0.8209	0.4611	0.6407	0.8585	1	0.7753	0.8745	0.5197	0.3110	0.3414	0.8308	0.9874	0.7249	0.4629	0.7118	0.8285	0.7449	0.9413	0.9805	0.8020	0.8301	0.6745	0.7000
白银市	0.2447	0.5350	0.9952	0.4089	0.1952	0.4142	0.7753	1	0.9836	0.4611	0.3307	0.4181	0.4426	0.6927	0.1628	0.3488	0.9113	0.7151	0.3496	0.6584	0.6897	0.6619	0.3088	0.4231	0.7247
天水市	0.4133	0.6785	0.9947	0.4721	0.3493	0.5689	0.8745	0.9836	1	0.5274	0.3720	0.4464	0.5874	0.8113	0.3372	0.4266	0.9116	0.7985	0.4955	0.7791	0.8088	0.7519	0.4752	0.5374	0.7734
平凉市	0.6266	0.6123	0.5285	0.9976	0.7998	0.6839	0.5197	0.4611	0.5274	1	0.9729	0.9710	0.7898	0.5949	0.5512	0.9919	0.7720	0.9067	0.8305	0.7491	0.6364	0.9271	0.5294	0.9485	0.9453
庆阳市	0.4689	0.4182	0.3908	0.9853	0.6966	0.5140	0.3110	0.3307	0.3720	0.9729	1	0.9939	0.6416	0.3928	0.3930	0.9745	0.6890	0.7890	0.7077	0.5757	0.4407	0.8166	0.3453	0.8651	0.8726
定西市	0.4260	0.4105	0.4713	0.9795	0.6488	0.4898	0.3414	0.4181	0.4464	0.9710	0.9939	1	0.6203	0.4078	0.3427	0.9589	0.7550	0.8085	0.6761	0.5829	0.4542	0.8286	0.3116	0.8468	0.9023
呼和浩特市	0.9625	0.9565	0.4764	0.7601	0.9588	0.9876	0.8308	0.4426	0.5874	0.7898	0.6416	0.6203	1	0.9067	0.9288	0.7939	0.5975	0.9015	0.9899	0.9632	0.9239	0.9169	0.9376	0.9397	0.7876
包头市	0.8555	0.9786	0.7514	0.5419	0.7530	0.9287	0.9874	0.6927	0.8113	0.5949	0.3928	0.4078	0.9067	1	0.8184	0.5553	0.6820	0.8643	0.8381	0.9770	0.9986	0.8491	0.8995	0.7625	0.7289
乌海市	0.9945	0.9189	0.2520	0.5248	0.9309	0.9625	0.7249	0.1628	0.3372	0.5512	0.3930	0.3427	0.9288	0.8184	1	0.5884	0.2690	0.6778	0.9218	0.8409	0.8256	0.7039	0.9842	0.7863	0.5042
鄂尔多斯市	0.6549	0.5984	0.4227	0.9952	0.8372	0.6901	0.4629	0.3488	0.4266	0.9919	0.9745	0.9589	0.7939	0.5553	0.5884	1	0.6852	0.8674	0.8479	0.7196	0.5988	0.8966	0.5459	0.9539	0.8985

续表

城市	西宁市	银川市	石嘴山市	吴忠市	固原市	中卫市	兰州市	白银市	天水市	平凉市	庆阳市	定西市	呼和浩特市	包头市	乌海市	鄂尔多斯市	巴彦淖尔市	西安市	铜川市	宝鸡市	咸阳市	渭南市	延安市	榆林市	商洛市
巴彦淖尔市	0.3660	0.5689	0.9316	0.7383	0.4319	0.5175	0.7118	0.9113	0.9116	0.7720	0.6890	0.7550	0.5975	0.6820	0.2690	0.6852	1	0.8809	0.5558	0.7367	0.7008	0.8515	0.3603	0.6871	0.9313
西安市	0.7511	0.8398	0.7776	0.8756	0.8053	0.8424	0.8285	0.7151	0.7985	0.9067	0.7890	0.8085	0.9015	0.8643	0.6778	0.8674	0.8809	1	0.8831	0.9412	0.8879	0.9973	0.7214	0.9358	0.9712
铜川市	0.9545	0.9077	0.4393	0.8099	0.9870	0.9645	0.7449	0.3496	0.4955	0.8305	0.7077	0.6761	0.9899	0.8381	0.9218	0.8479	0.5558	0.8831	1	0.9205	0.8613	0.9078	0.9067	0.9641	0.7840
宝鸡市	0.8879	0.9727	0.7271	0.7060	0.8483	0.9559	0.9413	0.6584	0.7791	0.7491	0.5757	0.5829	0.9632	0.9770	0.8409	0.7196	0.7367	0.9412	0.9205	1	0.9869	0.9367	0.8962	0.8822	0.8342
咸阳市	0.8657	0.9807	0.7509	0.5857	0.7786	0.9385	0.9805	0.6897	0.8088	0.6364	0.4407	0.4542	0.9239	0.9986	0.8256	0.5988	0.7008	0.8879	0.8613	0.9869	1	0.8752	0.9011	0.7954	0.7596
渭南市	0.7745	0.8389	0.7291	0.8998	0.8407	0.8551	0.802	0.6619	0.7519	0.9271	0.8166	0.8286	0.9169	0.8491	0.7039	0.8966	0.8515	0.9973	0.9078	0.9367	0.8752	1	0.7347	0.9592	0.9678
延安市	0.9855	0.9683	0.3904	0.4923	0.8888	0.9796	0.8301	0.3088	0.4752	0.5294	0.3453	0.3116	0.9376	0.8995	0.9842	0.5459	0.3603	0.7214	0.9067	0.8962	0.9011	0.7347	1	0.7683	0.5412
榆林市	0.8411	0.8095	0.5060	0.9354	0.9412	0.8750	0.6745	0.4231	0.5374	0.9485	0.8651	0.8468	0.9397	0.7625	0.7863	0.9539	0.6871	0.9358	0.9641	0.8822	0.7954	0.9592	0.7683	1	0.8978
商洛市	0.5917	0.6863	0.7765	0.9236	0.7038	0.6973	0.7000	0.7247	0.7734	0.9453	0.8726	0.9023	0.7876	0.7289	0.5042	0.8985	0.9313	0.9712	0.7840	0.8342	0.7596	0.9678	0.5412	0.8978	1
太原市	0.1753	0.4909	0.9540	0.1910	0.0600	0.3402	0.7640	0.9712	0.9504	0.2502	0.0992	0.1906	0.3349	0.6594	0.1096	0.1333	0.7872	0.5717	0.2192	0.5757	0.6437	0.5095	0.2751	0.2490	0.5522
长治市	0.4964	0.4383	0.3788	0.9882	0.7206	0.5370	0.3207	0.3159	0.3634	0.9759	0.9993	0.9899	0.6617	0.4067	0.4229	0.9809	0.6764	0.7938	0.7285	0.5894	0.4545	0.8230	0.3724	0.8782	0.8702
晋城市	0.4463	0.4852	0.6149	0.9682	0.6368	0.5348	0.4646	0.5663	0.5917	0.9707	0.9644	0.9853	0.6573	0.5106	0.3559	0.9394	0.8553	0.8736	0.6902	0.6624	0.5520	0.8823	0.3549	0.8555	0.9572
朔州市	0.4500	0.4439	0.5032	0.9835	0.6637	0.5177	0.3806	0.4493	0.4807	0.9779	0.9912	0.9991	0.6451	0.4446	0.3659	0.9628	0.7770	0.8323	0.6959	0.6145	0.4899	0.8505	0.3407	0.8614	0.9196
晋中市	0.8507	0.7916	0.4333	0.9294	0.9576	0.8701	0.6298	0.3469	0.4672	0.9385	0.8631	0.8360	0.9339	0.7285	0.8017	0.9543	0.6271	0.9036	0.9673	0.8548	0.7626	0.9327	0.7700	0.9966	0.8623
运城市	0.4942	0.7512	0.9676	0.4149	0.3919	0.6371	0.9298	0.9513	0.9880	0.4750	0.2946	0.3613	0.6336	0.8707	0.4300	0.3809	0.8491	0.7853	0.5333	0.8183	0.8630	0.7396	0.5700	0.5339	0.7238
忻州市	0.8097	0.8676	0.7136	0.8844	0.8636	0.8842	0.8203	0.6436	0.7423	0.9131	0.7941	0.8022	0.9384	0.8707	0.7437	0.8863	0.8261	0.9944	0.9276	0.9527	0.8953	0.9983	0.7734	0.5637	0.9513

续表

城市	西宁市	银川市	石嘴山市	吴忠市	固原市	中卫市	兰州市	白银市	天水市	平凉市	庆阳市	定西市	呼和浩特市	包头市	乌海市	鄂尔多斯市	巴彦淖尔市	西安市	铜川市	宝鸡市	咸阳市	渭南市	延安市	榆林市	商洛市
临汾市	0.3582	0.6479	0.9254	0.1854	0.2015	0.5020	0.8742	0.9271	0.9461	0.2505	0.0621	0.1376	0.4714	0.7869	0.3067	0.1477	0.7305	0.6148	0.3501	0.6882	0.7674	0.5582	0.4675	0.3233	0.5409
吕梁市	0.4516	0.4517	0.5198	0.9827	0.6619	0.5222	0.3941	0.4664	0.4974	0.9783	0.9886	0.9982	0.6489	0.4558	0.3665	0.9610	0.7890	0.8398	0.6971	0.6232	0.5005	0.8567	0.3447	0.8624	0.9263
郑州市	0.8264	0.9630	0.7989	0.5858	0.7411	0.9115	0.9879	0.7427	0.8512	0.6382	0.4438	0.4654	0.9012	0.9960	0.7806	0.5916	0.7444	0.8969	0.8338	0.9820	0.9971	0.8795	0.8656	0.7809	0.7795
开封市	0.9654	0.8859	0.1728	0.3774	0.8612	0.9193	0.6922	0.0885	0.2663	0.4059	0.2379	0.1832	0.8614	0.7795	0.9863	0.4481	0.1429	0.5637	0.8454	0.7735	0.7792	0.5881	0.9735	0.6737	0.3657
洛阳市	0.4841	0.4500	0.4404	0.9903	0.7023	0.5372	0.3565	0.3809	0.4225	0.9815	0.9985	0.9968	0.6627	0.4329	0.4056	0.9773	0.7265	0.8184	0.7217	0.6095	0.4795	0.8426	0.3671	0.8775	0.8981
新乡市	0.4262	0.4063	0.4597	0.9797	0.6509	0.4878	0.3330	0.4060	0.4350	0.9704	0.9952	0.9999	0.6185	0.4011	0.3436	0.9599	0.7463	0.8035	0.6761	0.5777	0.4478	0.8245	0.3102	0.8464	0.8974
焦作市	0.6341	0.6317	0.5601	0.9943	0.7991	0.6966	0.5492	0.4934	0.5597	0.9992	0.9649	0.9661	0.8001	0.6200	0.5574	0.9870	0.7931	0.9216	0.8355	0.7686	0.6603	0.9395	0.5424	0.9512	0.9568
濮阳市	0.5293	0.5218	0.5227	0.9947	0.7254	0.5939	0.4475	0.4629	0.5094	0.9929	0.9877	0.9921	0.7124	0.5159	0.4481	0.9799	0.7833	0.8716	0.7582	0.6791	0.5596	0.8904	0.4255	0.9041	0.9381
三门峡市	0.5155	0.5221	0.5547	0.9901	0.7080	0.5872	0.4626	0.4974	0.5395	0.9902	0.9822	0.9912	0.7060	0.5249	0.4318	0.9719	0.8079	0.8793	0.7473	0.6840	0.5678	0.8951	0.4161	0.8968	0.9484
济南市	0.8391	0.9496	0.7880	0.7164	0.8058	0.9228	0.9482	0.7253	0.8322	0.7609	0.5909	0.6081	0.9375	0.9725	0.7841	0.7204	0.7966	0.9577	0.8900	0.9952	0.9827	0.9479	0.8502	0.8709	0.8665
淄博市	0.2637	0.5553	0.9950	0.3896	0.2018	0.4312	0.7946	0.9991	0.9873	0.4437	0.3054	0.3917	0.4532	0.7115	0.1846	0.3319	0.8985	0.7120	0.3565	0.6700	0.7066	0.6582	0.3331	0.4188	0.7117
东营市	0.2833	0.5784	0.9886	0.3417	0.1982	0.4473	0.8187	0.9927	0.9871	0.3989	0.2479	0.3329	0.4571	0.7330	0.2099	0.2877	0.8671	0.6927	0.3533	0.6771	0.7245	0.6375	0.3632	0.3957	0.6758
济宁市	0.4307	0.6161	0.9175	0.7783	0.4997	0.5745	0.7347	0.8898	0.9029	0.8113	0.7240	0.7832	0.6542	0.7160	0.3356	0.7314	0.9970	0.9141	0.6172	0.7777	0.7365	0.6891	0.419	0.7405	0.9549
泰安市	0.9705	0.9117	0.2330	0.3882	0.8599	0.9353	0.7366	0.1503	0.3256	0.4203	0.2438	0.1953	0.8776	0.8167	0.9869	0.4547	0.1930	0.5972	0.8544	0.8056	0.8155	0.6175	0.9848	0.6860	0.3995
德州市	0.3104	0.5791	0.9775	0.5134	0.2874	0.4760	0.7909	0.9930	0.9864	0.4374	0.2240	0.5186	0.5166	0.7238	0.2240	0.4565	0.9517	0.7864	0.4354	0.7124	0.7265	0.7395	0.3572	0.5198	0.8007
聊城市	0.4592	0.7189	0.9854	0.4594	0.3805	0.6089	0.9041	0.9708	0.9976	0.5166	0.4203	0.4203	0.6188	0.8444	0.3878	0.4194	0.8902	0.8030	0.5242	0.8055	0.8402	0.7574	0.5256	0.5486	0.7617
滨州市	0.2563	0.5476	0.9953	0.3962	0.1988	0.4246	0.7875	0.9996	0.9861	0.4496	0.3142	0.4009	0.4489	0.7045	0.1763	0.3375	0.9031	0.7128	0.3535	0.6655	0.7003	0.6592	0.3239	0.4199	0.7162
菏泽市	0.2966	0.5679	0.9973	0.5040	0.2731	0.4632	0.7838	0.9943	0.9851	0.5528	0.4292	0.5115	0.5038	0.7148	0.2101	0.4460	0.9494	0.7774	0.4219	0.7021	0.7172	0.7298	0.3444	0.5076	0.7936

续表

城市	太原市	长治市	晋城市	朔州市	晋中市	运城市	忻州市	临汾市	吕梁市	郑州市	开封市	洛阳市	新乡市	焦作市	濮阳市	三门峡市	济南市	淄博市	东营市	济宁市	泰安市	德州市	聊城市	滨州市	菏泽市
西宁市	0.1753	0.4964	0.4463	0.4500	0.8507	0.4942	0.8097	0.3582	0.4516	0.8264	0.9654	0.4841	0.4262	0.6341	0.5293	0.5155	0.8391	0.2637	0.2833	0.4307	0.9705	0.3104	0.4592	0.2563	0.2966
银川市	0.4909	0.4383	0.4852	0.4439	0.7916	0.7512	0.8676	0.6479	0.4517	0.9630	0.8859	0.4500	0.4063	0.6317	0.5218	0.5221	0.9496	0.5553	0.5784	0.6161	0.9117	0.5791	0.7189	0.5-76	0.5679
石嘴山市	0.9540	0.3788	0.6149	0.5032	0.4333	0.9676	0.7136	0.9254	0.5198	0.7989	0.1728	0.4404	0.4597	0.5601	0.5227	0.5547	0.7880	0.9950	0.9886	0.9175	0.2330	0.9975	0.9854	0.9953	0.9973
吴忠市	0.1910	0.9882	0.9682	0.9835	0.9294	0.4149	0.8844	0.1854	0.9827	0.5858	0.3774	0.9903	0.9797	0.9943	0.9947	0.9901	0.7164	0.3896	0.3417	0.7783	0.3882	0.5134	0.4594	0.3962	0.5040
固原市	0.0600	0.7206	0.6368	0.6637	0.9576	0.3919	0.8636	0.2015	0.6619	0.7411	0.8612	0.7023	0.6509	0.7991	0.7254	0.7080	0.8058	0.2018	0.1982	0.4997	0.8599	0.2874	0.3805	0.1988	0.2731
中卫市	0.3402	0.5370	0.5348	0.5177	0.8701	0.6371	0.8842	0.5020	0.5222	0.9115	0.9193	0.5372	0.4878	0.6966	0.5939	0.5872	0.9228	0.4312	0.4473	0.5745	0.9353	0.4760	0.6089	0.4246	0.4632
兰州市	0.7640	0.3207	0.4646	0.3806	0.6298	0.9298	0.8203	0.8742	0.3941	0.9879	0.6922	0.3565	0.3330	0.5492	0.4475	0.4626	0.9482	0.7946	0.8187	0.7347	0.7366	0.7909	0.9041	0.7875	0.7838
白银市	0.9712	0.3159	0.5663	0.4493	0.3469	0.9513	0.6436	0.9271	0.4664	0.7427	0.0885	0.3809	0.4060	0.4934	0.4629	0.4974	0.7255	0.9991	0.9927	0.8898	0.1503	0.9930	0.9708	0.9996	0.9943
天水市	0.9504	0.3634	0.5917	0.4807	0.4672	0.9880	0.7423	0.9461	0.4974	0.8512	0.2663	0.4225	0.4350	0.5597	0.5094	0.5395	0.8322	0.9873	0.9871	0.9029	0.3256	0.9864	0.9976	0.9861	0.9851
平凉市	0.2502	0.9759	0.9707	0.9779	0.9385	0.4750	0.9131	0.2505	0.9783	0.6382	0.4059	0.9815	0.9704	0.9992	0.9929	0.9902	0.7609	0.4437	0.3989	0.8113	0.4203	0.5623	0.5166	0.4496	0.5528
庆阳市	0.0992	0.9993	0.9644	0.9912	0.8631	0.2946	0.7941	0.0621	0.9886	0.4438	0.2379	0.9985	0.9952	0.9649	0.9877	0.9822	0.5909	0.3054	0.2479	0.7240	0.2438	0.4374	0.3500	0.3142	0.4292
定西市	0.1906	0.9899	0.9853	0.9991	0.8360	0.3613	0.8022	0.1376	0.9982	0.4654	0.1832	0.9968	0.9999	0.9661	0.9921	0.9912	0.6081	0.3917	0.3329	0.7832	0.1953	0.5186	0.4203	0.4009	0.5115
呼和浩特市	0.3349	0.6617	0.6573	0.6451	0.9339	0.6336	0.9384	0.4714	0.6489	0.9012	0.8614	0.6627	0.6185	0.8001	0.7124	0.7060	0.9375	0.4532	0.4571	0.6542	0.8776	0.5166	0.6188	0.4489	0.5038
包头市	0.6594	0.4067	0.5106	0.4446	0.7285	0.8707	0.8707	0.7869	0.4558	0.9960	0.7795	0.4329	0.4011	0.6200	0.5159	0.5249	0.9725	0.7115	0.7330	0.7160	0.8167	0.7238	0.8444	0.7045	0.7148
乌海市	0.1096	0.4229	0.3559	0.3659	0.8017	0.4300	0.7437	0.3067	0.3665	0.7806	0.9863	0.4056	0.3436	0.5574	0.4481	0.4318	0.7841	0.1846	0.2099	0.3356	0.9869	0.2240	0.3878	0.1763	0.2101
鄂尔多斯市	0.1333	0.9809	0.9394	0.9628	0.9543	0.3809	0.8863	0.1477	0.9610	0.5916	0.4481	0.9773	0.9599	0.9870	0.9799	0.9719	0.7204	0.3319	0.2877	0.7314	0.4547	0.4565	0.4194	0.3375	0.4460

续表

城市	太原市	长治市	晋城市	朔州市	晋中市	运城市	忻州市	临汾市	吕梁市	郑州市	开封市	洛阳市	新乡市	焦作市	濮阳市	三门峡市	济南市	淄博市	东营市	济宁市	泰安市	德州市	聊城市	滨州市	菏泽市
巴彦淖尔市	0.7872	0.6764	0.8553	0.7770	0.6271	0.8491	0.8261	0.7305	0.7890	0.7444	0.1429	0.7265	0.7463	0.7931	0.7833	0.8079	0.7966	0.8985	0.8671	0.9970	0.193	0.9517	0.8902	0.9031	0.9494
西安市	0.5717	0.7938	0.8736	0.8323	0.9036	0.7853	0.9944	0.6148	0.8398	0.8969	0.5637	0.8184	0.8035	0.9216	0.8716	0.8793	0.9577	0.7120	0.6927	0.9141	0.5972	0.7864	0.8030	0.7128	0.7774
铜川市	0.2192	0.7285	0.6902	0.6959	0.9673	0.5333	0.9276	0.3501	0.6971	0.8338	0.8454	0.7217	0.6761	0.8355	0.7582	0.7473	0.8900	0.3565	0.3533	0.6172	0.8544	0.4354	0.5242	0.3535	0.4219
宝鸡市	0.5757	0.5894	0.6624	0.6145	0.8548	0.8183	0.9527	0.6882	0.6232	0.982	0.7735	0.6095	0.5777	0.7686	0.6791	0.6840	0.9952	0.6700	0.6771	0.7777	0.8056	0.7124	0.8055	0.6655	0.7021
咸阳市	0.6437	0.4545	0.5520	0.4899	0.7626	0.8630	0.8953	0.7674	0.5005	0.9971	0.7792	0.4795	0.4478	0.6603	0.5596	0.5678	0.9827	0.7066	0.7245	0.7365	0.8155	0.7265	0.8402	0.7003	0.7172
渭南市	0.5095	0.823	0.8823	0.8505	0.9327	0.7396	0.9983	0.5582	0.8567	0.8795	0.5881	0.8426	0.8245	0.9395	0.8904	0.8951	0.9479	0.6582	0.6375	0.8891	0.6175	0.7395	0.7574	0.6592	0.7298
延安市	0.2751	0.3724	0.3549	0.3407	0.7700	0.5700	0.7734	0.4675	0.3447	0.8656	0.9735	0.3671	0.3102	0.5424	0.4255	0.4161	0.8502	0.3331	0.3632	0.4190	0.9848	0.3572	0.5256	0.3239	0.3444
榆林市	0.2490	0.8782	0.8555	0.8614	0.9966	0.5339	0.9637	0.3233	0.8624	0.7809	0.6737	0.8775	0.8464	0.9512	0.9041	0.8968	0.8709	0.4188	0.3957	0.7405	0.6860	0.5198	0.5486	0.4199	0.5076
商洛市	0.5522	0.8702	0.9572	0.9196	0.8623	0.7238	0.9513	0.5409	0.9263	0.7795	0.3657	0.8981	0.8974	0.9568	0.9381	0.9484	0.8665	0.7117	0.6758	0.9549	0.3995	0.8007	0.7617	0.7162	0.7936
太原市	1	0.0851	0.3549	0.2251	0.1699	0.1699	0.4979	0.9719	0.2438	0.6968	0.0720	0.1530	0.1776	0.2867	0.2438	0.2809	0.6395	0.2916	0.2357	0.7582	0.1354	0.4240	0.3437	0.3000	0.4154
长治市	0.0851	1	0.9585	0.9875	0.9907	0.9409	0.8025	0.0563	0.9846	0.4549	0.2699	0.9974	0.9914	0.9676	0.9868	0.9802	0.6011	0.5427	0.4890	0.8779	0.2205	0.6567	0.5666	0.5510	0.6503
晋城市	0.3549	0.9585	1	0.9907	0.9875	0.5105	0.8557	0.3022	0.8318	0.5016	0.2073	0.9962	0.9986	0.9744	0.9958	0.9958	0.6401	0.4241	0.3197	0.8054	0.2215	0.4474	0.4561	0.4329	0.5413
朔州市	0.2251	0.9875	0.9907	1	0.9907	0.4672	0.8251	0.2518	0.4158	0.5712	0.1980	0.9766	0.983	0.9724	0.9883	0.9937	0.6967	0.5427	0.3672	0.8054	0.2215	0.6996	0.4561	0.4329	0.5413
晋中市	0.1699	0.9907	0.9875	0.9907	1	0.4672	0.8318	0.2518	0.8485	0.7426	0.6925	0.8714	0.8367	0.9384	0.8918	0.8811	0.8367	0.9615	0.9725	0.8458	0.6844	0.4802	0.4802	0.3437	0.4347
运城市	0.1699	0.9409	0.5105	0.4672	0.4672	1	0.7390	0.5602	0.8313	0.8977	0.6344	0.8202	0.7982	0.9257	0.8698	0.8733	0.8603	0.6254	0.3197	0.8458	0.4361	0.4802	0.4802	0.3437	0.4347
忻州市	0.4979	0.8025	0.8557	0.8251	0.8318	0.7390	1	0.5602	0.8313	0.8962	0.6344	0.8202	0.7982	0.9257	0.8698	0.8733	0.9591	0.6422	0.6254	0.8665	0.6627	0.7206	0.7518	0.6424	0.7104
临汾市	0.9719	0.0563	0.1769	0.2518	0.2518	0.5602	0.5602	1	0.1954	0.8064	0.2878	0.1170	0.1253	0.2880	0.2162	0.2483	0.7330	0.9424	0.9656	0.7150	0.3480	0.8969	0.9566	0.9371	0.8972

续表

城市	太原市	长治市	晋城市	朔州市	晋中市	运城市	忻州市	临汾市	吕梁市	郑州市	开封市	洛阳市	新乡市	焦作市	濮阳市	三门峡市	济南市	淄博市	东营市	济宁市	泰安市	德州市	聊城市	滨州市	菏泽市
吕梁市	0.2438	0.9846	0.9932	0.9998	0.8480	0.4158	0.8313	0.1954	1	0.5132	0.2080	0.9947	0.9975	0.9756	0.996	0.9967	0.6499	0.4415	0.3851	0.8167	0.2233	0.5646	0.4728	0.4502	0.5575
郑州市	0.6968	0.4549	0.5712	0.5016	0.7426	0.8977	0.8962	0.8064	0.5132	1	0.7297	0.4848	0.4582	0.6637	0.5674	0.5786	0.9851	0.7583	0.7740	0.7752	0.7696	0.7762	0.8788	0.7525	0.7677
开封市	0.0720	0.2699	0.1980	0.2073	0.6925	0.3783	0.6344	0.2878	0.2080	0.7297	1	0.2500	0.1843	0.4130	0.2944	0.2771	0.7091	0.1158	0.1524	0.2079	0.9980	0.1354	0.3239	0.1055	0.1221
洛阳市	0.1530	0.9974	0.9766	0.9962	0.8714	0.3466	0.8202	0.1170	0.9947	0.4848	0.2500	1	0.9974	0.9756	0.9947	0.9911	0.6273	0.3565	0.3004	0.7603	0.2593	0.4853	0.4010	0.3649	0.4772
新乡市	0.1776	0.9914	0.9830	0.9986	0.8367	0.3500	0.7982	0.1253	0.9975	0.4582	0.1843	0.9974	1	0.9650	0.9914	0.9900	0.6020	0.3796	0.3206	0.7751	0.1956	0.5073	0.4090	0.3888	0.5002
焦作市	0.2867	0.9676	0.9724	0.9744	0.9384	0.5089	0.9257	0.2880	0.9756	0.6637	0.4130	0.9756	0.9650	1	0.9908	0.9895	0.7821	0.4768	0.4335	0.8314	0.4296	0.5923	0.5495	0.4825	0.5830
濮阳市	0.2438	0.9868	0.9883	0.9958	0.8918	0.4399	0.8698	0.2162	0.996	0.5674	0.2944	0.9947	0.9914	0.9908	1	0.9991	0.6992	0.4410	0.3892	0.8163	0.3092	0.5632	0.4906	0.4486	0.5550
三门峡市	0.2809	0.9802	0.9937	0.9958	0.8811	0.4680	0.8733	0.2483	0.9967	0.5786	0.2771	0.9911	0.9900	0.9895	0.9991	1	0.7058	0.4754	0.4236	0.8384	0.2944	0.5950	0.5196	0.4830	0.5872
济南市	0.6395	0.6011	0.6967	0.6401	0.8367	0.8603	0.9591	0.7330	0.6499	0.9851	0.7091	0.6273	0.6020	0.7821	0.6992	0.7058	1	0.7346	0.7380	0.8317	0.7457	0.7763	0.8534	0.7309	0.7670
淄博市	0.9778	0.2916	0.5427	0.4241	0.3427	0.9615	0.6422	0.9424	0.4415	0.7583	0.1158	0.3565	0.3796	0.4768	0.4410	0.4754	0.7346	1	0.9969	0.8779	0.1778	0.9898	0.9772	0.9999	0.9909
东营市	0.9874	0.2357	0.4890	0.3672	0.3197	0.9725	0.6254	0.9656	0.3851	0.7740	0.1524	0.3004	0.3206	0.4335	0.3892	0.4236	0.7380	0.9969	1	0.8470	0.2147	0.9779	0.9815	0.9956	0.9788
济宁市	0.7582	0.7139	0.8054	0.6844	0.6996	0.8458	0.8665	0.7150	0.8167	0.7752	0.2079	0.7603	0.7751	0.8314	0.8163	0.8384	0.8317	0.8779	0.8470	1	0.2558	0.9369	0.8847	0.8822	0.9335
泰安市	0.1354	0.2747	0.2205	0.2215	0.4474	0.4361	0.6627	0.3480	0.2233	0.7696	0.9980	0.2593	0.1956	0.4296	0.3092	0.2944	0.7457	0.1778	0.2147	0.2558	1	0.1949	0.3824	0.1674	0.1818
德州市	0.9381	0.4240	0.6567	0.5486	0.4474	0.9492	0.7206	0.8969	0.5646	0.7762	0.1354	0.4853	0.5073	0.5923	0.5632	0.5950	0.7763	0.9898	0.9779	0.9369	0.1949	1	0.9730	0.9911	0.9999
聊城市	0.9449	0.3437	0.5666	0.4561	0.4802	0.9960	0.7518	0.9566	0.4728	0.8788	0.3239	0.4010	0.4090	0.5495	0.4906	0.5196	0.8534	0.9772	0.9815	0.8847	0.3824	0.9730	1	0.9750	0.9710
滨州市	0.9757	0.3000	0.5510	0.4329	0.3437	0.9579	0.6424	0.9371	0.4502	0.7525	0.1055	0.3649	0.3888	0.4825	0.4486	0.4830	0.7309	0.9999	0.9956	0.8822	0.1674	0.9911	0.9750	1	0.9923
菏泽市	0.9410	0.4154	0.6503	0.5413	0.4347	0.9469	0.7104	0.8972	0.5575	0.7677	0.1221	0.4772	0.5002	0.5830	0.5550	0.5872	0.7670	0.9909	0.9788	0.9335	0.1818	0.9999	0.9710	0.9923	1

5.6.4　创新资源生态位重叠度分析

创新资源生态位重叠度测算结果如表 5 – 35 所示。

黄河流域 50 个城市创新资源生态位重叠度值变化范围在 0.1214 ~ 1 之间。其中生态位重叠度大于等于 0.9 的有 538 对；大于等于 0.7 小于 0.9 的有 552 对，占比超过 40%；大于等于 0.5 小于 0.7 的有 133 对；大于等于 0.3 小于 0.5 的有 21 对；小于 0.3 的有 6 对。根据表 5 – 35 可以得出以下结论：

（1）平凉市、固原市、铜川市、商洛市、朔州市 5 个城市整体的创新资源生态位重叠度都比较低，说明这几个城市与其他城市创新资源生态位竞争关系较弱，可适当提升创新资源生态位的发展。

（2）从黄河流域中游来看，黄河流域上游甘肃段和黄河流域中游城市整体的创新资源生态位重叠度相对较低，竞争程度也相对较低。

（3）从黄河流域中游来看，黄河流域中游城市之间的创新资源生态位重叠度相对于上游、下游的城市生态位重叠度较高。

（4）从黄河流域下游来看，黄河流域下游城市整体的创新资源生态位重叠度较高，明显高于中上游城市，尤其是下游城市之间，彼此之间竞争较激烈。

5.6.5　工业资源生态位重叠度分析

工业资源生态位重叠度测算结果如表 5 – 36 所示。

黄河流域 50 个城市工业资源生态位重叠度值变化范围在 0.0151 ~ 1 之间。其中生态位重叠度大于等于 0.9 的有 643 对；大于等于 0.7 小于 0.9 的有 405 对；大于等于 0.5 小于 0.7 的有 132 对；大于等于 0.3 小于 0.5 的有 52 对；小于 0.3 的有 18 对。根据表 5 – 36 可以得出以下结论：

（1）呼和浩特市、固原市、吕梁市这 3 个城市和其余 49 个城市中绝大部分城市的工业资源生态位重叠度都比较低，说明这 3 个城市与其他城市工业资源生态位竞争关系较弱，吕梁市和固原市、定西市生态位重叠度低，基本不存在竞争关系。

（2）从黄河流域整体来看，工业资源生态位重叠度较高，尤其是黄河流域上游城市之间、黄河流域下游城市之间，彼此之间竞争激烈。

表 5-35 创新资源生态位重叠度测算结果

城市	西宁市	银川市	石嘴山市	吴忠市	固原市	中卫市	兰州市	白银市	天水市	平凉市	庆阳市	定西市	呼和浩特市	包头市	乌海市	鄂尔多斯市	巴彦淖尔市	西安市	铜川市	宝鸡市	咸阳市	渭南市	延安市	榆林市	商洛市
西宁市	1	0.9575	0.9467	0.8445	0.5994	0.8636	0.9820	0.9640	0.9675	0.7461	0.9355	0.8671	0.9741	0.8620	0.7725	0.8890	0.8483	0.8427	0.6914	0.9704	0.9231	0.9086	0.8701	0.8881	0.8841
银川市	0.9575	1	0.9804	0.9214	0.7064	0.9488	0.9249	0.8571	0.9952	0.7594	0.8625	0.8579	0.9701	0.9458	0.8286	0.9602	0.9326	0.8164	0.8516	0.9929	0.8134	0.9717	0.9692	0.8870	0.7406
石嘴山市	0.9467	0.9804	1	0.9368	0.8120	0.9752	0.9065	0.8696	0.9700	0.8676	0.9140	0.9368	0.9252	0.8670	0.8346	0.9881	0.9652	0.7537	0.8624	0.9934	0.7532	0.9815	0.9168	0.9378	0.7979
吴忠市	0.8445	0.9214	0.9368	1	0.9147	0.8120	0.8194	0.7343	0.8866	0.8697	0.8197	0.9033	0.8378	0.7932	0.8978	0.9753	0.9984	0.7071	0.9421	0.9319	0.5845	0.9822	0.8740	0.9546	0.7064
固原市	0.5994	0.7064	0.8120	0.9147	1	0.8850	0.5478	0.5157	0.6595	0.9077	0.6875	0.8559	0.5518	0.5201	0.7321	0.8674	0.8977	0.3854	0.8663	0.7407	0.2475	0.8232	0.6466	0.8308	0.5504
中卫市	0.8636	0.9488	0.9752	0.8120	0.8850	1	0.8326	0.7442	0.9190	0.8475	0.8173	0.8920	0.8683	0.8466	0.8880	0.9862	0.9980	0.7248	0.9500	0.9515	0.6185	0.9910	0.9163	0.9361	0.6865
兰州市	0.9820	0.9249	0.9065	0.8194	0.5478	0.8326	1	0.9354	0.9259	0.6628	0.8834	0.7990	0.975	0.8354	0.8309	0.8321	0.8257	0.9202	0.6733	0.9314	0.9327	0.8936	0.8388	0.9006	0.8848
白银市	0.9640	0.8571	0.8696	0.7343	0.5157	0.7442	0.9354	1	0.8837	0.7533	0.7502	0.8671	0.8856	0.7145	0.6245	0.7964	0.7272	0.7317	0.5080	0.8958	0.9223	0.7907	0.7181	0.8212	0.9518
天水市	0.9675	0.9952	0.9700	0.8866	0.6595	0.9190	0.9259	0.8837	1	0.7502	0.8787	0.8557	0.9711	0.9451	0.7753	0.9447	0.8977	0.7976	0.8014	0.9905	0.8460	0.9454	0.9584	0.8554	0.7529
平凉市	0.7461	0.7594	0.8676	0.8697	0.9077	0.8475	0.6628	0.7533	0.7502	1	0.8921	0.8787	0.6325	0.5326	0.6048	0.8891	0.8445	0.3830	0.7038	0.8214	0.4668	0.8032	0.6316	0.8354	0.7667
庆阳市	0.9355	0.8625	0.9140	0.8197	0.6875	0.8173	0.8834	0.7502	0.8787	0.8921	1	0.9606	0.8347	0.6758	0.6410	0.8711	0.8044	0.6332	0.5968	0.9145	0.8043	0.8323	0.7154	0.8692	0.9434
定西市	0.8671	0.8579	0.9368	0.9033	0.8559	0.8920	0.7990	0.8671	0.8557	0.8787	0.9606	1	0.7703	0.6814	0.6814	0.9330	0.8849	0.5423	0.7255	0.9102	0.6387	0.8737	0.7311	0.8956	0.8547
呼和浩特市	0.9741	0.9701	0.9252	0.8378	0.5518	0.8683	0.975	0.8856	0.9711	0.6325	0.8347	0.7703	1	0.9365	0.7703	0.8707	0.8535	0.9144	0.7503	0.9565	0.9128	0.9225	0.9322	0.8605	0.7763
包头市	0.8620	0.9458	0.8670	0.7932	0.5201	0.8466	0.8354	0.7145	0.9451	0.5326	0.6758	0.6814	0.9365	1	0.7497	0.8517	0.8215	0.8098	0.8085	0.9026	0.7794	0.8821	0.9875	0.7188	0.5268
乌海市	0.7725	0.8286	0.8346	0.8978	0.7321	0.8880	0.8309	0.6245	0.7753	0.6048	0.6410	0.6814	0.7703	0.7497	1	0.8086	0.9071	0.8793	0.8821	0.8129	0.5976	0.9159	0.8072	0.9250	0.6390
鄂尔多斯市	0.8890	0.9602	0.9881	0.9753	0.8674	0.9862	0.8321	0.7964	0.9447	0.8891	0.8711	0.9330	0.8707	0.8517	0.8086	1	0.9757	0.6706	0.9033	0.9711	0.6531	0.9736	0.9147	0.9074	0.7160

续表

城市	西宁市	银川市	石嘴山市	吴忠市	固原市	中卫市	兰州市	白银市	天水市	平凉市	庆阳市	定西市	呼和浩特市	包头市	乌海市	鄂尔多斯市	巴彦淖尔市	西安市	铜川市	宝鸡市	咸阳市	渭南市	延安市	榆林市	商洛市
巴彦淖尔市	0.8483	0.9326	0.9652	0.9984	0.8977	0.9980	0.8257	0.7272	0.8977	0.8445	0.8044	0.8849	0.8535	0.8215	0.9071	0.9757	1	0.7283	0.9539	0.9366	0.5963	0.9884	0.8969	0.9475	0.6868
西安市	0.8427	0.8164	0.7537	0.7071	0.3854	0.7248	0.9202	0.7317	0.7976	0.3830	0.6332	0.5423	0.9144	0.8098	0.8793	0.6706	0.7283	1	0.6536	0.7861	0.8470	0.8082	0.7936	0.7999	0.6861
铜川市	0.6914	0.8516	0.8624	0.9421	0.8663	0.9500	0.6733	0.5080	0.8014	0.7038	0.5968	0.7255	0.7503	0.8085	0.8821	0.9033	0.9539	0.6536	1	0.8280	0.4166	0.9270	0.8858	0.8294	0.4409
宝鸡市	0.9704	0.9929	0.9934	0.9319	0.7407	0.9515	0.9314	0.8958	0.9905	0.8214	0.9145	0.9102	0.9565	0.9026	0.8129	0.9711	0.9366	0.7861	0.8280	1	0.8145	0.9695	0.9350	0.9116	0.8011
咸阳市	0.9231	0.8134	0.7532	0.5845	0.2475	0.6185	0.9327	0.9223	0.8460	0.4668	0.8043	0.6387	0.9128	0.7794	0.5976	0.6531	0.5963	0.8470	0.4166	0.8145	1	0.7046	0.7304	0.6887	0.8213
渭南市	0.9086	0.9717	0.9815	0.9822	0.8232	0.9910	0.8936	0.7907	0.9454	0.8032	0.8323	0.8737	0.9225	0.8821	0.9159	0.9736	0.9884	0.8082	0.9270	0.9695	0.7046	1	0.9364	0.9506	0.7287
延安市	0.8701	0.9692	0.9168	0.8740	0.6466	0.9163	0.8388	0.7181	0.9584	0.6316	0.7154	0.7311	0.9322	0.9875	0.8072	0.9147	0.8969	0.7936	0.8858	0.9350	0.7304	0.9364	1	0.7897	0.5568
榆林市	0.8881	0.8870	0.9378	0.9546	0.8308	0.9361	0.9006	0.8212	0.8554	0.8354	0.8692	0.8956	0.8605	0.7188	0.9250	0.9074	0.9475	0.7999	0.8294	0.9116	0.6887	0.9506	0.7897	1	0.8502
商洛市	0.8841	0.7406	0.7979	0.7064	0.5504	0.6865	0.8848	0.9518	0.7529	0.7667	0.9434	0.8547	0.7763	0.5268	0.6390	0.7160	0.6868	0.6861	0.4409	0.8011	0.8213	0.7287	0.5568	0.8502	1
太原市	0.8164	0.8779	0.9392	0.9921	0.9312	0.9751	0.8032	0.7192	0.8373	0.8784	0.8137	0.9021	0.7975	0.7201	0.9068	0.9462	0.9853	0.6921	0.9172	0.8974	0.5476	0.9606	0.8116	0.9703	0.7304
长治市	0.9850	0.9877	0.9622	0.8664	0.6235	0.8968	0.9514	0.9166	0.9960	0.7380	0.8977	0.8535	0.9814	0.9290	0.7708	0.9239	0.8763	0.8218	0.7593	0.9871	0.8869	0.9322	0.9363	0.8607	0.7963
晋城市	0.8271	0.9304	0.9630	0.9798	0.9040	0.9885	0.7691	0.7132	0.9057	0.8769	0.8081	0.9025	0.8208	0.8298	0.8124	0.9917	0.9811	0.6251	0.9417	0.9363	0.5597	0.9638	0.9042	0.8861	0.6361
朔州市	0.8597	0.7202	0.6571	0.4528	0.1214	0.4913	0.8537	0.8996	0.7699	0.4040	0.7687	0.5754	0.8278	0.6908	0.4331	0.5515	0.4620	0.7345	0.2598	0.7289	0.9810	0.5791	0.6254	0.5646	0.7874
晋中市	0.9790	0.9955	0.9751	0.8959	0.6659	0.9236	0.9472	0.899	0.9978	0.7554	0.8913	0.8636	0.9799	0.9334	0.8029	0.9432	0.9057	0.8249	0.8003	0.9937	0.8599	0.9539	0.9490	0.8821	0.7851
运城市	0.9578	0.9973	0.9640	0.8945	0.6554	0.9271	0.9303	0.8534	0.9952	0.7121	0.8418	0.8227	0.9808	0.9623	0.8196	0.9379	0.9091	0.8384	0.8316	0.9841	0.8377	0.9577	0.9749	0.8638	0.7247
忻州市	0.9676	0.8695	0.8955	0.7863	0.5872	0.7877	0.9474	0.9937	0.8859	0.7930	0.9786	0.8969	0.8897	0.7079	0.6886	0.8265	0.7769	0.7523	0.5634	0.9106	0.8955	0.8291	0.7264	0.8759	0.9695

续表

城市	西宁市	银川市	石嘴山市	吴忠市	固原市	中卫市	兰州市	白银市	天水市	平凉市	庆阳市	定西市	呼和浩特市	包头市	乌海市	鄂尔多斯市	巴彦淖尔市	西安市	铜川市	宝鸡市	咸阳市	渭南市	延安市	榆林市	商洛市
临汾市	0.8284	0.8678	0.7536	0.6378	0.2934	0.7008	0.8263	0.6983	0.8800	0.3471	0.5960	0.5088	0.9186	0.9644	0.6649	0.7071	0.6724	0.8466	0.6453	0.8147	0.8493	0.7671	0.9136	0.6083	0.4982
吕梁市	0.9095	0.9794	0.9233	0.8536	0.6020	0.8979	0.8780	0.7792	0.9776	0.6320	0.7589	0.74570	0.9597	0.9918	0.7852	0.9071	0.8755	0.8162	0.8359	0.9502	0.8001	0.9278	0.9935	0.7914	0.6152
郑州市	0.9787	0.9539	0.9796	0.9174	0.7424	0.9215	0.9521	0.9436	0.9521	0.8573	0.9638	0.9429	0.9327	0.8114	0.8096	0.9408	0.9132	0.7836	0.7590	0.9801	0.8309	0.9441	0.8514	0.9474	0.9005
开封市	0.8254	0.9128	0.9609	0.9965	0.9324	0.9930	0.7855	0.7181	0.8802	0.8916	0.8173	0.9136	0.8120	0.7833	0.8603	0.9820	0.9937	0.6523	0.9419	0.9256	0.5501	0.9707	0.8680	0.9319	0.6814
洛阳市	0.8967	0.9730	0.9828	0.9836	0.8362	0.9953	0.8700	0.7753	0.9481	0.8146	0.8259	0.8780	0.9102	0.8893	0.8929	0.9839	0.9902	0.7736	0.9376	0.9699	0.6811	0.9976	0.9452	0.5325	0.7004
新乡市	0.9951	0.9808	0.9703	0.8850	0.6529	0.9056	0.9722	0.9377	0.9849	0.7672	0.9239	0.8794	0.9799	0.8934	0.8042	0.9255	0.8906	0.8400	0.7568	0.9886	0.8896	0.9422	0.9094	0.9036	0.8493
焦作市	0.9963	0.9358	0.9166	0.7952	0.5316	0.8178	0.9799	0.9732	0.9528	0.7048	0.9272	0.8364	0.9680	0.8484	0.7302	0.8496	0.7999	0.8403	0.6313	0.9488	0.9510	0.8708	0.8446	0.8519	0.8872
濮阳市	0.8990	0.9121	0.9632	0.9743	0.8602	0.9605	0.8935	0.8300	0.8840	0.8727	0.8893	0.9264	0.8676	0.7479	0.9054	0.9429	0.9673	0.7694	0.8540	0.9369	0.6838	0.9669	0.8206	0.5951	0.8387
三门峡市	0.8256	0.9484	0.9481	0.9504	0.8303	0.9743	0.7694	0.6855	0.9270	0.7908	0.7545	0.8360	0.8510	0.9020	0.8048	0.9763	0.9610	0.6620	0.9498	0.9355	0.5890	0.9589	0.9568	0.8372	0.5649
济南市	0.9844	0.9393	0.9336	0.8617	0.6154	0.8705	0.9965	0.9341	0.9356	0.7163	0.9025	0.8391	0.9715	0.8342	0.8541	0.8685	0.8654	0.9037	0.7167	0.9497	0.9033	0.9218	0.8502	0.5317	0.8921
淄博市	0.9802	0.9748	0.9374	0.8536	0.5782	0.8812	0.9789	0.8958	0.9750	0.6606	0.8526	0.7935	0.9992	0.9292	0.8353	0.8844	0.8673	0.9077	0.7590	0.9652	0.9081	0.9322	0.9302	0.3771	0.7937
东营市	0.9618	0.9523	0.8957	0.8010	0.4946	0.8349	0.9707	0.8710	0.9551	0.5762	0.8033	0.7245	0.9974	0.9355	0.8156	0.8345	0.8194	0.9301	0.7197	0.9334	0.9256	0.8970	0.9212	0.8315	0.7560
济宁市	0.9809	0.8902	0.8691	0.7276	0.4530	0.7497	0.9679	0.9831	0.9150	0.6632	0.9203	0.8029	0.9412	0.7988	0.6697	0.7894	0.7306	0.8210	0.5396	0.9083	0.9714	0.8111	0.7843	0.8089	0.9037
泰安市	0.9445	0.9159	0.8413	0.7120	0.3776	0.7554	0.9480	0.8709	0.9320	0.5025	0.7768	0.6658	0.9793	0.9233	0.7232	0.7706	0.7330	0.9028	0.6230	0.8943	0.9580	0.8273	0.8874	0.7486	0.7313
德州市	0.9507	0.9864	0.9362	0.8491	0.5843	0.8895	0.9235	0.8456	0.9902	0.6541	0.8145	0.7773	0.9829	0.9764	0.7837	0.9049	0.8675	0.8430	0.7933	0.9666	0.8612	0.9277	0.9744	0.8180	0.6966
聊城市	0.9077	0.8609	0.7725	0.6350	0.2744	0.6797	0.9293	0.8382	0.8789	0.4022	0.7168	0.5802	0.9533	0.8862	0.6935	0.6879	0.6586	0.9182	0.5481	0.8340	0.9654	0.7653	0.8358	0.6959	0.7038
滨州市	0.9286	0.9828	0.9952	0.9767	0.8204	0.9885	0.8976	0.8276	0.9650	0.8367	0.8716	0.9061	0.9272	0.8866	0.8727	0.9878	0.9810	0.7775	0.9033	0.9865	0.7276	0.9949	0.9380	0.9402	0.7534
菏泽市	0.9223	0.7913	0.7625	0.5801	0.2964	0.6069	0.9013	0.9676	0.8341	0.5752	0.8802	0.7225	0.8634	0.7077	0.5083	0.6698	0.5814	0.7313	0.3626	0.8159	0.9740	0.6767	0.6714	0.6821	0.8800

续表

城市	太原市	长治市	晋城市	朔州市	晋中市	运城市	忻州市	临汾市	吕梁市	郑州市	开封市	洛阳市	新乡市	焦作市	濮阳市	三门峡市	济南市	淄博市	东营市	济宁市	泰安市	德州市	聊城市	滨州市	菏泽市
西宁市	0.8164	0.9850	0.8271	0.8597	0.9790	0.9578	0.9676	0.8284	0.9095	0.9787	0.8254	0.8967	0.9951	0.9963	0.8990	0.8256	0.9844	0.9802	0.9618	0.9809	0.9445	0.9507	0.9077	0.9286	0.9223
银川市	0.8779	0.9877	0.9304	0.7202	0.9955	0.9973	0.8695	0.8678	0.9794	0.9539	0.9128	0.9730	0.9808	0.9358	0.9121	0.9484	0.9393	0.9748	0.9523	0.8902	0.9159	0.9864	0.8609	0.9828	0.7913
石嘴山市	0.9392	0.9622	0.9630	0.6571	0.9751	0.9640	0.8955	0.7536	0.9233	0.9796	0.9609	0.9828	0.9703	0.9166	0.9632	0.9481	0.9336	0.9374	0.8957	0.8691	0.8413	0.9362	0.7725	0.9952	0.7625
吴忠市	0.9921	0.8664	0.9798	0.4528	0.8959	0.8945	0.7863	0.6378	0.8536	0.9174	0.9965	0.9836	0.8850	0.7952	0.9743	0.9504	0.8617	0.8536	0.8010	0.7276	0.7120	0.8491	0.6350	0.9767	0.5801
固原市	0.9312	0.6235	0.9040	0.1214	0.6659	0.6554	0.5872	0.2934	0.6020	0.7424	0.9324	0.8362	0.6529	0.5316	0.8602	0.8303	0.6154	0.5782	0.4946	0.4530	0.3776	0.5843	0.2744	0.8204	0.2964
中卫市	0.9751	0.8968	0.9885	0.4913	0.9236	0.9271	0.7877	0.7008	0.8979	0.9215	0.993	0.9953	0.9056	0.8178	0.9605	0.9743	0.8705	0.8812	0.8349	0.7497	0.7554	0.8895	0.6797	0.9885	0.6069
兰州市	0.8032	0.9514	0.7691	0.8537	0.9472	0.9303	0.9474	0.8263	0.878	0.9521	0.7855	0.8700	0.9722	0.9799	0.8935	0.7694	0.9965	0.9789	0.9707	0.9679	0.9480	0.9235	0.9293	0.8976	0.9013
白银市	0.7192	0.9166	0.7132	0.8996	0.8990	0.8534	0.9937	0.6983	0.7792	0.9436	0.7181	0.7753	0.9377	0.9732	0.8300	0.6855	0.9341	0.8958	0.8710	0.9831	0.8709	0.8456	0.8382	0.8276	0.9676
天水市	0.8373	0.9960	0.9057	0.7699	0.9978	0.9952	0.8859	0.8800	0.9776	0.9521	0.8802	0.9481	0.9849	0.9528	0.8840	0.9270	0.9356	0.9750	0.9551	0.9150	0.9320	0.9902	0.8789	0.9650	0.8341
平凉市	0.8784	0.7380	0.8769	0.4040	0.7554	0.7121	0.7930	0.3471	0.6320	0.8573	0.8916	0.8146	0.7672	0.7048	0.8727	0.7908	0.7163	0.6606	0.5762	0.6632	0.5025	0.6541	0.4022	0.8367	0.5752
庆阳市	0.8137	0.8977	0.8081	0.7687	0.8913	0.8418	0.9786	0.5960	0.7589	0.9638	0.8173	0.8259	0.9239	0.9272	0.8893	0.7545	0.9025	0.8526	0.8033	0.9203	0.7768	0.8145	0.7168	0.8716	0.8802
定西市	0.9021	0.8535	0.9025	0.5754	0.8636	0.8227	0.8969	0.5088	0.7457	0.9429	0.9136	0.8780	0.8794	0.8364	0.9264	0.8360	0.8391	0.7935	0.7245	0.8029	0.6658	0.7773	0.5802	0.9061	0.7225
呼和浩特市	0.7975	0.9814	0.8208	0.8278	0.9799	0.9808	0.8897	0.9186	0.9597	0.9327	0.8120	0.9102	0.9799	0.9680	0.8676	0.8510	0.9715	0.9992	0.9974	0.9412	0.9793	0.9829	0.9533	0.9272	0.8634
包头市	0.7201	0.9290	0.8298	0.6908	0.9334	0.9623	0.7079	0.9644	0.9918	0.8114	0.7833	0.8893	0.8934	0.8484	0.7479	0.9020	0.8342	0.9292	0.9355	0.7988	0.9233	0.9764	0.8862	0.8866	0.7077
乌海市	0.9068	0.7708	0.8124	0.4331	0.8029	0.8196	0.6886	0.6649	0.7852	0.8096	0.8603	0.8929	0.8042	0.7302	0.9054	0.8048	0.8541	0.8353	0.8156	0.6697	0.7232	0.7837	0.6935	0.8727	0.5083
鄂尔多斯市	0.9462	0.9239	0.9917	0.5515	0.9432	0.9379	0.8265	0.7071	0.9071	0.9408	0.9820	0.9839	0.9255	0.8496	0.9429	0.9763	0.8685	0.8844	0.8345	0.7894	0.7706	0.9049	0.6879	0.9878	0.6698

续表

城市	太原市	长治市	晋城市	朔州市	晋中市	运城市	忻州市	临汾市	吕梁市	郑州市	开封市	洛阳市	新乡市	焦作市	濮阳市	三门峡市	济南市	淄博市	东营市	济宁市	泰安市	德州市	聊城市	滨州市	菏泽市
巴彦淖尔市	0.9853	0.8763	0.9811	0.4620	0.9057	0.9091	0.7769	0.6724	0.8755	0.9132	0.9937	0.9902	0.8906	0.7999	0.9673	0.9610	0.8654	0.8673	0.8194	0.7306	0.7330	0.8675	0.6586	0.9810	0.5814
西安市	0.6921	0.8218	0.6251	0.7345	0.8249	0.8384	0.7523	0.8466	0.8162	0.7836	0.6523	0.7736	0.8400	0.8403	0.7694	0.6620	0.9037	0.9077	0.9301	0.8210	0.9028	0.8430	0.9182	0.7775	0.7313
铜川市	0.9172	0.7593	0.9417	0.2598	0.8003	0.8316	0.5634	0.6453	0.8359	0.7590	0.9419	0.9376	0.7568	0.6313	0.8540	0.9498	0.7167	0.7590	0.7197	0.5396	0.6230	0.7933	0.5481	0.9033	0.3626
宝鸡市	0.8974	0.9871	0.9363	0.7289	0.9937	0.9841	0.9106	0.8147	0.9502	0.9801	0.9256	0.9699	0.9886	0.9488	0.9369	0.9355	0.9497	0.9652	0.9334	0.9083	0.8943	0.9666	0.8340	0.9865	0.8159
咸阳市	0.5476	0.8869	0.5597	0.9810	0.8599	0.8377	0.8955	0.8493	0.8001	0.8309	0.5501	0.6811	0.8896	0.9510	0.6838	0.5890	0.9033	0.9081	0.9256	0.9714	0.9580	0.8612	0.9654	0.7276	0.9740
渭南市	0.9606	0.9322	0.9638	0.5791	0.9539	0.9577	0.8291	0.7671	0.9278	0.9441	0.9707	0.9976	0.9422	0.8708	0.9669	0.9589	0.9280	0.9322	0.8970	0.8111	0.8273	0.9277	0.7653	0.9949	0.6767
延安市	0.8116	0.9363	0.9042	0.6254	0.9490	0.9490	0.7264	0.9136	0.9935	0.8514	0.8680	0.9452	0.9094	0.8446	0.8206	0.9568	0.8502	0.9302	0.9212	0.7843	0.8874	0.9744	0.8358	0.9380	0.6714
榆林市	0.9703	0.8607	0.8861	0.5646	0.8821	0.8638	0.8759	0.6083	0.7914	0.9474	0.9319	0.9325	0.9036	0.8519	0.9951	0.8372	0.9517	0.8771	0.8315	0.8089	0.7486	0.8180	0.6959	0.9402	0.6821
商洛市	0.7304	0.7963	0.6361	0.7874	0.7851	0.7247	0.9695	0.4982	0.6152	0.9005	0.6814	0.7004	0.8493	0.8872	0.8387	0.5649	0.8921	0.7937	0.7560	0.9037	0.7313	0.6966	0.7038	0.7534	0.8800
太原市	1	0.8216	0.9517	0.4111	0.8536	0.8460	0.7809	0.5596	0.7904	0.9042	0.9848	0.9567	0.8533	0.7647	0.9817	0.9044	0.8489	0.8162	0.7583	0.6998	0.6592	0.7923	0.5842	0.9503	0.5488
长治市	0.8216	1	0.8752	0.8172	0.9978	0.9978	0.9166	0.8802	0.9641	0.9619	0.8552	0.9300	0.9940	0.9758	0.8836	0.8929	0.9566	0.9850	0.9682	0.9469	0.9506	0.9866	0.9048	0.9526	0.8763
晋城市	0.9517	0.8752	1	0.4451	0.9019	0.9045	0.7512	0.6641	0.8821	0.8941	0.9903	0.9782	0.8746	0.7788	0.9242	0.9853	0.8122	0.8351	0.7814	0.7069	0.7053	0.8664	0.6164	0.9716	0.5700
朔州市	0.4111	0.8172	0.4451	1	0.7793	0.7793	0.8552	0.7844	0.7096	0.7521	0.4243	0.5584	0.8141	0.9004	0.5645	0.4748	0.8168	0.8221	0.8433	0.9382	0.9001	0.7804	0.9128	0.6170	0.9799
晋中市	0.8536	0.9978	0.9019	0.7793	1	0.9949	0.9056	0.8715	0.9698	0.9660	0.8852	0.9523	0.9934	0.9643	0.9049	0.9170	0.9568	0.9845	0.9644	0.9287	0.9374	0.9873	0.8877	0.9701	0.8454
运城市	0.8460	0.9978	0.9019	0.7793	0.9949	1	0.8606	0.9013	0.9883	0.9396	0.8830	0.9578	0.979	0.9405	0.8872	0.9331	0.9390	0.9828	0.9680	0.8979	0.9394	0.9955	0.8915	0.9679	0.8047
忻州市	0.7809	0.9166	0.7512	0.8552	0.9056	0.8606	1	0.6734	0.7794	0.9651	0.7680	0.8114	0.9461	0.9689	0.9806	0.7128	0.9528	0.9023	0.8712	0.9716	0.8546	0.8435	0.8178	0.8585	0.9373
临汾市	0.5596	0.8802	0.6641	0.7844	0.8715	0.9013	0.6734	1	0.9376	0.7289	0.6148	0.7647	0.841	0.8354	0.6244	0.7582	0.8031	0.9037	0.9355	0.8086	0.9542	0.9356	0.9484	0.7705	0.7535

续表

城市	太原市	长治市	晋城市	朔州市	晋中市	运城市	忻州市	临汾市	吕梁市	郑州市	开封市	洛阳市	新乡市	焦作市	濮阳市	三门峡市	济南市	淄博市	东营市	济宁市	泰安市	德州市	聊城市	滨州市	菏泽市
吕梁市	0.7904	0.9641	0.8821	0.7096	0.9698	0.9883	0.7794	0.9376	1	0.8773	0.8451	0.9336	0.9385	0.8925	0.8204	0.9339	0.8832	0.9572	0.9517	0.8436	0.9301	0.9928	0.8844	0.9358	0.7487
郑州市	0.9042	0.8941	0.9619	0.7521	0.9660	0.9396	0.9651	0.7289	0.8773	1	0.9051	0.9352	0.9831	0.9605	0.9612	0.8655	0.9710	0.9459	0.9072	0.9332	0.8641	0.9137	0.8089	0.962	0.8517
开封市	0.9848	0.9903	0.8552	0.4243	0.8852	0.8830	0.7680	0.6148	0.8451	0.9051	1	0.9775	0.8694	0.7742	0.9591	0.9594	0.8314	0.8289	0.7714	0.7039	0.6829	0.8364	0.5979	0.9706	0.5584
洛阳市	0.9567	0.9300	0.9782	0.5584	0.9523	0.9578	0.8114	0.7647	0.9336	0.9352	0.9775	1	0.9344	0.8570	0.9553	0.9759	0.9006	0.9201	0.8824	0.7937	0.8136	0.9282	0.7455	0.9960	0.6590
新乡市	0.8533	0.9940	0.8746	0.8141	0.9934	0.9790	0.9461	0.8410	0.9385	0.9831	0.8694	0.9344	1	0.9842	0.9191	0.8769	0.9799	0.9862	0.9646	0.9579	0.9384	0.9688	0.8940	0.9590	0.8832
焦作市	0.7647	0.9758	0.7788	0.9004	0.9643	0.9405	0.9689	0.8354	0.8925	0.9605	0.7742	0.8570	0.9842	1	0.8611	0.7820	0.9759	0.9724	0.9600	0.9935	0.9547	0.9397	0.9255	0.8943	0.9507
濮阳市	0.9817	0.8836	0.9242	0.5645	0.9049	0.8872	0.8806	0.6244	0.8204	0.9612	0.9591	0.9553	0.9191	0.8611	1	0.8783	0.9276	0.8848	0.8351	0.8139	0.7543	0.8420	0.6922	0.9633	0.6878
三门峡市	0.9044	0.8929	0.9853	0.4748	0.9170	0.9331	0.7128	0.7582	0.9339	0.8655	0.9594	0.9759	0.8769	0.7820	0.8783	1	0.8039	0.8591	0.8202	0.7076	0.7570	0.9084	0.6761	0.9646	0.5731
济南市	0.8489	0.9566	0.8122	0.8168	0.9568	0.9390	0.9528	0.8031	0.8832	0.9710	0.8314	0.9006	0.9799	0.9759	0.9276	0.8039	1	0.9780	0.9616	0.9574	0.9285	0.9252	0.9008	0.9256	0.8797
淄博市	0.8162	0.9850	0.8351	0.8221	0.9845	0.9828	0.9023	0.9037	0.9572	0.9459	0.8289	0.9201	0.9862	0.9724	0.8848	0.8591	0.9780	1	0.9941	0.9449	0.9724	0.9816	0.9431	0.9378	0.8651
东营市	0.7583	0.9682	0.7814	0.8433	0.9644	0.9680	0.8712	0.9355	0.9517	0.9072	0.7714	0.8824	0.9646	0.9600	0.8351	0.8202	0.9616	0.9941	1	0.937	0.9886	0.9758	0.9710	0.8994	0.8650
济宁市	0.6998	0.9469	0.7069	0.9382	0.9287	0.8979	0.9716	0.8086	0.8436	0.9332	0.7039	0.7937	0.9579	0.9935	0.8139	0.7076	0.9574	0.9449	0.937	1	0.9441	0.9018	0.9239	0.8391	0.9785
泰安市	0.6592	0.9506	0.7053	0.9001	0.9374	0.9394	0.8546	0.9542	0.9301	0.8641	0.6829	0.8136	0.9384	0.9547	0.7543	0.7570	0.9285	0.9724	0.9886	0.9441	1	0.9599	0.9919	0.8382	0.8999
德州市	0.7923	0.9866	0.8664	0.7804	0.9873	0.9955	0.8435	0.9356	0.9928	0.9137	0.8364	0.9282	0.9688	0.9397	0.8420	0.9084	0.9252	0.9816	0.9758	0.9018	0.9599	1	0.9191	0.9400	0.8203
聊城市	0.5842	0.9048	0.6164	0.9128	0.8877	0.8915	0.8178	0.9484	0.8844	0.8089	0.5979	0.7455	0.8940	0.9255	0.6922	0.6761	0.9008	0.9431	0.9710	0.9239	0.9919	0.9191	1	0.7713	0.8912
滨州市	0.9503	0.9526	0.9716	0.6170	0.9701	0.9679	0.8585	0.7705	0.9358	0.9620	0.9706	0.9960	0.9590	0.8943	0.9633	0.9646	0.9256	0.9378	0.8994	0.8391	0.8382	0.9400	0.7713	1	0.7180
菏泽市	0.5488	0.8763	0.5700	0.7799	0.8454	0.8047	0.9373	0.7535	0.7487	0.8517	0.5584	0.6590	0.8832	0.9507	0.6878	0.5731	0.8797	0.8651	0.8650	0.9785	0.8999	0.8203	0.8912	0.7180	1

表 5-36 工业资源生态位重叠度测算结果

城市	西宁市	银川市	石嘴山市	吴忠市	固原市	中卫市	兰州市	白银市	天水市	平凉市	庆阳市	定西市	呼和浩特市	包头市	乌海市	鄂尔多斯市	巴彦淖尔市	西安市	铜川市	宝鸡市	咸阳市	渭南市	延安市	榆林市	商洛市
西宁市	1	0.6860	0.9538	0.9631	0.9311	0.9811	0.9985	0.9898	0.9619	0.9784	0.9866	0.9409	0.3477	0.5767	0.9304	0.5285	0.9343	0.8100	0.9630	0.9099	0.9365	0.7419	0.6300	0.5537	0.9819
银川市	0.6860	1	0.7364	0.8541	0.3871	0.8132	0.6751	0.5804	0.4731	0.5341	0.5778	0.4090	0.8593	0.9900	0.8433	0.8812	0.9000	0.9444	0.4757	0.8596	0.8780	0.9958	0.9948	0.8223	0.7600
石嘴山市	0.9538	0.7364	1	0.9602	0.8813	0.9524	0.9657	0.9411	0.9146	0.9357	0.9506	0.8873	0.5361	0.6402	0.9845	0.7128	0.9261	0.9001	0.9147	0.9767	0.9673	0.7949	0.6683	0.7551	0.9911
吴忠市	0.9631	0.8541	0.9602	1	0.8096	0.9953	0.9603	0.9191	0.8621	0.8958	0.9178	0.8237	0.5779	0.7723	0.9808	0.7177	0.9937	0.9322	0.8637	0.9732	0.9936	0.8942	0.8094	0.7186	0.9834
固原市	0.9311	0.3871	0.8813	0.8096	1	0.8447	0.9406	0.9736	0.9860	0.9220	0.9761	0.9995	0.0736	0.2535	0.7959	0.2988	0.7445	0.5973	0.9949	0.7654	0.7756	0.4642	0.3108	0.3710	0.8902
中卫市	0.9811	0.8132	0.9524	0.9953	0.8447	1	0.9760	0.9441	0.8925	0.9220	0.9401	0.8587	0.4983	0.7233	0.9627	0.6472	0.9855	0.8931	0.8942	0.9502	0.9786	0.8560	0.7684	0.6498	0.9834
兰州市	0.9985	0.6751	0.9657	0.9603	0.9406	0.9760	1	0.9925	0.9690	0.9840	0.9918	0.9627	0.3563	0.5643	0.9376	0.5425	0.9270	0.8144	0.9698	0.9180	0.9378	0.7339	0.6147	0.5749	0.9866
白银市	0.9898	0.5804	0.9411	0.9191	0.9736	0.9441	0.9925	1	0.9910	0.9975	0.9990	0.9974	0.2456	0.4597	0.8930	0.4468	0.8756	0.7399	0.9916	0.8682	0.8889	0.6454	0.5156	0.4906	0.9622
天水市	0.9619	0.4731	0.9146	0.8621	0.9860	0.8925	0.9690	0.9910	1	0.9975	0.9924	0.9924	0.1518	0.3442	0.8445	0.3684	0.8453	0.6645	0.9977	0.8515	0.8303	0.5457	0.4008	0.4296	0.9278
平凉市	0.9784	0.5341	0.9357	0.8958	0.9220	0.9220	0.9840	0.9975	0.9975	1	0.9975	0.9986	0.2127	0.4096	0.8772	0.4221	0.8716	0.7124	0.9928	0.8769	0.8667	0.6034	0.4646	0.4757	0.9509
庆阳市	0.9866	0.5778	0.9506	0.9178	0.9761	0.9401	0.9918	0.9990	0.9924	0.9975	1	0.9811	0.2617	0.4571	0.9006	0.4656	0.8716	0.7480	0.9972	0.8769	0.8919	0.6447	0.5100	0.5143	0.9658
定西市	0.9409	0.4090	0.8873	0.8237	0.9995	0.8587	0.9627	0.9974	0.9924	0.9986	0.9811	1	0.0870	0.2763	0.8062	0.3096	0.7614	0.6115	0.9972	0.7758	0.7887	0.4845	0.3346	0.3776	0.8993
呼和浩特市	0.3477	0.8593	0.5361	0.5779	0.0736	0.4983	0.3563	0.2456	0.1518	0.2127	0.2617	0.0870	1	0.8948	0.6551	0.9712	0.6214	0.8315	0.1526	0.6933	0.6544	0.8453	0.8511	0.9326	0.5002
包头市	0.5767	0.9900	0.6402	0.7723	0.2535	0.7233	0.5643	0.4597	0.3442	0.4096	0.4571	0.2763	0.8948	1	0.7651	0.8838	0.8298	0.9019	0.3471	0.7871	0.8035	0.9742	0.9956	0.8120	0.6622
乌海市	0.9304	0.8433	0.9845	0.9808	0.7959	0.9627	0.9376	0.8930	0.8445	0.8772	0.9006	0.8062	0.6551	0.7651	1	0.8006	0.9652	0.9608	0.8453	0.9986	0.9942	0.8887	0.7874	0.8198	0.9816
鄂尔多斯市	0.5285	0.8812	0.7128	0.7177	0.2988	0.6472	0.5425	0.4468	0.3684	0.4221	0.4656	0.3096	0.9712	0.8838	0.8006	1	0.7389	0.9204	0.3688	0.8312	0.7879	0.8885	0.8512	0.9884	0.6717

续表

城市	西宁市	银川市	石嘴山市	吴忠市	固原市	中卫市	兰州市	白银市	天水市	平凉市	庆阳市	定西市	呼和浩特市	包头市	乌海市	鄂尔多斯市	巴彦淖尔市	西安市	铜川市	宝鸡市	咸阳市	渭南市	延安市	榆林市	商洛市
巴彦淖尔市	0.9343	0.9000	0.9261	0.9937	0.7445	0.9855	0.9270	0.8756	0.8055	0.8453	0.8716	0.7614	0.6214	0.8298	0.9652	0.7389	1	0.9425	0.8075	0.9604	0.9876	0.9307	0.8653	0.7232	0.9568
西安市	0.8100	0.9444	0.9001	0.9322	0.5973	0.8931	0.8144	0.7399	0.6645	0.7124	0.7480	0.6115	0.8315	0.9019	0.9608	0.9204	0.9425	1	0.6658	0.9726	0.9641	0.9687	0.9062	0.9109	0.8945
铜川市	0.9630	0.4757	0.9147	0.8637	0.9949	0.8942	0.9698	0.9916	1	0.9977	0.9928	0.9972	0.1526	0.3471	0.8453	0.3688	0.8075	0.6658	1	0.8172	0.8316	0.5481	0.4038	0.4293	0.9285
宝鸡市	0.9009	0.8596	0.9767	0.9732	0.7654	0.9502	0.9180	0.8682	0.8165	0.8515	0.8769	0.7758	0.6933	0.7871	0.9986	0.8312	0.9604	0.9726	0.8172	1	0.9919	0.9025	0.8049	0.8482	0.9702
咸阳市	0.9365	0.8780	0.9673	0.9936	0.7756	0.9786	0.9378	0.8889	0.8303	0.8667	0.8919	0.7887	0.6544	0.8035	0.9942	0.7879	0.9876	0.9641	0.8316	0.9919	1	0.9171	0.8307	0.7922	0.9779
渭南市	0.7419	0.9958	0.7949	0.8942	0.4642	0.8560	0.7339	0.6454	0.5457	0.6034	0.6447	0.4845	0.8453	0.9742	0.8887	0.8885	0.9307	0.9687	0.5481	0.9025	0.9171	1	0.9819	0.8417	0.8142
延安市	0.6300	0.9948	0.6683	0.8094	0.3108	0.7684	0.6147	0.5156	0.4008	0.4646	0.5100	0.3346	0.8511	0.9956	0.7874	0.8512	0.8653	0.9062	0.4038	0.8049	0.8307	0.9819	1	0.7785	0.6999
榆林市	0.5537	0.8223	0.7551	0.7186	0.3710	0.6498	0.5749	0.4906	0.4296	0.4757	0.5143	0.3776	0.9326	0.8120	0.8198	0.9884	0.7232	0.9109	0.4293	0.8482	0.7922	0.8417	0.7785	1	0.6999
商洛市	0.9819	0.7600	0.9911	0.9834	0.8902	0.9834	0.9866	0.9622	0.9278	0.9509	0.9658	0.8993	0.5002	0.6622	0.9816	0.6717	0.9568	0.8945	0.9285	0.9702	0.9779	0.8142	0.6999	0.6999	1
太原市	0.7110	0.9985	0.7458	0.8697	0.4144	0.8335	0.6982	0.6067	0.4998	0.5598	0.6022	0.4368	0.8300	0.9838	0.8496	0.8569	0.9150	0.9409	0.5026	0.8632	0.8875	0.9955	0.9937	0.7969	0.7754
长治市	0.7926	0.9809	0.8527	0.9274	0.5422	0.8914	0.7888	0.7076	0.6179	0.6711	0.7095	0.5604	0.8286	0.9472	0.9311	0.8950	0.9525	0.9881	0.6199	0.9425	0.9508	0.9945	0.9566	0.8633	0.8650
晋城市	0.8633	0.8955	0.9599	0.9875	0.7460	0.9678	0.9196	0.8656	0.8034	0.8422	0.8695	0.7594	0.6916	0.8267	0.9933	0.8174	0.9846	0.9763	0.8047	0.9937	0.9987	0.9320	0.8497	0.8191	0.9675
朔州市	0.9176	0.9592	0.8754	0.9648	0.6273	0.9445	0.8542	0.7853	0.6993	0.7481	0.7815	0.6466	0.7236	0.9100	0.9412	0.8076	0.9865	0.9644	0.7016	0.9441	0.9693	0.9773	0.9352	0.7746	0.9050
晋中市	0.9517	0.8714	0.9239	0.9938	0.7749	0.9927	0.9428	0.8984	0.8324	0.8691	0.8924	0.7917	0.5624	0.7946	0.9552	0.6876	0.9973	0.9159	0.8345	0.9466	0.9798	0.9044	0.8364	0.6733	0.9607
运城市	0.8303	0.9683	0.8821	0.9496	0.5953	0.9183	0.8270	0.7520	0.6675	0.7178	0.7537	0.6128	0.7958	0.9257	0.9508	0.8763	0.9689	0.9899	0.6694	0.9592	0.9687	0.9870	0.9395	0.8508	0.8954
忻州市	0.9642	0.8126	0.9890	0.9907	0.8450	0.9829	0.9687	0.9335	0.8896	0.9183	0.9378	0.8554	0.5766	0.7245	0.9943	0.7336	0.9717	0.9318	0.8905	0.9873	0.9924	0.8613	0.7563	0.7539	0.9958

续表

城市	西宁市	银川市	石嘴山	吴忠市	固原市	中卫市	兰州市	白银市	天水市	平凉市	庆阳市	定西市	呼和浩特市	包头市	乌海市	鄂尔多斯市	巴彦淖尔市	西安市	铜川市	宝鸡市	咸阳市	渭南市	延安市	榆林市	商洛市
临汾市	0.8716	0.9343	0.9289	0.9692	0.6705	0.9412	0.8727	0.8072	0.7350	0.7796	0.8116	0.6854	0.7609	0.8791	0.9794	0.8653	0.9759	0.9924	0.7364	0.9850	0.9879	0.9629	0.8950	0.8565	0.9348
吕梁市	0.3535	0.9210	0.4630	0.5914	0.0151	0.5250	0.3442	0.2267	0.1075	0.1765	0.2284	0.0366	0.9473	0.9651	0.6091	0.8857	0.6610	0.8025	0.1100	0.6425	0.6429	0.8894	0.9385	0.8305	0.4688
郑州市	0.7160	0.9139	0.8563	0.8602	0.5106	0.8072	0.7277	0.6470	0.5758	0.6242	0.6620	0.5219	0.8951	0.8847	0.9206	0.9710	0.8686	0.9839	0.5764	0.9399	0.9109	0.9362	0.8726	0.9699	0.8293
开封市	0.9957	0.6962	0.9770	0.9676	0.9314	0.9787	0.9988	0.9881	0.9617	0.9785	0.9881	0.9396	0.3967	0.5883	0.9527	0.5807	0.9350	0.8380	0.9624	0.9353	0.9505	0.7546	0.6348	0.6137	0.9932
洛阳市	0.6268	0.9870	0.7247	0.8132	0.3356	0.7597	0.6232	0.5230	0.4199	0.4814	0.5272	0.3548	0.9276	0.9858	0.8330	0.9439	0.8555	0.9518	0.4220	0.8557	0.8544	0.9834	0.9765	0.8953	0.7279
新乡市	0.9448	0.8699	0.9690	0.9960	0.7882	0.9834	0.9456	0.8991	0.8418	0.8772	0.9014	0.8014	0.6353	0.7930	0.9931	0.7720	0.9890	0.9572	0.8431	0.9895	0.9997	0.9100	0.8223	0.7769	0.9817
焦作市	0.7645	0.9935	0.8024	0.9077	0.4890	0.8742	0.7547	0.6694	0.5700	0.6266	0.6667	0.5099	0.8166	0.9675	0.8934	0.8644	0.9438	0.9641	0.5726	0.9047	0.9249	0.9986	0.9800	0.8164	0.8275
濮阳市	0.9986	0.6504	0.9412	0.9483	0.9438	0.9710	0.9966	0.9939	0.9708	0.9842	0.9899	0.9530	0.2983	0.5371	0.9107	0.4839	0.9164	0.7782	0.9719	0.8877	0.9169	0.7081	0.5939	0.5118	0.9717
三门峡市	0.6772	0.9997	0.7227	0.8468	0.3735	0.8064	0.6649	0.5695	0.4604	0.5220	0.5660	0.3959	0.8544	0.9915	0.8321	0.8720	0.8950	0.9361	0.4632	0.8483	0.8692	0.9936	0.9970	0.8097	0.7490
济南市	0.8481	0.8774	0.9494	0.9390	0.6885	0.9040	0.8594	0.7994	0.7433	0.7823	0.8118	0.6984	0.7738	0.8185	0.9833	0.8946	0.9306	0.9862	0.7438	0.9914	0.9717	0.9154	0.8242	0.9101	0.9312
淄博市	0.8625	0.9519	0.9077	0.9666	0.6439	0.9396	0.8600	0.7911	0.7123	0.7595	0.7929	0.6605	0.7631	0.9011	0.9666	0.8571	0.9801	0.9885	0.7141	0.9722	0.9821	0.9756	0.9188	0.8383	0.9211
东营市	0.9233	0.9086	0.9048	0.9870	0.7211	0.9799	0.9132	0.8596	0.7848	0.8264	0.8535	0.7394	0.6179	0.8419	0.9501	0.7269	0.9986	0.9339	0.7871	0.9452	0.9781	0.9353	0.8790	0.7034	0.9417
济宁市	0.8903	0.9194	0.9432	0.9771	0.7014	0.9521	0.8920	0.8310	0.7630	0.8052	0.8354	0.7156	0.7359	0.8587	0.9867	0.8493	0.9797	0.9878	0.7643	0.9903	0.9738	0.9513	0.8771	0.8452	0.9490
泰安市	0.9444	0.8859	0.9469	0.9979	0.7700	0.9889	0.9403	0.8919	0.8275	0.8652	0.8902	0.7854	0.6204	0.8116	0.9786	0.7475	0.9982	0.9477	0.8293	0.9738	0.9948	0.9210	0.8456	0.7407	0.9710
德州市	0.9188	0.9125	0.9405	0.9911	0.7298	0.9748	0.9160	0.8601	0.7911	0.8321	0.8603	0.7454	0.6788	0.8462	0.9813	0.7957	0.9552	0.9691	0.7928	0.9805	0.9959	0.9443	0.8736	0.7861	0.9590
聊城市	0.9149	0.9201	0.9285	0.9896	0.7172	0.9743	0.9100	0.8527	0.7803	0.8226	0.8513	0.7337	0.6757	0.8557	0.9733	0.7874	0.9972	0.9649	0.7823	0.9723	0.9920	0.9493	0.8845	0.7724	0.9516
滨州市	0.7651	0.9686	0.8561	0.9076	0.5254	0.8643	0.7667	0.6837	0.5987	0.6513	0.6903	0.5414	0.8667	0.9379	0.9322	0.9344	0.9281	0.9955	0.6002	0.9471	0.9418	0.9844	0.9388	0.9121	0.8542
菏泽市	0.9479	0.8310	0.9877	0.9873	0.8197	0.9741	0.9537	0.9133	0.8667	0.8976	0.9192	0.8301	0.6192	0.7481	0.9987	0.7700	0.9702	0.9487	0.8675	0.9947	0.9950	0.8779	0.7750	0.7894	0.9897

续表

城市	太原市	长治市	晋城市	朔州市	晋中市	运城市	忻州市	临汾市	吕梁市	郑州市	开封市	洛阳市	新乡市	焦作市	濮阳市	三门峡市	济南市	淄博市	东营市	济宁市	泰安市	德州市	聊城市	滨州市	菏泽市
西宁市	0.7110	0.7926	0.9176	0.8633	0.9517	0.8303	0.9642	0.8716	0.3535	0.716	0.9957	0.6268	0.9448	0.7645	0.9986	0.6772	0.8481	0.8625	0.9233	0.8903	0.9444	0.9188	0.9149	0.7651	0.9479
银川市	0.9985	0.9809	0.8955	0.9592	0.8714	0.9683	0.8126	0.9343	0.9210	0.9139	0.6962	0.9870	0.8699	0.9935	0.6504	0.9997	0.8774	0.9519	0.9086	0.9194	0.8859	0.9125	0.9201	0.9686	0.8310
石嘴山市	0.7458	0.8527	0.9599	0.8754	0.9239	0.8821	0.989	0.9289	0.463	0.8563	0.9770	0.7247	0.969	0.8024	0.9412	0.7227	0.9494	0.9077	0.9048	0.9432	0.9469	0.9405	0.9285	0.8561	0.9877
吴忠市	0.8697	0.9274	0.9648	0.9648	0.9938	0.9496	0.9907	0.9692	0.5914	0.8602	0.9676	0.8132	0.9960	0.9077	0.9483	0.8468	0.9390	0.9666	0.9870	0.9771	0.9979	0.9911	0.9896	0.9076	0.9873
固原市	0.4144	0.5422	0.7460	0.6273	0.7749	0.5953	0.8450	0.6705	0.0151	0.5106	0.9314	0.3356	0.7882	0.4890	0.9438	0.3735	0.6885	0.6439	0.7211	0.7014	0.7700	0.7298	0.7172	0.5254	0.8197
中卫市	0.8335	0.8914	0.9678	0.9445	0.9927	0.9183	0.9829	0.9412	0.5250	0.8072	0.9787	0.7597	0.9834	0.8742	0.9710	0.8064	0.9040	0.9396	0.9799	0.9521	0.9889	0.9748	0.9743	0.8643	0.9741
兰州市	0.6982	0.7888	0.9196	0.8542	0.9428	0.8270	0.9687	0.8727	0.3442	0.7277	0.9988	0.6232	0.9456	0.7547	0.9966	0.6649	0.8594	0.8600	0.9132	0.8920	0.9403	0.9160	0.9100	0.7667	0.9537
白银市	0.6067	0.7076	0.8656	0.7853	0.8984	0.7520	0.8896	0.8072	0.2267	0.6470	0.9871	0.5230	0.8991	0.6694	0.9939	0.5695	0.7994	0.7911	0.8596	0.8310	0.8919	0.8601	0.8527	0.6837	0.9133
天水市	0.4998	0.6179	0.8034	0.6993	0.8324	0.6675	0.7350	0.7796	0.1075	0.5758	0.9617	0.4199	0.8418	0.5700	0.9708	0.4604	0.7433	0.7123	0.7848	0.7630	0.8275	0.7911	0.7803	0.5987	0.8667
平凉市	0.5598	0.6711	0.8422	0.7481	0.8691	0.7178	0.9183	0.8116	0.1765	0.6242	0.9785	0.4814	0.8772	0.6266	0.9842	0.5220	0.7823	0.7595	0.8264	0.8052	0.8652	0.8321	0.8226	0.6513	0.8976
庆阳市	0.6022	0.7095	0.8695	0.7815	0.8924	0.7537	0.9378	0.8554	0.2284	0.6620	0.9881	0.5272	0.9014	0.6667	0.9899	0.5660	0.8118	0.7929	0.8535	0.8354	0.8902	0.8603	0.8513	0.6903	0.9192
定西市	0.4368	0.5604	0.7594	0.6466	0.7917	0.6128	0.8554	0.6854	0.0366	0.5219	0.9396	0.3548	0.8014	0.5099	0.9530	0.3959	0.6984	0.6605	0.7394	0.7156	0.7854	0.7454	0.7337	0.5414	0.8301
呼和浩特市	0.8300	0.8286	0.6916	0.7236	0.5624	0.7958	0.5766	0.7609	0.9473	0.8951	0.3967	0.9276	0.6353	0.8166	0.2983	0.8544	0.7738	0.7631	0.6179	0.7359	0.6204	0.6788	0.6757	0.8667	0.6192
包头市	0.9838	0.9472	0.8267	0.9100	0.7946	0.9257	0.7245	0.8791	0.9651	0.8847	0.5883	0.9858	0.7930	0.9675	0.5371	0.9915	0.8185	0.9011	0.8419	0.8587	0.8116	0.8462	0.8557	0.9379	0.7481
乌海市	0.8496	0.9311	0.9933	0.9412	0.9552	0.9508	0.9943	0.9794	0.6091	0.9206	0.9527	0.8330	0.9931	0.8934	0.9107	0.8321	0.9833	0.9666	0.9501	0.9867	0.9786	0.9813	0.9733	0.9322	0.9987
鄂尔多斯市	0.8569	0.8950	0.8174	0.8076	0.6876	0.8763	0.7336	0.8653	0.8857	0.9710	0.5807	0.9439	0.7720	0.8644	0.4839	0.8720	0.8946	0.8571	0.7269	0.8493	0.7475	0.7957	0.7874	0.9344	0.7700

续表

城市	太原市	长治市	晋城市	朔州市	晋中市	运城市	忻州市	临汾市	吕梁市	郑州市	开封市	洛阳市	新乡市	焦作市	濮阳市	三门峡市	济南市	淄博市	东营市	济宁市	泰安市	德州市	聊城市	滨州市	菏泽市
巴彦淖尔市	0.9150	0.9525	0.9846	0.9865	0.9973	0.9689	0.9717	0.9759	0.6610	0.8686	0.9350	0.8555	0.9890	0.9438	0.9164	0.8950	0.9306	0.9801	0.9986	0.9797	0.9982	0.9952	0.9972	0.9281	0.9702
西安市	0.9409	0.9881	0.9763	0.9644	0.9159	0.9899	0.9318	0.9924	0.8025	0.9839	0.8380	0.9518	0.9572	0.9641	0.7782	0.9361	0.9862	0.9885	0.9339	0.9878	0.9477	0.9691	0.9649	0.9955	0.9487
铜川市	0.5026	0.6199	0.8047	0.7016	0.8345	0.6694	0.8905	0.7364	0.1100	0.5764	0.9624	0.4220	0.8431	0.5726	0.7719	0.4632	0.7438	0.7141	0.7871	0.7643	0.8293	0.7928	0.7823	0.6002	0.8675
宝鸡市	0.8632	0.9425	0.9937	0.9441	0.9466	0.9592	0.9873	0.9850	0.6425	0.9399	0.9353	0.8557	0.9895	0.9047	0.8877	0.8483	0.9914	0.9722	0.9452	0.9903	0.9738	0.9805	0.9723	0.9471	0.9947
咸阳市	0.8875	0.9508	0.9987	0.9693	0.9798	0.9687	0.9924	0.9879	0.6429	0.9109	0.9505	0.8544	0.9997	0.9249	0.9169	0.8692	0.9717	0.9821	0.9781	0.9934	0.9948	0.9959	0.9920	0.9418	0.9950
渭南市	0.9955	0.9945	0.9320	0.9773	0.9044	0.9870	0.8613	0.9629	0.8894	0.9362	0.7546	0.9834	0.9100	0.9986	0.7081	0.9936	0.9154	0.9756	0.9353	0.9513	0.9210	0.9443	0.9493	0.9844	0.8779
延安市	0.9937	0.9566	0.8497	0.9352	0.8364	0.9395	0.7563	0.8950	0.9385	0.8726	0.6348	0.9765	0.8223	0.9800	0.5939	0.9970	0.8242	0.9188	0.8790	0.8771	0.8456	0.8736	0.8845	0.9388	0.7750
榆林市	0.7969	0.8633	0.8191	0.7746	0.6733	0.8508	0.7539	0.8565	0.8050	0.9699	0.6137	0.8953	0.7769	0.8164	0.5118	0.8097	0.9101	0.8383	0.7034	0.8452	0.7407	0.7861	0.7724	0.9121	0.7894
商洛市	0.7754	0.8650	0.9675	0.9050	0.9607	0.8954	0.9958	0.9348	0.4688	0.8293	0.9932	0.7279	0.9817	0.8275	0.9717	0.7490	0.9312	0.9211	0.9417	0.9490	0.9710	0.9590	0.9516	0.8542	0.9897
太原市	1	0.9810	0.9026	0.9686	0.8901	0.9707	0.8245	0.9374	0.9028	0.9007	0.7169	0.9770	0.8807	0.9960	0.6775	0.9987	0.8740	0.9564	0.9248	0.9238	0.8997	0.9225	0.9311	0.9634	0.8400
长治市	0.9810	1	0.9632	0.9632	0.9282	0.9979	0.9061	0.9855	0.8481	0.9567	0.8094	0.9718	0.9445	0.9935	0.7607	0.9763	0.9516	0.9920	0.9522	0.9777	0.9485	0.9689	0.9706	0.9943	0.9213
晋城市	0.9026	0.9632	1	0.9738	0.9732	0.9781	0.9864	0.9942	0.6768	0.9298	0.9344	0.8777	0.9672	0.9851	0.8956	0.8868	0.9798	0.9888	0.9752	0.9979	0.9914	0.9963	0.9923	0.9572	0.9917
朔州市	0.9686	0.9632	0.9738	1	0.9742	0.9914	0.9342	0.9827	0.7742	0.9042	0.8671	0.9246	0.9851	0.9375	0.8385	0.9559	0.9310	0.9924	0.9891	0.9796	0.9797	0.9875	0.9919	0.9644	0.9917
晋中市	0.8901	0.9282	0.9732	0.9742	1	0.9483	0.9695	0.9580	0.6117	0.8312	0.9473	0.8171	0.983	0.9210	0.9375	0.8667	0.9074	0.9628	0.9966	0.9641	0.9949	0.9863	0.9890	0.9881	0.9639
运城市	0.9707	0.9979	0.9781	0.9914	0.9483	1	0.9312	0.9936	0.8120	0.9522	0.8458	0.9547	0.9637	0.9882	0.8009	0.9630	0.9614	0.9981	0.9671	0.9885	0.9668	0.9829	0.9837	0.9904	0.9434
忻州市	0.8245	0.9061	0.9864	0.9342	0.9695	0.9312	1	0.9633	0.5467	0.8749	0.9787	0.7873	0.9941	0.8713	0.9495	0.8020	0.9582	0.9517	0.9578	0.9738	0.9840	0.9785	0.9718	0.8984	0.9984
临汾市	0.9374	0.9855	0.9942	0.9827	0.9580	0.9936	0.9633	1	0.7513	0.9558	0.8910	0.9239	0.9840	0.9647	0.8449	0.9266	0.9825	0.9977	0.9688	0.9991	0.9798	0.9921	0.9894	0.9825	0.9736

续表

城市	太原市	长治市	晋城市	朔州市	晋中市	运城市	忻州市	临汾市	吕梁市	郑州市	开封市	洛阳市	新乡市	焦作市	濮阳市	三门峡市	济南市	淄博市	东营市	济宁市	泰安市	德州市	聊城市	滨州市	菏泽市
吕梁市	0.9028	0.8481	0.6768	0.7742	0.6117	0.8120	0.5467	0.7513	1	0.8235	0.3755	0.9462	0.6271	0.8715	0.307	0.9236	0.7038	0.7744	0.6742	0.7225	0.6413	0.6919	0.7010	0.8544	0.5815
郑州市	0.9007	0.9567	0.9298	0.9042	0.8312	0.9522	0.8749	0.9558	0.8235	1	0.7584	0.9497	0.9001	0.9226	0.6791	0.9035	0.9749	0.9458	0.8551	0.9480	0.8791	0.9115	0.9031	0.9821	0.9003
开封市	0.7169	0.8094	0.8671	0.8671	0.9473	0.8458	0.9787	0.8910	0.3755	0.7584	1	0.6510	0.9571	0.7730	0.9916	0.6855	0.8825	0.8772	0.9202	0.9091	0.9493	0.9285	0.9216	0.7915	0.9663
洛阳市	0.9770	0.9718	0.9344	0.9246	0.8171	0.9547	0.7873	0.9239	0.9462	0.9497	0.6510	1	0.843	0.9729	0.5864	0.9843	0.8920	0.9349	0.8586	0.9068	0.8472	0.8834	0.8866	0.9764	0.8133
新乡市	0.8807	0.9445	0.8777	0.9672	0.9246	0.9637	0.9941	0.9840	0.6271	0.9001	0.9571	0.843	1	0.9190	0.9264	0.8613	0.9660	0.9784	0.9796	0.9903	0.9959	0.9951	0.9914	0.9336	0.9953
焦作市	0.9960	0.9935	0.9971	0.9851	0.9830	0.9882	0.8713	0.9647	0.8715	0.9226	0.7730	0.9729	0.9190	1	0.7327	0.9918	0.9109	0.9787	0.9496	0.9544	0.9329	0.9526	0.9586	0.9784	0.8851
濮阳市	0.6775	0.7607	0.9375	0.8385	0.9210	0.8009	0.8495	0.8449	0.307	0.6791	0.9916	0.5864	0.9264	0.7327	1	0.6417	0.8203	0.8354	0.9054	0.8653	0.9268	0.8975	0.8937	0.7306	0.9305
三门峡市	0.9987	0.9763	0.8956	0.9559	0.9375	0.9630	0.8020	0.9266	0.9236	0.9035	0.6855	0.9843	0.8613	0.9918	0.6417	1	0.8656	0.9459	0.9049	0.9112	0.8794	0.9058	0.9143	0.9620	0.8201
济南市	0.8740	0.9516	0.9798	0.9310	0.9074	0.9614	0.9582	0.9825	0.7038	0.9749	0.8825	0.8920	0.9660	0.9109	0.8203	0.8656	1	0.9683	0.9766	0.9141	0.9838	0.9451	0.9520	0.9669	0.9727
淄博市	0.9564	0.9920	0.9888	0.9924	0.9628	0.9981	0.9517	0.9977	0.7744	0.9458	0.8772	0.9349	0.9784	0.9787	0.8354	0.9459	0.9683	1	0.9766	0.9952	0.9799	0.9921	0.9920	0.9835	0.9614
东营市	0.9248	0.9522	0.9752	0.9891	0.9966	0.9671	0.9578	0.9688	0.6742	0.8551	0.9202	0.8586	0.9796	0.9496	0.9054	0.9049	0.9766	0.9766	1	0.9714	0.9935	0.9902	0.9943	0.9233	0.9558
济宁市	0.9238	0.9777	0.9979	0.9796	0.9641	0.9885	0.9738	0.9991	0.7225	0.9480	0.9091	0.9068	0.9903	0.9544	0.8653	0.9112	0.9141	0.9952	0.9714	1	0.9850	0.9946	0.9912	0.9741	0.9823
泰安市	0.8997	0.9485	0.9914	0.9797	0.9949	0.9668	0.9840	0.9798	0.6413	0.8791	0.9493	0.8472	0.9959	0.9329	0.9268	0.8794	0.9838	0.9799	0.9935	0.9850	1	0.9850	0.9968	0.9289	0.9830
德州市	0.9225	0.9689	0.9963	0.9875	0.9863	0.9829	0.9785	0.9921	0.6919	0.9115	0.9285	0.8834	0.9951	0.9526	0.8975	0.9058	0.9451	0.9921	0.9902	0.9946	0.9850	1	0.9993	0.9546	0.9818
聊城市	0.9311	0.9706	0.9923	0.9919	0.9890	0.9837	0.9718	0.9894	0.7010	0.9031	0.9216	0.8866	0.9914	0.9586	0.8937	0.9143	0.9520	0.9920	0.9943	0.9912	0.9968	0.9993	1	0.9529	0.9745
滨州市	0.9634	0.9943	0.9572	0.9644	0.8981	0.9904	0.8984	0.9825	0.8544	0.9821	0.7915	0.9764	0.9336	0.9784	0.7306	0.9620	0.9669	0.9835	0.9233	0.9741	0.9289	0.9546	0.9529	1	0.9180
菏泽市	0.8400	0.9213	0.9917	0.9400	0.9644	0.9434	0.9639	0.9736	0.5815	0.9003	0.9663	0.8133	0.9953	0.8851	0.9305	0.8201	0.9727	0.9614	0.9558	0.9823	0.9830	0.9818	0.9745	0.9180	1

5.6.6 农业资源生态位重叠度分析

农业资源生态位重叠度测算结果如表 5 - 37 所示。

黄河流域 50 个城市农业资源生态位重叠度值变化范围在 0 ~ 1 之间。其中生态位重叠度大于等于 0.9 的有 989 对，占比接近 80%；大于等于 0.7 小于 0.9 的有 169 对；大于等于 0.5 小于 0.7 的有 45 对；大于等于 0.3 小于 0.5 的有 9 对；小于 0.3 的有 38 对。根据表 5 - 37 可以得出以下结论：

（1）乌海市在农业资源生态位的重叠度之和是 11.0518，明显低于排名第二的巴彦淖尔市，整体农业资源生态位重叠度处于一个极低的状态，说明乌海市与其他城市农业资源生态位几乎不存在竞争关系。

（2）从黄河流域上游来看，黄河流域上游城市整体生态位重叠度相对较低，尤其是和下游城市之间的农业资源生态位重叠度较低，彼此之间竞争关系较弱。

（3）从黄河流域中游来看，黄河流域中游城市之间的农业资源生态位重叠度相对于上游、下游的城市生态位重叠度较高。

（4）黄河流域下游城市整体的农业资源生态位重叠度明显高于中上游城市，竞争比较激烈，尤其是下游城市之间的生态位重叠度最高，竞争非常激烈。

5.6.7 生态环境资源生态位重叠度分析

生态环境资源生态位重叠度测算结果如表 5 - 38 所示。

黄河流域 50 个城市生态环境资源生态位重叠度值变化范围在 0.0677 ~ 1。其中生态位重叠度大于等于 0.9 的有 864 对；大于等于 0.7 小于 0.9 的有 308 对；大于等于 0.5 小于 0.7 的有 68 对；大于等于 0.3 小于 0.5 的有 9 对；小于 0.3 的有 1 对。根据表 5 - 38 可以得出以下结论：

（1）西宁市生态环境资源重叠度之和为 28.768，处于排名最低的位置，与其他城市几乎不存在竞争关系，其次是滨州市，这两个城市整体的生态环境资源生态位重叠度都相对比较低，说明这两个城市与其他城市生态环境资源生态位竞争关系较弱。

（2）从黄河流域上游来看，黄河流域上游城市整体的生态环境资源生态位重叠度较低。

（3）从黄河流域中游来看，黄河流域中游城市之间的生态环境资源生态位重叠度相对于上游的城市生态位重叠度较高。

表 5 – 37　农业资源生态位重叠度测算结果

城市	西宁市	银川市	石嘴山市	吴忠市	固原市	中卫市	兰州市	白银市	天水市	平凉市	庆阳市	定西市	呼和浩特市	包头市	乌海市	鄂尔多斯市	巴彦淖尔市	西安市	铜川市	宝鸡市	咸阳市	渭南市	延安市	榆林市	商洛市
西宁市	1	0.9813	0.9599	0.9841	0.9896	0.9843	0.8665	0.9857	0.9353	0.9196	0.9716	0.9856	0.9757	0.9305	0.3042	0.9625	0.7602	0.8574	0.9280	0.9345	0.8625	0.9578	0.8881	0.9121	0.8099
银川市	0.9813	1	0.8910	0.9710	0.9975	0.9983	0.9371	0.9872	0.9496	0.9254	0.9473	0.9533	0.9461	0.9212	0.4483	0.9274	0.8493	0.8853	0.9481	0.9583	0.8784	0.9627	0.9238	0.9205	0.8380
石嘴山市	0.9599	0.8910	1	0.9534	0.9177	0.9051	0.6927	0.9308	0.8828	0.8852	0.9624	0.9793	0.9716	0.9153	0.0357	0.9710	0.5540	0.8047	0.8682	0.8661	0.8274	0.9118	0.8142	0.8759	0.7673
吴忠市	0.9841	0.9710	0.9534	1	0.9853	0.9826	0.8277	0.9962	0.9799	0.9739	0.9964	0.9947	0.9956	0.9807	0.2244	0.9897	0.6987	0.9309	0.9743	0.9754	0.9372	0.9918	0.9464	0.9693	0.8982
固原市	0.9896	0.9975	0.9177	0.9853	1	0.9994	0.9100	0.9954	0.9618	0.9427	0.9674	0.9721	0.9666	0.9424	0.3838	0.9514	0.8100	0.8997	0.9588	0.9665	0.8971	0.9755	0.9322	0.9376	0.8558
中卫市	0.9843	0.9983	0.9051	0.9826	0.9994	1	0.9175	0.9947	0.9650	0.9452	0.9635	0.9661	0.9616	0.9423	0.4012	0.9460	0.8192	0.9068	0.9631	0.9710	0.9024	0.9766	0.9396	0.9407	0.8638
兰州市	0.8665	0.9371	0.6927	0.8277	0.9100	0.9175	1	0.8726	0.8180	0.7709	0.7775	0.7887	0.7737	0.7475	0.7321	0.7390	0.9791	0.7475	0.8241	0.8459	0.7205	0.8276	0.8132	0.7673	0.6876
白银市	0.9857	0.9872	0.9308	0.9962	0.9954	0.9947	0.8726	1	0.9807	0.9686	0.9856	0.9842	0.9836	0.9699	0.3077	0.9735	0.7565	0.9301	0.9771	0.9811	0.9309	0.9912	0.9528	0.9643	0.8937
天水市	0.9353	0.9496	0.8828	0.9799	0.9618	0.9650	0.8180	0.9807	1	0.9807	0.9770	0.9577	0.9689	0.9912	0.2407	0.9657	0.6851	0.9840	0.9995	0.9983	0.9838	0.9974	0.9915	0.9964	0.9642
平凉市	0.9196	0.9254	0.8852	0.9739	0.9427	0.9452	0.7709	0.9686	0.9807	1	0.9970	0.9775	0.9691	0.9969	0.1671	0.9702	0.6264	0.9884	0.9956	0.9913	0.9919	0.9929	0.9879	0.9998	0.9744
庆阳市	0.9716	0.9473	0.9624	0.9964	0.9674	0.9635	0.7775	0.9856	0.9770	0.9970	1	0.9548	0.9689	0.9881	0.1421	0.9981	0.6358	0.9340	0.9700	0.9678	0.9448	0.9882	0.9412	0.9730	0.9069
定西市	0.9856	0.9533	0.9793	0.9947	0.9721	0.9661	0.7887	0.9842	0.9577	0.9775	0.9548	1	0.9957	0.9881	0.1596	0.9942	0.6545	0.8989	0.9490	0.9488	0.9109	0.9753	0.9121	0.9486	0.8646
呼和浩特市	0.9757	0.9461	0.9716	0.9956	0.9666	0.9616	0.7737	0.9836	0.9689	0.9691	0.9689	0.9957	1	0.9821	0.1349	0.9984	0.6328	0.9203	0.9609	0.9590	0.9325	0.9827	0.9285	0.9639	0.8912
包头市	0.9305	0.9212	0.9153	0.9807	0.9424	0.9423	0.7475	0.9699	0.9912	0.9969	0.9881	0.9881	0.9821	1	0.1157	0.9850	0.5968	0.9753	0.9873	0.9819	0.9834	0.9915	0.9726	0.9955	0.9602
乌海市	0.3042	0.4483	0.0357	0.2244	0.3838	0.4012	0.7321	0.3077	0.2407	0.1671	0.1421	0.1596	0.1349	0.1157	1	0.0826	0.8501	0.1848	0.2591	0.2950	0.1293	0.2399	0.2781	0.1672	0.1235
鄂尔多斯市	0.9625	0.9274	0.9710	0.9897	0.9514	0.9460	0.7390	0.9735	0.9657	0.9702	0.9981	0.9942	0.9984	0.9850	0.0826	1	0.5901	0.9229	0.9572	0.9530	0.9376	0.9783	0.9253	0.9654	0.8981

续表

城市	西宁市	银川市	石嘴山市	吴忠市	固原市	中卫市	兰州市	白银市	天水市	平凉市	庆阳市	定西市	呼和浩特市	包头市	乌海市	鄂尔多斯市	巴彦淖尔市	西安市	铜川市	宝鸡市	咸阳市	渭南市	延安市	榆林市	商洛市
巴彦淖尔市	0.7602	0.8493	0.5540	0.6987	0.8100	0.8192	0.9791	0.7565	0.6851	0.6264	0.6358	0.6545	0.6328	0.5968	0.8501	0.5901	1	0.6057	0.6938	0.7217	0.5704	0.6961	0.6857	0.6226	0.5383
西安市	0.8574	0.8853	0.8047	0.9309	0.8997	0.9068	0.7475	0.9301	0.9840	0.9884	0.9340	0.8989	0.9203	0.9753	0.1848	0.9229	0.6057	1	0.9866	0.9812	0.9979	0.9691	0.9945	0.9912	0.9956
铜川市	0.9280	0.9481	0.8682	0.9743	0.9588	0.9631	0.8241	0.9771	0.9995	0.9956	0.9700	0.9490	0.9609	0.9873	0.2591	0.9572	0.6938	0.9866	1	0.9992	0.9846	0.9951	0.9948	0.9955	0.9675
宝鸡市	0.9345	0.9583	0.8661	0.9754	0.9665	0.9710	0.8459	0.9811	0.9983	0.9913	0.9678	0.9488	0.959	0.9819	0.2950	0.9530	0.7217	0.9866	0.9992	1	0.9775	0.9710	0.9935	0.9910	0.9590
咸阳市	0.8625	0.8784	0.8274	0.9372	0.8971	0.9024	0.7205	0.9309	0.9838	0.9919	0.9448	0.9109	0.9325	0.9834	0.1293	0.9376	0.5704	0.9979	0.9846	0.9775	1	0.9710	0.9884	0.9941	0.9949
渭南市	0.9578	0.9627	0.9118	0.9918	0.9755	0.9766	0.8276	0.9912	0.9974	0.9929	0.9882	0.9753	0.9827	0.9915	0.2399	0.9783	0.6961	0.9691	0.9951	0.9949	0.9710	1	0.9799	0.9909	0.9443
延安市	0.8881	0.9238	0.8142	0.9464	0.9322	0.9396	0.8132	0.9528	0.9915	0.9879	0.9412	0.9121	0.9285	0.9726	0.2781	0.9253	0.6857	0.9945	0.9948	0.9935	0.9884	0.9799	1	0.9898	0.9812
榆林市	0.9121	0.9205	0.8759	0.9693	0.9376	0.9407	0.7673	0.9643	0.9964	0.9998	0.9730	0.9486	0.9639	0.9955	0.1672	0.9654	0.6226	0.9912	0.9955	0.9910	0.9941	0.9909	0.9812	1	0.9787
商洛市	0.8099	0.8380	0.7673	0.8982	0.8558	0.8638	0.6876	0.8937	0.9642	0.9744	0.9069	0.8646	0.8912	0.9602	0.1235	0.8981	0.5383	0.9956	0.9675	0.9590	0.9949	0.9443	0.9812	0.9787	1
太原市	0.9701	0.9930	0.8854	0.9809	0.9943	0.9969	0.9119	0.9938	0.9789	0.9611	0.9631	0.9585	0.9585	0.9539	0.3970	0.9445	0.8094	0.9340	0.9786	0.9853	0.9277	0.9849	0.9625	0.9581	0.8965
长治市	0.9840	0.9999	0.8979	0.9743	0.9984	0.9988	0.9317	0.9892	0.9517	0.9285	0.9518	0.9579	0.9508	0.9253	0.4346	0.9328	0.8414	0.8872	0.9498	0.9595	0.8813	0.9652	0.9246	0.9235	0.8403
晋城市	0.9150	0.9631	0.8086	0.9482	0.9614	0.9693	0.8990	0.9662	0.9803	0.9640	0.9297	0.9108	0.9190	0.9454	0.4215	0.9066	0.7974	0.9629	0.9847	0.9900	0.9503	0.9740	0.9859	0.9645	0.9359
朔州市	0.9885	0.9985	0.9069	0.9920	0.9971	0.9962	0.9299	0.9855	0.9390	0.9148	0.9484	0.9588	0.9491	0.9145	0.4330	0.9302	0.8423	0.8666	0.9360	0.9464	0.8621	0.9560	0.9063	0.9089	0.8166
晋中市	0.9557	0.9372	0.9452	0.9920	0.9581	0.9558	0.7637	0.9808	0.9855	0.9886	0.9977	0.9871	0.9948	0.9962	0.1263	0.9955	0.6170	0.9544	0.9797	0.9760	0.9644	0.9920	0.9569	0.9854	0.9327
运城市	0.9168	0.9263	0.8778	0.9718	0.9425	0.9456	0.7767	0.9678	0.9976	0.9998	0.9743	0.9508	0.9654	0.9953	0.1803	0.9661	0.6340	0.9904	0.9967	0.9928	0.9928	0.9926	0.9906	0.9999	0.9765
忻州市	0.9953	0.9854	0.9513	0.9957	0.9949	0.9918	0.8645	0.9971	0.9652	0.9527	0.9857	0.9908	0.9865	0.9591	0.2910	0.9759	0.7496	0.9031	0.9596	0.9641	0.9068	0.9810	0.9279	0.9470	0.8626

续表

城市	西宁市	银川市	石嘴山市	吴忠市	固原市	中卫市	兰州市	白银市	天水市	平凉市	庆阳市	定西市	呼和浩特市	包头市	乌海市	鄂尔多斯市	巴彦淖尔市	西安市	铜川市	宝鸡市	咸阳市	渭南市	延安市	榆林市	商洛市
临汾市	0.9827	0.9648	0.9597	0.9996	0.9809	0.9775	0.8130	0.9935	0.9775	0.9732	0.9981	0.9967	0.9978	0.9818	0.1990	0.9931	0.6805	0.9284	0.9712	0.9714	0.9364	0.9899	0.9419	0.9684	0.8967
吕梁市	0.9833	0.9819	0.9350	0.9980	0.9921	0.9912	0.8578	0.9995	0.9841	0.9744	0.9899	0.9870	0.9878	0.9766	0.2803	0.9793	0.7367	0.9367	0.9803	0.9831	0.9389	0.9940	0.9563	0.9703	0.9025
郑州市	0.9843	0.9373	0.9929	0.9814	0.9579	0.9489	0.7653	0.9675	0.9262	0.9233	0.9835	0.9955	0.9894	0.9446	0.1312	0.9852	0.6334	0.8544	0.9150	0.9153	0.8701	0.9502	0.8693	0.9154	0.8159
开封市	0.9264	0.8944	0.9432	0.9742	0.9223	0.9186	0.6895	0.9542	0.9693	0.9807	0.9890	0.9749	0.9862	0.9930	0.0197	0.9929	0.5283	0.9469	0.9619	0.9540	0.9624	0.9747	0.9385	0.9779	0.9328
洛阳市	0.9711	0.9377	0.9736	0.9930	0.9600	0.9545	0.7577	0.9789	0.9658	0.9679	0.9988	0.9972	0.9997	0.9823	0.1101	0.9994	0.6134	0.9185	0.9574	0.9546	0.9321	0.9797	0.9244	0.9627	0.8908
新乡市	0.9718	0.9181	0.9951	0.9771	0.9428	0.9333	0.7273	0.9582	0.9246	0.9266	0.9845	0.9936	0.9901	0.9500	0.0713	0.9895	0.5858	0.8589	0.9126	0.9103	0.8777	0.9473	0.8673	0.9190	0.8253
焦作市	0.9252	0.8927	0.9430	0.9734	0.9209	0.9171	0.6868	0.9531	0.9685	0.9802	0.9885	0.9743	0.9857	0.9926	0.0160	0.9926	0.5252	0.9464	0.9611	0.9531	0.9622	0.9739	0.9377	0.9774	0.9326
濮阳市	0.9276	0.8980	0.9410	0.9757	0.9252	0.9219	0.6964	0.9566	0.9723	0.9831	0.9896	0.9751	0.9865	0.9944	0.0302	0.9928	0.5363	0.9505	0.9653	0.9577	0.9653	0.9772	0.9428	0.9804	0.9363
三门峡市	0.8461	0.8595	0.8187	0.9265	0.8803	0.8855	0.6925	0.9177	0.9763	0.9874	0.9371	0.9009	0.9243	0.9796	0.0945	0.9317	0.5378	0.9958	0.9771	0.9684	0.9992	0.9622	0.9820	0.9001	0.9962
济南市	0.9365	0.9186	0.9314	0.9831	0.9417	0.9401	0.7357	0.9695	0.9854	0.9922	0.9922	0.9766	0.9878	0.9989	0.0907	0.9913	0.5826	0.9643	0.9801	0.9744	0.9750	0.9885	0.9611	0.9900	0.9481
淄博市	0.9333	0.9096	0.9371	0.9803	0.9347	0.9322	0.7176	0.9641	0.9795	0.9882	0.9917	0.9768	0.9880	0.9972	0.0620	0.9928	0.5612	0.9578	0.9734	0.9668	0.9705	0.9837	0.9525	0.9857	0.9424
东营市	0.9494	0.9228	0.9520	0.9875	0.9467	0.9432	0.7354	0.9723	0.9776	0.9837	0.9968	0.9865	0.9946	0.9945	0.0820	0.9975	0.5832	0.9467	0.9707	0.9655	0.9595	0.9851	0.9456	0.9803	0.9267
济宁市	0.9481	0.9133	0.9614	0.9842	0.9394	0.9345	0.7164	0.9659	0.9678	0.9756	0.9956	0.9875	0.9947	0.9896	0.0517	0.9987	0.5615	0.9336	0.9596	0.9538	0.9489	0.9775	0.9311	0.9715	0.9134
泰安市	0.9311	0.8904	0.9572	0.9733	0.9198	0.9144	0.6787	0.9509	0.9587	0.9706	0.9892	0.9789	0.9882	0.9865	0	0.9951	0.5170	0.9295	0.9499	0.9420	0.9474	0.9675	0.9216	0.9668	0.9134
德州市	0.9567	0.8828	0.9967	0.9359	0.9075	0.8934	0.6946	0.9146	0.8513	0.8502	0.9420	0.9662	0.9536	0.8830	0.0570	0.9504	0.5659	0.7603	0.8356	0.8356	0.7834	0.8854	0.7756	0.8395	0.7170
聊城市	0.9537	0.8829	0.9995	0.9522	0.9113	0.8988	0.6762	0.9275	0.8845	0.8893	0.9637	0.9784	0.9723	0.9198	0.0094	0.9735	0.5328	0.8106	0.8698	0.8665	0.8345	0.9124	0.8168	0.8803	0.7760
滨州市	0.9506	0.9064	0.9744	0.9805	0.9340	0.9273	0.7022	0.9597	0.9536	0.9618	0.9932	0.9894	0.9943	0.9800	0.0292	0.9985	0.5470	0.9120	0.9438	0.9379	0.9299	0.9670	0.9099	0.9568	0.8897
菏泽市	0.9593	0.8923	0.9995	0.9583	0.9197	0.9077	0.6901	0.9352	0.8932	0.8970	0.9685	0.9825	0.9767	0.9260	0.0267	0.9772	0.5478	0.8202	0.8791	0.8762	0.8429	0.9203	0.8275	0.8883	0.7853

续表

城市	太原市	长治市	晋城市	朔州市	晋中市	运城市	忻州市	临汾市	吕梁市	郑州市	开封市	洛阳市	新乡市	焦作市	襄阳市	三门峡市	济南市	淄博市	东营市	济宁市	泰安市	德州市	聊城市	滨州市	菏泽市
西宁市	0.9701	0.9840	0.9150	0.9885	0.9557	0.9168	0.9953	0.9827	0.9833	0.9843	0.9264	0.9711	0.9718	0.9252	0.9276	0.8461	0.9365	0.9333	0.9494	0.9481	0.9311	0.9567	0.9537	0.9506	0.9593
银川市	0.9930	0.9930	0.9631	0.9985	0.9372	0.9263	0.9854	0.9648	0.9819	0.9373	0.8944	0.9377	0.9181	0.8927	0.8980	0.8595	0.9186	0.9096	0.9228	0.9133	0.8904	0.8828	0.8829	0.9064	0.8923
石嘴山市	0.8854	0.8979	0.8086	0.9069	0.9452	0.8778	0.9513	0.9597	0.9350	0.9929	0.9432	0.9736	0.9951	0.9430	0.9410	0.8187	0.9314	0.9371	0.9520	0.9614	0.9572	0.9967	0.9995	0.9744	0.9995
吴忠市	0.9809	0.9743	0.9482	0.9713	0.9920	0.9718	0.9957	0.9996	0.9980	0.9814	0.9742	0.9930	0.9771	0.9734	0.9757	0.9265	0.9831	0.9803	0.9875	0.9842	0.9733	0.9359	0.9522	0.5805	0.9583
固原市	0.9943	0.9984	0.9614	0.9971	0.9581	0.9425	0.9949	0.9809	0.9921	0.9579	0.9223	0.9600	0.9428	0.9209	0.9252	0.8803	0.9417	0.9347	0.9467	0.9394	0.9198	0.9075	0.9113	0.5340	0.9197
中卫市	0.9969	0.9988	0.9693	0.9962	0.9558	0.9456	0.9918	0.9775	0.9912	0.9489	0.9186	0.9545	0.9333	0.9171	0.9219	0.8855	0.9401	0.9322	0.9432	0.9345	0.9144	0.8934	0.8988	0.9273	0.9077
兰州市	0.9119	0.9317	0.8990	0.9299	0.7637	0.7767	0.8645	0.8130	0.8578	0.7653	0.6895	0.7577	0.7273	0.6868	0.6964	0.6925	0.7357	0.7176	0.7354	0.7164	0.6787	0.6946	0.6762	0.7022	0.6901
白银市	0.9938	0.9892	0.9662	0.9855	0.9808	0.9678	0.9971	0.9935	0.9995	0.9675	0.9542	0.9789	0.9582	0.9531	0.9566	0.9177	0.9695	0.9641	0.9723	0.9659	0.9509	0.9146	0.9275	0.9597	0.9352
天水市	0.9789	0.9517	0.9803	0.9390	0.9855	0.9976	0.9652	0.9775	0.9841	0.9262	0.9693	0.9658	0.9246	0.9685	0.9723	0.9763	0.9854	0.9795	0.9776	0.9678	0.9587	0.8513	0.8845	0.9536	0.8932
平凉市	0.9611	0.9285	0.9640	0.9148	0.9886	0.9998	0.9527	0.9732	0.9744	0.9233	0.9807	0.9679	0.9266	0.9802	0.9831	0.9874	0.9922	0.9882	0.9837	0.9756	0.9706	0.8502	0.8893	0.9618	0.8970
庆阳市	0.9631	0.9518	0.9297	0.9484	0.9977	0.9743	0.9857	0.9981	0.9899	0.9835	0.9890	0.9988	0.9845	0.9885	0.9896	0.9371	0.9922	0.9917	0.9968	0.9956	0.9892	0.9420	0.9637	0.9932	0.9685
定西市	0.9585	0.9579	0.9108	0.9588	0.9871	0.9508	0.9908	0.9967	0.9870	0.9955	0.9749	0.9972	0.9936	0.9743	0.9751	0.9009	0.9766	0.9768	0.9865	0.9875	0.9789	0.9662	0.9784	0.9894	0.9825
呼和浩特市	0.9585	0.9508	0.9190	0.9491	0.9948	0.9654	0.9865	0.9978	0.9878	0.9894	0.9862	0.9997	0.9901	0.9857	0.9865	0.9243	0.9878	0.9880	0.9946	0.9947	0.9882	0.9536	0.9723	0.9943	0.9767
包头市	0.9539	0.9253	0.9454	0.9145	0.9962	0.9953	0.9591	0.9818	0.9766	0.9446	0.9930	0.9823	0.9500	0.9926	0.9944	0.9796	0.9989	0.9972	0.9945	0.9896	0.9865	0.8830	0.9198	0.98	0.9260
乌海市	0.3970	0.4346	0.4215	0.4330	0.1263	0.1803	0.2910	0.1990	0.2803	0.1312	0.0197	0.1101	0.0713	0.016	0.0302	0.0945	0.0907	0.0620	0.0820	0.0517	0	0.0570	0.0094	0.0292	0.0267
鄂尔多斯市	0.9445	0.9328	0.9066	0.9302	0.9955	0.9661	0.9759	0.9931	0.9793	0.9852	0.9929	0.9994	0.9895	0.9926	0.9928	0.9317	0.9913	0.9928	0.9975	0.9987	0.9951	0.9504	0.9735	0.9985	0.9772

续表

城市	太原市	长治市	晋城市	朔州市	晋中市	运城市	忻州市	临汾市	吕梁市	郑州市	开封市	洛阳市	新乡市	焦作市	濮阳市	三门峡市	济南市	淄博市	东营市	济宁市	泰安市	德州市	聊城市	滨州市	菏泽市
巴彦淖尔市	0.8094	0.8414	0.7974	0.8423	0.6170	0.6340	0.7496	0.6805	0.7367	0.6334	0.5283	0.6134	0.5858	0.5252	0.5363	0.5378	0.5826	0.5612	0.5832	0.5615	0.5170	0.5659	0.5328	0.5470	0.5478
西安市	0.9340	0.8872	0.9629	0.8666	0.9544	0.9904	0.9031	0.9284	0.9367	0.8544	0.9469	0.9185	0.8589	0.9464	0.9505	0.9958	0.9643	0.9578	0.9467	0.9336	0.9295	0.7603	0.8106	0.9120	0.8202
铜川市	0.9786	0.9498	0.9847	0.9360	0.9797	0.9967	0.9596	0.9712	0.9803	0.915	0.9619	0.9574	0.9126	0.9611	0.9653	0.9771	0.9801	0.9734	0.9707	0.9596	0.9499	0.8356	0.8698	0.9438	0.8791
宝鸡市	0.9853	0.9595	0.9900	0.9464	0.9760	0.9928	0.9641	0.9714	0.9831	0.9153	0.9540	0.9546	0.9103	0.9531	0.9577	0.9684	0.9744	0.9668	0.9655	0.9538	0.9420	0.8356	0.8665	0.9379	0.8762
咸阳市	0.9277	0.8813	0.9503	0.8621	0.9644	0.9928	0.9068	0.9364	0.9389	0.8701	0.9624	0.9321	0.8777	0.9622	0.9653	0.9992	0.9750	0.9705	0.9595	0.9489	0.9474	0.7834	0.8345	0.9299	0.8429
渭南市	0.9849	0.9652	0.9740	0.9560	0.9920	0.9926	0.9810	0.9899	0.9940	0.9502	0.9747	0.9797	0.9473	0.9739	0.9772	0.9622	0.9885	0.9837	0.9851	0.9775	0.9675	0.8854	0.9124	0.9670	0.9203
延安市	0.9625	0.9246	0.9859	0.9063	0.9569	0.9906	0.9279	0.9419	0.9563	0.8693	0.9385	0.9244	0.8673	0.9377	0.9428	0.9820	0.9611	0.9525	0.9456	0.9311	0.9216	0.7756	0.8168	0.9099	0.8275
榆林市	0.9581	0.9235	0.9645	0.9089	0.9854	0.9999	0.9470	0.9684	0.9703	0.9154	0.9779	0.9627	0.9190	0.9774	0.9804	0.9901	0.9900	0.9857	0.9803	0.9715	0.9668	0.8395	0.8803	0.9568	0.8883
商洛市	0.8965	0.8403	0.9359	0.8166	0.9327	0.9765	0.8626	0.8967	0.9025	0.8159	0.9328	0.8908	0.8253	0.9326	0.9363	0.9962	0.9481	0.9424	0.9267	0.9134	0.9134	0.7170	0.7760	0.8897	0.7853
太原市	1	0.9933	0.9853	0.9868	0.9606	0.9623	0.9851	0.9753	0.9912	0.9344	0.9253	0.9514	0.9205	0.9238	0.9291	0.9125	0.9488	0.9400	0.9472	0.9364	0.9175	0.8677	0.8806	0.9252	0.8904
长治市	0.9933	1	0.9621	0.9988	0.9416	0.9291	0.9879	0.9685	0.9842	0.9426	0.9002	0.9428	0.9242	0.8986	0.9037	0.8627	0.9233	0.9147	0.9279	0.9190	0.8967	0.8896	0.8901	0.9126	0.8992
晋城市	0.9853	0.9621	1	0.9476	0.9378	0.9677	0.9448	0.9405	0.9646	0.8714	0.9026	0.9112	0.8590	0.9011	0.9078	0.9375	0.9331	0.9213	0.9211	0.9045	0.8865	0.7800	0.8059	0.8842	0.8180
朔州市	0.9868	0.9988	0.9476	1	0.9349	0.9148	0.9879	0.9659	0.9800	0.9480	0.8928	0.9411	0.9287	0.8912	0.8959	0.8426	0.9144	0.9064	0.9219	0.9145	0.8916	0.9023	0.8983	0.9106	0.9068
晋中市	0.9606	0.9416	0.9378	0.9349	1	0.9860	0.9762	0.9936	0.9863	0.9694	0.9941	0.9947	0.9726	0.9937	0.9951	0.9585	0.9982	0.9973	0.9989	0.9963	0.9916	0.9194	0.9480	0.9908	0.9534
运城市	0.9623	0.9291	0.9677	0.9148	0.9860	1	0.9508	0.9706	0.9734	0.9179	0.9769	0.9639	0.9206	0.9764	0.9796	0.9881	0.9898	0.9852	0.9804	0.9715	0.9660	0.8422	0.8817	0.9568	0.8898
忻州市	0.9851	0.9879	0.9448	0.9879	0.9762	0.9762	1	0.9940	0.9963	0.9811	0.9501	0.9822	0.9714	0.9490	0.9519	0.8927	0.9620	0.9580	0.9694	0.9658	0.9507	0.9402	0.9471	0.9637	0.9536
临汾市	0.9753	0.9685	0.9405	0.9659	0.9936	0.9706	0.9706	1	0.9960	0.9847	0.9785	0.9958	0.9818	0.9777	0.9796	0.9264	0.9852	0.9833	0.9904	0.9880	0.9784	0.9421	0.9590	0.9854	0.9646

续表

城市	太原市	长治市	晋城市	朔州市	晋中市	运城市	忻州市	临汾市	吕梁市	郑州市	开封市	洛阳市	新乡市	焦作市	濮阳市	三门峡市	济南市	淄博市	东营市	济宁市	泰安市	德州市	聊城市	滨州市	菏泽市
吕梁市	0.9912	0.9842	0.9646	0.9800	0.9863	0.9734	0.9963	0.9960	1	0.9700	0.9629	0.9837	0.9626	0.9619	0.9651	0.9268	0.9765	0.9718	0.9789	0.9731	0.9596	0.9172	0.9327	0.9669	0.9400
郑州市	0.9344	0.9426	0.8714	0.9480	0.9694	0.9179	0.9811	0.9847	0.9700	1	0.9586	0.9891	0.998	0.9580	0.9579	0.8594	0.9557	0.9578	0.9712	0.9756	0.9674	0.9861	0.9912	0.9828	0.9937
开封市	0.9253	0.9002	0.9026	0.8928	0.9941	0.9769	0.9501	0.9785	0.9629	0.9586	1	0.9887	0.9686	1	0.9999	0.9606	0.9970	0.9989	0.9976	0.9977	0.9887	0.9137	0.9492	0.9937	0.9529
洛阳市	0.9514	0.9428	0.9112	0.9411	0.9947	0.9639	0.9822	0.9958	0.9837	0.9891	0.9887	1	0.9914	0.9883	0.9888	0.9248	0.9886	0.9895	0.9956	0.9965	0.9913	0.9551	0.9751	0.9967	0.9790
新乡市	0.9205	0.9242	0.8590	0.9287	0.9726	0.9206	0.9714	0.9818	0.9626	0.9980	0.9686	0.9914	1	0.9683	0.9673	0.8694	0.9620	0.9655	0.9769	0.9826	0.9777	0.9854	0.9954	0.9901	0.9971
焦作市	0.9238	0.8986	0.9011	0.8912	0.9937	0.9764	0.949	0.9777	0.9619	0.9580	1	0.9883	0.9683	1	0.9999	0.9605	0.9967	0.9988	0.9973	0.9975	0.9988	0.9133	0.949	0.9936	0.9527
濮阳市	0.9291	0.9037	0.9078	0.8959	0.9951	0.9796	0.9519	0.9796	0.9651	0.9579	0.9999	0.9888	0.9673	0.9999	1	0.9632	0.9979	0.9994	0.9980	0.9975	0.9981	0.9112	0.9468	0.9930	0.9508
三门峡市	0.9125	0.8627	0.9375	0.8426	0.9585	0.9881	0.8927	0.9264	0.9268	0.8594	0.9606	0.9248	0.8694	0.9605	0.9632	1	0.9713	0.9675	0.9549	0.9448	0.9454	0.7725	0.8270	0.9256	0.8350
济南市	0.9488	0.9233	0.9331	0.9144	0.9982	0.9898	0.9620	0.9852	0.9765	0.9557	0.9970	0.9886	0.9620	0.9967	0.9979	0.9713	1	0.9995	0.9981	0.9952	0.9929	0.9013	0.9360	0.9883	0.9414
淄博市	0.9400	0.9147	0.9213	0.9064	0.9973	0.9852	0.9580	0.9833	0.9718	0.9578	0.9989	0.9895	0.9655	0.9988	0.9994	0.9675	0.9995	1	0.9987	0.9970	0.9960	0.9073	0.9422	0.9912	0.9470
东营市	0.9472	0.9279	0.9211	0.9219	0.9989	0.9804	0.9694	0.9904	0.9789	0.9712	0.9976	0.9956	0.9769	0.9973	0.9980	0.9549	0.9981	0.9987	1	0.9991	0.9965	0.9262	0.9558	0.9953	0.9603
济宁市	0.9364	0.9190	0.9045	0.9145	0.9963	0.9715	0.9658	0.988	0.9731	0.9756	0.9977	0.9965	0.9826	0.9975	0.9975	0.9448	0.9952	0.9970	0.9991	1	0.9986	0.937	0.9655	0.9984	0.9691
泰安市	0.9175	0.8967	0.8865	0.8916	0.9916	0.9660	0.9507	0.9784	0.9596	0.9674	0.9987	0.9913	0.9777	0.9988	0.9981	0.9454	0.9929	0.9960	0.9965	0.9986	1	0.9307	0.9628	0.9975	0.9657
德州市	0.8677	0.8896	0.7800	0.9023	0.9194	0.8422	0.9402	0.9421	0.9172	0.9861	0.9137	0.9551	0.9854	0.9133	0.9112	0.7725	0.9013	0.9073	0.9262	0.937	0.9307	1	0.9942	0.9534	0.9936
聊城市	0.8806	0.8901	0.8059	0.8983	0.9480	0.8817	0.9471	0.959	0.9327	0.9912	0.9492	0.9751	0.9954	0.949	0.9468	0.8270	0.9360	0.9422	0.9558	0.9655	0.9628	0.9942	1	0.9781	0.9998
滨州市	0.9252	0.9126	0.8842	0.9106	0.9908	0.9568	0.9637	0.9854	0.9669	0.9828	0.9937	0.9967	0.9901	0.9936	0.9930	0.9256	0.9883	0.9912	0.9953	0.9984	0.9975	0.9534	0.9781	1	0.9808
菏泽市	0.8904	0.8992	0.8180	0.9068	0.9534	0.8898	0.9536	0.9646	0.9400	0.9937	0.9529	0.9790	0.9971	0.9527	0.9508	0.8350	0.9414	0.9470	0.9603	0.9691	0.9657	0.9936	0.9998	0.9808	1

表 5 - 38　生态环境资源生态位重叠度测算结果

城市	西宁市	银川市	石嘴山市	吴忠市	固原市	中卫市	兰州市	白银市	天水市	平凉市	庆阳市	定西市	呼和浩特市	包头市	乌海市	鄂尔多斯市	巴彦淖尔市	西安市	铜川市	宝鸡市	咸阳市	渭南市	延安市	榆林市	商洛市
西宁市	1	0.5304	0.5523	0.6659	0.6581	0.5521	0.6358	0.7390	0.5898	0.6146	0.6173	0.7661	0.5962	0.6389	0.6185	0.6105	0.6451	0.6355	0.6274	0.6118	0.4618	0.6387	0.5933	0.6040	0.6865
银川市	0.5304	1	0.7736	0.9748	0.9671	0.7651	0.9819	0.9541	0.8630	0.9196	0.8777	0.8886	0.9025	0.9773	0.8719	0.8672	0.7598	0.9367	0.9613	0.9366	0.8997	0.9714	0.9254	0.9215	0.8754
石嘴山市	0.5523	0.7736	1	0.8594	0.8169	0.9999	0.7919	0.7430	0.8781	0.8630	0.9825	0.8712	0.8630	0.8712	0.9825	0.8856	0.7474	0.7369	0.6840	0.7952	0.8202	0.6981	0.8314	0.6348	0.7404
吴忠市	0.6659	0.9748	0.8594	1	0.9779	0.8529	0.9808	0.9757	0.8928	0.9344	0.9060	0.8981	0.9237	0.9940	0.9392	0.8949	0.7819	0.9218	0.9443	0.9332	0.8877	0.9498	0.9314	0.8827	0.8809
固原市	0.6581	0.9671	0.8169	0.9779	1	0.8117	0.9970	0.9622	0.9432	0.9802	0.9623	0.9494	0.9699	0.9762	0.9017	0.9285	0.8472	0.9661	0.9777	0.9824	0.9459	0.9746	0.9798	0.9269	0.9366
中卫市	0.5521	0.7651	0.9999	0.8529	0.8117	1	0.7855	0.7353	0.8775	0.8422	0.8382	0.6534	0.8611	0.8649	0.9800	0.8843	0.7474	0.7316	0.6768	0.7913	0.8178	0.6905	0.8284	0.6278	0.7372
兰州市	0.6358	0.9819	0.7919	0.9808	0.9970	0.7855	1	0.9709	0.9192	0.9657	0.9802	0.9788	0.9518	0.9574	0.8862	0.9091	0.8248	0.9661	0.9854	0.9748	0.9326	0.9852	0.9674	0.9372	0.9268
白银市	0.7390	0.9541	0.7430	0.9757	0.9622	0.7353	0.9709	1	0.8274	0.8925	0.9361	0.9247	0.8718	0.9102	0.8529	0.8255	0.7403	0.9135	0.9662	0.9059	0.8232	0.9649	0.8900	0.8966	0.8695
天水市	0.5898	0.8630	0.8781	0.8928	0.9432	0.8775	0.9192	0.8274	1	0.9888	0.9885	0.8745	0.8745	0.9453	0.9116	0.9810	0.9181	0.9246	0.8699	0.9687	0.9793	0.8711	0.9855	0.8509	0.9328
平凉市	0.6146	0.9196	0.8630	0.9344	0.9802	0.8422	0.9657	0.8925	0.9888	1	0.9914	0.9247	0.9247	0.9090	0.9044	0.9706	0.9053	0.9616	0.9332	0.9924	0.9830	0.9327	0.9992	0.9055	0.9532
庆阳市	0.6173	0.8777	0.9825	0.9060	0.9623	0.8382	0.9802	0.9361	0.9885	0.9914	1	0.9957	0.9976	0.8986	0.8889	0.9485	0.8770	0.9240	0.9124	0.9716	0.9764	0.8939	0.9876	0.8534	0.9213
定西市	0.7661	0.8886	0.8712	0.8981	0.9494	0.6534	0.9788	0.9247	0.8745	0.9247	0.9957	1	0.9016	0.9335	0.7695	0.8763	0.8775	0.9685	0.9574	0.9506	0.8605	0.9678	0.9255	0.9592	0.9629
呼和浩特市	0.5962	0.9025	0.8630	0.9237	0.9699	0.8611	0.9518	0.8718	0.8745	0.9247	0.9976	0.9016	1	0.9335	0.9119	0.9684	0.8935	0.9406	0.9142	0.9819	0.9859	0.9078	0.9954	0.8744	0.9344
包头市	0.6389	0.9773	0.8712	0.9940	0.9762	0.8649	0.9574	0.9102	0.9453	0.9090	0.8986	0.9335	0.9335	1	0.9460	0.9263	0.8265	0.9425	0.9333	0.9485	0.9059	0.9532	0.9444	0.9062	0.9077
乌海市	0.6185	0.8719	0.9825	0.9392	0.9017	0.9800	0.8862	0.8529	0.9116	0.9044	0.8889	0.7695	0.9119	0.9460	1	0.9207	0.7902	0.8309	0.7996	0.8719	0.8691	0.8138	0.8943	0.7495	0.8198
鄂尔多斯市	0.6105	0.8672	0.8856	0.8949	0.9285	0.8843	0.9091	0.8255	0.9810	0.9706	0.9485	0.8763	0.9684	0.9263	0.9207	1	0.9592	0.9429	0.8451	0.9633	0.9503	0.8777	0.9688	0.8838	0.9582

续表

城市	西宁市	银川市	石嘴山市	吴忠市	固原市	中卫市	兰州市	白银市	天水市	平凉市	庆阳市	定西市	呼和浩特市	包头市	乌海市	鄂尔多斯市	巴彦淖尔市	西安市	铜川市	宝鸡市	咸阳市	渭南市	延安市	榆林市	商洛市
巴彦淖尔市	0.6451	0.7598	0.7474	0.7819	0.8472	0.7474	0.8248	0.7403	0.9181	0.9053	0.8770	0.8775	0.8935	0.8265	0.7902	0.9592	1	0.9239	0.7753	0.9170	0.8717	0.8292	0.9057	0.8871	0.9694
西安市	0.6355	0.9367	0.7369	0.9218	0.9661	0.7316	0.9661	0.9135	0.9246	0.9616	0.9240	0.9685	0.9406	0.9425	0.8309	0.9429	0.9239	1	0.9498	0.9871	0.9297	0.9786	0.9671	0.9854	0.9870
铜川市	0.6274	0.9613	0.6840	0.9443	0.9777	0.6768	0.9854	0.9662	0.8699	0.9332	0.9124	0.9574	0.9142	0.9333	0.7996	0.8451	0.7753	0.9498	1	0.9519	0.8986	0.9864	0.9372	0.9363	0.9025
宝鸡市	0.6118	0.9366	0.7952	0.9332	0.9824	0.7913	0.9748	0.9059	0.9687	0.9924	0.9716	0.9506	0.9819	0.9485	0.8719	0.9633	0.9170	0.9871	0.9519	1	0.9729	0.9621	0.9952	0.9502	0.9742
咸阳市	0.4618	0.8997	0.8202	0.8877	0.9459	0.8178	0.9326	0.8232	0.9793	0.9830	0.9764	0.8605	0.9859	0.9059	0.8691	0.9503	0.8717	0.9297	0.8986	0.9729	1	0.8928	0.9865	0.8708	0.9120
渭南市	0.6387	0.9714	0.6981	0.9498	0.9746	0.6905	0.9852	0.9649	0.8711	0.9327	0.8939	0.9678	0.9078	0.9532	0.8138	0.8777	0.8292	0.9786	0.9864	0.9621	0.8928	1	0.9385	0.9762	0.9390
延安市	0.5933	0.9254	0.8314	0.9314	0.9798	0.8284	0.9674	0.8900	0.9855	0.9992	0.9876	0.9255	0.9954	0.9444	0.8943	0.9688	0.9057	0.9671	0.9372	0.9952	0.9865	0.9385	1	0.9155	0.9557
榆林市	0.6040	0.9215	0.6348	0.8827	0.9269	0.6278	0.9372	0.8695	0.8509	0.9055	0.8534	0.9592	0.8744	0.9062	0.7495	0.8838	0.8871	0.9864	0.9363	0.9502	0.8708	0.9762	0.9155	1	0.9155
商洛市	0.6865	0.8754	0.7404	0.8809	0.9366	0.7372	0.9268	0.8306	0.9328	0.9532	0.9213	0.9629	0.9344	0.9077	0.8198	0.9582	0.9694	0.9870	0.9025	0.9742	0.9390	0.9557	0.9557	0.5651	1
太原市	0.5000	0.8973	0.8845	0.9077	0.9472	0.8826	0.9302	0.9413	0.9892	0.9843	0.9791	0.8442	0.9910	0.9245	0.9200	0.9656	0.8722	0.9156	0.8797	0.9645	0.9923	0.8767	0.9840	0.8444	0.9030
长治市	0.5449	0.9856	0.7135	0.9468	0.9682	0.7054	0.9818	0.8585	0.8746	0.9327	0.8886	0.9328	0.9102	0.9572	0.8224	0.8832	0.8184	0.9736	0.9746	0.9617	0.9131	0.9917	0.9415	0.9704	0.9244
晋城市	0.5453	0.9131	0.8928	0.9286	0.9614	0.8905	0.9458	0.9705	0.9908	0.9905	0.9808	0.8681	0.9940	0.9446	0.9340	0.9752	0.8866	0.9327	0.8949	0.9742	0.9876	0.8973	0.9895	0.3658	0.9212
朔州市	0.6374	0.9771	0.7375	0.9648	0.9896	0.7305	0.9960	0.9295	0.8977	0.9529	0.9239	0.9624	0.9339	0.9633	0.8443	0.8903	0.8233	0.9733	0.9935	0.9715	0.9174	0.9955	0.9567	0.3570	0.9328
晋中市	0.6273	0.9534	0.8524	0.9659	0.9936	0.8483	0.9855	0.9663	0.9721	0.9943	0.9775	0.9318	0.9883	0.9734	0.9213	0.9612	0.8823	0.9680	0.9529	0.9911	0.9704	0.9558	0.9939	0.9194	0.9480
运城市	0.6282	0.9848	0.7665	0.9726	0.9871	0.7594	0.9945	0.9453	0.9018	0.9530	0.9155	0.9525	0.9333	0.9784	0.8677	0.9095	0.8423	0.9796	0.9794	0.9731	0.9180	0.9944	0.9571	0.9641	0.9411
忻州市	0.6624	0.9600	0.8107	0.9648	0.9898	0.8055	0.9874	0.9453	0.9457	0.9789	0.9483	0.9596	0.9639	0.9768	0.8950	0.9550	0.9019	0.9897	0.9604	0.9908	0.9426	0.9792	0.9805	0.9602	0.9713

续表

城市	西宁市	银川市	石嘴山市	吴忠市	固原市	中卫市	兰州市	白银市	天水市	平凉市	庆阳市	定西市	呼和浩特市	包头市	乌海市	鄂尔多斯市	巴彦淖尔市	西安市	铜川市	宝鸡市	咸阳市	渭南市	延安市	榆林市	商洛市
临汾市	0.5308	0.8730	0.8882	0.8939	0.9390	0.8873	0.9173	0.8170	0.9964	0.9847	0.9832	0.8473	0.9925	0.9122	0.9180	0.9742	0.8935	0.9127	0.8643	0.9624	0.9873	0.8631	0.9827	0.8370	0.9115
吕梁市	0.6382	0.9610	0.7958	0.9592	0.9931	0.7907	0.9905	0.9413	0.9501	0.9845	0.9586	0.9600	0.9708	0.9689	0.8820	0.9485	0.8919	0.9887	0.9702	0.9953	0.9554	0.9807	0.9869	0.9580	0.9667
郑州市	0.5105	0.9282	0.8251	0.9208	0.9699	0.8218	0.9597	0.8690	0.9772	0.9909	0.9824	0.8892	0.9909	0.9324	0.8846	0.9483	0.8639	0.9447	0.9307	0.9831	0.9961	0.9226	0.9935	0.8899	0.9211
开封市	0.5841	0.9739	0.7219	0.9466	0.9830	0.7150	0.9898	0.9451	0.9052	0.9573	0.9258	0.9556	0.9383	0.9525	0.8271	0.8992	0.8401	0.9813	0.9875	0.9794	0.9351	0.9933	0.9638	0.9680	0.9413
洛阳市	0.4766	0.8652	0.8526	0.8655	0.9203	0.8514	0.9016	0.7845	0.9870	0.9748	0.9627	0.8406	0.9787	0.8961	0.8848	0.9789	0.9190	0.9245	0.8481	0.9632	0.9880	0.8615	0.9770	0.8608	0.9256
新乡市	0.4523	0.9156	0.8146	0.8948	0.9481	0.8113	0.9389	0.8307	0.9722	0.9805	0.9643	0.8662	0.9797	0.9177	0.8688	0.9551	0.8810	0.9437	0.9032	0.9775	0.9974	0.9073	0.9858	0.8935	0.9228
焦作市	0.4351	0.8886	0.8409	0.8791	0.9324	0.8388	0.9176	0.8016	0.9790	0.9758	0.9691	0.8326	0.9816	0.9003	0.8798	0.9523	0.8666	0.9136	0.8743	0.9614	0.9980	0.8709	0.9789	0.8491	0.8973
濮阳市	0.5590	0.9667	0.7806	0.9514	0.9902	0.7752	0.9895	0.9285	0.9435	0.9806	0.9628	0.9307	0.9714	0.9549	0.8665	0.9201	0.8380	0.9652	0.9770	0.9860	0.9698	0.9697	0.9845	0.9300	0.9280
三门峡市	0.5694	0.9462	0.8078	0.9357	0.9794	0.8035	0.9738	0.8979	0.9679	0.9904	0.9658	0.9318	0.9809	0.9542	0.8810	0.9654	0.9089	0.9834	0.9453	0.9978	0.9794	0.9583	0.9945	0.9464	0.9651
济南市	0.5069	0.8720	0.8103	0.8649	0.9305	0.8086	0.9141	0.8023	0.9833	0.9800	0.9651	0.8789	0.9784	0.8952	0.8567	0.9771	0.9375	0.9494	0.8735	0.9777	0.9868	0.8886	0.9836	0.8971	0.9519
淄博市	0.4129	0.9081	0.8187	0.8795	0.9242	0.8151	0.9176	0.8024	0.9568	0.9612	0.9325	0.8389	0.9582	0.9137	0.8674	0.9603	0.8931	0.9391	0.8695	0.9636	0.9827	0.8918	0.9685	0.8951	0.9203
东营市	0.4410	0.9372	0.8109	0.9111	0.9559	0.8067	0.9511	0.8506	0.9599	0.9762	0.9575	0.8654	0.9741	0.9298	0.8718	0.9408	0.8534	0.9424	0.9189	0.9749	0.9934	0.9198	0.9822	0.8962	0.9105
济宁市	0.3452	0.8357	0.7050	0.7815	0.8538	0.7020	0.8483	0.7116	0.9074	0.9091	0.8714	0.8120	0.8999	0.8320	0.7573	0.9270	0.9127	0.9216	0.8093	0.9282	0.9410	0.8492	0.9217	0.8973	0.9164
泰安市	0.5263	0.9208	0.8038	0.9036	0.9521	0.8001	0.9451	0.8522	0.9654	0.9785	0.9481	0.9062	0.9691	0.9339	0.8676	0.9755	0.9334	0.9776	0.9071	0.9884	0.9762	0.9333	0.9842	0.9419	0.9676
德州市	0.5144	0.9341	0.8157	0.9208	0.9703	0.8120	0.9620	0.8709	0.9753	0.9910	0.9748	0.9011	0.9873	0.9379	0.8793	0.9582	0.8865	0.9614	0.9322	0.9901	0.9943	0.9344	0.9950	0.9143	0.9399
聊城市	0.6172	0.9110	0.9031	0.9387	0.9635	0.9008	0.9475	0.8756	0.9883	0.9884	0.9715	0.8916	0.9876	0.9579	0.9466	0.9908	0.9201	0.9484	0.8911	0.9768	0.9677	0.9076	0.9858	0.8864	0.9470
滨州市	0.0677	0.6824	0.7825	0.6462	0.6315	0.7801	0.6281	0.4839	0.7335	0.6971	0.6453	0.4614	0.7058	0.7118	0.7607	0.7880	0.6923	0.6611	0.5151	0.6880	0.7602	0.5803	0.7063	0.6107	0.6449
菏泽市	0.5453	0.9150	0.7851	0.8991	0.9569	0.7816	0.9485	0.8570	0.9686	0.9835	0.9585	0.9220	0.9740	0.9258	0.8531	0.9706	0.9347	0.9810	0.9188	0.9934	0.9788	0.9383	0.9889	0.9452	0.9729

续表

城市	太原市	长治市	晋城市	朔州市	晋中市	运城市	忻州市	临汾市	吕梁市	郑州市	开封市	洛阳市	新乡市	焦作市	濮阳市	三门峡市	济南市	淄博市	东营市	济宁市	泰安市	德州市	聊城市	滨州市	菏泽市
西宁市	0.5000	0.5449	0.5453	0.6374	0.6273	0.6282	0.6624	0.5308	0.6382	0.5105	0.5841	0.4766	0.4523	0.4351	0.5590	0.5694	0.5069	0.4129	0.4410	0.3452	0.5263	0.5144	0.6172	0.0677	0.5453
银川市	0.8973	0.9856	0.9131	0.9771	0.9534	0.9848	0.9600	0.8730	0.9610	0.9282	0.9739	0.8652	0.9156	0.8886	0.9667	0.9462	0.8720	0.9081	0.9372	0.8357	0.9208	0.9341	0.9110	0.6824	0.9150
石嘴山市	0.8845	0.7135	0.8928	0.7375	0.8524	0.7665	0.8107	0.8882	0.7958	0.8251	0.7219	0.8526	0.8146	0.8409	0.7806	0.8078	0.8103	0.8187	0.8109	0.7050	0.8038	0.8157	0.9031	0.7825	0.7851
吴忠市	0.9077	0.9468	0.9286	0.9648	0.9659	0.9726	0.9648	0.8939	0.9592	0.9208	0.9466	0.8655	0.8948	0.8791	0.9514	0.9357	0.8649	0.8795	0.9111	0.7815	0.9036	0.9208	0.9387	0.6462	0.8991
固原市	0.9472	0.9682	0.9614	0.9896	0.9936	0.9871	0.9898	0.9390	0.9931	0.9699	0.9830	0.9203	0.9481	0.9324	0.9902	0.9794	0.9305	0.9242	0.9559	0.8538	0.9521	0.9703	0.9635	0.6315	0.9569
中卫市	0.8826	0.7054	0.8905	0.7305	0.8483	0.7594	0.8055	0.8873	0.7907	0.8218	0.7150	0.8514	0.8113	0.8388	0.7752	0.8035	0.8086	0.8151	0.8067	0.7020	0.8001	0.8120	0.9008	0.7801	0.7816
兰州市	0.9302	0.9818	0.9458	0.9960	0.9855	0.9945	0.9874	0.9173	0.9905	0.9597	0.9898	0.9016	0.9389	0.9176	0.9895	0.9738	0.9141	0.9176	0.9511	0.8483	0.9451	0.9620	0.9475	0.6281	0.9485
白银市	0.8306	0.9413	0.8585	0.9705	0.9295	0.9663	0.9453	0.817	0.9413	0.8690	0.8451	0.7845	0.8307	0.8016	0.9285	0.8979	0.8023	0.8024	0.8506	0.7116	0.8522	0.8709	0.8756	0.4839	0.8570
天水市	0.9892	0.8746	0.9908	0.8977	0.9721	0.9018	0.9457	0.9964	0.9501	0.9772	0.9052	0.9870	0.9722	0.9790	0.9435	0.9679	0.9833	0.9568	0.9599	0.9074	0.9654	0.9753	0.9883	0.7335	0.9686
平凉市	0.9843	0.9327	0.9905	0.9529	0.9943	0.9530	0.9789	0.9847	0.9845	0.9909	0.9573	0.9748	0.9805	0.9758	0.9806	0.9904	0.9800	0.9612	0.9762	0.9091	0.9785	0.9910	0.9884	0.6971	0.9835
庆阳市	0.9791	0.8886	0.9808	0.9239	0.9775	0.9155	0.9483	0.9832	0.9586	0.9824	0.9258	0.9627	0.9643	0.9691	0.9628	0.9658	0.9651	0.9325	0.9575	0.8714	0.9481	0.9748	0.9715	0.6453	0.9585
定西市	0.8442	0.9328	0.8681	0.9624	0.9318	0.9525	0.9596	0.8473	0.9600	0.8892	0.9556	0.8406	0.8662	0.8326	0.9307	0.9318	0.8789	0.8389	0.8654	0.8120	0.9062	0.9011	0.8916	0.4614	0.9220
呼和浩特市	0.9910	0.9102	0.9940	0.9339	0.9883	0.9333	0.9639	0.9925	0.9708	0.9909	0.9383	0.9787	0.9797	0.9816	0.9714	0.9809	0.9784	0.9582	0.9741	0.8999	0.9691	0.9873	0.9876	0.7058	0.9740
包头市	0.9245	0.9572	0.9446	0.9633	0.9734	0.9784	0.9768	0.9122	0.9689	0.9324	0.9525	0.8961	0.9177	0.9003	0.9549	0.9542	0.8952	0.9137	0.9298	0.8320	0.9339	0.9379	0.9579	0.7118	0.9258
乌海市	0.9200	0.8224	0.9340	0.8443	0.9213	0.8677	0.8950	0.9180	0.8820	0.8846	0.8271	0.8848	0.8688	0.8798	0.8665	0.8810	0.8567	0.8674	0.8718	0.7573	0.8676	0.8793	0.9466	0.7607	0.8531
鄂尔多斯市	0.9656	0.8832	0.9752	0.8903	0.9612	0.9095	0.9550	0.9742	0.9485	0.9483	0.8992	0.9789	0.9551	0.9523	0.9201	0.9654	0.9771	0.9603	0.9408	0.9270	0.9755	0.9582	0.9908	0.7880	0.9706

续表

城市	太原市	长治市	晋城市	朔州市	晋中市	运城市	忻州市	临汾市	吕梁市	郑州市	开封市	洛阳市	新乡市	焦作市	濮阳市	三门峡市	济南市	淄博市	东营市	济宁市	泰安市	德州市	聊城市	滨州市	菏泽市
巴彦淖尔市	0.8722	0.8184	0.8864	0.8233	0.8828	0.8423	0.9019	0.8935	0.8919	0.8639	0.8401	0.9190	0.8810	0.8666	0.8380	0.9089	0.9375	0.8931	0.8534	0.9127	0.9334	0.8865	0.9201	0.6923	0.9347
西安市	0.9156	0.9736	0.9327	0.9733	0.9680	0.9796	0.9897	0.9127	0.9887	0.9447	0.9813	0.9245	0.9437	0.9136	0.9652	0.9834	0.9494	0.9391	0.9424	0.9216	0.9776	0.9614	0.9484	0.6611	0.9810
铜川市	0.8797	0.9746	0.8949	0.9935	0.9529	0.9794	0.9604	0.8643	0.9702	0.9307	0.9875	0.8481	0.9032	0.8743	0.9770	0.9453	0.8735	0.8695	0.9189	0.8093	0.9071	0.9322	0.8911	0.5151	0.9188
宝鸡市	0.9645	0.9617	0.9742	0.9715	0.9911	0.9731	0.9908	0.9624	0.9953	0.9831	0.9794	0.9632	0.9775	0.9614	0.986	0.9978	0.9777	0.9636	0.9749	0.9282	0.9884	0.9901	0.9768	0.6880	0.9934
咸阳市	0.9923	0.9131	0.9876	0.9174	0.9704	0.9180	0.9426	0.9873	0.9554	0.9961	0.9351	0.9880	0.9974	0.9980	0.9698	0.9794	0.9868	0.9827	0.9934	0.9410	0.9762	0.9943	0.9677	0.7602	0.9788
渭南市	0.8767	0.9917	0.8973	0.9955	0.9558	0.9944	0.9792	0.8631	0.9807	0.9226	0.9933	0.8615	0.9073	0.8709	0.9697	0.9583	0.8886	0.8918	0.9198	0.8492	0.9333	0.9344	0.9076	0.5803	0.9383
延安市	0.9840	0.9415	0.9895	0.9567	0.9939	0.9571	0.9805	0.9827	0.9869	0.9935	0.9638	0.9770	0.9858	0.9789	0.9845	0.9945	0.9836	0.9685	0.9822	0.9217	0.9842	0.9950	0.9858	0.7063	0.9889
榆林市	0.8444	0.9704	0.8658	0.9570	0.9194	0.9641	0.9602	0.8370	0.9580	0.8899	0.9680	0.8608	0.8935	0.8491	0.9300	0.9464	0.8971	0.8951	0.8962	0.8973	0.9419	0.9143	0.8864	0.6107	0.9452
商洛市	0.9030	0.9244	0.9212	0.9328	0.9480	0.9411	0.9115	0.9667	0.9211	0.9256	0.9413	0.9256	0.9228	0.8973	0.9280	0.9651	0.9519	0.9203	0.9105	0.9164	0.9676	0.9399	0.9470	0.6449	0.9729
太原市	1	0.8956	0.9978	0.9059	0.9749	0.9119	0.9424	0.9974	0.9901	0.9901	0.9167	0.9893	0.9881	0.9950	0.9585	0.9719	0.9793	0.9759	0.9837	0.9169	0.9679	0.9861	0.9836	0.7832	0.9666
长治市	0.8956	1	0.9113	0.9885	0.9565	0.9929	0.9745	0.8766	0.9620	0.9368	0.9939	0.8827	0.9309	0.8966	0.9756	0.9662	0.9029	0.9240	0.9455	0.8837	0.9482	0.9491	0.9130	0.7746	0.9520
晋城市	0.9978	0.9113	1	0.9231	0.9853	0.9308	0.9597	0.9958	0.9882	0.9897	0.9301	0.9866	0.9856	0.9887	0.9654	0.9799	0.9790	0.9747	0.9819	0.9139	0.9742	0.9879	0.9927	0.5905	0.9761
朔州市	0.9059	0.9885	0.9231	1	0.9731	0.9904	0.9905	0.8926	0.9855	0.9461	0.9958	0.8824	0.9262	0.8978	0.9851	0.9682	0.9033	0.9043	0.9388	0.8477	0.9392	0.9518	0.9266	0.6972	0.9520
晋中市	0.9749	0.9565	0.9853	0.9731	1	0.9759	0.9731	0.8985	0.9931	0.9855	0.9725	0.9573	0.9721	0.9623	0.9884	0.9911	0.9620	0.9551	0.9742	0.8922	0.9741	0.9867	0.9863	0.6454	0.9719
运城市	0.9119	0.9929	0.9308	0.9904	0.9759	1	0.9905	0.9759	0.9901	0.9447	0.9931	0.8937	0.9314	0.9022	0.9804	0.9734	0.9109	0.9200	0.9432	0.8660	0.9514	0.9542	0.9394	0.6762	0.9704
忻州市	0.9424	0.9745	0.9597	0.9905	0.9731	0.9905	1	0.9378	0.9979	0.9620	0.9833	0.9340	0.9520	0.9302	0.9798	0.9888	0.9483	0.9422	0.9545	0.8947	0.9746	0.9715	0.9726	0.7704	0.9759
临汾市	0.9974	0.8766	0.9958	0.8926	0.8985	0.9759	0.9378	1	0.9440	0.9832	0.9028	0.9915	0.9811	0.9901	0.9461	0.9667	0.9824	0.9682	0.9719	0.9137	0.9651	0.9796	0.9860	0.7660	0.9653

续表

城市	太原市	长治市	晋城市	朔州市	晋中市	运城市	忻州市	临汾市	吕梁市	郑州市	开封市	洛阳市	新乡市	焦作市	濮阳市	三门峡市	济南市	淄博市	东营市	济宁市	泰安市	德州市	聊城市	滨州市	菏泽市
吕梁市	0.9499	0.9776	0.9639	0.9882	0.9931	0.9901	0.9979	0.9440	1	0.9734	0.9898	0.9396	0.9624	0.9419	0.9898	0.9931	0.9548	0.9476	0.9655	0.9008	0.9769	0.9805	0.9699	0.6663	0.9806
郑州市	0.9901	0.9368	0.9897	0.9461	0.9855	0.9447	0.9620	0.9832	0.9734	1	0.9573	0.9774	0.9941	0.9909	0.9863	0.9875	0.9787	0.9752	0.9943	0.9230	0.9763	0.9976	0.9732	0.7295	0.9798
开封市	0.9167	0.9939	0.9301	0.9958	0.9725	0.9931	0.9833	0.9028	0.9898	0.9573	1	0.9026	0.9458	0.9167	0.9896	0.9787	0.9245	0.9287	0.9562	0.8869	0.9573	0.9655	0.9293	0.6275	0.9626
洛阳市	0.9893	0.8827	0.9866	0.8824	0.9573	0.8937	0.9340	0.9915	0.9396	0.9774	0.9026	1	0.9882	0.9914	0.9376	0.9706	0.9951	0.9868	0.9762	0.9573	0.9810	0.9810	0.9782	0.8123	0.9788
新乡市	0.9881	0.9309	0.9856	0.9262	0.9721	0.9314	0.9520	0.9811	0.9624	0.9941	0.9458	0.9882	1	0.9954	0.9727	0.9861	0.9887	0.9924	0.9974	0.9571	0.9865	0.9966	0.9692	0.7343	0.9862
焦作市	0.9950	0.8966	0.9887	0.8978	0.9623	0.9022	0.9302	0.9901	0.9419	0.9909	0.9167	0.9914	0.9954	1	0.9569	0.9707	0.9846	0.9849	0.9906	0.9409	0.9714	0.9886	0.9677	0.7926	0.9710
濮阳市	0.9585	0.9756	0.9654	0.9851	0.9884	0.9804	0.9798	0.9461	0.9898	0.9863	0.9896	0.9376	0.9882	0.9569	1	0.9874	0.9487	0.9503	0.9809	0.8938	0.9655	0.9867	0.9546	0.6642	0.9708
三门峡市	0.9719	0.9662	0.9799	0.9682	0.9911	0.9734	0.9888	0.9667	0.9931	0.9875	0.9787	0.9706	0.9861	0.9707	0.9874	1	0.9810	0.9773	0.9853	0.9408	0.9937	0.9949	0.9794	0.7292	0.9952
济南市	0.9793	0.9029	0.9790	0.9033	0.9620	0.9109	0.9483	0.9824	0.9548	0.9787	0.9245	0.9951	0.9887	0.9846	0.9487	0.9810	1	0.9848	0.9762	0.9674	0.9900	0.9857	0.9741	0.7727	0.9916
淄博市	0.9759	0.9240	0.9747	0.9043	0.9551	0.9200	0.9422	0.9682	0.9476	0.9752	0.9287	0.9868	0.9924	0.9849	0.9503	0.9773	0.9848	1	0.9885	0.9762	0.9889	0.9841	0.9639	0.8447	0.9821
东营市	0.9837	0.9455	0.9819	0.9388	0.9742	0.9432	0.9545	0.9719	0.9655	0.9943	0.9562	0.9762	0.9974	0.9906	0.9809	0.9853	0.9762	0.9885	1	0.9449	0.9807	0.9957	0.9629	0.7787	0.9796
济宁市	0.9169	0.8837	0.9139	0.8477	0.8922	0.8660	0.8947	0.9137	0.9008	0.9230	0.8869	0.9573	0.9571	0.9409	0.8938	0.9408	0.9674	0.9762	0.9449	1	0.9696	0.9425	0.9075	0.8303	0.9643
泰安市	0.9679	0.9482	0.9742	0.9392	0.9741	0.9514	0.9746	0.9651	0.9769	0.9763	0.9573	0.9810	0.9865	0.9714	0.9655	0.9937	0.9900	0.9889	0.9807	0.9696	1	0.9885	0.9762	0.7798	0.9980
德州市	0.9861	0.9491	0.9879	0.9518	0.9867	0.9542	0.9715	0.9796	0.9805	0.9976	0.9655	0.9810	0.9966	0.9886	0.9867	0.9949	0.9857	0.9841	0.9957	0.9425	0.9885	1	0.9765	0.7454	0.9905
聊城市	0.9836	0.9130	0.9927	0.9266	0.9863	0.9394	0.9726	0.9860	0.9699	0.9732	0.9293	0.9782	0.9692	0.9677	0.9546	0.9794	0.9741	0.9639	0.9629	0.9075	0.9762	0.9765	1	0.7655	0.9730
滨州市	0.7832	0.6597	0.7746	0.5905	0.6972	0.6454	0.6762	0.7704	0.6663	0.7295	0.6275	0.8123	0.7843	0.7926	0.6642	0.7292	0.7727	0.8447	0.7787	0.8303	0.7798	0.7454	0.7655	1	0.7428
菏泽市	0.9666	0.9478	0.9724	0.9452	0.9761	0.9520	0.9759	0.9653	0.9806	0.9798	0.9626	0.9788	0.9862	0.9710	0.9708	0.9952	0.9916	0.9821	0.9796	0.9643	0.9980	0.9905	0.9730	0.7428	1

（4）从黄河流域上游来看，黄河流域下游城市整体的生态环境资源生态位重叠度明显高于中上游城市，竞争比较激烈，尤其是下游城市之间的生态位重叠度最高，竞争非常激烈。

5.7 生态位网络结构分析

根据 4.1.4 小节中网络结构分析方法，首先，利用 Ucinet 可视化工具 Netdraw 绘制出空间关联网络图，动态展示黄河流域城市七个资源生态位的联动空间结构形态。其次，选取度数中心度，即点的出度入度、接近中心度和中介中心度三个指标进行分析，[146]揭示城市在每个生态位空间网络中的地位和作用。

5.7.1 基础设施资源生态位网络结构分析

5.7.1.1 整体网络特征

基础设施资源空间关联网络如图 5-1 所示。由图 5-1 可知，处于整个网络中心的有郑州市、西安市、洛阳市和太原市，而处于较边缘位置的有中卫市、西宁市和巴彦淖尔市。

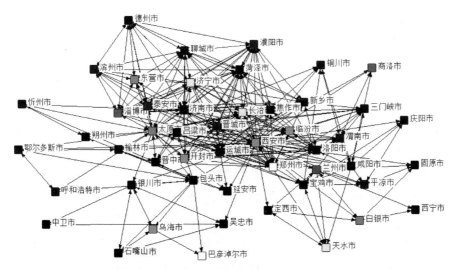

图 5-1 基础设施资源生态位空间关联网络

由表 5 – 39 所示的基础设施资源生态位空间关联整体网络结构特征可以得出，黄河流域 50 个城市的基础设施资源空间关联实际关系数为 437 个，而理论存在最大可能的关系数为 2450 个，因此网络密度为 0.1784，意味着基础设施资源生态位具有一定程度的关联，但关联程度不高。网络关联度为 1，表明在基础设施资源生态位其连通性和可达性较强。其网络效率为 0.8095，具有少量冗余连线，但是整体网络较为稳定。网络等级度为 0.2841，说明网络完善程度较差，城市均存在着溢出现象。聚类系数为 0.628，表明城市在基础设施资源上存在着交互影响的现象。

表 5 – 39   **基础设施资源生态位空间关联整体网络结构特征**

实际关系数	理论关系数	网络密度	网络关联度	网络效率	网络等级度	聚类系数
437	2450	0.1784	1.000	0.8095	0.2841	0.628

5.7.1.2 个体网络特征

表 5 – 40 为基础设施资源关联网络的中心性分析，由表中数据可得：

（1）度数中心度。基础设施发展具有很强的不均衡性特征。西安市、郑州市、太原市、洛阳市的度数中心度排名靠前，在基础设施发展上表现良好。从其点的出度入度来看，太原市、郑州市的点入度最高，西安市的点出度最高，这些城市都是发达省份的核心城市，能够凭借较高的经济发展水平，不断提高其在基础设施建设上的出度和入度，也可以提升其总体的度数中心度。而排名较低的城市为西宁市、巴彦淖尔市和中卫市，受到地理位置的影响，这些城市经济发展受限，因而在基础设施的发展上较为艰难。

（2）中介中心度。中介中心度之间差异悬殊，最高的为西安市，其度数中心度可以达到 782.828，证明西安市在基础设施的建设上处于中心地位，可以发挥自己强有力的核心作用，对其他城市起到较强的带动作用。而西宁市、中卫市、庆阳市、呼和浩特市、巴彦淖尔市、铜川市、延安市、商洛市、朔州市、东营市的中间中心度为 0，表明这些城市与其他城市的互通性较弱，其在基础设施建设上与其他城市的关联性亟待提高。

（3）接近中心度。接近中心度的分布较为均衡，城市之间的差异性较小，大部分城市的接近中心度相差不大，集中分布在 [22，27] 之间，这表明在基础设施建设上城市之间可以快速产生联系。其中排名最高的为太原市和郑州市两个城市，而排名最低的为西宁市。

表 5 - 40 基础设施资源生态位关联网络中心性特征

城市	点出度	点入度	中介中心度	接近中心度
西宁市	1	2	0.000	13.317
银川市	4	6	73.139	22.833
石嘴山市	3	4	2.700	17.133
吴忠市	3	3	18.051	19.167
固原市	1	4	1.750	19.167
中卫市	0	2	0.000	16.133
兰州市	6	4	91.833	18.500
白银市	4	3	20.000	18.000
天水市	3	5	166.667	19.333
平凉市	3	6	104.833	20.167
庆阳市	1	4	0.000	18.667
定西市	3	4	22.250	18.500
呼和浩特市	2	3	0.000	17.717
包头市	13	5	175.997	20.333
乌海市	3	3	3.000	16.633
鄂尔多斯市	3	5	5.343	20.333
巴彦淖尔市	0	2	0.000	16.467
西安市	38	14	782.828	26.833
铜川市	3	6	0.000	21.000
宝鸡市	7	8	164.158	23.500
咸阳市	11	9	34.289	23.167
渭南市	10	10	21.578	23.667
延安市	0	5	0.000	21.000
榆林市	5	5	12.917	20.333
商洛市	3	4	0.000	18.500
太原市	35	18	461.138	28.000
长治市	19	16	67.842	26.667

续表

城市	点出度	点入度	中介中心度	接近中心度
晋城市	13	13	8.896	25.167
朔州市	0	3	0.000	18.217
晋中市	4	11	11.924	24.500
运城市	20	14	60.777	25.667
忻州市	3	3	1.518	18.050
临汾市	6	10	2.812	23.667
吕梁市	3	8	2.651	22.667
郑州市	25	17	107.240	27.167
开封市	10	14	1.759	25.667
洛阳市	19	16	53.216	26.667
新乡市	15	15	13.001	26.167
焦作市	7	13	0.350	25.167
濮阳市	10	16	4.312	26.667
三门峡市	5	11	5.378	23.833
济南市	21	15	101.120	26.167
淄博市	12	11	18.123	24.167
东营市	6	8	0.000	20.883
济宁市	18	14	21.865	25.667
泰安市	10	13	9.731	25.167
德州市	10	10	10.332	22.217
聊城市	14	16	29.562	26.667
滨州市	6	10	0.354	22.217
菏泽市	16	16	15.767	26.667

5.7.2 服务业资源生态位网络结构分析

5.7.2.1 整体网络特征

服务业资源空间关联网络如图 5-2 所示。由图 5-2 可知，黄河流域的 50 个城市中大多数城市处于网络中心位置，而处于较边缘位置的有乌海市和中卫市。

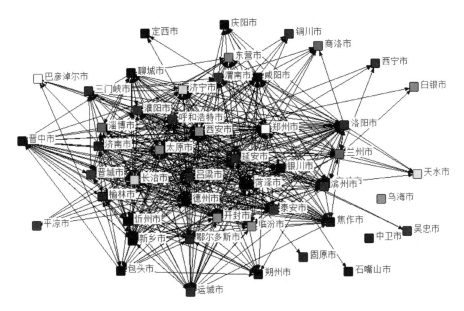

图 5 - 2　服务业资源生态位空间关联网络

由表 5 - 41 所示的服务业资源生态位空间关联整体网络结构特征可以得出，黄河流域 50 个城市的服务业资源空间关联实际关系数为 733 个，而理论存在最大可能的关系数为 2450 个，因此网络密度为 0.2992，意味着服务业资源生态位的网络关联程度不高，整体网络的稳定性还有待进一步的加强。网络关联度为 0.9208，表明在服务业资源生态位其连通性和可达性较好，除乌海市与中卫市之外，其他城市之间均有直接或间接的联系。网络效率为 0.6309，表明城市之间具有少量冗余连线，降低了服务业资源的传递效率。网络等级度为 0.2593，说明网络完善程度较差，边缘城市在服务业资源生态位上发挥的作用较小。聚类系数为 0.736，表明城市之间的联系较为频繁。

表 5 - 41　　服务业资源生态位空间关联整体网络结构特征

实际关系数	理论关系数	网络密度	网络关联度	网络效率	网络等级度	聚类系数
733	2450	0.2992	0.9208	0.6309	0.2593	0.736

5.7.2.2　个体网络特征

表 5 - 42 为服务业资源关联网络的中心性分析，由表中数据可得：

（1）度数中心度。其中整体较高的有西安市、济南市、郑州市、洛阳市和太原市。表明这些城市在服务业资源发展上的关联关系数较多。而点出度较高的城市有西安市、郑州市，它们均是省会城市，拥有丰厚的经济条件做支撑，因此在服务业资源上表现出强大的服务业资源辐射能力。从点入度来看，太原市排名第一，反映了它对其他城市的资源吸收能力。而排名最低的城市为乌海市和中卫市，受地理位置与经济条件限制，这两个城市在服务业资源方面与其他城市空间联系较少，在空间关联网络中处于边缘位置。

（2）中介中心度。据表中数据来看，黄河流域的中介中心度呈现出两极分化的现象。最高的为西安市，可以达到322.936。最低的为0，且有较多城市，分别为西宁市、石嘴山市、吴忠市、固原市、中卫市、白银市、天水市、平凉市、庆阳市、定西市、乌海市、巴彦淖尔市、铜川市、商洛市和东营市，这些城市大多数处于我国内蒙古自治区和宁夏回族自治区，地区较为偏远，可见，城市的经济发展水平决定的市场规模和消费能力是影响服务业资源经济发展的主要因素。

（3）接近中心度。在接近中心度方面，除乌海市与中卫市之外，其他城市均处在一个相对较均衡的水平，区间为［25，30］之间，排名第一的为太原市，其次是郑州市和西安市，且大多数城市在25以上，整体的空间流动效率较高。

表5-42　　　　　　　服务业资源生态位关联网络中心性特征

城市	点出度	点入度	中介中心度	接近中心度
西宁市	1	3	0.000	20.833
银川市	8	11	52.752	25.333
石嘴山市	0	1	0.000	16.083
吴忠市	0	2	0.000	19.500
固原市	0	1	0.000	18.833
中卫市	0	0	0.000	0.000
兰州市	18	12	168.897	26.000
白银市	1	2	0.000	19.500
天水市	1	6	0.000	22.500
平凉市	0	6	0.000	23.167
庆阳市	0	8	0.000	24.167
定西市	1	2	0.000	19.500

城市	点出度	点入度	中介中心度	接近中心度
呼和浩特市	18	11	10.991	24.833
包头市	12	11	7.666	25.333
乌海市	0	0	0.000	0.000
鄂尔多斯市	12	12	11.215	25.833
巴彦淖尔市	0	5	0.000	21.167
西安市	46	27	322.936	33.500
铜川市	0	4	0.000	20.667
宝鸡市	9	11	49.750	25.500
咸阳市	15	18	25.474	29.000
渭南市	17	19	26.683	29.500
延安市	37	23	121.097	31.500
榆林市	23	18	40.817	28.833
商洛市	3	7	0.000	22.500
太原市	35	30	141.309	34.833
长治市	22	23	14.176	30.833
晋城市	13	21	2.914	29.833
朔州市	6	12	1.974	25.333
晋中市	13	26	17.228	32.333
运城市	19	19	14.705	29.000
忻州市	4	17	0.828	27.833
临汾市	19	25	15.076	31.833
吕梁市	7	19	3.172	28.833
郑州市	40	28	131.561	33.833
开封市	22	21	7.639	29.833
洛阳市	38	27	93.210	33.333
新乡市	28	23	17.964	30.833
焦作市	24	25	17.711	31.833
濮阳市	16	19	2.077	28.833
三门峡市	9	17	1.064	27.833
济南市	35	20	36.748	29.333
淄博市	19	17	3.173	27.833
东营市	10	13	0.000	25.667

城市	点出度	点入度	中介中心度	接近中心度
济宁市	27	18	10.218	28.333
泰安市	20	18	3.668	28.333
德州市	25	21	14.973	29.833
聊城市	20	18	3.668	28.333
滨州市	15	15	0.660	26.667
菏泽市	25	21	12.006	29.833

5.7.3　对外开放资源生态位网络结构分析

5.7.3.1　整体网络特征

对外开放资源空间关联网络如图 5-3 所示。由图 5-3 可知，大多数城市处于网络中心位置，而明显处于较边缘位置的有平凉市、庆阳市和定西市。

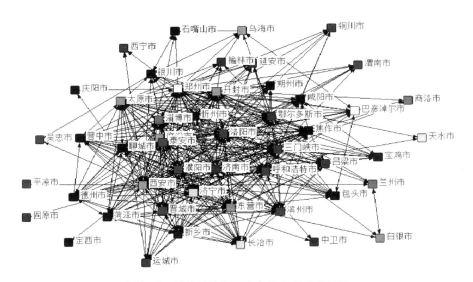

图 5-3　对外开放资源生态位空间关联网络

由表 5-43 中的检验结果可知，黄河流域 50 个城市的对外开放资源空间关联实际关系数为 612 个，而理论存在最大可能的关系数为 2450 个，因此网络密度为 0.2498，意味着对外开放资源生态位的网络关联程度较强，各区域之间的对外开放资源联系紧密。网络关联度为 1，表明在对外开放资源生态位其连通性较好，城市之间均存在直接或间接的联系。网络效率为 0.7058，表明城市之间存在较多的冗余连线，对外开放资源之间的传递效率较低。网络等级度为 0.4683，表明网络完善程度还需进一步加强。聚类系数为 0.736，较高的聚类系数表明对外开放资源间存在相互联系与交互影响。

表 5 - 43　　　　　对外开放资源生态位空间关联整体网络结构特征

实际关系数	理论关系数	网络密度	网络关联度	网络效率	网络等级度	聚类系数
612	2450	0.2498	1.000	0.7058	0.4683	0.736

5.7.3.2　个体网络特征。

表 5 - 44 为对外开放资源关联网络的中心性分析，由表中数据可得：

（1）度数中心度。在对外开放水平上，度数中心度呈现出两极分化的现象，排名第一的城市为西安市，其次有咸阳市、宝鸡市、太原市、晋中市、三门峡市、银川市、郑州市和济南市，在对外开放资源层面具有较高的掌控权。而排名较低的有庆阳市、定西市和平凉市，但其入度值要大于出度值，说明它们在对外开放资源上受益效益要高于溢出效率。

（2）中介中心度。由表中数据可知，中介中心度最高的城市为西安市，远远高于排名第二的太原市，达到 408.179，太原市数值为 164.325。西安市为陕西省省会城市，太原市位于山西省，其旅游资源、进出口额都相对较高。因此这两座城市在对外开放资源方面起到主导作用。

（3）接近中心度。接近中心度整体相差不大，集中在 [20，27] 之间，且均值较高，城市接近中心度的值越大，证明其在对外开放层面越不受其他城市的控制，而排名相对靠前的城市与黄河流域内其他城市的通达性较好，可以与其他城市之间快速产生关联。

表 5 - 44　　　　　对外开放资源生态位关联网络中心性特征

城市	点出度	点入度	中介中心度	接近中心度
西宁市	0	2	0.000	16.617
银川市	3	10	60.272	21.833
石嘴山市	1	4	0.000	18.167
吴忠市	0	2	0.000	17.000
固原市	0	1	0.000	15.617
中卫市	0	2	0.000	16.617

续表

城市	点出度	点入度	中介中心度	接近中心度
兰州市	1	5	0.667	18.617
白银市	1	3	0.000	17.617
天水市	0	2	0.000	16.617
平凉市	0	1	0.000	15.617
庆阳市	0	2	0.000	16.617
定西市	0	1	0.000	15.617
呼和浩特市	17	16	104.628	24.583
包头市	3	11	0.100	21.917
乌海市	3	5	94.286	18.833
鄂尔多斯市	20	16	122.738	24.583
巴彦淖尔市	4	11	137.460	22.167
西安市	49	22	408.179	27.283
铜川市	1	6	0.000	18.283
宝鸡市	2	9	0.000	20.283
咸阳市	5	11	4.256	21.283
渭南市	1	6	0.000	18.283
延安市	0	9	0.000	21.283
榆林市	0	5	0.000	19.117
商洛市	0	4	0.000	17.783
太原市	34	24	164.325	28.283
长治市	16	20	11.121	25.783
晋城市	11	18	0.053	24.783
朔州市	0	9	0.000	21.117
晋中市	4	22	4.523	27.283
运城市	1	10	0.000	20.783
忻州市	1	8	0.000	19.617
临汾市	0	6	0.000	19.283
吕梁市	2	18	0.000	25.283
郑州市	45	21	161.990	26.783
开封市	37	21	52.756	26.783
洛阳市	37	21	55.604	26.783
新乡市	25	20	9.607	26.283
焦作市	25	21	12.875	26.783

续表

城市	点出度	点入度	中介中心度	接近中心度
濮阳市	20	19	2.441	25.283
三门峡市	31	22	91.789	27.283
济南市	32	20	23.931	26.283
淄博市	23	17	1.447	24.283
东营市	24	18	5.153	25.283
济宁市	21	18	1.333	24.783
泰安市	32	20	23.931	26.283
德州市	18	18	2.165	25.283
聊城市	20	18	1.075	24.783
滨州市	23	18	3.910	25.283
菏泽市	19	19	2.388	25.283

5.7.4　创新资源生态位网络结构分析

5.7.4.1　整体网络特征

创新资源空间关联网络如图 5 - 4 所示。由图 5 - 4 可知，处于整个网络中心的有濮阳市、滨州市、新乡市、洛阳市和太原市等，与其他城市之间连线较少的城市有巴彦淖尔市、朔州市、庆阳市、平凉市等。

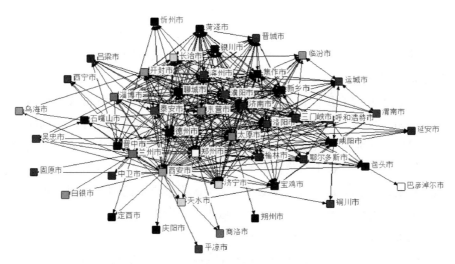

图 5 - 4　创新资源生态位空间关联网络

由表 5-45 所示的创新资源生态位空间关联整体网络结构特征可以得出，黄河流域 50 个城市的创新资源空间关联实际关系数为 550 个，而理论存在最大可能的关系数为 2450 个，因此网络密度为 0.2245，意味着创新资源生态位的关联程度相对较好，但整体网络稳定性的构建还需进一步努力。网络关联度为 1，表明在创新资源生态位上城市两两之间均有直接或间接的联系。网络效率为 0.7449，表明城市之间的冗余连线相对较多，传递效率不高。网络等级度为 0.4194，说明网络完善程度一般，创新资源在城市间的交流具有不明显的"等级森严"网络特征。聚类系数为 0.753，具有明显的小世界特征，表明城市之间有较强的联系与交流。

表 5-45　　　　　　　创新资源生态位空间关联整体网络结构特征

实际关系数	理论关系数	网络密度	网络关联度	网络效率	网络等级度	聚类系数
550	2450	0.2245	1.000	0.7449	0.4194	0.753

5.7.4.2　个体网络特征

表 5-46 为创新资源关联网络的中心性分析，由表中数据可得：

（1）度数中心度。在创新资源水平上，排名第一的为西安市，其次是郑州市，洛阳市和太原市也表现相对良好，但是其共同特点是，出度大于入度，表明其在创新资源上，溢出效率要远高于受益效率。它们可以不断整合自身丰厚资源并输出到其他城市，从而带动其他城市在创新方面的发展。在度数中心性中排名最低的为庆阳市、巴彦淖尔市、朔州市和平凉市，其出度为 0，入度为 1，与其他城市之间的联系较弱，可以少量吸取其他城市资源。

（2）中介中心度。由表中数据得出，中介中心度最高的城市为西安市，达到 435.915，西安市作为核心城市，各方面都表现良好，在创新方面依旧可以作为中介城市，带动其他城市的发展。而中介中心度为 0 的城市也较多，主要分布于内蒙古自治区和宁夏回族自治区，这些地区位于地理位置偏远、经济发展水平较低及创新资源不够丰富的地区，阻碍了其在创新资源中的传输效率，很难对其他城市产生影响，因而在创新资源上与其他城市的互通受到了一定的限制。

（3）接近中心度。接近中心度排名第一的为太原市，数值为 30.833，排名最低的为巴彦淖尔市，数值为 14.250，其他城市整体相差不大，集中

在 [22, 26] 之间，且大多数城市在 20 以上。证明这些地区可以有效利用创新资源在空间关联网络总传导效应，与其他城市快速产生联系。

表 5 - 46　　　　　　　　创新资源生态位关联网络中心性特征

城市	点出度	点入度	中介中心度	接近中心度
西宁市	1	3	0.000	18.000
银川市	10	11	121.915	23.333
石嘴山市	3	7	4.026	21.333
吴忠市	2	6	0.000	20.833
固原市	0	2	0.000	17.667
中卫市	0	3	0.000	18.833
兰州市	15	9	137.633	22.333
白银市	1	2	0.000	17.167
天水市	0	4	0.000	19.000
平凉市	0	1	0.000	16.833
庆阳市	0	1	0.000	16.833
定西市	0	2	0.000	17.667
呼和浩特市	4	10	1.625	22.167
包头市	6	9	38.550	22.000
乌海市	0	3	0.000	18.500
鄂尔多斯市	5	10	3.121	22.500
巴彦淖尔市	0	1	0.000	14.250
西安市	47	23	435.915	29.500
铜川市	0	2	0.000	17.333
宝鸡市	7	9	5.567	22.000
咸阳市	7	12	13.244	23.667
渭南市	5	11	0.868	22.833
延安市	0	5	0.000	20.167
榆林市	4	9	2.500	22.000
商洛市	0	2	0.000	17.667
太原市	37	26	379.786	30.833
长治市	9	18	6.275	26.167

城市	点出度	点入度	中介中心度	接近中心度
晋城市	7	17	0.411	25.667
朔州市	0	1	0.000	17.250
晋中市	4	13	3.350	23.667
运城市	8	13	50.485	23.833
忻州市	1	5	0.000	19.667
临汾市	1	11	0.167	22.833
吕梁市	0	7	0.000	21.167
郑州市	39	21	139.003	28.167
开封市	20	18	6.297	26.167
洛阳市	33	23	105.118	29.167
新乡市	25	19	17.215	26.667
焦作市	24	20	22.697	27.333
濮阳市	19	17	3.209	25.667
三门峡市	12	20	16.256	27.333
济南市	35	16	31.099	25.167
淄博市	22	16	3.651	25.167
东营市	16	16	0.000	25.167
济宁市	22	16	2.465	25.167
泰安市	17	16	0.063	25.167
德州市	22	16	3.609	25.167
聊城市	20	16	0.716	25.167
滨州市	21	16	1.841	25.167
菏泽市	19	16	0.325	25.167

5.7.5　工业资源生态位网络结构分析

5.7.5.1　整体网络特征

工业资源空间关联网络如图 5 - 5 所示。由图 5 - 5 可知，从整体上看，城市之间联系较稀疏，处于网络中心的有榆林市、晋中市和长治市，与其他城市之间连线较少的城市有白银市、固原市和西宁市。

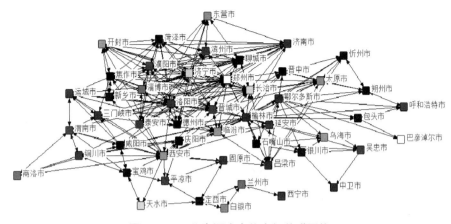

图 5 - 5 工业资源生态位空间关联网络

由表 5 - 47 所示的工业资源生态位空间关联整体网络结构特征可以得出，黄河流域 50 个城市的工业资源空间关联实际关系数为 399 个，而理论存在最大可能的关系数为 2450 个，因此网络密度为 0.1629，意味着工业资源在基于 0.4 数值下的关联程度相对较低，整体网络稳定性差。网络关联度为 1，表明在工业资源生态位上城市两两之间均有直接或间接的联系。网络效率为 0.8384，表明城市之间具有少量冗余连线，城市之间在工业资源生态位的传递效率较高。网络等级度为 0.0784，说明网络完善程度相对较高，核心城市在工业资源生态位上发挥的作用较大。聚类系数为 0.607，表明各城市之间有不算太频繁的联系与交互影响。

表 5 - 47 　　　　　　工业资源生态位空间关联整体网络结构特征

实际关系数	理论关系数	网络密度	网络关联度	网络效率	网络等级度	聚类系数
399	2450	0.1629	1.000	0.8384	0.0784	0.607

5.7.5.2 个体网络特征

表 5 - 48 为工业资源关联网络的中心性分析，由表中数据可得：

（1）度数中心度。在工业发展方面，郑州市、洛阳市的度数中心度数值较高，在工业发展上表现良好。从点的出入度来看，郑州市和榆林市的点出度最高，证明郑州市和榆林市在工业方面权威性较高，对其他城市的影响力较强。点入度较高有长治市、濮阳市、菏泽市、郑州市，而最低的为西宁市，其点的出入度都为 1，表明西宁市在工业上的影响力较弱。

（2）中介中心度。中介中心度之间差异依旧悬殊，较高的有榆林市和西安市，表明榆林市和西安市在工业发展方面处于中心地位。而巴彦淖尔市、白银市、乌海市、东营市、商洛市、中卫市、西宁市的中介中心度均为0，说明这些城市经济发展水平较低，或主要聚焦于非工业领域，从而导致它们的中介中心度较低。

（3）接近中心度。接近中心度的分布表现出不均衡性，这表明在工业发展方面各城市之间难以快速产生联系。其中排名较高的为长治市和郑州市两个城市，接近中心度的数值均达到28以上，但长治市在其他资源生态位方面表现不佳，体现了其特色发展的特征。

表5－48　　　　　　　工业资源生态位关联网络中心性特征

城市	点出度	点入度	中介中心度	接近中心度
西宁市	1	1	0.000	10.102
银川市	5	5	159.500	19.043
石嘴山市	3	5	1.000	19.043
吴忠市	3	4	22.500	18.543
固原市	2	3	83.333	19.583
中卫市	0	2	0.000	14.361
兰州市	3	3	94.000	13.100
白银市	2	2	0.000	12.600
天水市	2	3	142.455	19.583
平凉市	3	5	160.445	20.583
庆阳市	4	5	96.715	21.083
定西市	5	4	272.700	16.300
呼和浩特市	3	4	1.167	18.210
包头市	4	3	13.023	17.543
乌海市	2	4	0.000	18.543
鄂尔多斯市	15	6	203.688	21.567
巴彦淖尔市	0	2	0.000	15.593
西安市	23	13	820.307	27.367
铜川市	7	8	31.848	24.367
宝鸡市	6	5	201.752	20.167
咸阳市	8	9	39.462	25.033

续表

城市	点出度	点入度	中介中心度	接近中心度
渭南市	6	9	15.607	24.033
延安市	4	5	11.913	20.900
榆林市	25	8	562.655	25.067
商洛市	3	4	0.000	18.483
太原市	8	11	91.836	24.710
长治市	13	17	109.001	29.567
晋城市	12	13	37.677	27.400
朔州市	5	5	15.892	19.543
晋中市	4	9	14.590	23.710
运城市	5	9	12.709	23.817
忻州市	3	6	0.950	20.043
临汾市	8	11	21.855	25.900
吕梁市	8	9	65.410	25.067
郑州市	26	15	469.110	28.233
开封市	10	12	14.528	26.150
洛阳市	16	14	123.302	27.733
新乡市	10	12	14.528	26.150
焦作市	12	13	27.134	27.233
濮阳市	10	15	23.779	25.876
三门峡市	7	9	23.813	23.817
济南市	15	11	68.601	24.376
淄博市	9	9	1.977	21.876
东营市	6	7	0.000	19.644
济宁市	16	13	45.069	24.210
泰安市	9	10	2.767	22.376
德州市	10	10	45.385	23.876
聊城市	14	13	48.319	24.710
滨州市	9	9	1.977	21.876
菏泽市	15	15	44.723	25.876

5.7.6 农业资源生态位网络结构分析

5.7.6.1 整体网络特征

农业资源空间关联网络如图 5 - 6 所示。由图 5 - 6 可知，处于网络中心的有渭南市、新乡市、西安市、郑州市和巴彦淖尔市等，与其他城市之间连线较少的城市有乌海市和西宁市等。

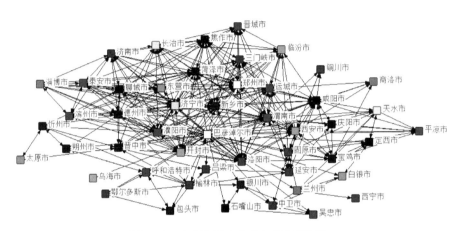

图 5 - 6　农业资源生态位空间关联网络

由表 5 - 49 所示的农业资源生态位空间关联整体网络结构特征可以得出，黄河流域 50 个城市的农业资源空间关联实际关系数为 494 个，而理论存在最大可能的关系数为 2450 个，因此网络密度为 0.2016，意味着城市的农业资源具有一定空间关联，但关联程度不是很高，整体网络稳定性还需进一步提高。网络关联度为 1，同样表明在农业资源生态位上城市的互通性和可达性较好，两两城市之间均存在相互联系。网络效率为 0.7747，表明城市之间具有部分冗余连线，降低了农业资源的传递速率，但为网络结构增强了稳定性。网络等级度为 0.0784，较低的等级度说明农业资源效率在各城市之间的溢出关系不存在"等级森严"的网络结构，各省份在空间网络中的地位较为均衡，均存对外溢出的可能。聚类系数为 0.616，表明在农业资源生态位方面具有"小世界"特征，反映了农业资源频繁联系和交互影响。

表 5 - 49　　　　　农业资源生态位空间关联整体网络结构特征

实际关系数	理论关系数	网络密度	网络关联度	网络效率	网络等级度	聚类系数
494	2450	0.2016	1.000	0.7747	0.0784	0.616

5.7.6.2　个体网络特征

表 5-50 为农业资源关联网络的中心性分析，由表中数据可得：

（1）度数中心度。在农业发展方面，巴彦淖尔市出度值最高，入度值却处于较低水平，表明其对其他城市的影响力较强，其在农业上的带动能力要远远强于其他资源生态位，可以将农业作为自身主体功能，加大投入。渭南市在出度入度的数值上均为最高，表明其在接收与带动其他城市方面都表现良好。而乌海市和西宁市仍然处于较低地位。

（2）中介中心度。中介中心度最高的依旧是巴彦淖尔市，其次是榆林市和渭南市，表明这三座城市在农业发展方面处于中心地位，属于发展农业的重点城市。而且其农业资源丰富，生产条件优越，是国家重点粮、棉生产基地。山东省于农业资源上发展也较为良好，处在一个相对均衡的水平。

（3）接近中心度。接近中心度各城市表现相对均衡，数值最高的为洛阳市，达到 31.083，表明洛阳市在农业方面与其他城市的联系较强，能快速做出反应。其他城市数值相差不大，农业发展在整体上空间效率较高。

表 5-50　　　　　　农业资源生态位关联网络中心性特征

城市	点出度	点入度	中介中心度	接近中心度
西宁市	0	1	0.000	12.817
银川市	4	5	221.273	20.083
石嘴山市	1	3	0.000	15.450
吴忠市	3	3	3.992	16.417
固原市	3	10	73.501	25.400
中卫市	3	6	86.722	20.317
兰州市	6	3	57.855	16.733
白银市	3	3	2.482	16.733
天水市	5	7	95.861	23.567
平凉市	3	8	28.481	24.067
庆阳市	2	7	4.643	22.983
定西市	4	6	78.454	20.817
呼和浩特市	3	5	48.878	19.283
包头市	3	4	41.406	18.533

续表

城市	点出度	点入度	中介中心度	接近中心度
乌海市	0	1	0.000	14.050
鄂尔多斯市	4	4	45.856	18.533
巴彦淖尔市	39	4	541.943	19.083
西安市	19	14	169.656	27.833
铜川市	1	3	0.000	19.433
宝鸡市	10	8	136.382	25.083
咸阳市	17	15	201.880	28.750
渭南市	27	17	264.803	29.500
延安市	8	6	28.555	22.583
榆林市	10	7	343.952	24.000
商洛市	3	5	0.000	20.850
太原市	2	2	0.000	18.217
长治市	8	16	99.114	28.117
晋城市	6	13	1.610	25.867
朔州市	2	5	20.190	22.033
晋中市	4	15	155.534	28.667
运城市	19	17	75.977	29.500
忻州市	3	7	23.803	23.700
临汾市	7	17	17.204	29.583
吕梁市	2	4	35.414	20.750
郑州市	17	19	46.820	30.583
开封市	22	18	60.702	29.750
洛阳市	21	20	116.283	31.083
新乡市	22	19	89.287	30.583
焦作市	13	17	13.056	28.033
濮阳市	15	16	21.808	28.417
三门峡市	8	12	3.430	25.450
济南市	15	14	11.673	26.500
淄博市	8	11	1.583	23.433
东营市	6	8	0.000	20.733

续表

城市	点出度	点入度	中介中心度	接近中心度
济宁市	23	16	41.318	28.083
泰安市	14	14	10.331	26.500
德州市	22	15	165.578	27.583
聊城市	21	16	45.938	28.083
滨州市	11	12	5.786	25.167
菏泽市	22	16	37.988	28.083

5.7.7　生态环境资源生态位网络结构分析

5.7.7.1　整体网络特征

生态资源空间关联网络如图 5 - 7 所示。由图 5 - 7 可知，处于网络中心的有庆阳市、铜川市和固原市等，与其他城市之间连线较少的城市有西宁市等。

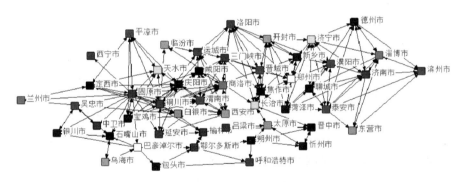

图 5 - 7　生态环境资源生态位空间关联网络

由表 5 - 51 所示的生态环境资源生态位空间关联整体网络结构特征可以得出，黄河流域 50 个城市的生态资源空间关联实际关系数为 293 个，而理论存在最大可能的关系数为 2450 个，因此网络密度为 0.1196，意味着黄河流域 50 个城市在生态环境资源生态位上一定空间关联，但城市之间关系不算紧密，整体网络稳定性不高。网络关联度为 1，同样表明在生态环境资源生态位上城市间具有明显的溢出效应，且两两城市之间均存在相互联系。网络效率为 0.8963，表明城市之间具有较少冗余连线，区域网络较为稳定。网络等级度为 0.0400，生态资源网络等级测度网络的完善程度较低，处于边缘和从属地位的城市在经济发展中的作用较小。聚类系数为 0.571，表明在生态环境资源生态位方面城市间的联系和交互影响较为频繁。

表 5 – 51 　　　　生态环境资源生态位空间关联整体网络结构特征

实际关系数	理论关系数	网络密度	网络关联度	网络效率	网络等级度	聚类系数
293	2450	0.1196	1.000	0.8963	0.0400	0.571

5.7.7.2　个体网络特征

表 5 – 52 为生态资源关联网络的中心性分析，由表中数据可得：

（1）度数中心度。在生态环境资源生态位上，整体表现较好的有西安市和铜川市，说明它们对于其他城市在生态资源上溢出等同于受益。从点的出度入度来看，点出度最高的为固原市，其次为铜川市，证明这两座城市在生态资源方面具有强大的辐射能力，可以作为生态功能区优先发展。排名较低的有西宁市，既难以为其他城市带来收益，又难以受到其他城市的影响。

（2）中介中心度。中介中心度最高的是郑州市，其次是三门峡市，排名第三的为铜川市，且远远高于其他城市，证明它们作为中介城市可以对其他城市起到强有力的主导作用，在生态资源上调控能力强，在生态资源网络中扮演着重要的中枢与桥梁的角色。[147]

（3）接近中心度。接近中心度各城市表现相对均衡，数值最高的是洛阳市，其数值为 22.937。各整体均值较高，越接近均值，说明城市间产生联系的速度越快，[148]且不容易被其他城市所控制。同时，这些城市也是生态资源良好，以生态功能为主体功能的城市。

表 5 – 52 　　　　生态环境资源生态位关联网络中心性特征

城市	点出度	点入度	中介中心度	接近中心度
西宁市	0	1	0.000	12.956
银川市	2	4	5.303	17.054
石嘴山市	3	5	162.653	17.554
吴忠市	3	4	55.083	16.496
固原市	20	8	429.793	18.330
中卫市	1	2	0.000	14.973

城市	点出度	点入度	中介中心度	接近中心度
兰州市	2	3	0.000	13.789
白银市	2	3	0.000	13.789
天水市	4	6	0.950	17.330
平凉市	6	6	20.496	17.330
庆阳市	11	9	120.821	19.570
定西市	6	7	123.666	17.830
呼和浩特市	1	2	18.511	14.020
包头市	1	3	55.821	14.708
乌海市	2	2	180.000	13.458
鄂尔多斯市	5	3	417.990	15.787
巴彦淖尔市	5	3	308.329	16.654
西安市	10	8	102.040	19.737
铜川市	17	10	527.630	21.311
宝鸡市	9	9	21.111	18.663
咸阳市	6	8	9.428	19.737
渭南市	7	9	28.222	20.237
延安市	3	6	227.645	18.702
榆林市	3	5	330.620	19.426
商洛市	11	8	136.988	19.737
太原市	5	5	200.492	17.843
长治市	7	7	435.996	20.494
晋城市	6	8	88.427	21.937
朔州市	4	3	210.911	15.743
晋中市	4	5	152.102	17.843
运城市	4	7	11.122	19.921
忻州市	3	3	1.333	14.219
临汾市	3	4	39.737	18.587
吕梁市	3	3	67.779	16.536
郑州市	9	9	598.177	21.887
开封市	8	8	152.112	20.083
洛阳市	8	10	250.983	22.937

城市	点出度	点入度	中介中心度	接近中心度
新乡市	7	8	47.892	20.083
焦作市	6	8	47.733	21.387
濮阳市	5	8	37.514	19.450
三门峡市	11	8	551.200	21.187
济南市	9	7	113.373	16.857
淄博市	6	6	33.976	15.383
东营市	2	4	0.000	13.342
济宁市	10	6	217.618	17.388
泰安市	9	7	113.373	16.857
德州市	5	5	2.681	14.883
聊城市	6	7	43.386	16.857
滨州市	4	5	18.450	13.842
菏泽市	9	8	330.530	19.450

5.8　本章小结

本章主要目的是对黄河流域 50 个城市高质量发展情况进行实证分析，实证结果如下：

第一，在适宜度方面，黄河流域 50 个城市适宜度两极分化比较明显，差异化较大，部分城市具有明显的特色，但大部分城市差异化不明显，整体比较落后。

第二，在生态位宽度方面，黄河流域 50 个城市各资源生态位的生态位宽度差异较大，基础设施资源十年生态位宽度平均值最大的是济南市，数值为 0.0757，最小的是商洛市，数值为 0.0034，两极分化明显，黄河流域整体生态位宽度值在不断下降，但也有部分省会城市资源的占有和利用程度较高。

第三，在时空分析方面，黄河流域整体创新资源生态位时空波动不大，基础设施、服务业、对外开放三个资源生态位下游城市波动较小，中上游城市波动较大，空间差异较大，上游城市整体较落后。工业资源生态位黄河流域整体波动大；农业资源生态位黄河流域整体变化较大，上游城市农业发展逐渐向好,尤其是包头市和呼和浩特市;从生态环境资源生态位看黄河流域生态环境质量先下降后上升,近几年环境质量在逐步恢复。

第四,在生态位重叠度方面,七个资源生态位的黄河流域城市之间的生态位重叠度差异化都比较大。整体来看,黄河流域整体服务业资源生态位重叠度较高,服务业资源竞争较为激烈,主要原因是服务业整体发展水平较低;黄河流域整体基础设施资源生态位、对外开放资源生态位和创新资源生态位重叠度都相对较低,尤其是黄河流域上游城市,这说明黄河流域上游城市的基础设施、对外开放、创新水平发展较为落后,竞争程度也较低;黄河流域整体工业资源生态位重叠度较高,竞争较为激烈,但上游城市竞争较弱,主要原因是上游城市地广人稀,资源较为丰富。

第五,在网络结构分析方面,从黄河流域整体来看,上游城市基本在边缘地带,与其他城市之间的联系较少。黄河流域城市高质量发展基础设施资源、服务业资源有很强的不均衡性,大部分以省会城市为中心,向外辐射,黄河流域上游城市与其他城市之前的联系较少;创新资源生态位、工业资源生态位、对外开放资源生态位、生态环境资源生态位四个资源生态位城市之间的联系程度较低,联系不紧密;农业资源生态位以巴彦淖尔市等 6 个城市为中心向外辐射,同时带动周边城市的发展。

第6章　基于生态位测度的黄河流域城市高质量发展适宜性路径的分类

通过上一章生态位测算分析可知，流域城市高质量发展资源禀赋差异较大且发展不平衡，其高质量发展的适宜性路径也不尽相同。因此，为了精准施策，本章对黄河流域高质量发展的路径进行分类，并利用障碍因子计算分析黄河流域城市高质量发展各生态位的障碍度，突出不同的发展路径，制定不同的策略。

6.1　适宜性路径分类的依据

6.1.1　黄河流域生态保护和高质量发展战略与规划纲要

2019 年，习近平总书记在郑州主持召开了黄河流域生态保护和高质量发展座谈会，强调黄河流域是中国重要的生态屏障和经济带，正式确立黄河流域生态保护和高质量发展为重大国家战略。黄河流域生态保护和高质量发展作为重大国家战略，可以从根本上改变黄河流域的发展方式，从而有效地解决黄河流域生态保护与经济社会发展之间的结构性矛盾。黄河流域生态保护和高质量发展战略明确黄河流域的生态保护和高质量发展是辩证统一的关系，生态保护是高质量发展可持续的手段，高质量发展是生态保护的基础支撑。黄河流域缺少生态保护，其高质量发展就不可持续；缺少高质量发展，也就没有真正意义上的生态保护。因此，在黄河流域实际发展中，生态保护和高质量发展应不分先后、同时开展，考虑高质量发展时也要考虑生态保护。座谈会上习近平总书记还强调黄河流域生态保护和高质量发展需要积极探索富有地域特色的高质量发展新路子，这也体现了黄河流域高质量发展的复杂性。

2021 年，国务院印发指导黄河流域生态保护和高质量发展的纲领性文件：《黄河流域生态保护和高质量发展规划纲要》（以下简称为《纲要》）。[149]《纲要》在回顾黄河流域的发展历程、分析现有发展和机遇挑战的基础上，不仅提出了发展的指导思想、主要原则和战略定位，而且还制定了黄河流域高质量发展的发展目标和战略布局。《纲要》明确指出，黄河流域高质量发展最大的矛盾是水资源短缺，最大的问题是生态脆弱，最大的弱项是民生发展不足。因此，黄河流域高质量发展不仅要坚持生态优先、绿色发展与"四水四定"的原则，还要补齐民生发展短板与弱项。这对黄河流域高质量发展提出了具体的要求。针对生态环境脆弱问题，要着重治理农业污染、工业污染、城乡生活污染等问题，将节约用水和污染治理成效与水资源配置挂钩。针对民生发展不足的问题，黄河流域应以上中游欠发达地区为发展重点，加快教育和医疗事业发展，加强兜底性、普惠性的基础民生建设，增强基本民生保障能力。

《纲要》提出，黄河流域不同地区间高质量发展条件千差万别，发展重点各有不同，因此高质量发展还要落实因地制宜、分类施策原则，具有针对性。分区分类地推进发展进程。在黄河流域高质量发展中，要从各地实际出发，根据地区特色制定适宜的发展方式，宜水则水、宜山则山、宜粮则粮、宜农则农、宜工则工、宜商则商，做强粮食和能源基地，因地施策促进特色产业发展，培育经济增长极，打造开放通道枢纽，带动全流域高质量发展。这也为黄河流域的高质量发展指明了具体发展方向。

6.1.2　黄河流域高质量发展主体功能区

主体功能区是基于不同区域的发展条件，将特定区域确定为特定主体功能发展类型的空间单元。《全国主体功能区规划》按照开发方式的不同，将我国国土空间划分为优化开发区、重点开发区、限制开发区和禁止开发区四种发展区域。优化开发区域是指经济比较发达、开发强度比较高、环境问题比较突出，应优化进行工业化城镇化开发的区域；重点开发区域是指具有一定经济基础、发展潜力较大、资源环境承载能力较强，应该重点进行工业化城镇化开发的区域；限制开发区域分为农产品主产区和重点生态功能区，这两类地区的发展不是在开发中限制所有的开发活动，而是指限制进行大规模高强度的工业化城镇化开发；禁止开发区域是指各类自然文化资源保护区以及禁止工业化城镇化开发、需要特殊保护的重点生态功能区。[150]

李征早在 2009 年就对黄河流域主体功能区展开了研究。他以县级行政单位为基础地域单元，研究发现黄河流域具有较多没有明显特点的地域单元，所以在确定黄河流域功能区种类时除四类主体功能区外还增加了一类"适宜开发区"。[151]任保平和付雅梅等（2022）利用主体功能区划分研究黄河流域九省区的经济高质量发展路径选择问题。其研究发现黄河流域主体功能区中，优化开发区的高质量发展水平最高，重点开发区和农产品主产区次之，重点生态功能区和禁止开发区的高质量发展水平波动较大，最终根据测算与分析结果提出了黄河流域经济高质量发展的路径。[152]

6.1.3　黄河流域城市高质量发展路径设计启示

6.1.3.1　需以"因地制宜、分类施策"为发展原则

通过对黄河流域生态保护与高质量发展战略及规划纲要的解读，结合黄河流域主体功能区的研究，可以发现，黄河流域高质量发展不同区域间的发展基础不同，所以必须贯彻"因地制宜、分类施策"的原则。黄河流域城市的高质量发展水平与发展资源也具有较大差异，因此也需要将"因地制宜、分类施策"作为发展原则。这一发展原则需在黄河流域城市高质量发展路径的设计中有所体现。

6.1.3.2　将黄河流域城市高质量发展路径分为三类

通过对黄河流域主体功能区的研究可以发现，黄河流域具有不同主体功能的区域大致可以分为三种不同的发展水平。优化开发区的高质量发展水平最高，重点开发区次之，限制开发区和禁止开发区的高质量发展水平相对较低。因此在黄河流域城市高质量发展路径设计中，也应将黄河流域城市的高质量发展路径分为三类：一类适用于发展水平相对较高的流域城市，一类适用于发展水平居中的流域城市，一类适用于发展水平相对较低的流域城市。

6.1.3.3　需考虑黄河流域城市的发展特色

《黄河流域生态保护和高质量发展规划纲要》中提出，黄河流域高质量发展要宜水则水、宜山则山、宜粮则粮、宜农则农、宜工则工、宜商则商，即黄河流域的高质量发展要根据不同地区的发展特色确定其高质量发展路径。因此，在黄河流域城市的高质量发展路径设计中也要考虑不同城市的不同高质量发展特色。

6.2　适宜性路径的分类

本节首先确定适宜性路径的类型，将其确定为三大类和七小类。进而根据适宜性路径分类所依据的原则，确定每一类适宜性路径的分类标准，最终呈现分类的结果。

6.2.1　适宜性路径的类型确定

根据生态位的测算结果和时空演化分析，本研究将黄河流域城市高质量发展适宜性路径的类型确定为三大类七小类。

第一大类是引领型高质量发展路径，包括两小类：中心性引领型路径和区域性引领型路径的城市。选择该路径的城市各资源生态位适宜度水平都较高，发展不仅较为突出，而且较为均衡，具备较强的发展带动作用，是现阶段黄河流域城市群发展最成熟的核心区域。通过发挥这类城市的优势带动作用，对黄河流域城市高质量发展格局的形成起到关键的引领示范作用。

第二大类是特色发展型路径，包括四小类：农业特色发展型路径、工业特色发展型路径、服务业特色发展型路径和生态功能型路径。适宜特色发展型路径的城市通过充分发挥城市的特色产业优势，对黄河流域城市高质量发展的区域分工起到关键的推动作用。这些城市是流域中在某个生态位发展较为靠前的城市，是黄河流域城市中具有明显发展特色的、在某个生态位竞争优势显著的地区。相比引领发展型城市，这些城市发展并没有那么均衡，但特色化的发展、区域性的城市分工，也是黄河流域经济高质量发展的重要推动力，是现阶段黄河流域城市群特色发展的关键区域，对黄河流域城市高质量发展的区域分工格局起到关键的作用。

第三大类是涵养发展型路径。适宜该路径的城市在黄河流域内高质量发展各资源生态位适宜度水平均不突出，发展基础较为薄弱。因此，这类城市以保障和改善中低收入社会成员的生存发展条件作为发展的重点，着力于提高民众的生活水平。挖掘当地的优势产业、培育特色优势产业是该类型地区下一步的发展重点。

6.2.2 适宜性路径分类的原则

本研究基于生态位态势理论，在适宜性路径的分类中体现了城市发展过程的"态"与"势"。在适宜性路径分类时，采用2020年黄河流域城市生态位适宜度和生态位重叠度的结果，体现黄河流域城市高质量发展生态位的现实，即"态"；同时采用2011～2020年研究期内的生态位宽度均值结果，蕴含了时间的演变和城市对资源利用的潜在趋势，即为"势"。对于适宜性路径的选择，要综合考虑流域城市的历史、现实与未来。

（1）城市生态位适宜度水平。各流域城市的高质量发展路径的选择首先要基于其资源禀赋，发挥其绝对优势。根据前文对黄河流域城市生态位适宜度的测算，可以看出各城市的生态位适宜度差异较大，两极分化较为明显。因此，流域城市高质量发展的路径划分首先要基于各城市在基础设施、服务业资源、对外开放、创新资源、服务水平、工业资源、农业资源、生态环境资源等生态位的适宜度情况。

（2）城市生态位宽度水平。黄河流域城市高质量发展路径的选择要考虑其生态位宽度情况，避免出现自身发展空间难以支撑发展路径的状况。根据前文对各流域城市高质量发展生态位宽度的测算结果，流域城市各资源生态位的生态位宽度差异都较大，因此划分高质量发展路径时也需要考虑流域城市各资源生态位的宽度水平。

（3）城市生态位重叠度水平。各流域城市各资源生态位重叠度水平代表着各资源生态位资源的竞争激烈程度，所以黄河流域城市各生态位重叠度水平对其高质量发展路径有极大的限制。因此，在划分高质量发展路径时要充分考虑各流域城市各资源生态位的重叠度情况。

6.2.3 适宜性路径分类的标准

本研究运用 K-means 均值聚类法将流域城市各生态位适宜度、生态位宽度、生态位重叠度的测度结果均分为四个等级。生态位适宜度测度结果的四个等级为非常适宜、较为适宜、一般适宜、不适宜；生态位宽度测度结果的四个等级为窄、较窄、较宽、宽；生态位重叠度结果的四个等级为最低、较低、较高、最高。在分析时用阿拉伯数字表示等级，数值越大，程度越强。黄河流域50个城市适宜性分类标准如表6－1所示。

表 6 – 1　　　　　　　　黄河流域城市适宜性路径分类标准表

类型		标准
引领发展型城市	中心性引领型	适宜度等级为 4 的生态位数量≥1、重叠度等级为 4 的生态位数量≤3、宽度等级为 4 的生态位数量≥3
	区域性引领型	考虑区位条件的前提下，适宜度等级大于等于 2 的生态位数量≥5、重叠度等级小于等于 3 的生态位数量≥1、宽度等级大于等于 2 的生态位数量≥2
特色发展型	农业特色发展型	农业资源生态位适宜度等级≥2、重叠度等级≤3、宽度等级≥2
	工业特色发展型	工业资源生态位适宜度等级≥2、重叠度等级≤3、宽度等级≥2
	服务业特色发展型	服务业资源生态位适宜度等级≥2、重叠度等级≤3、宽度等级≥2
	生态功能型	生态环境资源生态位适宜度等级≥2、重叠度等级≤3、宽度等级≥2
涵养发展型		适宜度等级为 1 的生态位数量≥6、重叠度等级为 1 的生态位数量≤3、宽度等级为 1 的生态位数量≥5

6.2.4　适宜性路径分类的结果

基于上述原则，本研究以 2020 年黄河流域城市各资源生态位适宜度为基础进行分析，分析过程及结果如下。

6.2.4.1　生态位适宜度分析

根据 5.3 节的计算结果，50 个城市的基础设施资源生态位、服务业资源生态位、对外资源生态位、创新资源生态位、工业资源生态位、农业资源生态位和生态环境资源生态位的适宜度情况如表 6 – 2 所示。

表 6 – 2　　　　　黄河流域城市高质量发展资源生态位适宜度

城市	基础设施资源生态位	服务业资源生态位	对外资源生态位	创新资源生态位	工业资源生态位	农业资源生态位	生态环境资源生态位
西安市	****	****	****	****	****	**	**
郑州市	***	***	****	****	****	**	**
济南市	***	***	***	****	***	***	**
太原市	****	**	**	***	**	*	*
新乡市	**	**	**	**	**	***	*

续表

城市	基础设施资源生态位	服务业资源生态位	对外资源生态位	创新资源生态位	工业资源生态位	农业资源生态位	生态环境资源生态位
淄博市	**	**	**	**	***	*	*
济宁市	**	**	**	**	***	***	**
洛阳市	**	**	***	***	***	**	**
巴彦淖尔市	*	*	*	*	*	****	***
滨州市	*	**	**	**	***	**	*
德州市	**	**	*	**	***	***	*
榆林市	**	**	*	*	****	**	**
鄂尔多斯市	**	*	**	*	****	*	**
菏泽市	**	**	*	*	***	***	*
东营市	**	*	**	**	**	*	*
聊城市	**	**	*	**	**	***	*
银川市	**	*	*	*	**	*	*
泰安市	**	**	***	**	**	**	**
包头市	***	**	*	*	**	*	*
渭南市	**	*	*	*	*	***	*
兰州市	**	***	*	**	**	*	*
呼和浩特市	*	**	**	*	**	*	*
天水市	*	*	*	*	*	*	**
焦作市	*	*	**	**	**	*	*
开封市	*	*	***	*	**	**	**
延安市	*	**	*	*	**	**	**
咸阳市	**	*	*	*	**	**	*
宝鸡市	**	*	*	*	**	**	**
晋中市	*	*	*	*	*	*	*
运城市	**	*	*	*	*	**	*
长治市	**	*	*	*	**	*	*
吕梁市	*	*	*	*	**	*	*
乌海市	*	*	*	*	*	*	*
临汾市	*	*	*	*	**	*	*
濮阳市	*	*	*	*	*	**	*
西宁市	*	*	*	*	**	*	*

续表

城市	基础设施资源生态位	服务业资源生态位	对外资源生态位	创新资源生态位	工业资源生态位	农业资源生态位	生态环境资源生态位
三门峡市	*	*	**	*	*	*	**
晋城市	*	*	*	*	**	*	*
白银市	**	*	*	*	*	*	*
平凉市	*	*	*	*	*	*	*
石嘴山市	*	*	*	*	*	*	*
中卫市	*	*	*	*	*	*	*
朔州市	*	*	*	*	*	*	**
忻州市	*	*	*	*	*	*	**
吴忠市	*	*	*	*	*	*	*
铜川市	*	*	*	*	*	*	***
商洛市	*	*	*	*	*	*	***
庆阳市	*	*	*	*	**	*	***
固原市	*	*	*	*	*	*	****
定西市	*	*	*	*	*	*	**

注：为了更为直观地体现各城市各资源生态位的生态位适宜性状况，以"＊"的数量表示生态位适宜度的水平，"＊＊＊＊"表示非常适宜，"＊＊＊"表示较为适宜，"＊＊"表示一般适宜，"＊"表示不适宜。

6.2.4.2　生态位重叠度分析

为了更为直观地体现各城市各资源生态位的生态位重叠度状况，以1~4数量表示生态位重叠度的水平，数量值越大，重叠度水平越高。根据5.6节的计算结果，50个城市的基础设施资源生态位、服务业资源生态位、对外资源生态位、创新资源生态位、工业资源生态位、农业资源生态位和生态环境资源生态位的重叠度情况如表6－3所示。

表6－3　　　　　　各城市各资源生态位的生态位重叠度状况

城市	基础设施资源生态位	服务业资源生态位	对外资源生态位	创新资源生态位	工业资源生态位	农业资源生态位	生态环境资源生态位
西宁市	4	4	4	4	4	4	1
银川市	2	4	3	4	2	4	4

续表

城市	基础设施资源生态位	服务业资源生态位	对外资源生态位	创新资源生态位	工业资源生态位	农业资源生态位	生态环境资源生态位
石嘴山市	1	4	1	4	3	3	2
吴忠市	2	2	2	2	3	4	4
固原市	2	2	4	1	4	4	4
中卫市	2	2	3	2	3	4	2
兰州市	4	2	3	4	4	2	4
白银市	2	3	1	4	4	4	4
天水市	3	2	1	4	4	4	3
平凉市	3	3	2	1	4	3	3
庆阳市	3	3	2	4	4	3	3
定西市	3	3	2	2	4	3	4
呼和浩特市	4	4	3	4	1	3	3
包头市	1	4	3	4	2	3	4
乌海市	1	1	4	2	3	1	2
鄂尔多斯市	2	4	2	2	2	3	3
巴彦淖尔市	4	2	1	2	3	2	3
西安市	4	2	3	3	3	3	4
铜川市	2	3	3	2	4	4	4
宝鸡市	3	2	3	4	3	4	3
咸阳市	3	2	3	3	3	3	3
渭南市	3	2	3	2	2	4	4
延安市	2	3	4	4	2	4	3
榆林市	4	2	3	2	2	3	4
商洛市	3	2	3	3	3	3	3
太原市	4	4	1	2	2	4	3
长治市	4	2	2	4	3	4	4
晋城市	3	2	2	2	3	4	3
朔州市	3	2	2	3	3	4	4
晋中市	4	2	3	4	3	3	3
运城市	4	2	1	4	3	3	4
忻州市	4	2	3	4	3	4	4
临汾市	4	2	1	3	3	3	3

续表

城市	基础设施资源生态位	服务业资源生态位	对外资源生态位	创新资源生态位	工业资源生态位	农业资源生态位	生态环境资源生态位
吕梁市	4	2	2	4	1	4	4
郑州市	4	4	3	4	2	3	3
开封市	4	4	4	2	4	3	4
洛阳市	3	2	2	2	2	3	3
新乡市	3	2	2	4	3	3	3
焦作市	4	4	2	4	2	3	3
濮阳市	4	4	2	2	4	3	4
三门峡市	3	4	2	2	2	3	3
济南市	4	4	3	4	3	3	3
淄博市	4	4	1	4	3	3	3
东营市	2	4	1	4	3	3	3
济宁市	4	4	1	4	3	3	3
泰安市	4	4	4	4	3	3	3
德州市	4	4	1	4	3	3	3
聊城市	4	2	1	3	3	3	3
滨州市	4	4	1	2	3	3	2
菏泽市	4	4	1	3	3	3	3

6.2.4.3　生态位宽度分析

为了更为直观地体现各城市各资源生态位的生态位宽度状况，以 1~4 数量表示生态位宽度情况，数量值越大，宽度越高。根据 5.4 节的计算结果，50 个城市的基础设施资源生态位、服务业资源生态位、对外资源生态位、创新资源生态位、工业资源生态位、农业资源生态位和生态环境资源生态位的宽度情况如表 6-4 所示。

表 6-4　　　　　　　各城市各资源生态位的生态位宽度状况

城市	基础设施资源生态位	服务业资源生态位	对外资源生态位	创新资源生态位	工业资源生态位	农业资源生态位	生态环境资源生态位
西宁市	1	1	1	1	2	1	2
银川市	1	1	1	2	2	1	1

续表

城市	基础设施资源生态位	服务业资源生态位	对外资源生态位	创新资源生态位	工业资源生态位	农业资源生态位	生态环境资源生态位
石嘴山市	1	1	1	1	1	1	1
吴忠市	1	1	1	1	1	1	1
固原市	1	1	1	1	1	1	4
中卫市	1	1	1	1	1	1	1
兰州市	2	2	1	2	2	2	1
白银市	2	1	1	1	1	1	2
天水市	1	1	1	1	2	1	2
平凉市	1	1	1	1	1	1	3
庆阳市	1	1	1	1	2	1	3
定西市	1	1	1	1	2	1	3
呼和浩特市	1	1	2	2	1	1	2
包头市	4	1	1	2	2	1	1
乌海市	1	1	1	1	1	1	1
鄂尔多斯市	2	1	2	1	4	1	3
巴彦淖尔市	1	1	2	1	1	4	4
西安市	4	4	4	4	4	2	3
铜川市	1	1	1	1	2	1	4
宝鸡市	2	1	1	2	2	2	3
咸阳市	2	1	2	1	2	2	2
渭南市	2	1	1	1	1	3	2
延安市	1	2	1	1	2	2	3
榆林市	2	2	1	1	4	2	3
商洛市	1	1	1	1	1	1	4
太原市	4	2	2	3	2	1	2
长治市	2	1	2	1	2	1	2
晋城市	2	1	1	1	2	1	2
朔州市	1	1	1	1	2	1	2
晋中市	1	1	1	1	1	1	2
运城市	3	1	1	1	1	2	2
忻州市	1	1	1	1	1	1	3

续表

城市	基础设施资源生态位	服务业资源生态位	对外资源生态位	创新资源生态位	工业资源生态位	农业资源生态位	生态环境资源生态位
临汾市	1	1	1	1	2	1	2
吕梁市	1	1	1	1	3	1	2
郑州市	4	3	4	4	4	2	2
开封市	2	1	3	2	2	2	2
洛阳市	3	2	3	3	3	2	2
新乡市	2	2	2	2	2	3	1
焦作市	1	1	2	2	2	1	2
濮阳市	1	1	2	2	1	2	2
三门峡市	1	1	2	1	1	1	3
济南市	4	3	3	4	4	3	3
淄博市	2	1	2	2	3	1	2
东营市	2	1	3	2	3	1	2
济宁市	3	2	2	2	3	3	3
泰安市	2	1	3	2	2	2	3
德州市	2	1	2	2	3	3	2
聊城市	2	1	2	2	2	3	2
滨州市	1	1	2	2	3	2	2
菏泽市	2	2	2	2	3	3	3

　　基于上述分析结果，本研究将黄河流域 50 个城市的高质量发展适宜性路径分为三种类型：引领发展型、特色发展型和涵养发展型。其中引领发展型细分为中心性引领型和区域性引领型；特色发展型细分为农业特色发展型、工业特色发展型、服务业特色发展型和生态功能型。具体分类结果如表 6－5 所示。

表 6－5　　　　　　　黄河流域 50 个城市适宜性路径分类结果

类型		城市
引领发展型城市	中心性引领型城市	西安市、郑州市、济南市
	区域性引领型城市	太原市、济宁市、洛阳市、包头市、西宁市

续表

类型		城市
特色发展型城市	农业特色发展型城市	巴彦淖尔市、德州市、菏泽市、聊城市、运城市、渭南市、新乡市、开封市、泰安市、濮阳市
	工业特色发展型城市	滨州市、榆林市、鄂尔多斯市、银川市、咸阳市、晋中市、长治市、吕梁市、朔州市、晋城市、焦作市、淄博市、东营市、宝鸡市
	服务业特色发展型城市	兰州市、呼和浩特市、延安市、临汾市
	生态功能型城市	商洛市、固原市、天水市、定西市、庆阳市、铜川市、三门峡市
涵养发展型城市		乌海市、白银市、平凉市、石嘴山市、中卫市、忻州市、吴忠市

6.3 引领发展型路径

引领型高质量发展路径是指通过发挥城市的优势带动作用，对黄河流域城市高质量发展格局的形成起到关键的引领示范作用。

该类型城市各方面发展不仅较为突出，而且较为均衡，具备较强的发展带动作用，是现阶段黄河流域城市群发展最成熟的核心区域。本研究中引领发展型城市包括 8 个城市，具体为西安市、郑州市、济南市、太原市、济宁市、洛阳市、包头市、西宁市。其中，中游的城市居多，包括太原市、西安市、洛阳市和郑州市；上游的城市包括西宁市和包头市；下游的城市包括济宁市和济南市。

结合这些城市的流域空间关系及其省内相对竞争优势，本研究又进一步将引领发展型城市分为中心性引领型城市和区域性引领型。其中，中心性引领型城市包括西安市、郑州市和济南市；区域性引领型城市包括太原市、济宁市、洛阳市、包头市和西宁市。

下面对引领发展型城市进行概况描述，并计算该路径城市高质量发展的障碍因子。

6.3.1 中心性引领型路径

6.3.1.1 基本概况

中心性引领型路径的适宜城市包含西安市、郑州市和济南市，这三个城市在基础设施水平、服务业资源、对外开放水平、创新能力、工业水平、农业水平和生态资源等方面不仅远高于省内其他城市，相对黄河流域内的其他城市也有较大优势，这 3 个城市的人均 GDP 和职工平均工资等也远高于其他城市。同时，由于这 3 个城市分别为陕西省、河南省和山东省的省会城市，其中西安市是副省级市、关中平原城市群核心城市、国务院批复确定的西部地区重要国家中心城市；郑州市是中原城市群核心城市、国家综合交通枢纽、国务院批复确定的中部地区重要的国家中心城市；济南市是副省级市、济南都市圈核心城市、环渤海地区南翼的中心城市。这 3 个城市的各生态位发展不仅对省内、周边区域有较强的带动作用，在整个黄河流域也能够作为发展的城市范例，因此选取这 3 个城市作为引领发展型城市的中心性引领型城市。

本研究根据 5.3 节计算出的 2020 年黄河流域城市各资源生态位适宜度，整理得出中心性引领型城市的各生态位情况，如图 6 – 1 所示。

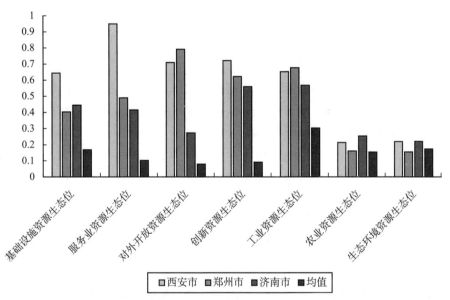

图 6 – 1　中心性引领城市各资源生态位适宜度结果

从图 6 – 1 可以看出这 3 个中心性引领型城市各生态位大都远超流域平均水平，在这 3 个中心性引领型城市中，除去服务业资源生态位方面西安市有较大优势，是郑州市和济南市的 2 倍，西安市在其他各生态位也均保持领先水平；郑州市次之，在服务水平、对外开放水平、城市创新能力和工业方面均领先于济南市，但济南市在基础设施水平、农业及生态环境方面略领先于郑州市。总体来看，西安市的优势较大，济南市与西安市相比较而言，发展相对落后。

6.3.1.2　发展障碍因子

障碍因子是指制约事物发展的主要障碍因素。高质量发展生态位障碍因子是指制约高质量发展的主要障碍因素。

本节采用熵权法确定指标权重，通过加权函数法计算黄河流域高质量发展中各目标城市的综合得分，最终借助障碍因子诊断模型分析黄河流域高质量发展的制约因素实际状况。具体方法和步骤如下：

第一步，采用极值法将数据标准化。指标数据标准化时，需要根据指标是正向指标还是负向指标来选择不同的标准化方法。具体公式如下：

$$正向指标：Y_{ij} = (X_{ij} - X_j^{\min}) / (x_j^{\max} - x_j^{\min}) \tag{6.1}$$

$$负向指标：Y_{ij} = (X_j^{\max} - X_{ij}) / (x_j^{\max} - x_j^{\min}) \tag{6.2}$$

式中，Y_{ij} 为第 i 个城市第 j 项指标标准化后的值；X_{ij} 为指标原始值；$X_j^{\max}$ 为第 j 项指标的最大值；$X_j^{\min}$ 为第 j 项指标的最小值。

第二步，采用熵权法确定指标权重 W_j。

第三步，采用障碍因子诊断模型计算因子障碍度。确定指标权重后，采用指标偏离度、因子贡献度、障碍度对黄河流域各目标城市的高质量发展障碍因子进行诊断，分析制约其高质量发展的主要因素，有助于为后续高质量发展路径指明方向。具体公式如下：

$$指标偏离度：K_{ij} = 1 - Y_{ij} \tag{6.3}$$

$$因子贡献度：F_{ij} = W_{ij} K_{ij} \tag{6.4}$$

$$二级指标障碍度：S_{ij} = F_{ij} / \sum_{j=1}^{n} F_{ij} \tag{6.5}$$

$$一级指标障碍度：N_{ij} = \sum S_{ij} \tag{6.6}$$

式中，K_{ij} 为第 i 个城市第 j 项指标的偏离度，代表具体指标与高质量发展目标之间的差距；F_{ij} 为因子贡献度，代表具体指标对黄河流域高质量发展的影响程度。指标障碍度值越大，表示该指标对实现黄河流域高质量发展总目标的阻力越大，在后续发展中应对此生态位加大关注。

障碍度评价模型基于因子贡献度、指标偏离度等指数，从分析高质量发展质量提升中存在的障碍因素入手，探究黄河流域 50 个城市高质量发展的阻碍因素，从而获取提升各城市高质量发展的方法和措施。

通过计算得出，2020 年中心性引领型城市三个城市的平均障碍度中，障碍因子的排序如下：农业资源生态位（0.2258）＞基础设施资源生态位（0.1772）＞生态环境资源生态位（0.1608）＞创新资源生态位（0.1473）＞对外开放资源生态位（0.1428）＞工业资源生态位（0.0872）＞服务业资源生态位（0.0589）。从结果排序来看，影响整个中心带动型城市发展的首要不利因素是农业资源生态位，其次是基础设施资源生态位、生态环境资源生态位、创新资源生态位、对外开放资源生态位、工业资源生态位和服务业资源生态位。结果如图 6 - 2 所示。

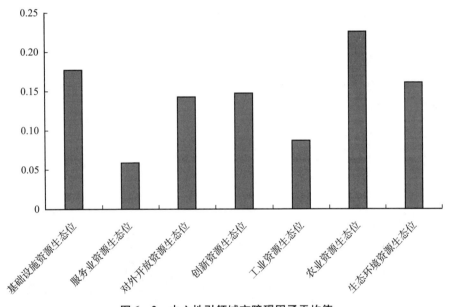

图 6 - 2　中心性引领城市障碍因子平均值

6.3.2　区域性引领型路径

6.3.2.1　基本概况

区域性引领型路径的适宜城市包括太原市、济宁市、洛阳市、包头市和西宁市，这 5 个城市整体经济发展相对稳定，发展水平在 50 个黄河流域城市中较为靠前，但相较中心性引领城市仍有差距。

太原市是山西省省会、中部中心城市、山西省都市圈核心城市，其基础设施水平、服务业资源、对外开放水平、科技创新水平在山西省内均为第一，其综合水平在山西省位列第一。

济宁市是淮海经济区中心城市，其基础设施水平、服务业资源、农业水平和生态环境水平在山东省内均为前两名，综合水平在山东省内位列第

二、流域第七。

洛阳市是中原城市群副中心城市，其基础设施水平、服务业资源、科技创新水平、工业水平在河南省内位列第二，对外开放和农业水平在省内位列第三，生态环境发展在省内位列第一，综合排名位列省内第二、流域第六。

包头市的基础设施水平在内蒙古自治区内位列第一，服务业资源、创新资源和工业水平也均在自治区内位列第二，综合水平位列自治区第二、流域第十一。

西宁市虽然综合水平在流域内排名较为靠后，但其各生态位在青海省内靠前，且是国务院批复确定的西北地区重要中心城市。

本研究根据 5.3 节计算出的 2020 年黄河流域城市高质量发展资源生态位适宜度结果，整理得出区域性引领城市的各资源生态位适宜度水平，如图 6-3 所示。

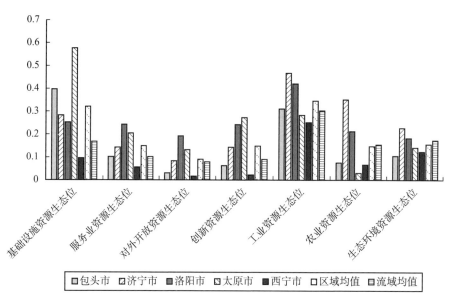

图 6-3　区域性引领城市各资源生态位适宜度结果示意图

（1）基础设施资源生态位现状分析。基础设施方面，区域性引领型城市的基础设施水平均值约为流域基础设施水平均值的 1.8 倍，可以看出在这五个区域性引领城市中，太原市的领先优势较为明显，其基础设施水平是流域平均水平的 3 倍。其次是包头市，基础设施水平是流域均值的 2 倍。洛阳市和济宁市的基础设施水平差距较小，大约是流域基础设施水平的 1.5 倍，排在最后的是西宁市，落后较多，其基础设施水平仅达到包头市的 1/4、区域性引领城市平均基础设施水平的 50%，也是五个区域性引领城市中唯一一个基础设施水平低于流域平均水平的城市。

（2）服务业资源生态位现状分析。服务业资源方面，区域性引领型城市的服务水平均值约为流域服务水平均值的 1.3 倍。洛阳市较为领先，是流域平均水平的 2.3 倍左右。其次是太原市，是流域均值的 2 倍。济宁市与区域均值相当，包头市与流域均值相当，最后是西宁市，达不到流域的平均水平。

（3）开放资源生态位现状分析。对外开放水平方面，区域性引领型城市的对外开放水平均值约为流域对外开放水平均值的 1.3 倍，各城市间差异较为显著，两极分化较为严重。其中，洛阳市的领先优势最大，是流域对外开放水平均值的 2 倍以上。其次是太原市，是流域均值的 1.5 倍左右，也仅有这 2 个城市的对外开放水平高于这 5 个区域性引领城市的对外开放水平均值。济宁市位列第三，与流域对外开放水平均值相当。最后是包头市和西宁市，包头市的对外开放水平仅为流域均值的 1/2、洛阳市开放水平的 1/6，西宁市仅为流域开放水平的 20%、洛阳市的 8%，差距较为显著。

（4）创新资源生态位现状分析。创新资源生态位方面，区域性引领型城市的创新水平均值约为流域创新水平均值的 1.6 倍，各城市创新水平呈阶梯形下降。位列第一的是太原市，其创新水平是流域创新水平均值的 3 倍。其次是洛阳市，约为流域均值的 2.6 倍。济宁市的创新水平约为流域均值的 1.5 倍。包头市的创新水平相对较低，仅为流域均值的 70%。西宁市的创新水平在区域性引领城市中垫底，仅为流域均值的 24%。

（5）工业资源生态位现状分析。各城市的工业水平方面，区域性引领型城市的工业水平均值约为流域工业水平均值的 1.1 倍。济宁市与洛阳市分别位列区域性引领型城市的第一、第二，且差距较小，它们的工业水平约为流域工业水平均值的 1.3 倍。其次是包头市，工业水平略高于流域工业水平均值。太原市和西宁市的工业水平未超过流域工业平均水平，其中西宁市的工业水平最低，约为流域平均水平的 80%。

（6）农业资源生态位现状分析。农业水平方面，区域性引领型城市的农业水平均值约为流域农业水平均值的 95%。济宁市和洛阳市的农业水平较为突出，济宁市的农业水平均值约为流域城市农业水平均值的 2.3 倍，洛阳市约为流域农业水平均值的 1.4 倍。其次是包头市、太原市和西宁市，包头市的农业水平均值约为流域农业水平均值的 49%，太原市的农业水平均值约为流域农业水平均值的 20%，西宁市的农业水平均值约为流域均值的 43%。

（7）生态环境资源生态位现状分析。生态环境方面，区域性引领型城市的生态环境平均水平不及流域生态环境的平均水平，约为流域生态环境均值的 90%。仅有济宁市与洛阳市的生态水平高于流域生态水平的均值。其次是西宁市和太原市，略低于流域生态平均水平。包头市落后较多，其生态水平只有流域平均生态水平的 60%。

6.3.2.2 发展障碍因子

通过计算得出，2020 年四个区域性引领发展城市的平均障碍度中，障碍因子的排序是创新资源生态位（0.2154）＞对外开放资源生态位（0.1973）＞基础设施资源生态位（0.1841）＞农业资源生态位（0.1228）＞生态环境资源生态位（0.0991）＞服务业资源生态位（0.0974）＞工业资源生态位（0.1839）。从结果排序来看，影响整个区域带动型城市发展的首要不利因素是创新资源生态位，其次是对外开放资源生态位、基础设施资源生态位、农业资源生态位、生态环境资源生态位、服务业资源生态位和工业资源生态位。结果如图 6-4 所示。

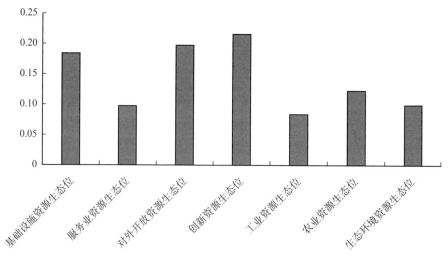

图 6-4　区域带动性城市障碍因子平均值

6.4　特色发展型路径

特色发展型路径是指充分发挥城市的特色产业优势，对黄河流域城市高质量发展的区域分工起到关键的推动作用。

特色发展型城市是流域中在某个生态位发展较为靠前的城市，是黄河流域各城市中具有明显发展特色的、在某个生态位竞争优势显著的地区。相比引领发展型城市，这些城市发展并没有那么均衡，但特色化的发展、区域性的城市分工也是黄河流域经济高质量发展的重要推动力，是现阶段黄河流域城市群特色发展的关键区域，对黄河流域城市高质量发展的区域分工格局起到关键的作用。

本研究中特色发展型城市包括 35 个城市，根据这些城市在不同资源生态位的发展优势及其在其省内的相对优势，本研究将特色发展型城市分为农业特色发展型城市、工业特色发展型城市、服务业特色发展型城市和生态功能型城市，其中农业特色发展型城市共 10 个，包括巴彦淖尔市、德州市、菏泽市、聊城市、运城市、渭南市、新乡市、开封市、泰安市、濮阳市；工业特色发展型城市共 14 个，包括滨州市、榆林市、鄂尔多斯市、银川市、咸阳市、晋中市、长治市、吕梁市、朔州市、晋城市、焦作市、淄博市、东营市、宝鸡市；服务业特色发展型城市共 4 个，包括兰州市、呼和浩特市、延安市、临汾市；生态功能型城市共 7 个，包括商洛市、固原市、天水市、定西市、庆阳市、铜川市、三门峡市。

6.4.1　农业特色发展型路径

农业特色发展型路径的适宜城市包括巴彦淖尔市、德州市、菏泽市、聊城市、运城市、渭南市、新乡市、开封市、泰安市、濮阳市等，空间上农业特色发展型城市集中分布在黄河流域下游，有 7 个城市，黄河流域上游有 1 个城市，中游有 2 个城市。这些城市的农业发展水平在 50 个黄河流域城市中较为靠前，这些城市的产业结构以第一产业为主，具有明显的农业发展倾向性，因此将这 10 个城市划为黄河流域特色发展型城市的农业特色发展型城市。保障好农业特色发展型城市的发展也是落实黄河流域主体功能区战略、增强黄河流域的可持续发展能力、保障国家粮食安全的关键所在。此为习近平总书记对区域高质量发展指导中的"宜农则农"。

下面对农业特色发展型的城市进行概况描述，并计算该路径城市高质量发展的障碍因子。

6.4.1.1 基本概况

（1）基础设施资源生态位现状分析。根据5.3节得出的2020年50个城市基础设施资源生态位适宜度结果，整理得出10个农业特色发展型城市的基础设施资源生态位适宜度水平，如图6-5所示。

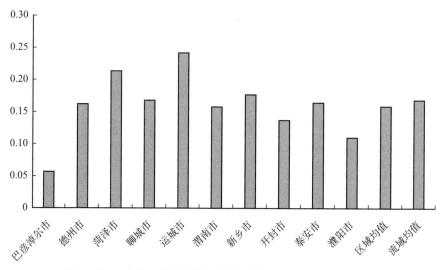

图6-5 农业特色发展型城市基础设施资源生态位适宜度结果

从图6-5中可以观察到农业特色发展型城市的基础设施水平均值略低于流域的基础设施水平均值，高于流域基础设施平均水平的有菏泽市、运城市、新乡市3个城市，其中运城市和菏泽市的基础设施水平较为领先，约为流域基础设施平均水平的1.4倍，新乡市的基础设施水平略高于流域均值。渭南市、德州市、聊城市和泰安市的基础设施水平略低于流域均值。开封市和濮阳市的基础设施水平相对落后，分别约为流域均值的80%和65%。巴彦淖尔市的基础设施水平落后较多，其水平仅为流域均值的34%。

（2）服务业资源生态位现状分析。根据5.3节得出的2020年50个城市服务业资源生态位适宜度结果，整理得出10个农业特色发展型城市的服务业资源生态位适宜度水平，如图6-6所示。

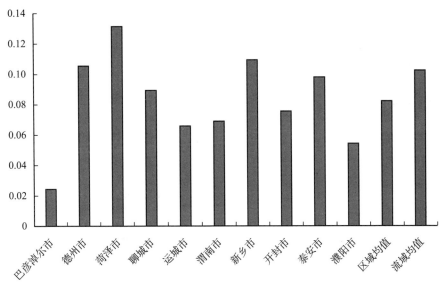

图 6-6　农业特色发展型城市服务业资源生态位适宜度结果

从图 6-6 中可以观察到农业特色发展型城市的服务水平均值显著低于流域的基础设施水平均值。农业特色发展型城市的区域平均服务水平约为流域城市平均服务水平的 80%，仅有德州市、菏泽市和新乡市的服务水平高于流域的平均服务水平，德州市和新乡市的服务水平略高于流域平均服务水平，菏泽市约为流域均值的 128%。其次是聊城市和泰安市，这两个城市的服务水平较为接近，约为流域平均服务水平的 90%，以上五个城市的服务水平高于农业特色发展型城市的区域服务水平均值。然后是运城市、渭南市、濮阳市，这三个城市的服务业资源生态位大小也较为接近，分别约为流域平均水平的 64%、67% 和 53%。最后是巴彦淖尔市，其服务水平相对农业特色发展型的其他城市较为落后，服务水平仅为流域均值的 24%。

（3）开放资源生态位现状分析。根据 5.3 节得出的 2020 年 50 个城市开放资源生态位适宜度结果，整理得出 10 个农业特色发展型城市的开放资源生态位适宜度水平，如图 6-7 所示。

从图 6-7 来看，各农业特色发展型城市的对外开放水平极不均衡，区域整体的对外开放水平略高于黄河流域城市对外开放的平均水平，区域平均水平约为流域平均水平的 108%。其中开封市和泰安市的对外开放水平尤为突出，远高于流域对外开放水平均值，其次是新乡市，在区域内排名第三，其对外开放均值略高于流域对外开放水平的均值。其次是德州市（对外开放水平约为流域平均水平的 60%）、菏泽市（对外开放水平约为流域平均水平的 67%）、聊城市（对外开放水平约为流域平均水平的63%）、濮阳市（对外开放水平约为流域平均水平的 62%）、巴彦淖尔市（对外开放水平约为流域平均水平的 35%）。最后是运城市和渭南市，这两个城市的对外开放水平较低，阻力较大，它们的对外开放水平不及流域平均对外开放水平的 10%。

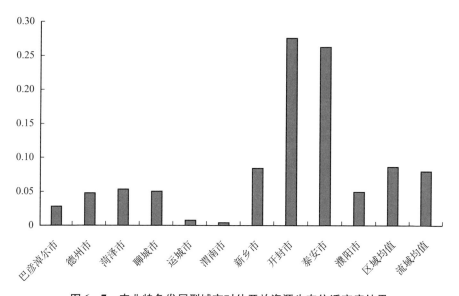

图 6 - 7　农业特色发展型城市对外开放资源生态位适宜度结果

（4）创新资源生态位现状分析。根据5.3 节得出的 2020 年 50 个城市创新资源生态位适宜度结果，整理得出 10 个农业特色发展型城市的创新资源生态位适宜度水平，如图 6 - 8 所示。

从图 6 - 8 可以看出，农业特色发展型城市的创新水平也存在较大差异，区域的平均创新水平显著低于流域城市的平均创新水平，前者约为后者的 75%。10 个农业特色发展型城市中仅有 3 个城市的创新水平高于流域平均创新水平，分别是德州市、聊城市和新乡市，其中德州市和新乡市的创新水平相对较高，较为突出，它们的创新水平分别约为流域均值的140% 和130%，相比之下，聊城市的城市创新水平仅略高于流域平均创新水平。其次是泰安市，其创新水平略低于流域平均创新水平。以上 4 个城市的创新水平高于农业特色发展型城市的平均创新水平。再次是菏泽市（创新水平约为流域平均水平的 72%）、开封市（创新水平约为流域平均水平的 71%）、濮阳市（创新水平约为流域平均水平的 64%），这 3 个城市的创新水平略低于流域平均创新水平。运城市、渭南市、巴彦淖尔市 3 个城市的创新能力较为落后，渭南市的城市创新水平约为流域平均水平的 35%，运城市的城市创新水平约为流域平均水平的 26%，巴彦淖尔市的城市创新水平落后较多，不到流域平均创新水平的 10%。

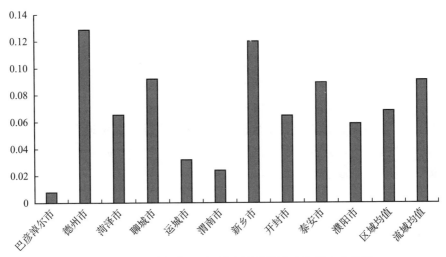

图 6-8　农业特色发展型城市创新资源生态位适宜度结果

（5）工业资源生态位现状分析。根据 5.3 节得出的 2020 年 50 个城市工业资源生态位适宜度结果，整理得出 10 个农业特色发展型城市的工业资源生态位适宜度水平，如图 6-9 所示。

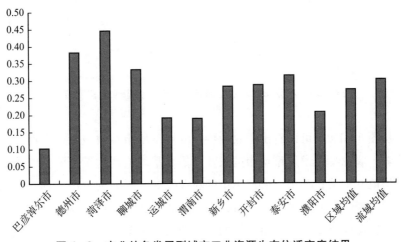

图 6-9　农业特色发展型城市工业资源生态位适宜度结果

从图 6 - 9 来看，工业水平方面，农业特色发展型城市的工业发展相对较为均衡，农业特色发展型城市的平均工业水平虽然低于黄河流域城市的平均工业水平，但落后幅度不大，区域平均水平约为流域平均水平的 90%。除去德州市和菏泽市，其他城市的工业水平没有较大差异，其中菏泽市的工业水平较为突出，其工业水平约为流域平均工业水平的 147%。其次是德州市和泰安市，其工业水平略高于流域的平均工业水平，与之类似的还有新乡市、开封市，略低于流域城市的平均工业水平。再次是运城市、渭南市和濮阳市，这 3 个城市的工业水平约为流域城市平均工业水平的 65%，差距不明显。最后是巴彦淖尔市，其工业发展水平相对较为落后，工业水平仅为流域城市平均工业水平的 34% 左右。

（6）农业资源生态位现状分析。根据 5.3 节得出的 2020 年 50 个城市农业资源生态位适宜度结果，整理得出 10 个农业特色发展型城市的农业资源生态位适宜度水平，如图 6 - 10 所示。

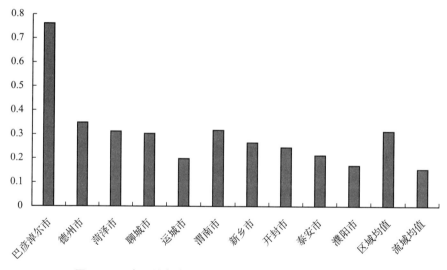

图 6 - 10　农业特色发展型城市农业资源生态位适宜度结果

从图 6 - 10 中可以看出，农业特色发展型城市在农业发展方面具有较大优势，农业特色发展型城市的农业发展水平均值约为黄河流域农业发展水平均值的 2 倍，其中巴彦淖尔市的农业发展水平尤为突出，约为流域城市农业发展水平均值的 5 倍、农业特色发展型城市农业水平均值的 2.5 倍。其次是德州市、菏泽市、聊城市、渭南市 4 个城市。以上 5 个城市的农业发展水平差距不大，与区域农业发展水平均值相当。相较而言，农业特色发展型的其他城市如运城市、新乡市、开封市、泰安市、濮阳市的农业水平较低，它们的农业水平约为流域城市农业发展水平均值的 110% ~ 170%。

（7）生态环境资源生态位现状分析。根据 5.3 节得出的 2020 年 50 个城市生态环境资源生态位适宜度结果，整理得出 10 个农业特色发展型城市的生态环境资源生态位适宜度水平，如图 6 - 11 所示。

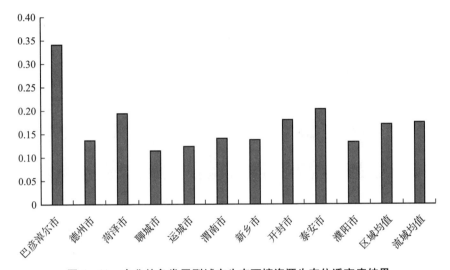

图 6 - 11　农业特色发展型城市生态环境资源生态位适宜度结果

从图 6 - 11 中可以看出，农业特色发展型城市的平均生态水平与黄河流域的平均生态水平相当，但整体上不占优势，大多数城市的生态水平都没有超过流域的平均生态水平，各城市之间的生态建设水平差异较为明显，其中巴彦淖尔市的生态水平尤为突出，约为流域平均生态水平的 2 倍。其次是泰安市（生态水平约为流域平均水平的 117%）、菏泽市（生态水平约为流域平均水平的 110%）和开封市（略高于流域平均水平），农业特色发展型城市中也仅有这 4 个城市的生态水平高于流域平均水平。德州市、新乡市和渭南市的生态水平略低于黄河流域的平均生态水平，约为流域均值水平的 80%，分别位列农业特色发展型城市生态水平的第五、第六、第七名。聊城市、运城市和濮阳市的生态水平相对较低，约为流域平均生态水平的 70%。

6.4.1.2　发展障碍因子

通过计算得出，在 2020 年中农业特色发展型城市的平均障碍度中，障碍因子的排序是创新资源生态位（0.2237）＞基础设施资源生态位（0.2172）＞对外开放资源生态位（0.1794）＞服务业资源生态位（0.1015）＞农业资源生态位（0.0977）＞生态环境资源生态位（0.0923）＞工业资源生态位（0.0881）。从结果排序来看，影响整个农业特色发展型城市发展的首要不利因素是创新资源生态位，其次是基础设施资源生态位、对外开放资源生态位、服务业资源生态位、农业资源生态位、生态环境资源生态位和工业资源生态位。结果如图6－12所示。

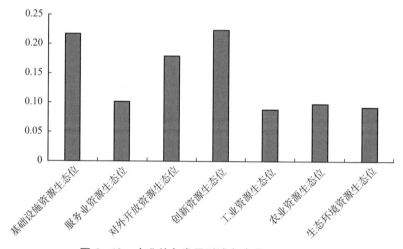

图6－12　农业特色发展型城市障碍因子平均值

6.4.2　工业特色发展型路径

工业特色发展型路径的适宜城市包括滨州市、榆林市、鄂尔多斯市、银川市、咸阳市、晋中市、长治市、吕梁市、朔州市、晋城市、焦作市、淄博市、东营市、宝鸡市共14个城市，空间上工业特色发展型城市集中分布在黄河流域中游，有14个城市。其中，仅有鄂尔多斯市和银川市2个城市位处黄河流域上游，下游有4个城市，分别是滨州市、焦作市、淄博市和东营市。这些城市的工业发展水平在50个黄河流域城市中较为靠前，且产业结构以第二产业为主，第二产业的GDP和就业人数高于黄河流域的平均水平，具有较高的持续增长的潜力，具有明显的工业发展倾向性，因此将这14个城市列为黄河流域特色发展型城市的工业特色发展型城市。工业的发展是黄河流域经济增长的重要推动力，保障好工业特色发展型城市的稳定发展也是黄河流域城市高质量发展的重要战略之一。此为习近平总书记对区域高质量发展指导中的"宜工则工"。

下面对工业特色发展型的城市进行概况描述，并计算该路径城市高质量发展的障碍因子。

6.4.2.1　基本概况

（1）基础设施资源生态位现状分析。根据5.3节得出的2020年50个城市基础设施资源生态位适宜度结果，整理得出14个工业特色发展型城市的基础设施资源生态位适宜度水平，如图6-13所示。

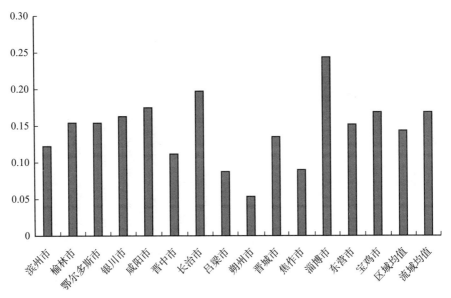

图6-13　工业特色发展型城市基础设施资源生态位适宜度结果

基于图6-13可以看出，工业特色发展型城市的基础设施水平普遍低于黄河流域的平均基础设施水平，区域平均水平约为流域平均水平的85%。仅有咸阳市、长治市、淄博市和宝鸡市的基础设施水平高于流域基础设施平均水平，其中淄博市的基础设施水平最为突出，约为流域基础设施水平均值的150%，长治市基础设施水平约为流域基础设施水平均值的120%，宝鸡市和咸阳市的基础设施水平略高于流域基础设施平均水平。其次是榆林市、鄂尔多斯市、银川市和东营市，这4个城市的基础设施水平略低于黄河流域城市基础设施的平均水平，也仅有以上8个城市的基础设施水平达到工业特色发展型城市基础设施平均水平。再次是晋城市（基础设施水平约为流域平均水平的80%）、滨州市（基础设施水平约为流域平均水平的72%）、晋中市（基础设施水平约为流域平均水平的66%），再接下来是吕梁市和焦作市，这两个城市的基础设施水平相对工业特色发展型的其他城市落后较多，仅为流域平均水平的50%左右。最后是朔州市，其基础设施水平仅为流域均值的32%，显著低于黄河流域基础设施的平均水平。

（2）服务业资源生态位现状分析。根据5.3节得出的2020年50个城市服务业资源生态位适宜度结果，整理得出14个工业特色发展型城市的服务业资源生态位适宜度水平，如图6-14所示。

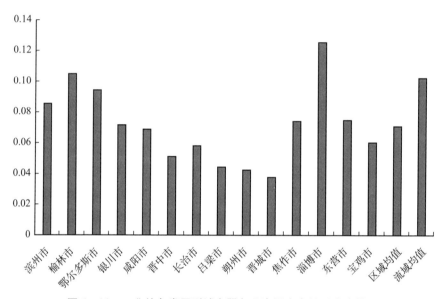

图6-14　工业特色发展型城市服务业资源生态位适宜度结果

从图6-14可以看出，工业特色发展型城市的各城市服务水平较低，显著低于黄河流域城市平均服务水平，工业特色发展型城市的平均服务水平仅为黄河流域平均服务水平的69%。其中，淄博市的城市服务水平最高，也仅有这一个城市超过流域平均服务水平，可见服务业资源是这些工业特色发展型城市的短板所在。其次是榆林市，其服务水平略高于流域均值，工业特色发展型城市中仅有上述两个城市的服务水平高于流域平均服务水平。接着是滨州市、银川市、鄂尔多斯市、焦作市和东营市，这5个城市的服务水平略低于流域平均服务水平，但均高于工业特色发展型城市的平均服务水平。咸阳市、晋中市、长治市与宝鸡市的服务业发展处于相对劣势，这4个城市的平均服务水平约为流域平均水平的50%～70%。吕梁市、朔州市、晋城市的城市服务水平较为落后，其中吕梁市的服务水平仅为黄河流域平均服务水平的44%，朔州市的服务水平仅为黄河流域平均服务水平的41%，晋城市的平均服务水平仅为黄河流域平均服务水平的36%。

（3）开放资源生态位现状分析。根据5.3节得出的2020年50个城市开放资源生态位适宜度结果，整理得出14个工业特色发展型城市的开放资源生态位适宜度水平，如图6-15所示。

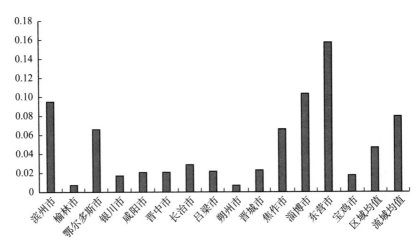

图6-15 工业特色发展型城市对外开放资源生态位适宜度结果

从图6-15中可以看出，在对外开放水平方面，工业特色发展型城市的各城市差异极大，工业特色发展型城市的平均开放水平是黄河流域平均开放水平的58%，大多数城市的开放水平都没有超过流域平均水平，其中开放水平最高的城市是东营市，其开放水平远超工业特色发展型的其他城市，是流域平均开放水平的1.97倍、工业特色发展型城市平均对外开放水平的3倍以上。其次是淄博市（对外开放水平约为流域平均水平的130%）、滨州市（对外开放水平约为流域平均水平的120%），以上3个城市的对外开放水平都显著高于黄河流域对外开放的平均水平。再次是鄂尔多斯市和焦作市，这两个城市的对外开放水平略低于黄河流域对外开放的平均水平，约为流域平均水平的83%。只有以上5个城市的对外开放水平超过了工业特色发展型城市的对外开放平均水平。相比于以上城市，银川市、咸阳市、晋中市、长治市、吕梁市、晋城市与宝鸡市的对外开放水平处于明显的劣势地位，它们的开放水平仅有流域对外开放平均水平的20%~30%，银川市对外开放水平约为流域平均水平的21%，咸阳市对外开放水平约为流域平均水平的26%，晋中市对外开放水平约为流域平均水平的26%，长治市对外开放水平约为流域平均水平的36%，吕梁市对外开放水平约为流域平均水平的27%，晋城市对外开放水平约为流域平均水平的29%，宝鸡市对外开放水平约为流域平均水平的22%。最后是榆林市和朔州市，这两个城市的对外开放水平不足黄河流域城市对外开放水平均值的10%，发展困难较大。

（4）创新资源生态位现状分析。根据5.3节得出的2020年50个城市创新资源生态位适宜度结果，整理得出14个工业特色发展型城市的创新资源生态位适宜度水平，如图6-16所示。

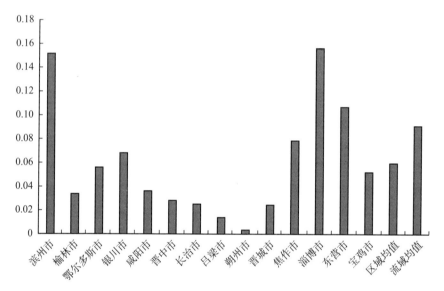

图6-16　工业特色发展型城市创新资源生态位适宜度结果

创新资源生态位方面，工业特色发展型城市的各城市也展现出了较大的差异。大部分城市的创新水平较弱，未超过流域城市的平均创新水平，工业特色发展型城市的平均创新水平也仅有流域平均创新水平的65%。高于流域平均创新水平的城市仅有淄博市、滨州市和东营市，其中淄博市的创新水平约为流域平均水平的172%，滨州市的创新水平约为流域平均水平的166%，东营市的创新水平约为流域平均水平的117%。其次是焦作市和银川市，焦作市的创新水平约为流域平均水平的86%，银川市的创新水平约为流域平均水平的75%。只有以上5个城市的对外开放水平高于工业特色发展型城市对外开放水平均值。鄂尔多斯市和宝鸡市的对外开放水平略低于工业特色发展型城市对外开放水平均值。其他城市的创新水平则显著低于流域的平均创新水平，处于劣势地位，榆林市和咸阳市的创新水平约为流域均值的40%，晋中市、长治市、晋城市、吕梁市的城市创新水平均未超过流域平均创新水平的15%。工业特色发展型城市对外开放水平最低的是朔州市，其对外开放资源生态位需获得较大关注。

（5）工业资源生态位现状分析。根据5.3节得出的2020年50个城市工业资源生态位适宜度结果，整理得出14个工业特色发展型城市的工业资源生态位适宜度水平，如图6-17所示。

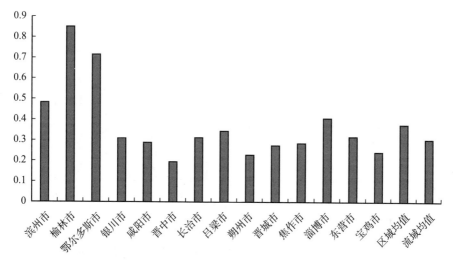

图6-17　工业特色发展型城市工业资源生态位适宜度结果

从图6-17中可以看出，虽然工业特色发展型城市中部分城市的工业水平不及流域的平均水平，但整体水平还是高于流域的平均工业水平的，工业特色发展型城市的平均工业水平约为黄河流域平均工业水平的124%，其中榆林市和鄂尔多斯市的工业水平尤为突出，分别约为流域平均工业水平的2.8倍、2.4倍，在极大程度上拉高了工业型发展城市的平均工业水平，这也导致了其他城市中仅有滨州市和淄博市的工业水平小幅超过工业特色发展型城市的平均工业水平。银川市、长治市、吕梁市和东营市的工业水平均超过了黄河流域的平均工业水平，其中吕梁市的工业水平领先相对较多，约为流域平均工业水平的114%。咸阳市、晋城市和焦作市的工业水平略低于流域平均工业水平。晋中市、朔州市和宝鸡市的工业水平虽然显著低于流域平均工业水平，但这也只能说明相对工业特色发展型城市的其他城市其工业水平处于相对劣势，并不能说明这些城市的工业水平在整个黄河流域都处于劣势地位，实际上是因为部分城市的工业水平较高，所以使得流域的平均工业水平远远高于流域各城市工业水平的中位数。

（6）农业资源生态位现状分析。根据5.3节得出的2020年50个城市农业资源生态位适宜度结果，整理得出14个工业特色发展型城市的农业资源生态位适宜度水平，如图6-18所示。

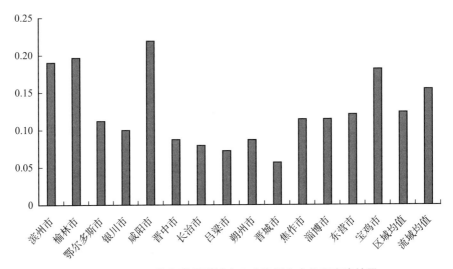

图6-18　工业特色发展型城市农业资源生态位适宜度结果

从图6-18中可以看出，工业特色发展型城市的大多数城市农业水平都未超过流域平均农业水平，工业特色发展型城市的农业水平均值约为流域平均农业水平的80%。其中高于流域平均农业水平的有滨州市、榆林市、咸阳市、宝鸡市4个城市，咸阳市的农业水平最高，约为流域平均农业水平的141%，榆林市、滨州市和宝鸡市的农业水平约为流域平均农业水平的120%。工业特色发展型城市中只有以上4个城市的农业水平超过了黄河流域农业水平均值。鄂尔多斯市、银川市、焦作市、淄博市和东营市的农业水平略低于工业特色发展型城市的农业平均水平。晋中市、长治市和朔州市的农业水平相对较为落后，仅有黄河流域城市农业水平均值的一半。吕梁市和晋城市的农业水平更是低于黄河流域平均水平的一半，特别是晋城市的农业水平仅有黄河流域平均水平的36%。

（7）生态环境资源生态位现状分析。根据5.3节得出的2020年50个城市生态环境资源生态位适宜度结果，整理得出 14 个工业特色发展型城市的生态环境资源生态位适宜度水平，如图 6 – 19 所示。

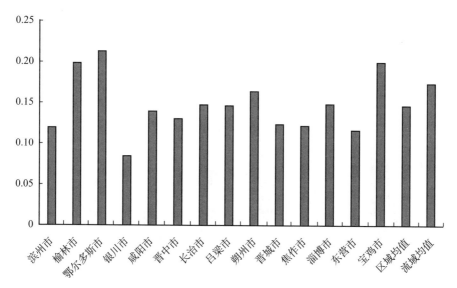

图 6 – 19　工业特色发展型城市生态环境资源生态位适宜度结果

从图 6 – 19 中可以看出，相较于工业特色发展型城市的其他生态位，生态环境资源生态位的发展相对均衡，除去榆林市、鄂尔多斯市和宝鸡市的生态水平较高外，其他城市差距不大。

工业特色发展型城市的平均生态水平约为流域平均生态水平的 84%，落后幅度不大，但达到黄河流域平均生态水平的仅有鄂尔多斯市、榆林市和宝鸡市 3 个城市，其中鄂尔多斯市的领先优势较为突出，其生态水平约为流域平均生态水平的 1.2 倍。朔州市的生态水平是流域平均生态水平的94% 左右，也仅有这 4 个城市的生态水平高于工业特色发展型城市的平均生态水平。其次是咸阳市、长治市、吕梁市和淄博市，它们的生态水平略低于工业特色发展型城市的平均生态水平。晋中市、晋城市和焦作市的生态水平略低，约为流域平均水平的 70%，滨州市和东营市的生态水平处于工业特色发展型城市的劣势地位，分别约为流域平均水平的 69%、67%。银川市的生态水平垫底，约为流域平均水平的 49%。

6.4.2.2　发展障碍因子

通过计算得出，在 2020 年工业特色发展型城市的平均障碍度中，障碍因子的排序是创新资源生态位（0.2159）>基础设施资源生态位（0.2111）>对外开放资源生态位（0.1847）＞农业资源生态位（0.1214）＞服务业资源生态位（0.0981）＞生态环境资源生态位（0.0915）＞工业资源生态位（0.0773）。从结果排序来看，影响整个工业特色发展型城市发展的首要不利因素是创新资源生态位，其次是基础设施资源生态位、对外开放资源生态位、农业资源生态位、服务业资源生态位、生态环境资源生态位和工业资源生态位。结果如图6－20所示。

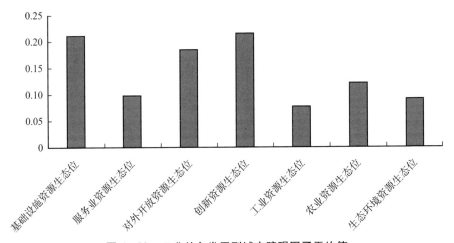

图6－20　工业特色发展型城市障碍因子平均值

6.4.3　服务业特色发展型路径

服务业特色发展型路径的适宜城市包括兰州市、呼和浩特市、延安市、临汾市共4个城市，从图6－21中可以看出，服务业特色发展型的4个城市分布相对分散，其中兰州市和呼和浩特市位处黄河流域上游，延安市和临汾市位处黄河流域中游。这些城市的服务业发展水平在50个黄河流域城市中较为靠前，相对流域内其他城市来说第三产业占比更高，第三产业的GDP和就业人数高于黄河流域的平均水平，具有明显的服务业发展倾向性，因此将这4个城市划为黄河流域特色发展型城市的服务业特色发展型城市。此为习近平总书记对区域高质量发展指导中的"宜商则商"。

下面对服务业特色发展型的城市进行概况描述，并计算该路径城市高质量发展的障碍因子。

6.4.3.1　基本概况

本研究根据5.3节计算出的2020年各城市生态位适宜度结果，整理得出服务业特色发展型城市的各生态位情况，如图6－21所示。

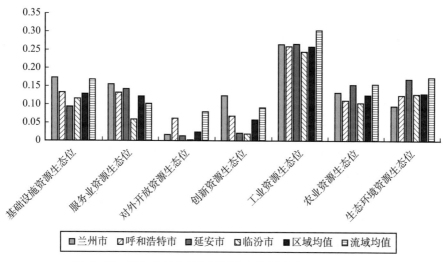

图 6 - 21　服务业特色发展型城市各资源生态位适宜度结果

（1）基础设施资源生态位现状分析。从图 6 - 21 可以看出，服务业特色发展型城市的基础设施平均水平低于黄河流域的基础设施平均水平。其中兰州市的基础设施水平较为领先，略高于黄河流域平均水平，呼和浩特市、延安市和临汾市相对来说较为落后，呼和浩特市的基础设施水平约为流域平均水平的 79%，临汾市的基础设施水平约为流域平均水平的 69%，延安市仅为流域基础设施平均水平的 56%，差距较大。

（2）服务业资源生态位现状分析。服务业资源生态位方面，4 个服务特色发展型城市中仅有临汾市的服务水平低于流域的平均服务水平，服务业特色发展型城市的服务水平均值高于流域平均服务水平，其中兰州市领先优势最大，城市服务水平约为流域城市平均服务水平的 152%，延安市次之，城市服务水平约为流域城市平均服务水平的 139%，呼和浩特市相对较低，排行第三，城市服务水平约为流域城市平均服务水平的 130%，临汾市垫底，城市服务水平约为流域城市平均服务水平的 58%，约为兰州市服务水平的 38%，落后幅度较大。

（3）对外开放资源生态位现状分析。对外开放资源生态位方面，服务业资源生态位的 4 个城市之间差异较为明显，服务业特色发展型城市的平均开放水平也显著低于流域的平均开放水平，4 个服务特色发展型城市的对外开放水平均未达到流域的对外开放水平均值。呼和浩特市的对外开放水平相对较高，约为流域开放水平均值的 78%。其次是兰州市和延安市，它们的服务水平分别约为流域平均水平的 21% 和 17%。临汾市的对外开放水平最差，发展具有较大困难。

（4）创新资源生态位现状分析。创新资源生态位方面，服务业资源生态位的4个城市之间差异较为显著，仅有兰州市的创新水平超过流域城市的平均创新水平，且兰州市的创新水平是黄河流域城市平均创新水平的136%，可以看出兰州市的创新水平领先较多。呼和浩特市的创新水平约为流域创新水平均值的75%。服务业特色发展型城市的平均创新水平仍未超过流域创新水平的均值，延安市和临汾市的创新水平分别仅为流域创新水平均值的23%和21%，均不及兰州市创新水平的20%，落后幅度较大。

（5）工业资源生态位现状分析。工业资源生态位方面，4个服务业特色发展型城市之间差距较小，但均未达到黄河流域的平均工业水平。兰州市的工业水平约为流域均值的87%，呼和浩特市的工业水平约为黄河流域平均工业水平的85%，延安市的工业水平约为黄河流域平均工业水平的88%，临汾市相对较低，约为流域平均工业水平的81%，服务业特色发展型城市的平均工业水平约为流域平均工业水平的85%。

（6）农业资源生态位现状分析。农业资源生态位方面，服务业特色发展型的4个城市均未超过黄河流域城市的平均农业水平，服务业资源生态位的农业水平均值仅为流域平均农业水平的81%，其中延安市的农业水平相对突出，略低于流域平均农业水平，兰州市的农业水平次之，约为流域平均农业水平的85%，略高于服务业特色发展型城市的平均农业水平。呼和浩特市和临汾市的农业水平相对较低，约为流域平均农业水平的70%。

（7）生态环境资源生态位现状分析。生态环境资源生态位方面，服务业特色发展型城市的平均生态水平约为黄河流域平均生态水平的74%。服务业特色发展型的4个城市均未超过黄河流域城市的平均生态水平。延安市的生态水平约为流域平均生态水平的97%，其生态水平在服务业特色发展型城市中排名第一。其次是呼和浩特市和临汾市，生态水平略低于服务业特色发展型城市的平均生态水平。兰州市的生态水平垫底，仅为流域平均生态水平的55%。

6.4.3.2　发展障碍因子

通过计算得出，在2020年中服务发展型城市的平均障碍度中，障碍因子的排序是创新资源生态位（0.2148）>基础设施资源生态位（0.2112）>对外开放资源生态位（0.1862）>农业资源生态位（0.1232）>工业资源生态位（0.0944）> 服务业资源生态位（0.0926）> 生态环境资源生态位（0.0775）。从结果排序来看，影响整个服务业特色发展型城市发展的首要不利因素是创新资源生态位，其次是基础设施资源生态位、对外开放资源生态位、农业资源生态位、工业资源生态位、服务业资源生态位和生态环境资源生态位。结果如图 6 - 22 所示。

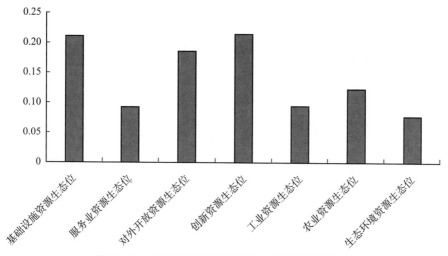

图 6 - 22　服务业特色发展型城市障碍因子平均值

6.4.4　生态功能型路径

　　生态功能型路径的适宜城市是指黄河流域内经济较为落后、发展相对较慢但生态功能价值高的地区，是保障黄河流域生态安全的重要屏障，将生态功能型城市的生态价值转化为经济效益是这类地区未来发展的重点方向。本研究中生态功能型路径的适宜城市包含 7 个，其中黄河上游有 4 个城市：固原市、天水市、庆阳市和定西市；黄河中游有 3 个城市：商洛市、铜川市和三门峡市。这些城市的生态建设水平在 50 个黄河流域城市中较为靠前，因此将这 7 个城市划为黄河流域特色发展型的生态功能型。此为习近平总书记对区域高质量发展指导中的"宜山则山，宜水则水"。

　　下面对生态功能型城市进行概况描述，并计算该路径城市高质量发展的障碍因子。

　　6.4.4.1　基本概况

　　本研究根据 5.3 节计算出的 2020 年各城市生态位适宜度结果，整理得出生态功能型城市的各生态位情况，如图 6 - 23 所示。

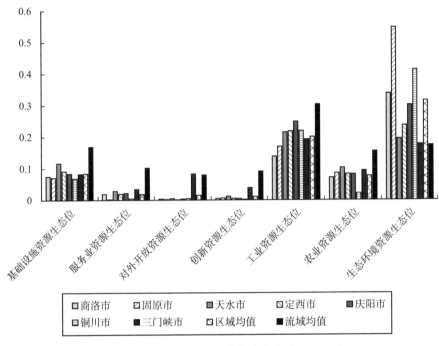

图 6 – 23　生态功能型城市各生态位适宜度结果

（1）基础设施资源生态位现状分析。基础设施资源生态位方面，生态功能型的 7 个城市的基础设施水平均未超过黄河流域平均基础设施水平，且差距较大，生态功能型城市的平均基础设施水平仅为黄河流域平均水平的 51%。其中基础设施水平最高的是天水市，其基础设施水平约为黄河流域平均设施水平的 69%。其次是定西市、庆阳市和三门峡市，它们的基础设施水平约为黄河流域平均设施水平的 50%，商洛市、固原市和铜川市的基础设施水平不及黄河流域平均设施水平的 45%，其中铜川市的基础设施水平仅为黄河流域平均设施水平的 41%，不及天水市基础设施水平的 60%。

（2）服务业资源生态位现状分析。服务业资源生态位方面，生态功能型的 7 个城市的服务水平均远低于黄河流域平均服务水平，生态功能型城市的平均服务水平仅为黄河流域平均服务水平的 18%。其中天水市和三门峡市的服务水平较为接近，分别约为黄河流域城市平均服务水平的 28% 和 33%。其次是商洛市、定西市和庆阳市，它们的服务水平约为黄河流域城市平均服务水平的 20%。固原市和铜川市的服务水平垫底，不足黄河流域城市平均服务水平的 5%。

（3）对外开放资源生态位现状分析。对外开放资源生态位方面，生态功能型城市 7 个城市中仅有三门峡市的对外开放水平略高于黄河流域对外开放水平的均值，商洛市、固原市、天水市、定西市、庆阳市和铜川市的对外开放水平均不及黄河流域对外开放平均水平的 7%。

（4）创新资源生态位现状分析。创新资源生态位方面，生态功能型的 7 个城市的创新水平均大幅落后于黄河流域平均创新水平，生态功能型城市的平均基础设施水平仅为黄河流域平均水平的 12%。生态功能型城市中三门峡市的创新水平最高，但仅有黄河流域平均水平的 43%。其次是天水市，约为黄河流域创新水平均值的 13%。商洛市、固原市、定西市、庆阳市和铜川市的创新水平均不及黄河流域平均创新水平的 10%。

（5）工业资源生态位现状分析。相对其他生态位，生态功能型城市的工业水平相对有所起色，但 7 个城市的工业水平仍是均未超过黄河流域的平均工业水平，生态功能型城市的平均基础设施水平约为黄河流域平均水平的 66%。其中，庆阳市的工业水平最高，约为黄河流域平均工业水平的 82%。其次是天水市、定西市和铜川市，其工业水平超过了黄河流域平均工业水平的 70%。固原市和三门峡市排第三梯队，其工业水平分别为黄河流域平均工业水平的 56% 和 63%。商洛市的工业水平在生态功能型的 7 个城市中最低，仅为黄河流域平均水平的 46%。

（6）农业资源生态位现状分析。农业资源生态位方面，生态功能型 7 个城市的农业水平差距不大，均未超过黄河流域城市平均农业水平，且落后较多，其中铜川市的农业水平最低，约为黄河流域农业水平均值的 14%。商洛市、固原市、天水市、定西市、庆阳市和三门峡市的农业水平相当，它们的农业水平均未超过流域平均农业水平的 70%。

（7）生态环境资源生态位现状分析。生态环境资源生态位方面，这 7 个城市的生态优势地位得以充分体现，生态功能型 7 个城市的生态水平均高于黄河流域城市的平均生态水平，生态功能型城市的生态水平均值约为黄河流域生态水平均值的 181%，其中固原市的生态水平最高，约为黄河流域生态水平均值的 314%。其次是铜川市和商洛市，铜川市的生态水平为黄河流域生态水平均值的 2.4 倍，商洛市的生态水平约为流域生态水平均值的 2 倍。再次是定西市、庆阳市和天水市，定西市的生态水平约为流域生态水平均值的 136%，庆阳市的生态水平约为流域生态水平均值的 173%，天水市的生态水平约为流域生态水平均值的 112%。三门峡市的生态水平相对较低，但也达到了黄河流域生态水平均值的 102%。

6.4.4.2 发展障碍因子

通过计算得出，在 2020 年中生态功能型城市的平均障碍度中，障碍因子的排序是基础设施资源生态位（0.2162）> 创新资源生态位（0.2154）> 对外开放资源生态位（0.1795）> 农业资源生态位（0.1242）> 服务业资源生态位（0.0993）> 工业资源生态位（0.0930）> 生态环境资源生态位（0.0724）。从结果排序来看，影响整个生态功能型城市发展的首要不利因素是基础设施资源生态位，其次是创新资源生态位、对外开放资源生态位、农业资源生态位、服务业资源生态位、工业资源生态位和生态环境资源生态位。结果如图 6-24 所示。

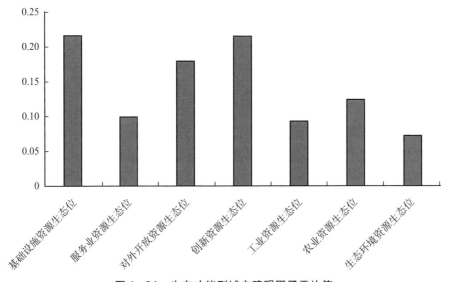

图 6-24 生态功能型城市障碍因子平均值

6.5 涵养发展型路径

涵养发展型路径是指城市以保障和改善中低收入社会成员的生存发展条件为发展的重点，着力于提高民众的生活水平。

该类型的城市在流域内的各生态位发展都较为落后，涵养发展型城市的经济水平和人均 GDP 水平均显著低于黄河流域的平均水平，这些城市近年来的经济增长速度和人口流动率通常也较低，且离区域中心城市较远，基础设施及城市服务业资源供给较为不足，交通条件相对较差。挖掘当地的优势产业、培育特色优势产业是该类型地区下一步的发展重点。

本研究中引领发展型城市包括 7 个城市，分别是乌海市、白银市、平凉市、石嘴山市、中卫市、忻州市和吴忠市。涵养发展型的城市多集聚于黄河上游，包括乌海市、白银市、平凉市、石嘴山市、中卫市和吴忠市。中游的城市仅有忻州市，下游无涵养发展型城市。

下面对涵养发展型城市进行概况描述，并计算该路径城市高质量发展的障碍因子。

6.5.1　基本概况

6.5.1.1　基础设施资源生态位现状分析

根据 5.3 节得出的 2020 年 50 个城市基础设施资源生态位适宜度结果，整理得出 7 个涵养发展型城市的基础设施资源生态位适宜度水平，如图 6-25 所示。

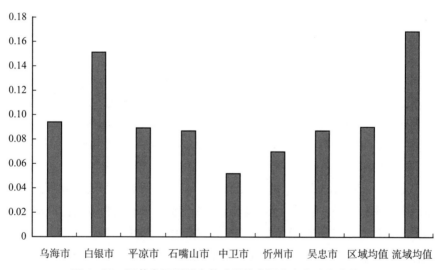

图 6-25　涵养发展型城市基础设施资源生态位适宜度结果

从图 6-25 可以看出，在基础设施资源生态位方面，涵养发展型城市的基础设施水平普遍低于黄河流域城市的基础设施平均水平，涵养发展型城市的基础设施平均水平约为流域基础设施平均水平的 53%，其中白银市的基础设施水平最高，约为黄河流域平均基础设施水平的 90%。其次是乌海市，基础设施水平略高于涵养发展型城市的平均基础设施水平，平凉市、石嘴山市和吴忠市的基础设施水平分别约为流域基础设施水平均值的 53%、52% 和 52%，处于相对劣势，中卫市的基础设施水平排名最后，仅为流域基础设施水平均值的 31%，约为白银市基础设施水平的 1/3，基础设施水平差距较大。

6.5.1.2 服务业资源生态位现状分析

根据 5.3 节得出的 2020 年 50 个城市服务业资源生态位适宜度结果，整理得出 7 个涵养发展型城市的服务业资源生态位适宜度水平，如图 6 - 26 所示。

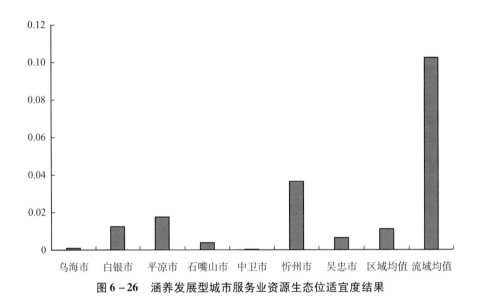

图 6 - 26 涵养发展型城市服务业资源生态位适宜度结果

从图 6 - 26 可以看出，涵养发展型城市的服务水平远低于黄河流域城市的平均服务水平，涵养发展型城市的平均服务水平仅为黄河流域城市平均服务水平的 11%，在涵养发展型 7 个城市中忻州市的服务水平最高，约为流域平均服务水平的 36%。其次是平凉市，服务水平约为流域平均服务水平的 17%。白银市排第三，服务水平约为流域平均服务水平的 12%。仅有这 3 个城市高于涵养发展型城市的平均服务水平，其余 4 个城市的服务水平由高到低排序依次为吴忠市、石嘴山市、乌海市、中卫市，这 4 个城市的服务水平均未超过流域平均服务水平的 7%，分别为 6.3%、3.7%、0.98%、0.29%。

6.5.1.3 开放资源生态位现状分析

根据 5.3 节得出的 2020 年 50 个城市开放资源生态位适宜度结果，整理得出 7 个涵养发展型城市的开放资源生态位适宜度水平，如图 6 - 27 所示。

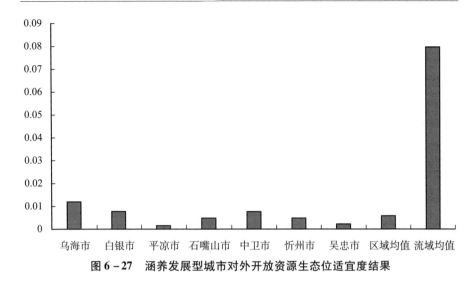

图 6 – 27　涵养发展型城市对外开放资源生态位适宜度结果

从图 6 – 27 可以看出，涵养发展型城市的对外开放水平较低，显著落后于黄河流域的平均开放水平，涵养发展型城市的平均开放水平约为流域平均开放水平的 7%，可见涵养发展型各城市的开放水平极低。其中乌海市在涵养发展型城市中对外开放水平排名第一，约为黄河流域对外开放平均水平的 15%。其次是白银市和中卫市，其开放水平约为流域平均开放水平的 10%，仅有这 3 个城市高于涵养发展型城市的平均对外开放水平。石嘴山市和忻州市的开放水平为流域平均开放水平的 6%。平凉市和吴忠市的对外开放水平约为流域平均开放水平的 2%，是涵养发展型城市中对外开放水平最低的城市。

6.5.1.4　创新资源生态位现状分析

根据 5.3 节得出的 2020 年 50 个城市创新资源生态位适宜度结果，整理得出 7 个涵养发展型城市的创新资源生态位适宜度水平，如图 6 – 28 所示。

从图 6 – 28 可以看出，涵养发展型城市的城市创新水平普遍较低，区域的平均创新水平仅有黄河流域城市平均水平的 13%，其中石嘴山市的城市创新水平相对较高，约为黄河流域平均水平的 24%。其次是吴忠市和中卫市，其创新水平分别为流域创新水平均值的 18% 和 13%。也仅有上述 3个城市的创新水平高于涵养发展型城市的平均创新水平。再次是乌海市和白银市，这两个城市的创新水平略低于中卫市，显著高于平凉市和忻州市，它们的创新水平分别约为流域均值的 12% 和 11%、涵养发展型城市平均创新水平的 94% 和 88%。最后是平凉市和忻州市，这两个城市的创新水平处于完全劣势的地位，分别仅有流域平均创新水平的 4% 和 8%、涵养发展型城市平均创新水平的 29% 和 59%。

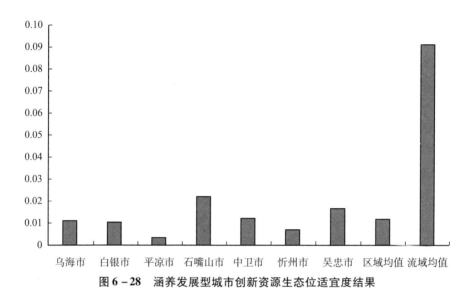

图 6－28　涵养发展型城市创新资源生态位适宜度结果

6.5.1.5　工业资源生态位现状分析

根据 5.3 节得出的 2020 年 50 个城市工业资源生态位适宜度结果，整理得出 7 个涵养发展型城市的工业资源生态位适宜度水平，如图 6－29 所示。

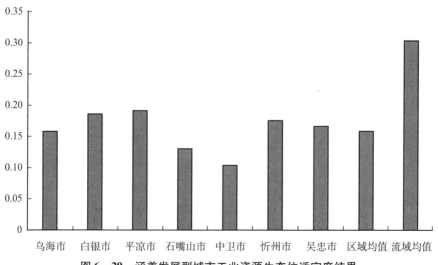

图 6－29　涵养发展型城市工业资源生态位适宜度结果

从图 6-29 来看，相对于其他生态位，涵养发展型城市的工业资源生态位发展较为均衡，虽然 7 个城市的工业水平也均未超过流域的平均工业水平，涵养发展型城市的工业水平均值也仅有流域平均水平的 52%，但各城市之间的差距不大，其中白银市和平凉市的工业水平相对较高，分别约为黄河流域平均工业水平的 61% 和 63%。其次是忻州市和吴忠市，它们的工业水平略高于涵养发展型城市的平均水平。仅有以上 4 个城市的工业水平高于涵养发展型城市的平均水平。最后是乌海市、石嘴山市和中卫市，这 3 个城市的工业水平分别约为黄河流域平均工业水平的 52%、43% 和 34%，约为涵养发展型城市的平均工业水平的 99%、82% 和 65%。

6.5.1.6　农业资源生态位现状分析

根据 5.3 节得出的 2020 年 50 个城市农业资源生态位适宜度结果，整理得出 7 个涵养发展型城市的农业资源生态位适宜度水平，如图 6-30 所示。

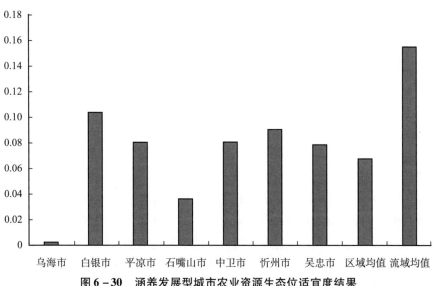

图 6-30　涵养发展型城市农业资源生态位适宜度结果

从图 6-30 可以看出，涵养发展型各城市的农业资源生态位方面发展较为参差不齐，7 个城市的农业水平均未超过流域的平均农业水平，涵养发展型城市的农业水平均值约为流域平均水平的 44%，平凉市、中卫市、忻州市、吴忠市 4 个城市的农业水平高于涵养发展型城市的平均农业水平，分别约为涵养发展型城市平均农业水平的 119%、119%、134% 和 116%，石嘴山市的农业水平则显著低于涵养发展型城市的平均水平，约为涵养发展型城市平均农业水平的54%。乌海市最低,其农业水平仅为涵养发展型城市平均农业水平的1.5%、流域农业平均水平的4%。

6.5.1.7 生态环境资源生态位现状分析

根据5.3节得出的2020年50个城市生态环境资源生态位适宜度结果,整理得出7个涵养发展型城市的生态环境资源生态位适宜度水平,如图6-31所示。

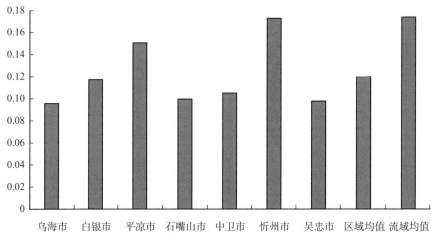

图6-31 涵养发展型城市生态环境资源生态位适宜度结果

生态环境资源生态位方面,可以看出涵养发展型城市的各城市差异相对明显,但所有涵养发展型城市的生态环境水平均未超过黄河流域城市的平均生态水平。涵养发展型城市的整体平均生态水平约为黄河流域平均水平的69%。忻州市的生态水平相对突出,略低于黄河流域城市生态水平均值。其次是平凉市,其生态水平约为流域平均生态水平的87%。其余5个城市的生态水平均未超过涵养发展型城市的平均生态水平,其中白银市的落后幅度小一些,其生态水平约为涵养发展型城市平均生态水平的98%,乌海市、石嘴山市、中卫市和吴忠市的生态水平较低,分别约为涵养发展型城市平均生态水平的80%、83%、88%和82%。

6.5.2 发展障碍因子

通过计算得出,在2020年涵养发展型城市的平均障碍度中,障碍因子排序是基础设施资源生态位(0.2099)>创新资源生态位(0.2073)>

对外开放资源生态位（0.1742）>农业资源生态位（0.1218）>工业资源
生态位（0.0987）>服务业资源生态位（0.0965）>生态环境资源生态位
（0.0916）。从结果排序来看，影响整个涵养发展型城市发展的首要不利因
素是基础设施资源生态位，其次是创新资源生态位、对外开放资源生态
位、农业资源生态位、工业资源生态位、服务业资源生态位和生态环境资
源生态位。结果如图 6 – 32 所示。

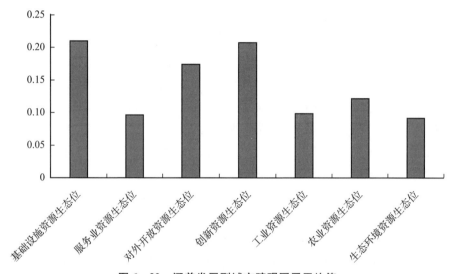

图 6 – 32　涵养发展型城市障碍因子平均值

6.6　本章小结

　　本章的主要研究目的是基于前文的生态位测度，对黄河流域的城市高
质量发展适宜性路径进行分类选择。本章基于前文的生态位适宜度水平、
生态位宽度水平、生态位重叠度水平、流域内的空间关系以及城市在其
省内的相对优势等因素，提出了三种城市高质量发展的适宜性路径，分
别是引领发展型路径、特色发展型路径和涵养发展型路径。根据这三条
路径又将流域城市分为引领发展型城市、特色发展型城市和涵养发展型
城市。其中引领发展型城市又细分为中心性引领型城市和区域性引领型城
市，特色发展型城市又分为农业、工业、服务业和生态功能四个特色发展
型。本研究还将这三个区域的各生态位现状与同区域、流域平均水平进行
对比，对其进行了优势、劣势分析，并对阻碍各区域高质量发展的影响因

素进行了探究。

通过计算各类障碍因子的障碍度可知，影响中心性引领型城市的首要不利因素是农业资源生态位，其次是基础设施资源生态位、生态环境资源生态位、创新资源生态位、对外开放资源生态位、工业资源生态位和服务业资源生态位；影响区域带动型城市发展的首要不利因素是创新资源生态位，其次是对外开放资源生态位、基础设施资源生态位、农业资源生态位、生态环境资源生态位、服务业资源生态位和工业资源生态位；影响农业特色发展型城市发展的首要不利因素是创新资源生态位，其次是基础设施资源生态位、对外开放资源生态位、服务业资源生态位、农业资源生态位、生态环境资源生态位和工业资源生态位；影响工业特色发展型城市发展的首要不利因素是创新资源生态位，其次是基础设施资源生态位、对外开放资源生态位、农业资源生态位、服务业资源生态位、生态环境资源生态位和工业资源生态位；影响服务业特色发展型城市发展的首要不利因素是创新资源生态位，其次是基础设施资源生态位、对外开放资源生态位、农业资源生态位、工业资源生态位、服务业资源生态位和生态环境资源生态位；影响生态功能型城市发展的首要不利因素是基础设施资源生态位，其次是创新资源生态位、对外开放资源生态位、农业资源生态位、服务业资源生态位、工业资源生态位和生态环境资源生态位；影响涵养发展型城市发展的首要不利因素是基础设施资源生态位，其次是创新资源生态位、对外开放资源生态位、农业资源生态位、工业资源生态位、服务业资源生态位和生态环境资源生态位。

第 7 章　黄河流域城市高质量
发展路径的演化

通过前文黄河流域城市高质量发展路径分析，发现高质量发展路径的演化是一个复杂的过程，因此，本研究从动态的角度，结合黄河流域城市高质量发展适应性路径划分结果，从理论上认知不同类型城市的适宜性路径的实现机理尤为重要。本章结合生物学中的 NK 模型，基于生态位构建黄河流域高质量发展路径演化的 NK 模型，分析黄河流域城市高质量发展路径演化的一般规律，从而为其高质量发展路径的实现以及实施提供参考。

7.1　NK 方法引入

黄河流域高质量发展路径演化是一个复杂系统，动态分析路径演化的过程、探索黄河流域城市高质量发展的演化规律对本研究有着重要的意义。生物学中的 NK 模型被用来研究生物系统内外部环境和因素的相互关系，已被广泛地运用到自然科学、社会科学以及经济管理领域中。本研究将引入 NK 模型，将 7 个生态位作为系统内的 7 个因子进行建模，构建黄河流域城市高质量发展路径演化的 NK 模型，分析黄河流域城市高质量发展路径演化的一般规律。

7.1.1　NK 模型简介

和生态位理论一样，NK 模型也起源于生物学。[153] 在 20 世纪 90 年代，NK 模型被美国理论生物学家柯夫曼教授用来研究景观适合度。在生物学中，基因与繁殖成功之间的关系，常常被用来描述生物进化过程中的适应能力,这种适应能力又被称之为适应度景观。柯夫曼教授提出,生物系统不仅受到外部环境的影响,其内部组成要素之间同样有着相互关联,即基因的变化不仅会影响由它决定的外在性状的表现,也会影响与其相关的基因所决定的外在性状的表现。[154]由此可见,遗传变化对生物体的正负效应的综合作用会改变生物体的生存适应度。

柯夫曼教授提出的 NK 模型有两个关键的参数:N 和 K。在系统中,N 代表 N 个不同的元素,K 代表该元素受与其关联的其余 K 个元素的影响。[155]除了 N 和 K 两个关键参数之外,还有 A、S、C 三个参数。具体含义见表 7 – 1。

表 7 – 1　　　　　　　　　　　　NK 模型参数解释

NK 模型参数	参数解释
N	物种内基因组成数量
K	基因之间关联作用数量
A	一个基因的等位基因数量
S	相关的其他物种的数量
C	基因和相关其他物种数量的联系

在研究系统运行和演化规律时,可以利用 NK 模型来分析系统内部要素之间的相互作用,直观地展示不同复杂程度景观中基因组合的不同特征。因此,随着研究的不断深入和拓宽,NK 模型也被更广泛地应用于经济管理领域。

在 NK 模型中,首先要定义研究主体为一个复杂系统。[156]这个复杂的系统被认为是一个由 N 个元素组成的系统,系统中的每个要素 i($i = 1$,2,…,N)都有许多等位基因,这些元素性质的变化是由等位基因的变化决定的(在以下公式中,将 N 用 n 表示)。在这里,等位基因用"0""1""2"等来表示。不同的要素所具有的等位基因数量可以不同,要素 i 的等位基因的数量用 A_i 来表示。所以这里用要素的等位基因所组成的等位基因串 $S_1 S_2 S_3 \cdots S_n$ 来表示复杂系统 S,[157]即:

$$S = S_1 S_2 S_3 \cdots S_n; \ S_i \in \{0, \ 1, \ \cdots, \ A_i - 1\} \tag{7.1}$$

所有元素的等位基因的组合就是系统的设计空间 S,其规模由这些等位基因的数量决定。表达为:

$$S = A_1 A_2 \cdots A_n = \prod_{i=1}^{n} A_i \qquad (7.2)$$

NK 模型通过研究不同要素贡献的系统适应度的影响以及各要素对系统适应度的相互作用,可以很好地将适应度景观与复杂的生态系统成分之间的结构联系起来。[158]当系统中的某个要素发生变化时,从 (0,1) 均匀分布中抽取一个随机变量作为该要素的适度值 W_i,整个系统的适应度是所有元素适应度的平均值:[159]

$$W(S) = \frac{1}{n} \cdot \sum_{i=1}^{n} W_i(S_i) \qquad (7.3)$$

W 适应度所形成的山峰或局部最优高于相邻的适应度值。

因此,本研究引入 NK 模型来描绘黄河流域高质量发展适宜性路径演化的适合度景观。

7.1.2　NK 模型的适用性分析

尽管适应度景观理论与 NK 模型最早是用来研究生物进化的关系,但是生物系统本身就是复杂适应系统的存在。复杂适应系统内外部相互关联的适应性问题适用于适应度景观理论与 NK 模型。通过以往的研究可以看出,NK 模型广泛应用于自然和社会学科,其可行性已经被证实。在社会科学相关领域研究中,NK 模型被广泛应用于路径演化,表 7 - 2 列出了其在创新路径、团队适合度演化、服务创新等领域的应用情况。

表 7 - 2　　　　　　　　　　NK 模型在相关领域的应用

作者	研究应用领域
Kauffman & Auerswald（2000）[160]	生产技术演化
汤红霞等（2020）[161]	管理组织合作关系提升路径
刘刚（2017）[162]	商业模式结构适应性
Solow & Leenawong（2003）[163]	团队对领导力价值的影响
王宏起,王卓等（2021）[164]	创新生态系统价值获取演化路径
尹智刚等（2016）[165]	技术合作创新路径
Rivkin & Siggelkow（2007）[166]	决策交互作用机理
Ghemawat & Levinthal（2008）[167]	企业战略路径选择
Esteve & Ramon（2010）[168]	企业创新路径

　　黄河流域城市高质量发展路径的演化受基础设施资源生态位因子、服务业资源生态位因子、对外开放资源生态位因子、创新资源生态位因子、工业资源生态位因子、农业资源生态位因子与生态环境资源生态位因子七个要素的影响，并且每两个要素之间都存在相互作用关系，各影响要素的形态及其相互作用关系改变着流域城市高质量发展生态位，最终影响着其高质量发展路径。将影响上述 7 个生态位抽象为流域城市高质量发展路径系统中的四个主体进行建模。

　　NK 模型对于黄河流域城市高质量发展路径演化的研究同样具有可行性和适用性。NK 模型的目标是计算复杂系统中主体适应度。在黄河流域城市高质量发展路径演化过程中，每个资源生态位因子之间相互作用、相互影响，具有复杂的非线性关系，导致黄河流域城市高质量发展路径表现出不确定的自组织演化特点。从理论依据出发，NK 模型适用于黄河流域城市高质量发展路径演化研究。

　　NK 模型中探讨的核心问题是 N、K 分别为何值时，系统目标的适应度最大。对于黄河流域城市高质量发展而言，其发展路径的演化是随着高质量发展资源生态位的演变进行的，黄河流域城市高质量发展生态位适应度体现的是黄河流域城市高质量发展生态位因子的状态及相互之间的作用关系对外部环境的适应程度，外部环境是不断变化的，黄河流域城市高质量发展生态位适应度越高，黄河流域城市高质量发展生态位就越容易得到发展，因此，黄河流域城市高质量发展生态位适应度的高低可以代表其生态位的大小。黄河流域城市高质量发展生态位通过怎样的演变路径来实现其适应度的最大化，是本研究探讨的关键问题之一。因此，将生物演化的 NK 模型应用于黄河流域城市高质量发展生态位路径演化中具有较强的适应性和合理性。

　　此外，黄河流域城市高质量发展的演化路径具有明显的自组织行为。以往的研究中，NK 模型被用于对城市生态系统、产业集群的适应度进行测度。城市系统中，多种因素涵盖其中，包含工业、农业、生态环境、对外开放、创新与基础设施等。城市作为社会经济实体，在高质量发展演化的过程中具有自组织行为。在具有复杂适应系统属性的流域城市中，NK 模型对于其高质量发展的路径演化的研究是可行的，图 7 - 1 显示了 NK 模型与黄河流域高质量发展路径演化的参数设置对应关系。

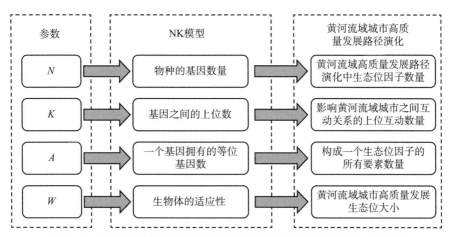

图 7 - 1 NK 模型与黄河流域高质量发展路径演化的参数设置对应关系

7.2 黄河流域城市高质量发展路径演化 NK 模型构建

黄河流域城市高质量发展路径演化和生态学中的生物演化具有一定的相似性。在本研究中，黄河流域城市高质量发展适宜性路径演化是随着生态位的演变发展的。在生态位评价单元中，7 个生态位因子相互产生关系，每个生态位因子的 K 都是 6，黄河流域高质量发展路径会随着 7 个生态位因子的变化而产生变化。

每个影响黄河流域城市高质量发展路径的生态位因子都具有独特的要素构成和特征，这些因子均作用于黄河流域城市高质量发展的适应度的资源生态位，并用区间（0，1）内的数值来表示其影响程度，其中，"0"代表对黄河流域城市高质量发展适应性产生负面影响的状态，而"1"代表正面影响。所以，任何一个生态位因子的改变都可能引起黄河流域城市高质量发展生态位适应度的改变。本研究认为影响黄河流域高质量发展适应度的生态位因子的形态只有 0 和 1 两种，每个生态位因子都对黄河流域高质量发展适应度有贡献，黄河流域高质量发展适应度就是 NK 模型中的复杂系统的适应度。黄河流域城市高质量发展适应度景观图体现了各城市在高质量发展路径上各生态位因子形态和相互作用关系变化的复杂性。这些因子对发展适应度的贡献因城市而异，导致黄河流域内高质量发展适应度的空间分布呈现出多样化，就是黄河流域高质量发展适应度景观图。

本研究把影响黄河流域高质量发展适应度的基础设施资源生态位因子、对外开放资源生态位因子、创新资源生态位因子、工业资源生态位因子、农业资源生态位因子、服务业资源生态位因子以及生态环境资源生态位因子抽象为系统中的 7 个要素进行建模，来探讨它们之间的交互关系和对黄河流域城市高质量发展生态位演变的影响，进而实现对黄河流域城市高质量发展适宜性路径演化的研究。

前文已经给出了每个参数所代表的含义，为了将其表述清楚，以下将详细解释模型的几个主要参数：

（1）黄河流域城市高质量发展生态位因子的个数：$N = 7$。

（2）黄河流域城市高质量发展生态位因子之间相互作用关系的数量：$K = 6$。

（3）黄河流域城市高质量发展生态位因子可能的形态数量：$An = (0, 1)$。

（4）表示每个黄河流域城市高质量发展生态位因子对系统整体适应度影响的函数：W。

其中，系统内黄河流域高质量发展生态位因子的个数 $N = 7$，分别是基础设施资源生态位因子（R）、对外开放资源生态位因子（S）、创新资源生态位因子（T）、工业资源生态位因子（Q）、农业资源生态位因子（I）、服务业资源生态位因子（H）以及生态环境资源生态位因子（V）。

根据前文分析可知，黄河流域城市高质量发展生态位因子的形态只有 0 和 1 两种，因此黄河流域城市高质量发展生态位因子可能形态的数量 $AR = AS = AT = AQ = AI = AH = AV = 2$，而黄河流域城市高质量发展生态位适应度的设计空间 S 的规模大小即为：

$$AR \cdot AS \cdot AT \cdot AQ \cdot AI \cdot AH \cdot AV = 128 \tag{7.4}$$

根据 NK 模型的基本思想，如果黄河流域城市高质量发展生态位适应度用 W 表示，各生态位因子的适应度用 w 表示，w 取值为黄河流域城市高质量发展水平适宜度值，即用贴近度 P_i 进行计算，假定每个创新资源生态位因子对黄河流域高质量发展的影响都相同（具有相同的权重），那么整个黄河流域高质量发展路径的适应度就是每个生态位因子对黄河流域城市高质量发展适应度影响的平均，即：

$$W(R, S, T, Q, I, H, V) = [w(R) + w(S) + w(T) + \cdots + w(V)]/7 \tag{7.5}$$

7.3　黄河流域城市高质量发展最优演化路径

结合本研究之前章节的研究，确定黄河流域城市高质量发展 NK 模型

中 $N=7$，$K=6$。运用实际数据分析现有城市的生态位组合状态，并结合 MATLAB 软件对此 NK 模型进行仿真研究，最终根据实际与模拟情况提出流域 50 个城市的最优演化路径。

7.3.1 生态位组合类型识别

根据 5.3 节得出的黄河流域 50 个城市的 2020 年各个资源生态位适宜度水平，每一城市具体生态位因子评价值大于这一因子的均值时，设定其状态为 1，否则设定为 0。根据上述标准计算得出如下流域城市高质量发展生态位状态表，见表 7-3。

表 7-3　黄河流域城市高质量发展生态位适应度状态

城市	基础设施资源生态位	服务业资源生态位	对外开放资源生态位	创新资源生态位	工业资源生态位	农业资源生态位	生态环境资源生态	适应度水平
西宁市	0	0	0	0	0	0	0	0.0805
银川市	0	0	0	0	1	0	0	0.1025
石嘴山市	0	0	0	0	0	0	0	0.0546
吴忠市	0	0	0	0	0	0	0	0.0611
固原市	0	0	0	0	0	0	1	0.2063
中卫市	0	0	0	0	0	0	0	0.0518
兰州市	1	1	0	1	0	0	0	0.1256
白银市	0	0	0	0	0	0	0	0.0842
天水市	0	0	0	0	0	0	1	0.0932
平凉市	0	0	0	0	0	0	0	0.0742
庆阳市	0	0	0	0	0	0	1	0.1134
定西市	0	0	0	0	0	0	1	0.0966
呼和浩特市	0	1	0	0	0	0	0	0.1076
包头市	1	0	0	0	1	0	0	0.1889
乌海市	0	0	0	0	0	0	0	0.0559
鄂尔多斯市	0	0	0	0	1	0	1	0.1628
巴彦淖尔市	0	0	0	0	0	1	1	0.2598
西安市	1	1	1	1	1	1	1	0.6044
铜川市	0	0	0	0	0	0	1	0.1607
宝鸡市	0	0	0	0	0	1	1	0.1201

续表

城市	基础设施资源生态位	服务业资源生态位	对外开放资源生态位	创新资源生态位	工业资源生态位	农业资源生态位	生态环境资源生态	适应度水平
咸阳市	1	0	0	0	0	1	0	0.122
渭南市	0	0	0	0	0	1	0	0.1314
延安市	0	1	0	0	0	0	0	0.1059
榆林市	0	1	0	0	1	1	1	0.1842
商洛市	0	0	0	0	0	0	1	0.1186
太原市	1	1	1	1	0	0	0	0.2848
长治市	1	0	0	0	1	0	0	0.1099
晋城市	0	0	0	0	0	0	0	0.0854
朔州市	0	0	0	0	0	0	0	0.0771
晋中市	0	0	0	0	0	0	0	0.0792
运城市	1	0	0	0	0	1	0	0.1254
忻州市	0	0	0	0	0	0	0	0.0764
临汾市	0	0	0	0	0	0	0	0.0837
吕梁市	0	0	0	0	1	0	0	0.0905
郑州市	1	1	1	1	1	1	1	0.5261
开封市	0	0	1	0	0	1	1	0.1932
洛阳市	1	1	1	1	1	1	1	0.2293
新乡市	1	0	1	1	0	1	0	0.1535
焦作市	0	0	0	0	0	0	0	0.1007
濮阳市	0	0	0	0	0	1	0	0.1015
三门峡市	0	0	1	0	0	0	1	0.0941
济南市	1	1	1	1	1	1	1	0.3954
淄博市	1	1	1	1	1	0	0	0.1681
东营市	0	0	1	1	1	0	0	0.1413
济宁市	1	1	1	1	1	1	0	0.2189
泰安市	0	0	1	0	1	1	1	0.1937
德州市	0	1	0	1	1	1	0	0.1776
聊城市	0	0	0	1	1	1	0	0.1561
滨州市	0	0	1	1	1	1	0	0.1519
菏泽市	1	1	0	0	1	1	1	0.1785

7.3.1.1　计算状态为 1 和 0 的生态位对适应度的贡献值

以基础设施资源生态位状态为 1 的样本为例，将该生态位所有状态为 1 的生态位数值计算均值，将此均值作为状态为 1 的生态位数值对该生态位适应度的贡献值。以此类推，分别求出基础设施资源生态位状态为 1 的适应度贡献值为 0.315971，状态为 0 的适应度贡献值为 0.111358；服务业资源生态位状态为 1 的适应度贡献值为 0.257092，状态为 0 的适应度贡献值为 0.047497；对外开放资源生态位状态为 1 的适应度贡献值为 0.249646，状态为 0 的适应度贡献值为 0.020036；创新资源生态位状态为 1 的适应度贡献值为 0.264900，状态为 0 的适应度贡献值为 0.030356；工业资源生态位状态为 1 的适应度贡献值为 0.453732，状态为 0 的适应度贡献值为 0.210810；农业资源生态位状态为 1 的适应度贡献值为 0.269374，状态为 0 的适应度贡献值为 0.085563；生态环境资源生态位状态为 1 的适应度贡献值为 0.251928，状态为 0 的适应度贡献值为 0.129190，见表 7 - 4。

表 7 - 4　　黄河流域城市高质量发展生态位的适应度组合类型

组合状态	基础设施资源生态位	服务业资源生态位	对外开放资源生态位	创新资源生态位	工业资源生态位	农业资源生态位	生态环境资源生态位	适应度值
1111111	0.315971	0.257092	0.249646	0.264900	0.453732	0.269374	0.251928	0.294663
1111110	0.315971	0.257092	0.249646	0.264900	0.453732	0.269374	0.129190	0.277129
1111100	0.315971	0.257092	0.249646	0.264900	0.453732	0.085563	0.129190	0.250871
1111000	0.315971	0.257092	0.249646	0.264900	0.210810	0.085563	0.129190	0.216167
1101000	0.315971	0.257092	0.020036	0.264900	0.210810	0.085563	0.129190	0.183366
1100111	0.315971	0.257092	0.020036	0.030356	0.453732	0.269374	0.251928	0.228356
1011010	0.315971	0.047497	0.249646	0.264900	0.210810	0.269374	0.129190	0.212484
1000100	0.315971	0.047497	0.020036	0.030356	0.453732	0.085563	0.129190	0.154621
1000010	0.315971	0.047497	0.020036	0.030356	0.210810	0.269374	0.129190	0.146176
0101110	0.111358	0.257092	0.020036	0.264900	0.453732	0.269374	0.129190	0.215097
0100111	0.111358	0.257092	0.020036	0.030356	0.453732	0.269374	0.251928	0.199125
0100000	0.111358	0.257092	0.020036	0.030356	0.210810	0.085563	0.129190	0.120629
0011110	0.111358	0.047497	0.249646	0.264900	0.453732	0.269374	0.129190	0.217957
0011100	0.111358	0.047497	0.249646	0.264900	0.453732	0.085563	0.129190	0.191698
0010111	0.111358	0.047497	0.249646	0.030356	0.453732	0.269374	0.251928	0.201984

组合状态	基础设施资源生态位	服务业资源生态位	对外开放资源生态位	创新资源生态位	工业资源生态位	农业资源生态位	生态环境资源生态位	适应度值
0010011	0.111358	0.047497	0.249646	0.030356	0.210810	0.269374	0.251928	0.167281
0010001	0.111358	0.047497	0.249646	0.030356	0.210810	0.085563	0.251928	0.141023
0001110	0.111358	0.047497	0.020036	0.264900	0.453732	0.269374	0.129190	0.185155
0000101	0.111358	0.047497	0.020036	0.030356	0.453732	0.085563	0.251928	0.142924
0000100	0.111358	0.047497	0.020036	0.030356	0.453732	0.085563	0.129190	0.125390
0000011	0.111358	0.047497	0.020036	0.030356	0.210810	0.269374	0.251928	0.134480
0000010	0.111358	0.047497	0.020036	0.030356	0.210810	0.269374	0.129190	0.116946
0000001	0.111358	0.047497	0.020036	0.030356	0.210810	0.085563	0.251928	0.108221
0000000	0.111358	0.047497	0.020036	0.030356	0.210810	0.085563	0.129190	0.090687

7.3.1.2　计算各个组合状态的适应度值

该黄河流域城市高质量发展生态位 NK 模型中，$N=7$，$K=6$，即表明设定每一生态位在发展过程中适应度的变化是相互影响的。本研究的适应度组合状态有 $2^7=128$ 种。将 7 个生态位对适应度贡献度的均值作为每一组合状态的适应度取值。

7.3.2　生态位组合类型分析

NK 模型模拟后出现的黄河流域城市高质量发展生态位组合类型共有 128 种，从生态位本身含义结合 2020 年实际取得的数据来看，可以有如下解读。

7.3.2.1　适应度最低的类型

黄河流域高质量发展水平受到基础设施资源、服务业资源、对外开放资源、创新资源、工业资源、农业资源与生态环境等多个生态位适应度值的影响。这些适应度值不仅是衡量城市发展水平的关键指标，也是判断黄河流域城市高质量发展生态位重构过程中的重要标准。黄河流域城市高质量发展生态位适应度的低谷，即 0000000 组合状态，代表 7 个生态位的适应度值均低于每个生态位适应度值的均值。此类黄河流域城市高质量发展生态位状态首先在生态环境资源生态位并未显示出明显的持续发展趋势，并且由于生态环境一般，也会间接影响其他生态位的良好运转。从实际取得的城市数据分析得出，属于这一低谷组合类型的有西宁市、石嘴山、吴忠市、中卫市、白银市、平凉市、乌海市、晋城市、朔州市、晋中市、忻州市、临汾市。西宁市等高海拔城市，交通运输条件相对较弱，与外部联动性较弱，影响其基础设施资源生态位的适应度值，进而对其他生态位产生连锁反应。石嘴山市、吴忠市、中卫市等城市发展特色不明显，在各个生态位状态中的表现都没有达到人们的期待值，后续发展需要付出较大努力。

7.3.2.2　单生态位贡献型

由 NK 模型可知，单生态位贡献型应包含以下七种类型：0000001、0000010、0000100、0001000、0010000、0100000、1000000。但从实际取得的城市数据分析得出，单生态位贡献型仅包含 0000001、0000010、0000100、0100000 四种。

固原市、天水市、庆阳市、定西市、铜川市、商洛市属于 0000001 组合状态。这一类组合状态的城市生态环境资源生态位的适宜度超过了黄河流域城市的平均水平。渭南市、濮阳市是 0000010 组合状态，属于农业资源生态位主导型城市。银川市、吕梁市、焦作市是 0000100 组合状态，属于工业资源生态位主导型城市。呼和浩特市、延安市是 0100000 组合状态，属于服务业资源生态位主导型城市。单生态位贡献型城市的整体发展水平相对落后，单一生态位发展水平突出并不能为整体高质量发展带来根本性的转变。以吕梁市为例，作为富含多种矿产资源的城市，吕梁市有较好的传统工业发展基础，近年来，吕梁市迎合大数据浪潮，不断吸引信息技术产业落户，工业产业结构正在不断优化。但吕梁市基础设施落后，仍需采取相应举措激发经济活力。这类城市仍有很大的发展空间。

7.3.2.3　双生态位贡献型

由 NK 模型可知，双生态位贡献型应包含以下二十一种类型：0000011、0000101、0000110、0001001、0001010、0001100、0010001、0010010、0010100、0011000、0100001、0100010、0100100、0101000、0110000、1000001、1000010、1000100、1001000、1010000、1100000。但从实际取得的城市数据分析得出，双生态位贡献型仅包含 0000011、0000101、0010001、1000010、1000100 五种。

巴彦淖尔市、宝鸡市属于 0000011 组合类型，农业资源生态位和生态环境资源生态位较为突出。鄂尔多斯市属于 0000101 组合类型，工业资源生态位和生态环境资源生态位较为突出。三门峡市属于 0010001 组合类型，服务业资源生态位和生态环境资源生态位较为突出。咸阳市和运城市属于1000010组合类型，基础设施资源生态位和农业资源生态位较为突出。包头市和长治市属于1000100组合类型，基础设施资源生态位和工业资源生态位较为突出。在双生态位贡献型城市发展中，这两个突出生态位可能会对该地区高质量发展产生一加一大于二的效果。以包头市为例，包头在"工业富市"发展战略的指导下，工业资源开发利用状况持续向好。作为老工业基地，包头也走在了改造传统产业，促进产业转型升级的前列。包头市的基础设施水平较高，包头市在"重视基础设施建设、补齐发展短板"方针的引领下，持续进行高水平的基础设施投资，结合工业转型升级对适宜基础设施的现实需求，这无疑更进一步提升了包头市基础设施资源生态位的适应度水平。

7.3.2.4 三生态位贡献型

由 NK 模型可知，三生态位贡献型应包含以下三十五种类型：0000111、0001011、0001101、0001110、0010011、0010101、0010110、0011001、0011010、0011100、0100011、0100101、0100110、0101001、0101010、0101100、0110001、0110010、0110100、0111000、1000011、1000101、1000110、1001001、1001010、1001100、1010001、1010100、1011000、1100001、1100010、1100100、1101000、1110000。但从实际取得的城市数据分析得出，三生态位贡献型仅包含 0001110、0010011、0011100、1101000 四种。

聊城市属于0001110组合类型，创新资源生态位、工业资源生态位、农业资源生态位较为突出。开封市属于0010011组合类型，对外开放资源生态位、农业资源生态位和生态环境资源生态位较为突出。东营市属于0011100组合类型，对外开放资源生态位、创新资源生态位和工业资源生态位较为突出。兰州市属于1101000组合类型，基础设施资源生态位、服务业资源生态位和创新资源生态位较为突出。以开封市为例，作为著名的古都之一，开封市不但具有丰富的旅游资源，还具有厚重的黄河文化底蕴，所以开封市正在现有对外开放水平的基础上，努力打造"中华母亲河"文化旅游品牌。开封市又因地处黄河流域下游，农业发展条件得天独厚。开封市政府在《开封：生态文明建设美家园》中公开开封市正围绕沿黄生态旅游农业发展，将现代农业与传统文化进行创新性的结合，以打造以文化为魂的都市生态农业产业园。但因其特殊的地理条件，开封市的基础设施建设较为受限，工业发展也略显逊色。

7.3.2.5 四生态位贡献型

由 NK 模型可知，四生态位贡献型应包含以下三十五种类型：

0001111、0010111、0011011、0011101、0011110、0100111、0101011、0101101、0101110、0110011、0110101、0110110、0111001、0111010、0111100、1000111、1001011、1001101、1001110、1010011、1010101、1010110、1011001、1011010、1011100、1100011、1100101、1100110、1101001、1101010、1101100、1110001、1110010、1110100、1111000。但从实际取得的城市数据分析得出，黄河流域城市四生态位贡献型仅包含0010111、0011110、0100111、1011010、0101110、1111000 六种。

　　泰安市属于0010111 组合类型，对外开放资源生态位、工业资源生态位、农业资源生态位和生态环境资源生态位较为突出。滨州市属于0011110 组合类型，服务业资源生态位、对外开放资源生态位、创新资源生态位、工业资源生态位较为突出。榆林市属于0100111 组合类型，服务业资源生态位、工业资源生态位、农业资源生态位和生态环境资源生态位较为突出。新乡市属于1011010 组合类型，基础设施资源生态位、对外开放资源生态位、创新资源生态位和农业资源生态位较为突出。德州市属于0101110 组合类型，服务业资源生态位、创新资源生态位、工业资源生态位、农业资源生态位较为突出。太原市属于1111000 组合类型，基础设施资源生态位、服务业资源生态位、对外开放资源生态位、创新资源生态位较为突出。以泰安市为例，作为"五岳之尊"泰山的所在地，泰安市是一座当之无愧的旅游城市。泰安市具有丰富的矿产资源，传统工业在泰安市以往的发展中占据主要地位，煤炭采矿业是其第二大主导产业，为了实现高质量发展的目标，泰安市必须对工业产业结构进行调整。在2022 年 3 月，泰安就已拉开了实施"新型工业化强市战略"的序幕，大力推动泰安市的工业高质量发展。

7.3.2.6　五生态位贡献型

　　由 NK 模型可知，五生态位贡献型应包含以下二十一种类型：0011111、0101111、0110111、0111011、0111101、0111110、1001111、1010111、1011011、1011101、1011110、1100111、1101011、1101101、1101110、1110011、1110101、1110110、1111001、1111010、1111100。但从实际取得的城市数据分析得出，五生态位贡献型仅包含1100111、1111100 两种。

　　菏泽市属于1100111 组合类型，基础设施资源生态位、服务业资源生态位、工业资源生态位、农业资源生态位和生态环境资源生态位较为突出。淄博市属于1111100 组合类型，基础设施资源生态位、服务业资源生态位、对外开放资源生态位、创新资源生态位、工业资源生态位较为突出，农业资源生态位与生态环境资源生态位较弱。以菏泽市为例，菏泽一直注重"生态菏泽"建设，其农业人口比重较大，特色农业与生态循环农业工作正在不断推进。在工业方面，以高质量发展为主线，注重增强工业企业创新能力与产业基础支撑能力，强化发展根基，利用"数字"赋能产业发展。"突破菏泽"战略的实施，让菏泽的服务业得以快速发展。基础设施资源的开发利用使得菏泽的产品得以快速流通，人们往来也更加便利。但其在创新资源生态位、对外开放资源生态位方面仍有欠缺。

7.3.2.7　六生态位贡献型

由 NK 模型可知，六生态位贡献型应包含以下七种类型：0111111、1011111、1101111、1110111、1111011、1111101、1111110。从实际取得的城市数据分析得出，六生态位贡献型仅包含 1111110 一种。就理论分析而言，六生态位贡献型城市的高质量发展程度相对较高，仅有一个弱势生态位，短板较为清晰，且比较容易集中资源大力发展短板生态位以达到全面提升城市高质量发展水平的目的。

济宁市属于 1111110 组合类型，基础设施资源生态位、服务业资源生态位、对外开放资源生态位、创新资源生态位、工业资源生态位、农业资源生态位较为突出，生态环境资源生态位稍弱。济宁市 2021 年三次产业结构为 11.7 : 39.2 : 49.1。工业与服务业的发展决定了济宁市生产总值大小。创新资源、基础设施资源、对外开放资源、基础设施资源也在工业与服务业资源开发利用过程中得到了进一步提升。当前，济宁市在原有的发展道路上，需要更加密切关注生态环境。

7.3.2.8　七生态位贡献型

由 NK 模型可知，七生态位贡献型为 1111111。从实际取得的城市数据分析得出，属于 1111111 组合类型的有西安市、郑州市、洛阳市、济南市，基础设施资源生态位、服务业资源生态位、对外开放资源生态位、创新资源生态位、工业资源生态位、农业资源生态位、生态环境资源生态位的适应度均较高。以郑州市为例，郑州市是我国极为重要的交通枢纽，路、空运输能力强大，汇聚了更多资源投入其自身发展，在原有资源禀赋的基础上更大大推动了其发展进程，所以这类城市的高质量发展状况十分出类拔萃。

7.3.3　黄河流域城市高质量发展最优路径

由于上述章节中识别的黄河流域城市高质量发展生态位组合类型只有

24 种，远低于应有的 128 种，所以为了达到获取全部类型的生态位组合状态以确定生态位适应度水平的最优提升路径的目的，选取了 MATLAB 软件进行仿真分析。

7.3.3.1 仿真数据获取

运用 MATLAB 软件编写仿真数据获取程序，运行程序获得 50000 条适应度数据。该 NK 模型中，$N = 7$，确定 $K = 6$，即表明设定每一生态位在发展过程中适应度的变化仅仅取决于自身的改变，因此本研究的适应度组合状态有 $2^7 = 128$ 种。考虑到适应度景观图的逻辑框架，本研究选取了包含不同生态位状态的 128 组数据。各个生态位适应度值小于 5000 条适应度值数据的平均值时，设定该生态位状态为 0，反之设定为 1。经计算得出组合状态的生态位适应度见表 7 - 5。

表 7 - 5　　　　黄河流域城市高质量发展各资源生态位模拟结果

编号	组合状态	基础设施资源生态位	服务业资源生态位	对外开放资源生态位	创新资源生态位	工业资源生态位	农业资源生态位	生态环境资源生态位	适应度值
1	0000000	0.231261	0.021713	0.267156	0.170996	0.124532	0.018791	0.501172	0.220027
2	0000001	0.241894	0.084270	0.361540	0.464090	0.086337	0.158118	0.709290	0.342305
3	0000010	0.255888	0.492520	0.413704	0.354980	0.246280	0.761540	0.436435	0.404880
4	0000100	0.127134	0.375554	0.257905	0.224423	0.881802	0.309442	0.376486	0.332789
5	0001000	0.388516	0.034135	0.414060	0.779392	0.175320	0.411285	0.346483	0.404235
6	0010000	0.081142	0.245990	0.827497	0.072389	0.439235	0.076132	0.237983	0.262360
7	0100000	0.434315	0.698745	0.490424	0.036049	0.089675	0.060344	0.283525	0.284049
8	1000000	0.733621	0.413772	0.339403	0.272016	0.269544	0.250219	0.252762	0.376395
9	0000011	0.260336	0.309964	0.036499	0.443501	0.291312	0.875210	0.783551	0.435574
10	0000101	0.140875	0.301116	0.339967	0.026588	0.813276	0.418456	0.852742	0.395445
11	0000110	0.141715	0.478630	0.028908	0.350679	0.919621	0.683083	0.460202	0.398163
12	0001001	0.249119	0.374185	0.080910	0.537571	0.199558	0.166820	0.521345	0.322756
13	0001010	0.439435	0.412333	0.069507	0.749711	0.164518	0.820730	0.097637	0.394783
14	0001100	0.402459	0.460124	0.361481	0.749639	0.600080	0.229913	0.250126	0.438920
15	0010001	0.310865	0.248860	0.525116	0.124577	0.382594	0.475479	0.744989	0.406400
16	0010010	0.028473	0.301102	0.625131	0.153223	0.471656	0.730689	0.351956	0.343350
17	0010100	0.222738	0.325684	0.732378	0.173380	0.886126	0.301145	0.373224	0.401503

续表

编号	组合状态	基础设施资源生态位	服务业资源生态位	对外开放资源生态位	创新资源生态位	工业资源生态位	农业资源生态位	生态环境资源生态位	适应度值
18	0011000	0.325757	0.332984	0.587705	0.843292	0.187896	0.410350	0.085145	0.406548
19	0100001	0.308531	0.768806	0.127222	0.040596	0.453169	0.469683	0.552101	0.352668
20	0100010	0.371479	0.621725	0.338630	0.397024	0.067976	0.636224	0.360003	0.387540
21	0100100	0.324443	0.656671	0.277266	0.401946	0.663069	0.378342	0.322567	0.403285
22	0101000	0.295087	0.553569	0.407727	0.559964	0.321936	0.189784	0.029709	0.322968
23	0110000	0.350190	0.575269	0.669366	0.461408	0.082799	0.429012	0.039028	0.356137
24	1000001	0.851627	0.431480	0.427711	0.065559	0.384008	0.461639	0.564146	0.468682
25	1000010	0.822893	0.105808	0.266112	0.163179	0.456104	0.790168	0.164711	0.405331
26	1000100	0.571351	0.098035	0.505488	0.030258	0.594301	0.245435	0.314563	0.344019
27	1001000	0.760241	0.363989	0.393845	0.885370	0.502165	0.449103	0.422543	0.574564
28	1010000	0.894939	0.355974	0.539110	0.378446	0.483543	0.234142	0.232051	0.467312
29	1100000	0.743227	0.757615	0.392692	0.053240	0.245934	0.025590	0.340595	0.362237
30	0000111	0.041013	0.259794	0.211932	0.098140	0.885024	0.793729	0.681277	0.388418
31	0001011	0.169336	0.018613	0.028402	0.662476	0.418548	0.651837	0.840549	0.430431
32	0001101	0.398178	0.313578	0.070904	0.533973	0.701669	0.491982	0.770211	0.482433
33	0001110	0.270966	0.160912	0.498978	0.924851	0.842338	0.861132	0.418407	0.568508
34	0010011	0.242585	0.312391	0.688458	0.382376	0.372364	0.968817	0.638406	0.503757
35	0010101	0.279343	0.186790	0.523135	0.003928	0.693587	0.120316	0.598041	0.340095
36	0010110	0.269088	0.471674	0.797423	0.006654	0.750739	0.710867	0.044244	0.374592
37	0011001	0.221657	0.278827	0.575460	0.806574	0.384708	0.362717	0.830712	0.524032
38	0011010	0.221119	0.345278	0.548730	0.834464	0.114997	0.570925	0.212498	0.413759
39	0011100	0.017101	0.108076	0.578109	0.519926	0.588404	0.362927	0.313839	0.348285
40	0100011	0.367149	0.845130	0.377681	0.275302	0.233433	0.705065	0.697878	0.475899
41	0100101	0.338017	0.641063	0.203767	0.120075	0.584292	0.305671	0.516532	0.361618
42	0100110	0.320803	0.779859	0.480241	0.322835	0.527989	0.745266	0.411329	0.469634
43	0101001	0.035350	0.671444	0.242732	0.851001	0.084890	0.316427	0.582850	0.400393
44	0101010	0.164215	0.618687	0.482398	0.775907	0.041603	0.645246	0.047062	0.376744
45	0101100	0.477951	0.722475	0.327779	0.597320	0.529251	0.318874	0.056599	0.411113
46	0110001	0.425617	0.512594	0.757943	0.395978	0.079014	0.298985	0.570588	0.446047

续表

编号	组合状态	基础设施资源生态位	服务业资源生态位	对外开放资源生态位	创新资源生态位	工业资源生态位	农业资源生态位	生态环境资源生态位	适应度值
47	0110010	0.196783	0.747459	0.857558	0.186830	0.413980	0.506852	0.092991	0.372340
48	0110100	0.228153	0.617811	0.621516	0.184284	0.684917	0.068273	0.215183	0.336357
49	0111000	0.283003	0.735663	0.584613	0.853458	0.384814	0.134423	0.348123	0.470774
50	1000011	0.686397	0.037006	0.089250	0.095980	0.140739	0.658013	0.716040	0.385985
51	1000101	0.751082	0.066738	0.224713	0.226648	0.867005	0.246397	0.807364	0.492394
52	1000110	0.568711	0.214670	0.264199	0.441319	0.860462	0.790724	0.078300	0.444311
53	1001001	0.720699	0.359233	0.259498	0.537695	0.385423	0.367711	0.769408	0.525676
54	1001010	0.866557	0.152203	0.358953	0.798945	0.156634	0.987018	0.224547	0.545216
55	1001100	0.796945	0.208403	0.503525	0.612338	0.514014	0.360875	0.379421	0.517742
56	1010001	0.777364	0.220398	0.617153	0.250925	0.419044	0.491150	0.680473	0.523998
57	1010010	0.730051	0.070618	0.802183	0.275568	0.383612	0.805375	0.037670	0.448503
58	1010100	0.599804	0.030716	0.846237	0.076660	0.510034	0.399084	0.189788	0.384588
59	1011000	0.502406	0.192705	0.660449	0.649858	0.281061	0.314500	0.207251	0.425322
60	1100001	0.762907	0.566324	0.038826	0.393264	0.044980	0.111916	0.507313	0.380796
61	1100010	0.522215	0.531717	0.059202	0.442684	0.386151	0.634387	0.475569	0.435198
62	1100100	0.547706	0.733115	0.411403	0.041908	0.740765	0.004859	0.024517	0.318269
63	1101000	0.558636	0.726802	0.349434	0.791506	0.137829	0.442887	0.382337	0.494664
64	1110000	0.499490	0.530749	0.538581	0.093342	0.122667	0.063033	0.095823	0.269651
65	0001111	0.290141	0.040353	0.265098	0.717804	0.624330	0.692307	0.817783	0.521236
66	0010111	0.459911	0.458996	0.825391	0.049226	0.565674	0.742045	0.877920	0.555179
67	0011011	0.108680	0.439547	0.824235	0.683769	0.166017	0.801866	0.658738	0.522833
68	0011101	0.372781	0.004434	0.548309	0.529522	0.563648	0.372676	0.791803	0.490644
69	0011110	0.243128	0.458972	0.690870	0.559063	0.705319	0.664662	0.336465	0.495768
70	0100111	0.386589	0.643315	0.362085	0.294812	0.742269	0.771763	0.689588	0.526654
71	0101011	0.283153	0.710470	0.289692	0.873874	0.229052	0.968514	0.559861	0.549241
72	0101101	0.440774	0.723075	0.214164	0.561703	0.815112	0.088272	0.687768	0.500729
73	0101110	0.303108	0.576954	0.111650	0.853690	0.503122	0.707762	0.462754	0.496817
74	0110011	0.191847	0.501442	0.797845	0.446736	0.405994	0.521727	0.616040	0.484424
75	0110101	0.082982	0.518704	0.899472	0.156371	0.895116	0.238819	0.880155	0.495348
76	0110110	0.454630	0.791946	0.579844	0.302983	0.707041	0.809190	0.046209	0.468056

编号	组合状态	基础设施资源生态位	服务业资源生态位	对外开放资源生态位	创新资源生态位	工业资源生态位	农业资源生态位	生态环境资源生态位	适应度值
77	0111001	0.177997	0.787557	0.575440	0.655411	0.019899	0.265908	0.571104	0.432730
78	0111010	0.191727	0.886461	0.599249	0.606120	0.314036	0.771900	0.109865	0.445930
79	0111100	0.384004	0.878185	0.519608	0.754752	0.780026	0.215479	0.327382	0.525037
80	1000111	0.725943	0.183735	0.355025	0.418539	0.877077	0.674946	0.831302	0.604499
81	1001011	0.692690	0.227429	0.128289	0.683267	0.377823	0.804841	0.733343	0.560616
82	1001101	0.725464	0.425977	0.097075	0.798542	0.622059	0.195003	0.642727	0.540562
83	1001110	0.566719	0.274884	0.409262	0.983747	0.978122	0.872930	0.408759	0.648466
84	1010011	0.519280	0.344318	0.556713	0.035400	0.467438	0.613550	0.758464	0.470791
85	1010101	0.684214	0.387257	0.988839	0.298524	0.509393	0.081870	0.657092	0.537740
86	1010110	0.624940	0.458453	0.718170	0.427891	0.904432	0.648546	0.158992	0.538077
87	1011001	0.739354	0.370561	0.556436	0.955696	0.284196	0.364685	0.694737	0.621015
88	1011010	0.685875	0.108208	0.832762	0.632858	0.135324	0.744282	0.164134	0.499873
89	1011100	0.642145	0.428159	0.755808	0.796844	0.683768	0.072993	0.077641	0.505052
90	1100011	0.690250	0.735012	0.342096	0.112996	0.502398	0.825748	0.535740	0.509720
91	1100101	0.772808	0.503401	0.023579	0.445128	0.881414	0.258420	0.605250	0.511820
92	1100110	0.759571	0.812394	0.367419	0.460966	0.707597	0.536626	0.302234	0.543156
93	1101001	0.624222	0.592661	0.141308	0.673278	0.358582	0.029282	0.615020	0.465107
94	1101010	0.690051	0.530365	0.357409	0.630373	0.265003	0.642837	0.312740	0.500319
95	1101100	0.662296	0.544417	0.244598	0.590992	0.823830	0.169601	0.323132	0.482823
96	1110001	0.632160	0.574496	0.731319	0.069610	0.213097	0.208893	0.561857	0.431735
97	1110010	0.528152	0.767996	0.696029	0.262639	0.419158	0.613903	0.500121	0.516176
98	1110100	0.750046	0.775675	0.763784	0.108844	0.599347	0.270643	0.464830	0.515376
99	1111000	0.568679	0.505256	0.950014	0.730993	0.348300	0.466606	0.428443	0.583251
100	0011111	0.335000	0.063021	0.517548	0.802091	0.951352	0.780705	0.907432	0.643938
101	0101111	0.467998	0.647710	0.381678	0.641100	0.743708	0.578000	0.628599	0.574718
102	0110111	0.272338	0.732238	0.674721	0.124932	0.722177	0.653179	0.626347	0.496650
103	0111011	0.494786	0.517496	0.570263	0.683092	0.319884	0.619228	0.534832	0.543198
104	0111101	0.263490	0.515997	0.765328	0.584357	0.874323	0.168996	0.658143	0.538660
105	0111110	0.361296	0.717985	0.797855	0.773099	0.798107	0.637509	0.403274	0.612719
106	1001111	0.657792	0.097575	0.205313	0.634058	0.640894	0.554885	0.671271	0.533707

续表

编号	组合状态	基础设施资源生态位	服务业资源生态位	对外开放资源生态位	创新资源生态位	工业资源生态位	农业资源生态位	生态环境资源生态位	适应度值
107	1010111	0.770713	0.312054	0.634193	0.220215	0.805733	0.635251	0.862341	0.619343
108	1011011	0.656995	0.421362	0.813096	0.789390	0.142471	0.883059	0.518773	0.626703
109	1011101	0.815202	0.430502	0.608917	0.552464	0.522034	0.428566	0.626619	0.596670
110	1011110	0.592893	0.096744	0.542260	0.790404	0.781659	0.601524	0.416859	0.570285
111	1100111	0.848970	0.873142	0.386736	0.412134	0.667752	0.642462	0.518669	0.606168
112	1101011	0.593787	0.641585	0.420669	0.993507	0.105483	0.642130	0.627459	0.603946
113	1101101	0.645437	0.827253	0.107781	0.671437	0.670215	0.374009	0.735384	0.579915
114	1101110	0.681765	0.712160	0.268033	0.602174	0.749764	0.836137	0.422670	0.592449
115	1110011	0.707881	0.764319	0.586356	0.317399	0.493082	0.784384	0.834728	0.633716
116	1110101	0.509609	0.838213	0.565774	0.210249	0.830093	0.328418	0.880056	0.572253
117	1110110	0.656152	0.727633	0.592660	0.130103	0.569897	0.588457	0.022453	0.427419
118	1111001	0.798981	0.672703	0.775692	0.690736	0.174518	0.436825	0.585463	0.616551
119	1111010	0.805525	0.687120	0.611127	0.645980	0.430401	0.688435	0.382856	0.609418
120	1111100	0.763249	0.612828	0.733053	0.921677	0.772482	0.219774	0.363554	0.641632
121	0111111	0.413089	0.543132	0.692746	0.817414	0.571366	0.873626	0.630399	0.644768
122	1011111	0.576885	0.404362	0.736727	0.587544	0.786075	0.646411	0.684395	0.636742
123	1101111	0.843143	0.633929	0.368898	0.567130	0.698501	0.524479	0.577997	0.610949
124	1110111	0.554027	0.864924	0.608385	0.163666	0.603017	0.637492	0.739010	0.565626
125	1111011	0.634486	0.710516	0.995759	0.581284	0.367407	0.632402	0.806252	0.681722
126	1111101	0.736306	0.865606	0.515409	0.822504	0.656433	0.083509	0.857343	0.670425
127	1111110	0.679374	0.732167	0.510990	0.829359	0.582464	0.698150	0.196609	0.592572
128	1111111	0.994453	0.728996	0.722048	0.900037	0.848862	0.593440	0.767040	0.814977

7.3.3.2　适应度水平提升最优路径模拟。

由 MATLAB 软件仿真程序取得的各生态位适应度值计算结果可得各生态位不同组合状态的适应度值，并可得到生态位组合状态的优先级。按照黄河流域城市高质量发展生态位适应度模拟数值，可以得出黄河流域城市高质量发展生态位适应度提升路径（见图 7 - 2）。图 7 - 2 中的序号体现的是表 7 - 2 黄河流域城市高质量发展生态位适应度表中 128 种生态位组合状态的编号。

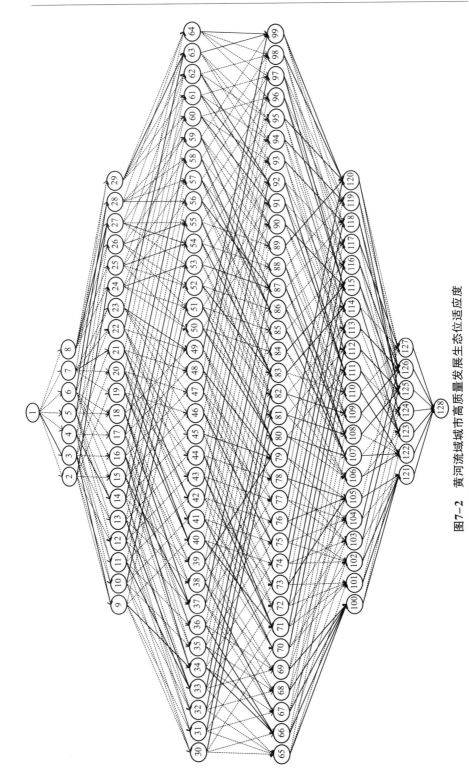

图7-2　黄河流域城市高质量发展生态位适应度

注：虚线代表从上下级组合状态间的可行路径；实线表示最优路径。

上述适应度景观图可以直观地显示出各个生态位组合状态的优先级，带箭头的虚线代表着从线段射出的组合状态到箭头指向的组合状态是可以行得通的，在实际发展过程中，可以考虑向箭头指向的组合状态发展。带实线的箭头代表的是箭头指向的组合状态是线段射出的组合状态的最优发展路径。利用黄河流域城市高质量发展生态位适应度景观图可以帮助分析黄河流域城市高质量发展生态位以及演化路径的相关问题。

一是适应度景观图可以使黄河流域的城市更全面、直观地了解自身各生态位发展状况。上述适应度景观图中的序号代表黄河流域城市高质量发展生态位适应度表中 128 种生态位组合状态的编号，各生态位组合状态不同，代表的含义也各有差别。如组合状态 0010110，代表的即为该城市的对外开放资源生态位、工业资源生态位、农业资源生态位适应度水平较高，在基础设施资源生态位、服务业资源生态位、创新资源生态位、生态环境资源生态位方面的适应度水平较弱。

二是可以直观地显示在某一城市的可行路径中，走哪条路径才能更好提升自身生态位适宜度水平，即适应度水平提升最优路径。上述适应度景观图中的序号不仅可以表示黄河流域城市高质量发展生态位适应度表中 128 种生态位组合状态的编号，还包含着 128 种生态位组合状态的适应度值。各组合状态间的连线反映了发展路径的选择空间，根据适应度值大小选择下一级最优提升路径。由上述适应度景观图可得 1111111 组合状态具有最高的适应度水平，0000000 组合状态具有最低的适应度水平。由 0000000 组合状态到 1111111 组合状态的可行路径有很多，但最优路径为 0000000 - 0000010 - 0000011 - 0010011 - 0010111 - 0011111 - 0111111 - 1111111。其他达到 1111111 组合状态的可行路径的消耗比这一最优提升路径的消耗比例大。

7.3.3.3　黄河流域城市高质量发展最优路径。

由 2020 年黄河流域 50 个城市各个生态位适宜度水平取值得到不同的生态位组合状态，并将 50 个城市按照不同类型的生态位组合状态进行分类，结合上述黄河流域城市高质量发展生态位适应度景观图提出不同生态位组合状态的适应度最优提升路径，如表 7 - 6 所示。

表 7 - 6　　　　　黄河流域不同城市高质量发展最优路径

组合状态	生态位组合状态成员	最优发展路径
1111111	西安市、郑州市、洛阳市、济南市	—
1111110	济宁市	1111110 - 1111111

续表

组合状态	生态位组合状态成员	最优发展路径
1111100	淄博市	1111100 – 1111101 – 1111111
1111000	太原市	1111000 – 1111100 – 1111101 – 1111111
1101000	兰州市	1101000 – 1111000 – 1111100 – 1111101 – 1111111
1100111	菏泽市	1100111 – 1101111 – 1111111
1011010	新乡市	1011010 – 1011011 – 1111011 – 1111111
1000100	包头市、长治市	1000100 – 1001100 – 1001110 – 1101110 – 1101111 – 1111111
1000010	咸阳市、运城市	1000010 – 1001010 – 1001110 – 1101110 – 1101111 – 1111111
0101110	德州市	0101110 – 0111110 – 0111111 – 1111111
0100111	榆林市	0100111 – 1100111 – 1101111 – 1111111
0100000	呼和浩特市、延安市	0100000 – 0100100 – 0101100 – 0111100 – 1111100 – 1111101 – 1111111
0011110	滨州市	0011110 – 0011111 – 0111111 – 1111111
0011100	东营市	0011100 – 0111100 – 1111100 – 1111101 – 1111111
0010111	泰安市	0010111 – 0011111 – 0111111 – 1111111
0010011	开封市	0010011 – 0010111 – 0011111 – 0111111 – 1111111
0010001	三门峡市	0010001 – 0011001 – 1011001 – 1011011 – 1111011 – 1111111
0001110	聊城市	0001110 – 1001110 – 1101110 – 1101111 – 1111111
0000101	鄂尔多斯市	0000101 – 1000101 – 1000111 – 1010111 – 1011111 – 1111111
0000100	银川市、吕梁市、焦作市	0000100 – 0001100 – 1001100 – 1001110 – 1101110 – 1101111 – 1111111
0000011	巴彦淖尔市、宝鸡市	0000011 – 0010011 – 0010111 – 0011111 – 0111111 – 1111111

续表

组合状态	生态位组合状态成员	最优发展路径
0000010	渭南市、濮阳市	0000010 - 0000011 - 0010011 - 0010111 - 0011111 - 0111111 - 1111111
0000001	固原市、天水市、庆阳市、定西市、铜川市、商洛市	0000001 - 1000001 - 1001001 - 1011001 - 1011011 - 1111011 - 1111111
0000000	西宁市、石嘴山市、吴忠市、中卫市、白银市、平凉市、乌海市、晋城市、朔州市、晋中市、忻州市、临汾市	0000000 - 0000010 - 0000011 - 0010011 - 0010111 - 0011111 - 0111111 - 1111111

7.3.3.4　结果分析

根据上述分析，可得出如下结果：

（1）黄河流域城市高质量发展的适应度水平与其主导因子的数量成正相关。从 NK 模型计算的适应度水平来看，贡献因子的数量越多，黄河流域城市高质量发展适应度水平越高。

（2）从 NK 模型显示的适应度全局最优路径来看，适应度峰值包含有7 个因子的共同贡献，而不论是单因子贡献类型、双因子贡献类型、三因子贡献类型，还是四因子贡献类型中，服务业资源生态位、工业资源生态位、农业资源生态位、生态环境资源生态位都对适应度的贡献并不明显。这表明，服务业资源生态位、工业资源生态位、农业资源生态位、生态环境资源生态位不是黄河流域高质量发展的核心要素。这进一步说明了黄河流域城市实现高质量发展要走特色化发展路径。

（3）从模型结果来看，基础设施资源生态位、对外开放资源生态位、创新资源生态位在各种因子贡献类型中均占据了适应度水平最高的位置。这表明基础设施资源生态位、对外开放资源生态位、创新资源生态位是黄河流域高质量发展的核心要素。

7.4　不同类型城市高质量发展最优演化路径

0000000 组合类型代表着涵养发展型典型城市的高质量发展状况。由适应度景观图可知，其通往全局最高峰的路径选择共有 720 条。但 NK 模型对每一种组合类型的适应度值进行计算后发现，涵养发展型城市走向高质量发展最高峰的最优路径为 0000000 - 0000010 - 0000011 - 0010011 - 0010111 - 0011111 - 0111111 - 1111111，即按照农业资源生态位、生态环境资源生态位、对外开放资源生态位、工业资源生态位、创新资源生态位、服务业资源生态位和基础设施资源生态位的顺序进行高质量发展。

组合类型为 0000001 的黄河流域城市高质量发展适应性类型代表着生态功能型典型城市的高质量发展状况。由适应度景观图可知，生态功能型典型城市通向全局最优适应度的路径共有 120 条。NK 模型计算的路径显示，生态功能型典型城市最适宜的高质量发展路径为 0000001 - 1000001 - 1001001 - 1011001 - 1011011 - 1111011 - 1111111，即按照基础设施资源生态位、创新资源生态位、对外开放资源生态位、农业资源生态位、服务业资源生态位和工业资源生态位的顺序进行高质量发展。

组合类型为 0000010 的黄河流域城市高质量发展适应性类型代表着农业特色发展型典型城市的高质量发展状况。由适应度景观图可知，农业特色发展型典型城市通向全局最优适应度的路径也共有 120 条。NK 模型计算的适应度组合显示，农业特色发展型典型城市最适宜的高质量发展路径为 0000010 - 0000011 - 0010011 - 0010111 - 0011111 - 0111111 - 1111111，即按照生态环境资源生态位、对外开放资源生态位、工业资源生态位、创新资源生态位、服务业资源生态位和基础设施资源生态位的顺序进行高质量发展。

组合类型为 0000100 的黄河流域城市高质量发展适应性类型代表着工业特色发展型典型城市的高质量发展状况。由适应度景观图可知，工业特色发展型典型城市通向全局最优适应度的路径仍为 120 条。NK 模型计算显示，工业特色发展型典型城市最适宜的高质量发展路径为 0000100 - 0001100 - 1001100 - 1001110 - 1101110 - 1101111 - 1111111，即按照创新资源生态位、基础设施资源生态位、农业资源生态位、服务业资源生态位、生态环境资源生态位和对外开放资源生态位的顺序进行高质量发展。

组合类型为 1101000 的黄河流域城市高质量发展适应性类型代表着服务业特色发展型典型城市的高质量发展状况。由适应度景观图可知，服务业特色发展型典型城市通向全局最优适应度的路径共有 24 条。NK 模型计算显示，服务业特色发展型典型城市最适宜的高质量发展路径为 1101000 - 1111000 - 1111100 - 1111101 - 1111111，即按照对外开放资源生态位、工业资源生态位、生态环境资源生态位和农业资源生态位的顺序进行高质量发展。

组合类型为 1111110 的黄河流域城市高质量发展适应性类型代表着引领发展型典型城市的高质量发展状况。由适应度景观图可知，引领发展型典型城市通向全局最优适应度的路径共有 1 条。NK 模型计算显示，引领发展型典型城市最适宜的高质量发展路径为 1111110 – 1111111，即只需进一步提升生态环境资源生态位来提高自身高质量发展程度。

7.5　本章小结

本章的主要目的是引入 NK 模型研究黄河流域不同类型城市高质量发展路径演化机制。首先，验证了 NK 模型在黄河流域城市高质量发展中的适用性，在此基础上构建了黄河流域城市高质量发展 NK 模型，对该 NK 模型中的生态位因子个数、生态位因子之间相互作用关系的数量以及生态位因子可能的形态数量进行界定，设定 NK 模型中参数 $N = 7$，$K = 6$，$An = (0，1)$。

其次，在已经构建的黄河流域城市高质量发展 NK 模型的基础上，寻找黄河流域城市高质量发展的最优演化路径。识别了所研究的黄河流域 50 个城市高质量发展生态位的 24 种组合类型，并对不同类别的生态位组合类型进行分析。应用 MATLAB 软件获取仿真数据，得出黄河流域城市高质量发展生态位适应度景观图，从而得到理论上的适应度水平提升最优路径，最终得出了黄河流域城市 50 个城市高质量发展不同生态位组合类型的最优发展路径。结合之前章节对黄河流域城市高质量发展类型的界定，提出不同类型城市高质量发展最优演化路径。

本章对黄河流域城市高质量发展路径演化的研究在全书中既承接了上文对黄河流域城市各生态位的分析结果，又为下一章黄河流域城市高质量发展适宜性路径的实施打下理论基础。

第8章 黄河流域城市高质量发展 适宜性路径的实施

路径"怎么走"是黄河流域高质量发展适宜性路径研究的最终着陆，归于应用性研究的范畴。本章依托生态位评价结果与高质量发展类型划分，基于上一章路径演化的分析结果，采用理论阐述与案例分析相结合的方法，着眼于黄河流域高质量发展路径的宏观战略与城市特色定位，实现分区域与单个城市的兼顾，由点到面、点面结合地推动黄河流域高质量发展。

8.1 路径实施的原则和层次

8.1.1 实施原则

木桶原理：如果把流域城市比作木桶，其高质量发展所依托的资源比作组成木桶的木板，则其高质量发展质量取决于最匮乏的资源如何托底。因此，流域高质量发展适宜性路径实施的过程中要注重补短板。流域城市的高质量发展涉及面广、影响因素复杂、要求高，因此，不可能在同一时间对所有的短板进行一一改进与提升，所以在高质量发展推进过程中要选取不超过两个的障碍因子优先进行规划发展，从而有效避免陷入"一拖全"的被动局面。因此，以木桶原理及其推论指导黄河流域高质量发展路径推进具有较为重要的现实意义。

竞合发展原则：竞合发展是指流域内城市能够明确相互之间的竞争关系，并能依托自身优势特色寻求各地区间的协同合作，从而实现黄河流域的重要作用和高质量发展。由于黄河流域生态系统的整体性，要实现黄河流域城市高质量发展的目标，就要加强各城市之间的联系与合作，以谋求流域内个体与流域整体的共同协调发展，建立以"协同""共赢"为主基调的新型竞合关系与互动模式。同时采取科学的竞争策略，以提高自身优势，进行流域竞合发展。

比较优势原则：根据比较优势理论，流域各个城市要根据自己的资源禀赋、区位条件等实际情况，重点发展具有比较优势的产业，带动整个城市的发展，也有利于全流域经济的发展。因此，比较优势原则可以实现流域城市整体功能效益最大化。

8.1.2　实施层次

基于生态位的流域高质量发展路径的城市分类可知，引领发展型、特色发展型和涵养发展型三类路径的实施目标和发展重点各有差异。本研究在利用 NK 模型对不同类型的城市高质量发展的最优路径、50 个城市的高质量发展的最优路径的基础上来分析具体差异性。基于以上考量，本研究对黄河流域城市高质量发展路径实施的分析从两个方面展开：一是宏观层面。该层面研究主要从黄河流域分工、定位视角提出引领发展型、特色发展型和涵养发展型三类路径的整体实施策略，为三类城市高质量发展提供整体思路。二是微观层面。该层面研究主要选取 6 种具体路径类型的典型城市，提出 6 种典型城市的高质量发展路径的实施策略，从而为其他同类型城市实施高质量发展提供政策借鉴。其中，引领发展型代表性城市选取西安市，工业特色发展型代表性城市选取鄂尔多斯市，农业特色发展型代表性城市选取巴彦淖尔市，服务业特色发展型代表性城市选取兰州市，生态功能特色发展型代表性城市选取固原市，涵养发展型代表性城市选取石嘴山市。以上分层策略如图 8 - 1 所示。

通过以上两个层面的分析，由点到面、点面结合地为黄河流域高质量发展路径的实施提供思路和对策建议。

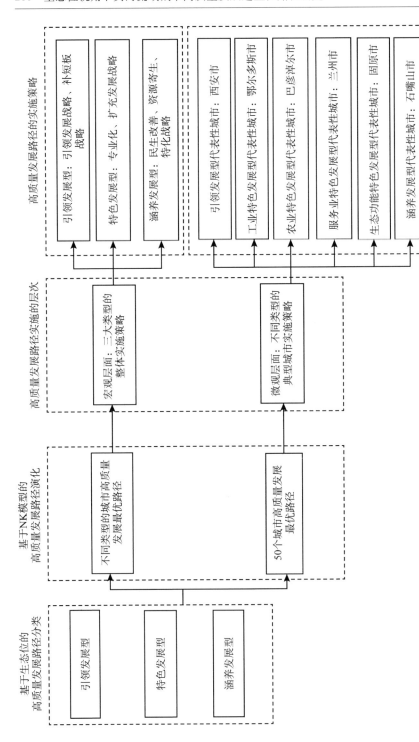

图8-1 黄河流域城市高质量发展路径实施层次

8.2　不同类型城市高质量发展适宜性路径的实施战略

8.2.1　引领发展型

引领发展型城市包括太原市、济宁市、洛阳市、包头市、西宁市、西安市、郑州市和济南市八个城市。从区域分布来看，这些城市大部分集中于黄河流域"几"字形的后半段，区域所在位置在我国的中部和南部，且太原市、西宁市、西安市、郑州市和济南市五个城市为省会城市。无论从区域位置、经济发展等宏观方向，还是基础设施、对外开放等微观资源来看，这些城市都处在高质量发展资源生态位的发展领先地位，因此，引领发展型城市对黄河流域的高质量发展具有重要的意义。从生态位视角来看，与其他城市相比，这类城市高质量发展压力相对较小且有较大的发展优势。因此，这类城市在高质量发展的过程中，主要面临的问题是如何更大地发挥其优势，带动其他城市发展，以及来自黄河流域高质量发展圈的竞争。通过上文分析，得到以下策略。

（1）全域发展策略。引领发展型城市综合生态位发展有着较大优势，且在黄河流域分布较为均匀，因此，要在发挥好这些城市的生态位发展优势的同时，带动周边城市高质量、全方位生态位发展，实现黄河流域全域高质量发展的目的。如在河南省形成以郑州市和洛阳市为中心的综合生态位高质量发展示范点，充分发挥其核心作用，结合自身的优势及相邻城市的互补资源，设计合理的高质量发展路线，不仅提升自身的整体综合生态位适宜度，还要带动周围城市综合生态位适宜度，实现河南省各个城市的高质量联动、互补发展，最终形成黄河流域所有城市综合生态位适宜度的全面推进，最终实现该区域高质量发展整体效果最优化和最短路径。

（2）生态位短板发展策略。根据黄河流域的生态位发展现状以及未来发展的潜力等多方面评估，引领发展型城市的综合生态位的适宜度处于领先地位。但这类城市农业资源生态位和生态环境资源生态位两项的适宜度相对较弱，因此，应该将农业、生态环境资源的合理开发利用视为重中之重，因地制宜，利用好城市的地理位置，加以政策宏观调控，最终实现农业资源和生态环境资源生态位扩充的目的。如西安市、郑州市等，这些城市的基础设施、服务业资源等生态位的适宜度都较高，而农业资源和生态资源的生态位适宜度相对较弱，在今后的发展中，仍有很大的提升空间。

8.2.2　特色发展型

特色发展型城市包括 35 个城市，这些城市数量占研究样本的 70%，是黄河流域城市高质量发展的中坚力量。这类城市的高质量发展特色主要集中在农业、工业、服务业和生态环境四个方面。其中，工业发展特色区城市有 14 个，占特色发展型城市的 40%，是包含特色发展型城市最多的资源生态位。对于这些城市而言，其综合生态位的发展虽然处于一般位置，但因为其发展各具特色，未来发展有较大潜力。通过分析，可得到以下战略。

8.2.2.1　专业化战略

特色发展型城市的综合生态位不是最优的，但是对这些城市而言，通过专业化战略，可将某个城市的区域位置特点、资源优势的开发和利用进行专业化分工，在短时间内，达到该城市在某些资源生态位上的局部垄断，形成天然优势。专业化发展减少了生态位的重叠和竞争，在有限的资源竞争中争得一席之地。因此，对那些发展较弱的城市而言，专业化战略的实施尤为重要。如新乡市和开封市等，在农业资源生态位中排名靠前。河南省是我国重要的农业大省，新乡市和开封市在综合生态位排名中低于郑州市，但在农业资源生态位上排名高于郑州市，因此，这些城市可利用自身的特点，采用专业化战略，进一步扩大其特色，将特色做大、做精、做强，最终形成自身独特的高质量发展优势，实现资源的整合和专业化发展。

8.2.2.2　生态位扩充发展战略

特色发展型内各城市生态位扩充是城市未来发展的原动力，同时也是整个黄河流域城市高质量发展的必经之路。通过生态位扩充发展战略的实施，可以帮助这类城市提升新的生态位适宜度，同时可减轻同类特色发展型城市因生态位重叠引起的资源恶性竞争现象。各城市可根据自身情况和生态位适宜度提升适宜度等，适度的提升部分生态位适宜度。如焦作市在工业资源生态位的适应性较好，而其他资源生态位适应性一般，通过对该城市的其他资源发展的障碍度研究，得出生态资源的障碍度最低。这也就意味着，对焦作市而言，在专业化其工业资源生态位的同时，也应重视生态环境资源生态位的适宜度提升。

8.2.3　涵养发展型

涵养发展型城市包括乌海市、白银市、平凉市、石嘴山、中卫市、忻州市和吴忠市 7 个城市，这些城市占黄河流域城市样本的 14%，且多集中于黄河流域上半区域。这些城市的生态位综合适宜度落后于其他城市，整体来看处于弱势地位，也与其所在的地理位置及经济发展有较大关系。因此，可采取的策略如下。

8.2.3.1　民生改善发展战略

涵养发展型城市集中在我国西北地区，该地区的经济发展水平相对落后，人民生活条件相对较差，因此，解决民生问题是这些城市未来发展的重要目标。如乌海市，地处内蒙古自治区，该城市的经济水平低，发展较为落后，应加大当地政府的投资力度，利用该城市的特殊地形地貌，将劣势转变为优势，着重发展国际性的生态旅游业，实现资源优势向经济优势转变，多方位促进该城市民生的改善。

8.2.3.2　资源寄生发展战略

对涵养发展型城市而言，在综合生态位适宜度的高质量发展中，面临着各类资源短缺等问题，此时，这些城市可采取资源寄生发展战略。不同的城市之间有时会形成互换互补性较强的资源和设施等，这类城市具有先天互补共生关系的资源，可以形成生态位寄生关系，使得发展的效率大幅提升。也就是利用宿主的资源优势，城市发展的社会影响等因素，使投资者在潜意识中对该城市的发展充满信心，加大各类资源投入，实现城市快速发展的目的。如石嘴山市可加强与巴彦淖尔市、鄂尔多斯市等的合作，利用这些城市的发展特色来推动自身发展。

8.2.3.3　生态位特化策略

对于综合生态位适宜度整体都低的涵养发展型城市而言，通过采取生态位特化战略，对该区域城市某种提高某种资源生态位适宜度的障碍度相对较低的特色资源进行重点开发和利用，先实现区域某种资源生态位适宜度提升，再带动其他资源生态位适宜度提升，最终实现全面高质量发展。如白银市的工业资源障碍度相对低于其他资源障碍度，因此，在该城市未来发展中，应实施生态位特化策略，将提高工业资源生态位适宜度作为发展重点，积极发展工业，实现工业的特化。

8.3　代表性城市高质量发展适宜性路径的实施

在黄河流域高质量发展这个整体中，各个地市就是局部，局部的发展是为了拱卫整个黄河流域高质量发展。依据各城市生态位评价结果和高质量发展路径演化机理，厘清发展重点，着手战略规划与建设。下面将选取西安市、鄂尔多斯、巴彦淖尔市、兰州市、固原市和石嘴山市分别作为引领发展型、特色发展型和涵养发展型的代表城市，结合前文分析，厘清各个城市高质量发展的主、次影响因素，确定其高质量发展的总体思路与建设重点。

8.3.1　引领发展型代表城市：西安市

西安市近年来经济发展势头好，国际形象良好，是陕西省的中心城市和重点城市，既是中国陆地版图的中心又是中西交通的交汇点，更是重要战略意义的南北中心位置。西安市凭借其地势优势，古时十多个朝代在此建立都城，根据西安市 2021 年国民经济和社会发展统计公报，截至 2021 年末，其常住人口已达 1316.3 万人。

根据 5.3 节中各城市 2020 年的计算结果，在生态位适宜度排序中，西安综合得分 0.6044，在黄河流域城市中排名第 1；基础设施资源得分 0.6448，排名第 1；创新资源得分 0.7219，排名第 1；服务业资源得分 0.9486，排名第 1；对外开放得分 0.7096，排名第 2；工业资源得分 0.6529，排名第 4；农业资源得分 0.2142，排名第 11；生态环境 0.2198，排名第 9。根据上述数据，本研究绘制了西安市生态位适宜度雷达图（见图 8-2）。由雷达图可知，西安市的发展特征明显，在基础设施、创新资源和服务资源方面处于优势地位，流域排名第一；在对外开放资源和工业资源方面发展势头良好，分别位列第二、第四；在生态和农业资源方面稍弱，需要进一步提升和发展。

为了对西安的高质量发展情况进行分析，预测其未来发展思路和重点，下面从经济基础、服务、对外经济、创新、工业、农业、生态和综合等指标对西安市进行 SWOT 分析，为下一步提出的建设路线和研究发展重点提供支撑。

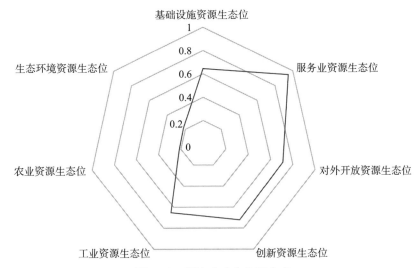

图 8 - 2　西安市生态位适宜度

8.3.1.1　高质量发展的 SWOT 分析

西安市高质量发展的 SWOT 分析如表 8 - 1 所示。

表 8 - 1　　　　　　　　　西安市高质量发展 SWOT 分析

引领发展型城市	西安市	生态位适宜度得分	0.6044
优势	①经济基础。西安作为陕西省省会，具有较大的区位优势，经济相对发达，在科技、教育、制造、电子信息技术等方面均处于领先地位 ②对外经济。西安交通四通八达，整体形成一个三维传输节点，对外连通方便，经济交往频繁 ③服务。西安服务设施较为完善、服务业资源发展机会较多 ④创新。一方面，西安处于教育的上游，是西北地区重要城市，也是我国高等教育排名前五名的城市，智力资本优越；另一方面，西安正在积极打造全球硬科技之都，通过持续优化营商环境等措施，着力发展硬核科技		
劣势	①工业。西安规模工业发展虽然取得了一定成效，但与其他城市相比，还存在规模存量和增量相对不高、产业结构偏重等问题 ②生态环境适宜性略差。总体而言，西安的绿色发展趋势有所改善，但空气污染等环境问题仍然存在。西安经济高度依赖能源工业，化石能源的大规模使用造成了严重的生态环境问题		
机会	①国家创新发展理念的实施为以智力资本和创新为优势的西安带来了良好的机会 ②黄河流域生态保护与高质量发展战略、"一带一路"倡议、中原城市群等国家战略叠加，带来政策红利		
威胁	①2030 年碳达峰、2060 年碳中和的愿景目标对西安产业结构转型带来较大的挑战 ②国际经济形势复杂严峻，经济复苏不稳定，对西安对外开放产生威胁		

8.3.1.2   总体发展思路

综上所述,西安市的高质量发展路径实施的总体思路为锚定流域高质量发展核心带动极和综合示范区的目标,以创新优势、对外开放优势、文化优势等为载体,以自身扩展效应、产业转移等的带动效应和经济社会网络的结构效应为纽带,发挥中心城市的引领作用;以生态环境治理、工业转型和升级为主攻点,补齐短板,提升自身高质量发展。

8.3.1.3   路径实施策略

(1) 发挥中心城市的引领作用。西安市作为引领发展型城市,在各生态位的发展上都有着较大优势,根据 5.3 节城市各生态位适宜度水平来看,西安市的整体综合水平位列流域第一,其优势地位主要体现在基础设施资源生态位、服务资源生态位、对外开放资源生态位和创新资源生态位方面。其中西安市的基础设施水平和服务水平位居流域 50 个城市中的第一位,对外开放水平位居流域 50 个城市中的第二位。

西安在发挥各生态位优势的同时,同样承担着带动周边,甚至流域城市高质量、全方位发展的重任。作为区域发展的增长极,西安市可以凭借自身多种要素集聚优势,通过产业转移、知识外溢、要素重组和技术转化等途径,带动外围地区社会经济发展,在这个过程中,不仅能够提升西安自己的整体城市竞争力,同时也能够带动周边城市的发展水平不断提高,实现陕西省各城市的高质量联动、互补发展,总体实现黄河流域城市高质量发展。综合来看,西安市可从以下三个方面发挥其对周边区域的引领带动作用。

首先,进一步扩大各生态位优势,增强区域核心城市的溢出效应。立足国家中心城市、省会城市和区域中心城市等优势,以增强综合承载力和现代服务功能为重点,加快建设关中平原城市群重要的经济中心、创新中心和金融中心。基础设施方面,进一步加强城市的基础设施建设,疏通西安市与周边城市的发展带动渠道,充分发挥其交通枢纽作用,带动周围城市大力发展交通,提升城镇化水平和发展质量;对外开放方面,把深入推进改革列入西安市的城市发展战略,更大空间、更深层次地推进城市产业国际化进程,深度融入全球城市网络,建设具有较强国际竞争力的现代化都市;服务水平方面,通过打造城市的智能化服务体系来提升城市的服务水平和发展韧性;城市的创新发展方面,通过加大力度培育科技创新服务体系,加快科技军民融合进程,加大财政政策对科技创新的支持,优化营商环境等措施来进一步提升城市的创新水平。

其次,通过促进产业转移和创新溢出等途径发挥其带动效应。根据增长极理论，区域增长极的带动效应首先表现为产业转移，因此，西安市要以先进制造业、电子信息和航空航天等优势产业为载体，通过产业链集聚、产业链延伸等方式，推动其发展空间向外围扩展，提高外围区域的产业发展水平。同时，充分发挥西安市创新高地的优势，通过新兴产业的更替促进其对外围的带动作用，畅通西安市与其他城市在知识与技术方面的共享合作机制，促进西安市向外围的创新扩散和技术溢出。

最后，畅通带动发展渠道，提升网络化的结构效应。结合 5.7 节的生态位网络结构分析，可以看出西安市的基础设施的结构度低于郑州市，表明相对于郑州市来说，西安市的城市吸引力相对较低，资源的网络流入障碍较大。因此，可以从以下三个方面来提升西安市的网络结构效应。一是不断完善都市圈核心城市之间交通基础设施，以高速铁路网、高速公路网、航空网和管道网为重点，完善综合交通网络体系，优化产业布局，形成以西安为中心的辐射状路网，促进周边城市的经济联系和产业对接；二是加强社会结构效应，加快破除行政壁垒和制度障碍，增强城市间的信息共享和资源流动，形成区域一体化发展新格局，推动西部地区的高水平发展；三是加强新一代信息基础设施建设，将各类产业与互联网服务相结合，推动区域间的政府数据、公共数据开放和共享，强化区域之间的联系，进而达成促进城市群网络化结构效应的目的。

（2）发展生态位短板。根据黄河流域的生态位发展现状以及未来发展的潜力等多方面评估，西安市的综合生态位水平处于领先地位。但是，西安市的工业资源生态位和生态环境资源生态位两项指标排序相对低一些，因此，应该将对工业和生态资源的合理开发利用视为重中之重。

在生态环境建设方面，着力从以下四个方面推动生态环境质量持续好转。

第一，突出重点领域，强化秦岭生态修复，使秦岭生态环境得到全面保护。遵循自然修复和人为措施相结合的原则，充分发挥秦岭生态系统的自我调节功能；建设秦岭生态状况遥感监测、秦岭北麓流域面源污染遥感监测系统；利用人脸识别系统等先进技术构建多层次、多领域的监测、监管体系。

第二，以改革创新为动力，提升能源资源利用效率，推进能源资源节约循环利用。按照开源、降耗、节能、增效的原则，利用好新能源和技术创新，用智慧能源管理平台等辅助管理手段提高能源利用效率；按照 2030 年碳达峰的要求，做好重点行业和领域碳排放监测，优化产业布局，淘汰落后工业和产能；通过创新发展延长环保产业链条、推进工业园区循环改造等方式促进资源循环利用。

第三，强化两线指导，不断增强生态系统稳定性。树牢"天线"，筑牢山水林田湖草系统治理思想；强化生态安全的底线思维，加强重点领域的生态保护修复；建立系统生态系统监测网络体系，健全生态保护修复长效机制，形成重点生态系统全覆盖、全天候的监测保护体系。

第四，加快绿色生活方式转型。加强环保案例、环保企业、先进环保人物的宣传，加强公众参与绿色生活的自我效能；加大政策执行力度，并保证环保政务信息的公开透明，增强公民对政府生态文明建设的公信度；持续加强绿色宣传力度，培养全民绿色价值观念、节约意识、生态意识，培养生态道德和行为习惯，形成绿色价值体系。

在工业方面，应抓住黄河流域生态保护高质量发展的战略机会，发挥其在装备制造、能源化工等方面的优势，推动创新资源高效集聚，推动产业升级与产业转移。

第一，打造以新能源为主的先进制造业基地。以新能源新材料、汽车、高端装备、航空产业等领域为重点，打造高端项目，做强"拳头企业"；以产业生态为引导，重点对建筑智能制造、新能源、生物制造等先进制造业进行梳理，创新产业链，延伸产业链条。

第二，提升产业供应链现代化水平。要补齐产业供应链短板，实施产业基础再造工程，加大重要产品和关键核心技术攻关力度，发展先进适用技术，推动产业链和供应链多元化发展；要优化产业供应链发展环境，产业供应链上下游各个环节，强化要素支撑，依托龙头企业带动作用，构建产业集聚的新局面。

第三，加快产业数字化转型。加快企业数字化转型，以用户为中心，找准数字化转型服务的业务领域，打造数字化业务平台，建立数字文化氛围，提高员工共享意愿；加快工业互联网转型升级，稳步推进互联网基础设施建设，支持有条件的大型企业，建设资源富集、合作共赢的工业互联网平台，加快形成工业互联网全产业链。

8.3.2 工业特色发展型代表城市：鄂尔多斯市

鄂尔多斯市位于中国版图的正北方，坐落在黄河"几"字形弯怀抱内。鄂尔多斯市位于内蒙古自治区西南部，地处鄂尔多斯高原腹地，是内蒙古自治区下辖地级市，经纬度坐标范围为北纬37°35′至北纬40°51′，东经 106°42′至东经 111°27′之间。[169]鄂尔多斯市以资源型城市著称，作为资源丰富的城市，除了驰名中外的鄂尔多斯羊绒品牌，更以丰富的煤、天然气和稀土等资源领跑全国。

根据 5.3 节中各城市 2020 年的计算结果的生态位适宜度排序，鄂尔多斯市综合得分 0.1628，在黄河流域城市中排名第 16。其中，工业资源得分 0.7157，在黄河流域城市中排名第 2；生态环境资源得分 0.213，在黄河流域城市中排名第 10；对外开放得分 0.0659，在黄河流域城市中排名第 15；基础设施资源得分 0.1541，在黄河流域城市中排名第 22；创新资源得分 0.056，在黄河流域城市中排名第 22；服务业资源得分 0.0796，在黄河流域城市中排名第 17；农业资源得分 0.112，在黄河流域城市中排名第 25。根据上述数据，本研究绘制了鄂尔多斯市生态位适宜度雷达图（见图 8 - 3）。由雷达图看出，鄂尔多斯市工业特色十分突出，一直以来依托资源禀赋得以高速发展的鄂尔多斯市，早早走在了"绿水青山"与"金山银山"兼得的高质量工业发展道路上，其工业对 GDP 的贡献突出，且生态环境建设较好。

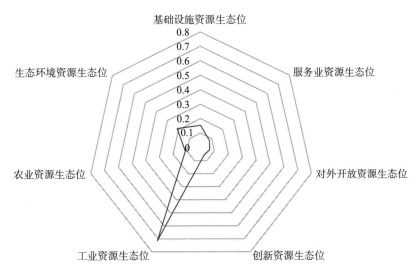

图 8 - 3　鄂尔多斯市生态位适宜度

通过对鄂尔多斯市进行 SWOT 分析，以更深入地了解该市的优势、劣势、机会和挑战，支持下一步提出的建设路线。

8.3.2.1　高质量发展的 SWOT 分析

鄂尔多斯市高质量发展 SWOT 分析如表 8 - 2 所示。

表 8－2   鄂尔多斯市高质量发展 SWOT 分析

工业特色发展型	鄂尔多斯市	生态位适宜度得分	0.1628

优势	①工业优势明显，经济发展基础较好。具有较强的煤炭资源工业基础，带动城市 GDP 总量持续不断攀升，人均 GDP 水平位于全国前十。经济基础良好，人民生活水平较高 ②典型资源型城市，资源禀赋优势明显。鄂尔多斯是国务院划定的成长型资源型城市，拥有丰富的煤炭、天然气、稀土等资源，依托丰富的资源工业得以较好发展 ③城市生态环境建设水平一流。在重工业作为 GDP 支柱产业的同时，鄂尔多斯始终能够较好平衡发展与生态这两件大事，坚持贯彻污染治理和水源保护相关政策，生态环境质量持续改善。康巴什正是基于鄂尔多斯市良好的生态建设而成为全国唯一的 4A 级城市景区，优质的生态环境让蓝天白云常驻，被官方评为"蓝天之城" ④旅游资源丰富。鄂尔多斯同时也是资源型城市重点旅游区，自然风光旅游和人文历史旅游并重，众多著名的风景名胜区和非物质文化遗产簇拥着鄂尔多斯这片土地 ⑤区位与交通优势。区位方面，鄂尔多斯地处黄河"几"字形湾怀抱内与万里长城怀抱之中，城市东侧、南侧、西侧三面与黄河相邻，与山西省、陕西省、宁夏回族自治区接壤，北与呼和浩特市、包头市隔河相望，加上南部的榆林市，形成呼包鄂榆市群，是我国中部板块重要发展的城市群。鄂尔多斯市交通可达性强，国道穿过市域，铁路贯通南北，航空机场与周边城市形成网络覆盖
劣势	①伴随着煤炭黄金十年的过去，煤炭相关工业增加值逐步放缓，鄂尔多斯市经济增长速度近十年来整体呈下降态势。产业转型升级压力，尤其是资源型工业向高科技、高附加值方向转化的升级压力较大，也较为迫切 ②生态环境的脆弱性制约着鄂尔多斯的农业发展。鄂尔多斯市虽地域广袤，但近一半（48%）的面积是沙漠地区，还有将近一半（48%）是丘陵沟壑地区，仅剩下不到 4% 的面积是适合农业生产活动的草地和耕地，还面临着严重的水资源缺乏与土地沙漠化问题，可用于进行农业生产活动的区域十分有限，农业发展受到生态脆弱性的直接影响 ③经济结构状况与经济发展动向不一致，第三产业发展较为缓慢，服务业资源对旅游资源的支持力度不足。[170]此外，与人均 GDP 水平较高相反的是，鄂尔多斯的消费水平低于全国水平，缺乏拉动消费的新兴服务业 ④城市基础建设仍有较多欠缺，公共服务水平不高 ⑤人才资源较为缺乏，科技创新潜力不足。一方面是人口城镇化率仍未达到理想水平；另一方面是对外来人口吸引力不足。迫切需要人才资源储备支持鄂尔多斯市创新和产业转型
机会	①政策利好：黄河流域生态保护与高质量发展从国家战略层面指出了黄河流域高质量发展的发展方向，鄂尔多斯在黄河流域重要的地理位置上迎来了发展的强势时机；呼包鄂城市群发展规划带来区域协同发展的政策利好；"一带一路"的深入推进迎来面向国内外的外向型经济发展新生机 ②国际形势：后疫情时代给国内文旅产业带来前所未有的机会。草原地广人稀，对人口密度较大的地区的游客来说是非常理想的国内旅行选择
威胁	①资源禀赋与资源依赖。资源禀赋带来的优势能否保持，能否将资源优势转化为高质量产业优势，长期以来的资源依赖能否顺利转型 ②区域内部城市竞争激烈。沿黄经济带发展不均衡，尚未形成规模产业集群发展。区域内各城市发展相对较为独立，且面临的问题较为相似，如果不合作发展，将会处于低端竞争的不良局面 ③2030 年碳达峰、2060 年碳中和的愿景目标对以能源工业为特色的鄂尔多斯产业结构转型有较大的挑战

8.3.2.2　总体发展思路

鄂尔多斯市的高质量发展路径实施的总体思路为发挥优势，发掘潜力，立足长远，取长补短。首先，强化优势特色工业资源，应当以较好的经济基础为支撑，继续发挥资源禀赋地区优势，发展非纯资源型工业和高技术产业，走特色发展的道路。其次，在生态位扩充方面，立足丰富的旅游资源，提升文旅产业的全面发展和可持续性，增加第三产业增加值。最后，继续坚持生态保护与高质量发展并进，遵循发展规律，在改善生态环境的同时，坚持宜农则农，利用区位优势发展渔业和种植业等适宜性高的技术农业。

8.3.2.3　路径实施策略

（1）专业化战略。鄂尔多斯市工业基础深厚，煤炭行业一直是鄂尔多斯市的主导产业。以煤炭等能源经济为支柱，鄂尔多斯市的工业体系已经布局得较为完备。在经济新常态及黄河流域高质量发展战略的大局之下，鄂尔多斯市应继续发挥资源工业优势，实施专业化战略，以工业资源优势切实支撑城市高质量发展。

资源禀赋优势的保持，要警惕对资源的路径依赖。第一，明确高质量工业发展的方向，加快产业转型升级，将纯资源型产业转型为附加值高、环保、清洁、全产业链发展的新型绿色工业。要继续提升对煤炭资源的清洁高效利用，继续加大对清洁煤炭相关产业链纵深发展。在全产业链上将工业资源优势展开和提升。要致力于对非煤工业的发展，在非煤产业，如汽车制造业等其他产业中寻找新的经济增长点。作为国家重要的资源能源储备城市，鄂尔多斯市应努力推进新能源行业的发展，提高节能环保和新型材料等高新技术产业在工业体系中的占比。深厚的工业基础意味着公有制经济在经济成分中的充分主导，因此，鄂尔多斯市在构建开放型经济体系，加快工业升级转型过程中，离不开对经济成分的调整。要支持非公经济的发展，为规模以上民营企业营造更好的营商环境。

第二，鄂尔多斯市的区位优势与各级多项利好政策加持之下，必须重视对外开放，实现区域竞合发展。要充分发挥区位优势，向北部、西部开放，在"一带一路"政策的带动下，与相邻的蒙古国和俄罗斯展开各方面交流合作，让优质的工业产品走出国门，以对外开放的深入，促进构建外向型经济体系。要重视区域竞合发展。尤其是在呼包鄂榆城市群中，四个城市面临相似的资源禀赋优势和同样的产业结构困境，应当进一步推进与其他三市的交流合作，在共同加强基础设施建设，推进共建共享协同发展等方面积极响应，重点提升自身竞争力，避免在重叠度较高的生态位上产生低端竞争，加大城市内耗。以竞合发展促进发挥高质量工业化道路的优势。

第三，引进优质人才，利用人才资源和政策加大科技创新支持力度，提升科技实力，从根本上提升创新资源的竞争力，支持工业高质量发展。鄂尔多斯市人均GDP水平较高，位列全国前十，人民生活水平较高。但人口较少带来的发展瓶颈也日益凸显。人才是高质量、高技术工业发展的活力源泉。在东部、中部许多城市已经实施人才引进战略的当下，鄂尔多斯市应更迫切地实施人才战略：要建立健全人才引进制度，重点引进高技术产业所需的各类技术和高级管理人员。切实解决高质量人才的生活所需问题，为各类人才创造优质配套的生活和创业条件；要加大财政对教育和科技的投入力度，加快培养人才，尤其是与高技术能源和化工产业对口的重点人才；要将人才与制度形成有机结合，从根本上给予科技创新以强有力的支撑。继而以科技创新继续支持产业升级，提升全产业科技含量，增加产业的附加值。人才是科技活力的源泉。以人才为抓手，促进二三产业创新发展，引进新人才，引领新思想、新方向，人才战略将会成为鄂尔多斯市在工业高质量发展过程中的重要助力。

（2）生态位扩充战略。在发挥特色发展型工业优势的同时，鄂尔多斯市要在生态位扩充战略导向下，重点发展文旅产业，拓宽生态位宽度，提升服务业资源。通过大力发展第三产业，拉动消费水平，优化产业结构，促进高质量发展。

鄂尔多斯市是多民族聚居地区，蒙古族文化深厚，草原、沙漠等自然景观具有独特的魅力，赋予了鄂尔多斯市独特的蒙古草原风情。依托历史与地域，鄂尔多斯市旅游资源丰富，文化底蕴深厚，具有发展优质文化旅游产业的潜力。可以从以下四个方面挖掘鄂尔多斯市的文旅产业的发展潜力：第一，要加大对景区建设的投入力度，在现有5A级景区中首先建设一批品牌旅游景区，打造城市名片；第二，要重视交通等基础设施建设对文旅产业的支持作用，充分考虑交通建设对文旅产业的影响，发展文旅产业同时促进基础设施资源的提升；第三，要加强与其他产业的联动关系，如特色综合工业园区，特色综合林业、牧业种植区，发展工业旅游和生态旅游等；第四，在后疫情时代，全球疫情依然严峻且短时间内无法彻底恢复，国内文旅产业迎来前所未有的发展机会。鄂尔多斯市应抓住机遇，积极应对，充分挖掘内蒙古这片美丽的土地上更多的可能性，将鄂尔多斯市建设成为以文旅产业带动服务业领先的黄河流域高质量发展典范。

（3）适度补足短板战略。尽管特色发展型主要依赖长板带动，但降低短板的劣势同样能为城市发展带来积极的协同效应。第一产业对鄂尔多斯市 GDP 的贡献表现欠佳。其主要原因首先是生态环境脆弱，缺水和土地沙漠化严重，制约了农业的发展。此外，和第二产业相比，依托着丰富的矿产资源而发展的工业带来的经济附加值更高，而农业带来的经济附加值远低于矿产资源相关产业，因此发展速度缓慢。

鄂尔多斯市应该尊重、保护和顺应自然，加快生态保护修复。第一，要继续坚持生态优先，将生态环境保护与建设放在较为重要的战略地位。第二，要秉持宜农则农、宜牧则牧的理念，依托区位优势继续发展种植业和渔业，发展高技术农业、生态农业，提升种植效率。第三，要发展外向型农业，与文旅产业产生互动融合，拓宽农业的收益空间，给农民牧民带来更深度的发展前景。第四，要促进农牧业拉动消费升级。建设农业生态综合体，发展农业新业态，给予适当财政支持。农业的发展不仅带来经济结构的优化，也对民生改善具有的重要作用，重视高质量农业的发展也将为鄂尔多斯城市高质量发展带来生机。

8.3.3 农业特色发展型代表城市：巴彦淖尔市

巴彦淖尔市地理位置优越，地处我国内蒙古自治区西部，在北纬 40°13′～42°28′，东经 105°12′～109°53′之间。内蒙古境内的矿产、风能、日照和硫铁资源都极其丰富，尤其是硫铁矿资源，其储存量多年位居全国第一。同时，巴彦淖尔市境内的河套平原有"江南"之美誉，其灌区是亚洲最大的自流灌区。

根据 5.3 节中各城市 2020 年的计算结果的生态位适宜度排序，巴彦淖尔市综合得分 0.2598，在黄河流域城市中排名第 5。其中，基础设施资源得分 0.0567，在黄河流域城市中排名第 48；服务业资源得分 0.0244，在黄河流域城市中排名第 39；对外开放资源得分 0.04611，在黄河流域城市中排名第 25；创新资源得分 0.0078，在黄河流域城市中排名第 42；工业资源得分 0.103，在黄河流域城市中排名第 50；农业资源得分 0.7613，在黄河流域城市中排名第 1；生态环境资源得分 0.37406，在黄河流域城市中排名第 3。根据上述数据，本研究绘制了巴彦淖尔市生态位适宜度雷达图（见图 8-4）。由雷达图看出，巴彦淖尔市的发展特征明显，在农业方面处于优势地位，黄河流域城市中排名第一；在生态方面发展势头良好，位列第三；在工业、创新、对外、服务和基础资源方面处于落后地位，亟待进一步提升和发展。

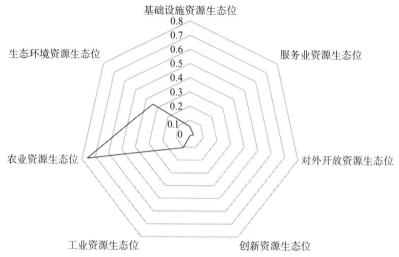

图 8-4　巴彦淖尔市生态位适宜度

下面对巴彦淖尔市进行 SWOT 分析，以更深入地了解该市的优势、劣势、机会和挑战，支持下一步提出的建设路线。

8.3.3.1　高质量发展的 SWOT 分析

巴彦淖尔市高质量发展 SWOT 分析如表 8-3 所示。

表 8-3　　　　　巴彦淖尔市高质量发展 SWOT 分析

农业特色发展型	巴彦淖尔市	生态位适宜度得分	0.2598
优势	①农业发展。绿色是巴彦淖尔市区的基础色，也是发展中可以利用的优势之一。其良好的生态环境是巴彦淖尔市绿色发展的主要条件之一，这极大地促进了其经济的发展 ②对外经济。巴彦淖尔市位于内蒙古自治区的西部，是"一带一路"及西部大开发项目的重点地区。境内有两条重要公路穿过，分别为京藏高速公路和110国道。甘其毛道是我国重要的贸易往来陆路口岸之一，也是连接欧洲各国、亚洲其他国家及俄罗斯的重要通道 ③生态建设。由于巴彦淖尔市坚持治理水污染并颁布了保护生态环境的相关政策，从2021年开始该市生态环境质量持续变好 ④旅游资源丰富。巴彦淖尔市有别具一格的自然风光和悠长久远的人文历史，大量的5A级风景名胜区坐落在巴彦淖尔这片土地上		
劣势	①工业。巴彦淖尔市根据工业发展的现状采取了一些措施，但与其他城市相比，仍存在发展方式粗放、产业层次低以及结构不合理等问题 ②基础设施。巴彦淖尔市第三产业占比最小，发展速度远慢于其他地区，基础设施薄弱，城镇化水平低于平均水平，需要逐步完善 ③服务业水平。巴彦淖尔市所储备的高素质人才少，对于高水平人才的培养与引进严重滞后于当地经济社会发展的实际需要，服务业水平较低 ④创新水平。巴彦淖尔市人才资源缺乏，科技创新潜力不足		

续表

机会	①积极政策：我国"一带一路"建设随着发展不断推进，政策向此方向倾斜，而《西部大开发"十三五"规划》的发布使得巴彦淖尔市充分发挥大循环优势，加快了中国与蒙俄两国之间的经济走廊建设；京津冀区域的国家协同发展战略的实施，进一步拓展了巴彦淖尔市的产业发展空间 ②经济形势：疫情后给国内文旅产业带来前所未有的机会。地广人稀的巴彦淖尔市，对人口密度较大地区的游客极具吸引力，促进了巴彦淖尔市的经济发展
威胁	①企业投资欲望下降。疫情后企业发展压力大，市场风险进一步加大，企业的投资意愿降低，不利于巴彦淖尔市招商引资 ②产业竞争力弱。巴彦淖尔的产业结构仍然沿袭着传统的产业结构模式：传统农牧业稳居第一，其他产业不仅占比较少而且发展较慢，创新能力和技术含量的不足造成了产业发展内部结构的不平衡，亟待进一步优化

8.3.3.2　总体发展思路

巴彦淖尔市的高质量发展路径实施的总体思路为：一方面，充分发挥巴彦淖尔市农业、生态环境等优势资源的带动作用，强化地区资源禀赋优势，走具有河套灌区特色的发展道路；另一方面，注重生态位的扩充，进一步扩大巴彦淖尔市的对外开放程度，利用好该市对外开放资源发展的趋势，拉动消费水平，优化产业结构，促进巴彦淖尔市的高质量发展。

8.3.3.3　路径实施策略

（1）专业化战略。巴彦淖尔市深厚的农业基础和良好的生态环境资源使其具有较大的发展潜力。在经济新常态及黄河流域高质量发展战略的大局之下，巴彦淖尔市应用精准思维构建农牧业现代化新格局，要以超前的视野为基础引进全球顶尖的农业技术、经营模式及高素质人才，从而打造河套地区的有机优质农牧生产加工服务的生产基地。同时，利用自身的地理位置优势以及生态资源优势大力发展旅游业，发展巴彦淖尔市特色服务业，通过特色化农牧业及旅游业以支撑其城市高质量发展。

第一，进一步提升农业发展优势。首先，大力提升耕地质量。河套灌区的盐碱地共有484万亩，约占巴彦淖尔市总耕地面积的44%。巴彦淖尔市可以推广应用盐碱地综合治理技术，与土壤研究所等科研单位进行相关合作，改良盐碱地。在此过程中，可引入"两个机制"：一是制定有关农牧业资金统筹整合的办法，设立并发展绿色农牧业基金，建立政府与企业能够共同合作的平台，吸引更多社会力量进行投资，让投资主体呈现多元化趋势。二是制定土地流转相关的实施策略，设立高额、年缴和定期增长的农民捐助保险基金缴纳机制，确保农牧民长期可持续收益。其次，发展效益型农牧业。河套灌区位于北纬40°，水、土、光和热结合良好，年日照时数长于其他地区，大约为3200小时，昼夜温差平均值在14°，降水少，四时不同，有利于积累作物养分，是种植作物的最佳选择地带。1100多万亩①耕地出产多种优质农产品，是全国重要的适销对路粮油生产基地。巴彦淖尔市立足于农业资源得天独厚的条件，可以聘请国内知名的农牧业专家来确定现代农牧业的发展方向和重点，着重研究河套地区农牧业的特色，编制多个产业发展方向使布局向区域化、多样化和专业化方向扭转，农牧业从传统型向效益型转变。

第二，引进高素质人才，用先进科技支撑和带动现代农牧业发展。首先，巴彦淖尔市要从先进科技处借力，让多种先进生产模式、经营模式和相关平台呈现，由表及里，为农业生产做出示范，从传统的一家一户分散经营式农业向现代智慧化以及标准化生产农庄转变。其次，需加大国家绿色食品原料标准化生产基地、农业及牧业示范园区和田园综合体建设力度，建立高素质人才引进机制，大量引入中外合作现代农业示范园区和高素质权威专家，并加强与各类科研院校的合作，如中科院和农科院等。最后，通过先进科技打造区域品牌—巴彦淖尔绿色有机农产品。针对该地区生产方式粗放的问题，巴彦淖尔市不仅需要积极与国内标准化研究院合作成立农产品质检中心，而且需要着手对全区农产品品牌和标准进行规划、创建和监督。只有这样，才能推动实现农牧业转型、企业提效和农牧民增收。

第三，大力保护和治理生态环境，积极发展特色旅游业。首先，通过改善土壤盐碱化及利用水肥一体化等合理灌溉方式使巴彦淖尔市内的乌梁素海湖区的生态环境逐步改善，坚持山水林田湖草沙一体化保护和治理，提高该地区的森林覆盖率和草原综合植被覆盖度，将此地逐渐打造成为自然生态景区，在该区域建立旅游部门，与当地特色农产品相结合，不仅为游客提供了高质量的旅游服务，而且宣传售卖了巴彦淖尔市的特色农产品。其次，推动旅游业制度的改革创新，加大政府对旅游服务业的资金投入，将旅游业同特色农牧业相结合，巴彦淖尔市需要在黄河流域创建西北地区种子基因库，开展相关的种业产业园旅游项目，包括种子科技博览馆和种子资源博物馆等，构建商旅一体的育种体系，通过特色农业促进旅游业发展，极大地带动巴彦淖尔市的经济发展。

---

① 1 亩≈0.0666667 公顷，全书同。

（2）生态位扩充战略。在发挥特色发展型农业优势的同时，巴彦淖尔市要在生态位扩充战略导向下，扩大对外开放程度，利用好该市对外开放资源生态位宽度呈增加的趋势，从而拉动消费水平，优化产业结构，促进巴彦淖尔市高质量发展。可以从以下四个方面来实施：

第一，融入"一带一路"，增加经济贸易往来的新通道。巴彦淖尔市要主动融入"一带一路"建设，服务"一带一路"有关项目，保障高水平下的"走出去"和"引进来"。中欧班列运行比传统的海运时间短，能够满足欧亚大陆的国际货物运输需求，极大地促进了巴彦淖尔市同沿线国家密切的经济贸易往来，其作为构建欧亚大陆物流的重要通道是不可或缺的。中欧班列的运行可以提高企业物流、资金流动和商业流程的效率，从而全面提高该市农产品外贸竞争力，最终企业在外贸发展方式转变中能够真正发挥示范作用，推动农业向外向型发展，形成深加工绿色农畜产品基地。随着开放型城市的经济发展水平不断提高，形成口岸在边境，保税物流中心及对外开放列车在内陆的模式，最终形成对外开放新格局——北开南拓和东联西进。

第二，积极进入并服务于双循环发展战略。首先，"一带一路"沿线的国家及黄河沿岸的城市、长江三角地区和粤港澳大湾区，巴彦淖尔市需要加强与这些地区的合作。其次，要积极融入呼包鄂乌一体化中的发展，使开放程度有序增加。在建设现代流通体系时，中欧班列作为其中的重要一环，在实践"一带一路"项目、建设"以国内大循环为主体，国内国际双循环相互促进"的新发展格局中，不仅要肩负重要责任，而且要发挥历史使命。最后，巴彦淖尔市需要建设铁路物流专用线，提高货物转运、停靠、换装的能力。加快建设其铁路物流专线及大型集装箱堆场，从而提升入境货物停泊和转运能力，最终成为铁路物流中处理货物能力最强的一个平台，从各个方面推动经济发展，促进河套地区的高质量发展。

第三，对当地企业加强扶持。国家一级陆路口岸——巴彦淖尔市的甘其毛道，是我国"一带一路"和蒙古国"发展之路"合作项目的最佳启动处，其作为中蒙俄经济贸易往来的重要支点而存在。它是我国西部地区对蒙古国开放的贸易往来道路之一，也是连接亚欧大陆，促进各个国家贸易发展的极其重要的纽带。巴彦淖尔市要加强扶持这些地区的生产企业，出台相关政策，推动对外开放资源的开发利用，快速实现城市高质量发展。

8.3.4 服务业特色发展型代表城市：兰州市

兰州市是国务院批复确定的中国西北地区重要的工业基地和综合交通枢纽，是西部地区重要的中心城市和丝绸之路经济带的重要节点城市。兰州市地处中国西北地区，是中国大陆陆域版图的几何中心，位于甘肃中部，是甘肃政治、文化、经济和科教中心，是国家向西开放的战略平台，向西部发展的重要引擎，西北地区的科学发展示范区，也是历史悠久的黄河文化名城。

根据 5.3 节中各城市 2020 年的计算结果，在生态位适宜度排序中，兰州市生态位适宜度得分 0.1256，在黄河流域城市中排名第 23。其中基础设施资源得分 0.1733，在黄河流域城市中排名第 14；服务资源得分 0.1551，在黄河流域城市中排名第 4；对外资源 0.0167，在黄河流域城市中排名第 30；创新资源 0.1238，在黄河流域城市中排名第 10；工业资源 0.2649，在黄河流域城市中排名第 26；农业资源 0.1322，在黄河流域城市中排名第 21；生态环境资源 0.0959，在黄河流域城市中排名第 48；根据上述数据，本研究绘制了兰州市的生态位适宜度雷达图（见图 8 – 5）。由雷达图可以看出，兰州市的工业资源方面虽然评价得分高于其他方面，但是在黄河流域城市中仅排名第 26。服务资源方面和创新资源方面处于优势地位，分别排名第 4 和第 10。

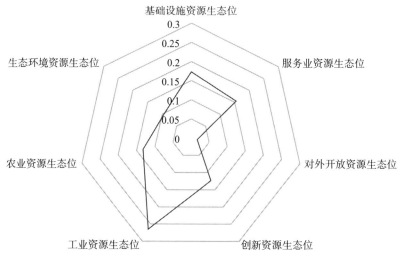

图 8 – 5　兰州市生态位适宜度

为了分析兰州市的高质量发展情况，下面将对其进行 SWOT 分析，以更深入的了解该市的优势、劣势、机会和挑战等，为其路径实施策略的提出奠定基础。

8.3.4.1　高质量发展的 SWOT 分析

兰州市高质量发展 SWOT 分析如表 8-4 所示。

表 8-4　　　　　　　　　兰州市高质量发展 SWOT 分析

服务业特色发展型	兰州市	生态位适宜度得分	0.1256
优势	①地理位置优势。兰州市地处中国西北地区，是西部地区重要的中心城市和丝绸之路经济带的重要节点城市 ②服务资源优势。兰州市的城市服务水平约为流域城市平均服务水平的152%，相较于黄河流域地区的其他城市具有显著优势 ③矿产资源优势。兰州市及其邻近地区蕴藏着丰富的矿产资源，拥有有色金属、贵金属、稀土和能源矿产等多个大类的矿产资源 ④旅游资源优势。兰州市不仅背靠多个地区，更是有多个旅游带汇聚于此。丝绸之路等多个旅游线路在此交汇，具有开发旅游市场，发展多种旅游产品的区位优势 ⑤科技优势。兰州市是我国重要的科研基地，拥有以中国科学院兰州分院为代表的众多科研和开发机构。高端人才密度也在全国大中城市中名列前茅		
劣势	①近几年兰州市经济增速持续放缓，省会城市的辐射带动能力也有所下降。发展不足、总量偏小和综合实力较弱已成为兰州市经济发展面临的主要问题 ②水资源缺乏。兰州市黄河干流平均入境水资源量为138.27亿立方米，市域自产水资源总量2.63亿立方米，人均水资源量仅为94立方米，属于水资源极度紧缺地区		
机会	①政策利好。黄河流域生态保护与高质量发展战略、"一带一路"倡议、西部大开发战略的实施为兰州市带来了巨大的红利 ②政府支持。甘肃省政府对兰州市的发展大力支持，发布了《兰州—西宁城市群发展规划实施方案》，极大地推动了兰州市在服务、科技和物流等方面的发展		
威胁	①绿色发展动力不足。兰州市的绿色转型发展底子薄、资金投入不足以及人才储备不全的问题较为突出，直接影响了绿色发展的速度和质量 ②国际经济形势复杂严峻，经济发展环境动荡，加剧了兰州市的人口流失		

8.3.4.2　总体发展思路

兰州市的高质量经济发展路径实施的总体思路是扩大优势，减少不足。扩大在服务业与创新资源这两方面的优势，利用自身的地理位置优势以及旅游资源优势大力发展旅游业，发展兰州特色服务业。优化产业结构，推动绿色崛起。加快产业向绿色化、高端化、智能化转型。在生态位扩充方面，要加强生态治理，保障生态安全。全力打好"蓝天、碧水、净土"三大保卫战，持续改善生态环境质量。扩大兰州市扩大对外开放程度，充分利用对外开放资源，推动兰州市高质量发展。

8.3.4.3　路径实施策略

（1）专业化战略。目前，兰州市的工业资源生态位相较于其他位置得分最高，但是相对于黄河流域的其他城市来说其排名并不高，仅仅排在第26位。而其占据优势地位的服务资源生态位以及创新资源生态位相较于黄河流域的其他城市排名较高。据此，兰州市应当在保证工业稳定发展的基础上，加大对服务业发展的投入，走特色服务业的道路，通过服务业的发展来支撑城市的高质量发展。

第一，工业资源保障。要保证在兰州市朝着服务业特色型城市转变时的工业资源的稳定输出，充分发挥兰州市的地理优势和旅游优势，建立强有力的多个相关行业领导小组，积极协调各个小组之间的职能，提高兰州市服务业的质量，把握住各个政策带来的发展机遇。在保证工业产能的前提下，为了改善生态环境，兰州市还需要改变工业资源未来的发展方向，即将现有工业模式向绿色工业模式进行转型，减少工业发展对环境的负担。

第二，强化服务优势。兰州市要加大对服务业发展的投入，建立强有力的领导机制，将服务业所涉及的各个行业联系起来，提高服务业的服务质量。通过线上线下多方面努力，提高传统消费质量，促进新兴消费发展。推动建设兰州市环球港等商贸综合体，强化兰州市物流配送服务的发展质量，建立冷链物流基地，提高线上消费的服务质量。努力将兰州市打造成一个服务业特色发展城市。

第三，充分发挥兰州市的地理优势和旅游优势。建立相关的旅游部门，将旅游服务业所涉及的行业联系起来，提高各个行业之间联系的紧密性，为游客提供更高的旅游质量。推动旅游企业制度的改革创新，加大对旅游服务业的资金投入，创新旅游服务的开发模式，拓宽旅游服务的资金渠道。创新旅游服务业的特色服务，充分展示兰州市的旅游服务特色，提高其对游客的吸引力，扩大兰州市的对外开放程度。加强与西宁城市群中的城市的合作与交流，共同强化城市建设，推进在共建共享协同发展等方面的积极响应机制，提高自身服务业的竞争力。通过竞争合作促进兰州市服务业特色发展的目标。

第四，注重培养与引进高质量服务业人才。兰州市虽然科技人才众多，但是缺乏服务行业的高端管理人才，应当结合现有的人才资源政策，吸引与培养双渠道同时进行，提高兰州市服务业人才的质量与数量，以此支持服务业的高质量发展；建立健全的服务业员工规范制度，提高兰州市服务人员的最低服务质量；加大对服务业人才的培养，提高兰州市服务人员的上限；加大兰州市服务业的资源投入，增加服务业的人员数量，充分调动从事服务业的人员的积极性，提高服务业的服务质量。

（2）生态位扩充战略。在发挥服务业优势的同时，兰州市还要在生态位扩充的战略导向下，重点发展旅游行业，拓宽生态资源位，提高服务业人员服务质量。大力发展绿色工业，促进高质量发展。

加强生态治理，保障生态安全。全力打好"蓝天、碧水、净土"三大保卫战，持续改善生态环境质量。扎实开展生态修复治理，实施兰州市城关区大砂沟山体修复和兰州市安宁李麻沙沟生态修复综合治理等生态修复项目。严格落实河湖长制，大力开展节水行动，解决兰州市水资源短缺的问题。坚持绿色发展的道路，聚焦源头治理加强生态保护。加强自然保护区管理，提升生态品质，稳步推进城市公园、城郊绿岛和生态廊道建设。加快推进七里河安宁、雁儿湾等污水处理厂提标改扩建工程的实施，着力建设黄河上游生态保护示范区。聚焦黄河文化讲好兰州故事。深入挖掘兰州市深厚的黄河文化积淀，写保护、传承、弘扬三篇"文章"，推动文化和旅游融合发展，推进兰州市黄河国家文化公园建设工作，串联景点打造大景区，着力提升岸线亮化绿化美化水平，把兰州市建设成独具特色的黄河文化保护传承弘扬示范区。黄河流域生态保护与高质量发展战略、"一带一路"倡议和"西部大开发"等国家战略的实施为兰州提供了巨大的机遇，兰州市应当抓住这些机遇，积极应对可能出现的问题，推动兰州市高质量发展，将兰州市打造成黄河流域中的特色服务业发展城市高质量发展的典范。

（3）适度补足短板战略。兰州市的高质量发展质量取决于最匮乏的资源如何托底。因此，在高质量发展适宜性路径实施的过程中要注重补短板。而且降低短板的劣势同样可以为兰州市的高质量发展带来积极的协同效应。

兰州市应当致力于增强其对外开放资源，专注于源头治理以加强生态保护，并提升基础设施建设水平，从而提高兰州市的地区吸引力。聚焦黄河文化，宣扬兰州故事，让兰州走出去，改变兰州市的对外开放政策。在当今的开放世界中，闭门造车只会走下坡路，只有坚持对外开放，加强人员流动，才能不断地提升自身高质量发展水平。在推动兰州市服务业特色发展的过程中，必须要重视对外开放资源。对外开放资源的利用将会加快兰州市的高质量发展步伐，更快地实现高质量发展目标。

8.3.5　生态功能型代表城市：固原市

固原市是宁夏回族自治区省域副中心城市，位于宁夏回族自治区南部六盘山区，地处东经105°19′至东经106°57′，北纬35°14′至北纬36°31′之间，东与甘肃庆阳市和平凉市为邻，南与平凉市相连，西与白银市分界，北与宁夏回族自治区中卫市和吴忠市接壤，处在中原农耕文化和北方游牧文化的交汇处，是丝绸之路东段北道必经之地，是历史上西北地区的经济重地、交通枢纽和军事重镇。固原市有1个区和4个县，总面积1.05万平方千米，市区面积52.33平方千米，是宁夏五个地级市之一和唯一的沿黄城市，陕甘宁革命老区振兴规划中心城市，同时也是宁南区域中心城市，是政治、经济、文化中心和交通枢纽。

根据5.3节中各城市2020年的计算结果，在生态位适宜度排序中，固原市综合得分0.2063，在黄河流域城市中排名第8；对外开放得分0.0023，排名第46；基础设施资源得分0.0713，排名第45；创新资源得分0.0065，排名第44；服务业资源得分0.0023，排名第48；农业资源得分0.0859，排名第35；生态环境资源0.5472，排名第1。根据上述数据，本研究绘制了固原市生态位适宜度雷达图（见图8-6）。由雷达图可知，固原市的发展特征明显，生态环境建设较好，生态资源特色十分突出，省域排名第一，在农业资源、工业资源、创新资源、对外开放资源和服务业资源方面稍弱，需要进一步提升和发展。

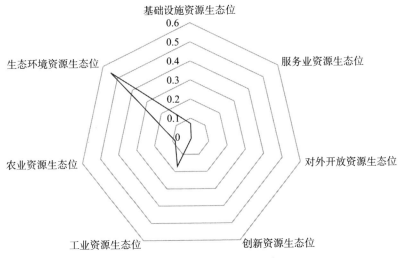

图 8-6　固原市生态位适宜度

8.3.5.1 高质量发展的 SWOT 分析

固原市高质量发展 SWOT 分析如表 8 – 5 所示。

表 8 – 5   **固原市高质量发展 SWOT 分析**

生态功能型城市	固原市	生态位适宜度得分	0.2063
优势	①城市生态建设。通过持续推进国土绿化、山水林田湖草保护修复等活动，林草覆盖率呈上升趋势，治理水土流失工作效果显著，空气优良天数稳居宁夏全区第一，先后被评为"全国生态保护与建设示范区""全域旅游创建典范城市""国家园林城市""国家卫生城市"和"自治区文明城市" ②产业特色。固原市以草畜、马铃薯、冷凉蔬菜和"四个一"林草为代表的特色农牧林业发展势头强劲，打造了"固原黄牛""西吉马铃薯"和"隆德中药材"等知名品牌；以能源新材料业、农产品精深加工业和纺织产业主导与资源聚集优势不断增强；以红色长征游、绿色生态游、丝路文化游和梯田乡村游为引领的全域旅游全面发展 ③公共服务扩容提质。固原市着力提升基础教育质量，加快推进教育改革创新，创建了自治区"互联网＋教育"标杆校，为学生提供更加优质的服务。同时，深入推进综合医改工作，以"互联网＋医疗健康"为重点，创新社会治理体系建设，将公共卫生保障水平提升到更高的高度 ④积极推进对外交流。固原市加强与京津冀、长三角和珠三角等经济发达地区的合作，推动资源要素流动，促进产业布局优化。固原市开展全方位的招商引资活动，加快推进项目建设，改善商业环境			
劣势	①经济总量小，产业层次不高。一二三产业仍处于产业链和价值链中低端，产业综合竞争力不强，优势产业有特色品牌少，规模小链条短，工业中等规模以上企业少且偏重倚能占比大，新动能新业态新模式培育不足，对外开放程度不深、范围不广，传统产业智能化、绿色化和融合化水平低 ②重大基础设施不完善，公共服务水平不高。综合交通总量小等级低，机场承接能力不足；水利基础设施薄弱；对内循环、对外联通的快捷运输能力不足；城乡信息网络建设仍是短板，互联网应用深度与广度亟待提升 ③科技创新潜力不足。一方面，固原市的人才集聚程度尚未达到理想高度；另一方面，城市对高端人才的吸引力不足。为了满足创新和产业转型的迫切需求，急需建立和完善人才资源储备机制，加强对人才资源的有效利用			
机会	①政策利好。黄河流域生态保护与高质量发展从国家战略层面指出了黄河流域高质量发展的发展方向，宁夏以及固原市的政策措施和意见的贯彻落实必将全面推动黄河流域固原市生态保护和高质量发展 ②西部大开发新格局。国家支持陕甘宁等革命老区及毗邻地区建立协同开放发展机制，进一步加大水土保持等重点生态工程实施力度等，并从财税、金融、产业、用地、人才和帮扶等方面又加强了政策支持，必将全面推动黄河流域生态保护和高质量发展 ③城市定位更明确。固原市作为宁夏的副中心，在促进区域经济发展、完善公共服务体系和加强教育文化等方面具有重要的作用			
威胁	①2030 年碳达峰、2060 年碳中和的愿景目标对固原产业结构转型有较大的挑战 ②外部经济增长放缓。固原市面临着国际金融市场波动性大、投资低迷以及贸易摩擦不断升级等诸多问题，面临着越来越多的不确定性和难以预测的风险与挑战			

8.3.5.2　总体发展思路

综上所述，固原市的高质量发展路径实施的总体思路为发挥生态环境资源的巨大优势，逐步补齐创新、开放、工业、农业和服务等资源。在生态产业发展方面，以现有"四个一"林草产业为基础，稳步发展特色经济林，大力发展生态农业，加强废弃物资源化利用，夯实产业基础。在生态产业价值提升方面，以加强科技创新及成果推广、培养社会化服务组织、打造生态产业品牌、建设生态产业园区以及发展生态旅游等为主要内容，加强生态经济融合拓展建设，积极构建创新引领和协同发展的生态经济现代产业体系，不断提高产业价值。

8.3.5.3　路径实施策略

（1）专业化战略。作为生态功能型城市，固原市的生态环境资源生态位处于优势地位，在黄河流域 50 个城市中位居第一，处在宁夏银川市、陕西西安市和甘肃兰州市三省会城市所构成的三角地带中心，地理位置重要，矿业、农业和旅游资源丰富。在发挥其生态环境资源优势的同时也可以利用其矿业、农业和旅游业资源大力发展新型绿色工业、特色生态农业和文旅产业。

首先，依托固原市生态环境资源优势，对标宁夏回族自治区九大产业，因地制宜重点培育肉牛、绿色食品和生态经济产业重点产业。要充分利用自治区建设国家农业绿色发展先行区的政策机遇，着力构建现代肉牛产业体系、生产体系和经营体系；要加快推进绿色食品繁育体系、冷链流通保质贮藏体系、新业态新模式营销体系以及科技创新技术体系建设；要重点培育发展集基地建设、旅游观光、农事体验、苗木供应、产品深加工和林下经济等为一体的生态经济产业链。

其次，依托固原市矿资源优势，抢抓国内产业布局调整机遇，集聚发展各级各类工业园区，推动实施产业兴市和工业强市战略：要聚焦煤炭、化工、纺织服装以及新材料等支柱行业和重点调度企业，全面落实惠企政策，有效降低企业成本，开展全要素和全链条保障服务；要加速推动优势行业的转型，实现传统行业的高端化、智能化和绿色化发展，催生一批生产性服务业企业，加快发展工业互联网和物联网等数字经济新业态，赋能传统产业转型升级，进一步提高优势产业竞争力；要集约集聚发展工业园区，配套完善园区基础设施条件，加快提升产业园区管理服务水平，进一步增强园区集约集聚功能。

最后，引进优质人才，利用人才资源和政策加大科技创新支持力度，提升科技实力，从根本上提升创新资源的竞争力，支持生态产业和工业高质量发展。人才是高质量和高技术工业发展的活力源泉。在东部和中部许多城市已经实施人才引进战略的当下，固原市应更迫切地实施人才战略。要建立一套完善的人才引进体系，以高科技产业为主体，以适应高科技产业发展需要的各种技术及高端人才为主体；要切实满足高素质人才的生活需求，为各类人才创造良好的生活和创业环境，为他们提供更多的发展机遇；要增加教育、科技方面的资金投入，加速对高科技能源以及化工等行业的人才的培养。

（2）生态位扩充战略。在发挥固原市生态环境资源优势的同时也要在生态位扩充战略导向下，重点实施对外开放，拓展生态位宽带，以进一步引进人才推进高质量发展和文旅产业的发展，重点发展电子信息产业以及现代商贸物流产业。

首先，固原市位于宁夏回族自治区内，要在"以开放为本"的大背景下，积极主动地参与到"以开放带动"的工作中来。第一，要以打造"内陆开放大通道"为依托，坚持对内开放与对外开放有机统一，加快推进"内陆开放型"经济体制改革，努力弥补"开放不足"的突出短板，形成"全面开放"的新格局。第二，主动融入"一带一路"建设，拓展对外开放通道，构建对外开放平台，培育对外开放主体。第三，积极推动区域合作，深化与周边县市联动发展，加强与国内重点区域合作，建立东西部"互惠共赢"协作发展机制，主动融入跨省合作，拓展国际互动合作。

其次，固原市应以国家、自治区进一步高度重视发展电子信息产业为契机，紧抓东部电子产品制造组装业西移以及 5G 基站建设、人工智能、工业互联网等新基建机遇，提升企业"数字化、网络化、智能化"发展水平。在现代商贸物流产业方面，要推动现代物流发展壮大，围绕培育发展运输、仓储、配送和信息等于一体的现代物流产业链，加快构建支撑工业、农业、消费及其他行业发展的流通体系，为市域经济社会发展提供强有力的现代物流支撑。

（3）适度补足短板战略。由上面的分析中注意到固原市的重大基础设施不完善，服务水平不高，瓶颈问题突出，应以更好发挥基础设施对经济社会发展支撑作用为切入点，针对存在的突出问题，进一步拓展建设空间，加快完善安全高效、智能绿色和互联互通的现代基础设施网络。

首先，固原市应该完善重大基础设施体系，提高公共服务水平。第一，要完善现代水网体系，坚持量水而行、高效利用，把水资源作为最大的刚性约束，明确水资源开发利用、用水效率和水功能区纳污"三条红线"，严格用水管理。第二，应该完善综合交通体系，提高提升航运能力，加快铁路扩能改造和建设，优化市域干线公路，加大"四好农村路"建设力度，建设综合客货枢纽，加强跨区域大通道建设。第三，应该完善公共安全体系，坚持生命至上以及安全第一，统筹发展和安全，提升自然灾害防治能力，提升安全生产治理能力。

其次，把现代服务业做强做优，推动生活性服务业产业结构的调整和升级，吸引更多的商业综合体和高质量的客商进入，让城市变得更加有活力。与此同时，要加快推动绿色产业的发展，推动健康养老、家政物业等服务消费向高质量和多样化方向发展。

最后，扩大区域交通枢纽地的辐射力，支持现代物流，构建"通道＋枢纽＋网络"的现代物流运行体系，促进现代物流与农业、制造和商贸等之间的衔接与融合。还要加大科技创新力度，促进技术的推广应用，构建出一种绿色环保的物流运作模式，为城市的发展提供更多的保障。

8.3.6　涵养发展型代表城市：石嘴山市

石嘴山市位于宁夏回族自治区西北部，毗邻陕西、甘肃两省，居黄河下游，地处宁夏沿黄经济带和宁夏沿黄生态保护区，是宁夏回族自治区面积最小、人口最少的城市。石嘴山市地理位置独特，东临黄河，南接贺兰山，气候温和，土地肥沃，农业资源丰富。此外，石嘴山市还拥有丰富的煤炭和铁矿等矿产资源，是宁夏回族自治区重要的煤炭基地之一。

根据 5.3 节中各城市 2020 年的计算结果的生态位适宜度排序，石嘴山市综合得分 0.04887，在黄河流域城市中排名第 50。其中，创新资源得分 0.02039，在黄河流域城市中排名第 37；对外开放得分 0.00644，在黄河流域城市中排名第 42；基础设施资源得分 0.08494，在黄河流域城市中排名第 44；生态环境资源得分 0.06116，在黄河流域城市中排名第 47；农业资源得分 0.03497，在黄河流域城市中排名第 48；工业资源得分 0.12985，在黄河流域城市中排名第 49；服务业资源得分 0.00144，在黄河流域城市中排名第 49。根据上述数据，本研究绘制了石嘴山市生态位适宜度雷达图（见图 8-7）。由雷达图看出，石嘴山市生态位综合发展适宜度落后于其他城市，各方面都处于弱势地位。

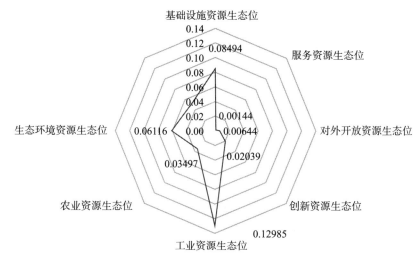

图 8 - 7　石嘴山市生态位适宜度

为了进一步认识石嘴山市优势、劣势、机会和挑战，为下一步提出的建设路线、研究发展重点提供支撑，下面对石嘴山市进行 SWOT 分析。

8.3.6.1　高质量发展的 SWOT 分析

石嘴山市高质量发展 SWOT 分析如表 8 - 6 所示。

表 8 - 6　　　　　　　　　石嘴山市高质量发展 SWOT 分析

涵养发展型	石嘴山市	生态位适宜度得分	0.04887
优势	①区位优势。作为一个内陆城市，石嘴山市地处多个省市交界处，距离重要的煤炭生产中心仅有数百公里，为其煤炭资源的开发提供了得天独厚的条件。此外，石嘴山市交通十分便利，与机场距离仅有 80 公里，多条国家级公路和铁路贯穿全境，为其物流和交通运输提供了非常便利的条件。而且该市还拥有宁夏惠农陆路口岸，实现了海铁联运和异地通关，为其开展对外贸易提供了很大的便利。石嘴山市的区位优势不仅能为其经济发展提供稳定的物质基础，还能为其在区域合作和对外开放中发挥重要作用。在未来的高质量发展中，石嘴山市可以充分利用其独特的区位优势，通过加强与周边省市的合作，实现资源优化配置，提升其经济实力和竞争力 ②资源优势。石嘴山市是国家重要的煤炭生产基地之一，拥有丰富的煤炭资源，是全国煤炭生产的重要枢纽。另外，石嘴山市还拥有其他丰富的矿产资源，包括铁、石灰石、黄土、砂石等，其中铁矿储量居全国前列。这些矿产资源的开采和利用将为石嘴山市的经济发展提供源源不断的动力。除了矿产资源，石嘴山市还拥有丰富的水资源。作为黄河流域的一部分，该市拥有黄河水系的支流，如沙漠河、金沙河等，这些河流年均径流量较大，水质较好，为该市的农业生产和工业用水提供了可靠的保障 ③政策优势。政府近年来大力支持石嘴山市的发展，特别是在高新技术、生态环保和文化旅游等领域。政策支持使石嘴山市发展具有较高的自由度，可以吸引更多投资和人才进入，为高质量发展打下坚实的基础		

续表

劣势	①基础设施不完善，可持续发展滞后。该市的城市规划和建设存在一定问题，城市功能单一，基础设施薄弱。而且该市的经济结构以煤炭、化工和电力为主导，单一的产业结构不仅容易受到市场波动和政策变化的影响，还会使得该市的资源利用效率不高，阻碍之后的可持续发展 ②煤炭企业历史负担重，社会问题突出。长期以来，煤炭行业的发展对环境造成了极大的污染和压力，也造成了如安全生产和就业等社会问题，后期发展应注重环境保护和社会治理 ③科技人才匮乏，科技投入偏低，人才吸引力较低，人才引进和流失的比例失衡
机会	①黄河流域生态保护与高质量发展战略、"一带一路"倡议以及西部大开发战略等都为石嘴山市的发展提供了政策支持 ②丰富的土地资源和独特的旅游资源为石嘴山市产业重心向农业和旅游服务业转移提供强力支持
威胁	①2030年碳达峰、2060年碳中和的愿景目标给依靠煤炭资源发展起来的石嘴山市产业结构转型带来较大的挑战 ②人均收入较低，教育与医疗资源较为匮乏。居民人均可支配收入较少，教育与医疗资源的不足影响了居民的生活质量 ③资源约束，石嘴山市过去的经济发展主要依赖于煤炭资源，而这种资源本身是一种有限的非可再生资源。在这种情况下，煤炭产业可能会受到资源约束的限制，对该市的高质量发展造成困扰

8.3.6.2 总体发展思路

综上所述，石嘴山市的高质量发展路径实施的总体思路为改善民生，加强合作，发掘潜力。首先，解决民生问题，加大当地政府的投资力度，利用该城市的独特旅游资源，发展生态旅游业，实现资源优势向经济优势转变，多方位促进该城市民生的改善。其次，合理利用其他城市资源优势和城市发展的社会影响等因素，可加强与巴彦淖尔市和鄂尔多斯市等的合作，利用这些城市的发展特色来推动自身发展。最后，在生态位特化方面，立足丰富的土地资源，将提高农业资源生态位适宜度作为发展重点，积极发展农业，使农业成为石嘴山市高质量发展的一大重要增长极。

8.3.6.3 路径实施策略

（1）民生改善战略。石嘴山市常住人口数量较少，有着独具特色的景点与历史等旅游资源，为其发展旅游业提供了很好的优势。然而，作为一座资源型城市，石嘴山市面临着第三产业份额低、就业形势严峻的问题。因此，改善民生就必须给予第三产业充分的重视，旅游业更是重中之重。在经济新常态及黄河流域高质量发展战略的大局之下，石嘴山市应利用本市独特的旅游资源，着重发展生态旅游业，将自身拥有的资源优势转化成实实在在的经济优势，推动改善石嘴山市的民生状况。可以从以下几个方面促进石嘴山市旅游业的发展。

第一，立足自身丰富的自然和人文旅游资源，结合其独特的气候与地形地势，打造符合本地特色的旅游产业。例如，可以开发沙漠探险、旅游观光和自然生态游等与石嘴山市自然特色相关的旅游项目。同时，还可以加强文化传承和创新，将石嘴山市丰厚的历史文化资源与旅游业相结合，推出具有独特魅力的文化旅游产品。将自然资源经济化，推动民生的改善，促进高质量发展。

第二，抢抓政策机遇，发展休闲农业和乡村旅游。政府在促进旅游业发展方面推出了一系列的扶持政策，如鼓励发展旅游业，加强旅游基础设施建设等。石嘴山市应积极响应政策，加大投资力度，推动旅游业的快速发展。发展休闲农业和乡村旅游将是石嘴山市旅游业发展很好的突破口，随着城市化进程的加速，人们对自然环境的需求越来越高，这也促进了休闲农业和乡村旅游的发展。石嘴山市拥有得天独厚的自然环境和资源，如黄河流域的美景和民族文化等，这些都为石嘴山市发展休闲农业和乡村旅游提供了得天独厚的优势。通过发展休闲农业和乡村旅游，石嘴山可以吸引更多的游客，同时也有利于农村经济的提升，提高农民的收入和生活水平。石嘴山市应加强自身的品牌建设，提高服务质量和旅游产品的特色，吸引更多的游客前来体验石嘴山市独特的风土人情和文化魅力，从而支持石嘴山市的高质量发展。

第三，挖掘工矿遗产旅游资源，发展工业旅游。随着旅游业的不断发展，挖掘工矿遗产旅游资源，发展工业旅游已成为石嘴山市发展旅游业的重要方向之一。石嘴山市有丰富的工矿资源，包括黄河畔的矿山和重要的能源工业基地等。这些工矿资源是石嘴山市的独特旅游资源，通过挖掘这些资源，可以为游客提供丰富多彩的旅游体验。例如，可以开发矿山景区，提供矿山参观、矿工体验等服务，还可以开设工业博物馆、展览馆等，让游客了解石嘴山市的工业历史和文化。另外，工业旅游是一种新型旅游形式，可以将工业遗产转化为旅游资源，同时也能推动工业文化的保护和传承。石嘴山市拥有丰富的工业遗产资源，发展工业旅游可以为石嘴山市带来新的经济增长点。例如，可以建设工业主题公园和工业观光车等，提供工业游览和体验等服务，吸引更多的游客前来参观和游玩。石嘴山市应加强对工矿遗产的保护和开发，同时也要注重工业文化的传承和推广。通过开发工矿遗产旅游资源和发展工业旅游，提升石嘴山市的旅游形象和知名度，为石嘴山市旅游业的发展注入新的活力。

（2）资源寄生战略。涵养发展型城市在综合生态位适宜度的高质量发展中，会面临着各类资源短缺等问题。为了提升发展效率，可以与别的城市进行一些资源、设施等的互换。石嘴山市应加强与巴彦淖尔市和鄂尔多斯市等的合作，利用这些城市的发展特色来推动自身发展。

石嘴山市与巴彦淖尔市均位于黄河流域，具有重要的生态地位和丰富的自然资源，两者之间存在着资源和产业互补的关系，合作前景广阔。石嘴山市在致力于农业高质量发展方面可以参考后者的成功经验，两地的农业发展存在很多共同点，这为双方合作提供了很好的基础。此外，双方可以在交通和物流等方面加强合作，共同建设高速公路和铁路等交通设施，提高两地的物流效率和运输能力。在资源开发和利用方面加强合作，共同实现资源的合理开发和利用，推动经济的可持续发展。还可以在农业、文化旅游和科技创新等领域加强合作，互相借鉴经验和技术，借助合作实现石嘴山市的高质量发展。

石嘴山市应与周边城市共同发展产业链，形成合作互补的优势。石嘴山市可以与周边城市进行以下合作，首先，与银川市和吴忠市等城市协作，共同发展装备制造、新能源和现代农业等产业，实现资源的共享，减少重复建设，提高产业的整体竞争力。其次，与周边城市建立人才共享机制，通过人才流动促进区域的整体发展。通过开展人才交流、共享培训和人才引进等活动，实现区域间的人才资源共享，提高整个区域的人才水平。另外，与鄂尔多斯等城市共同投资建设交通、水利和通信等基础设施，提高区域间的互联互通。联手推进高速公路、铁路和机场等交通建设，打通区域间的物流和信息流等通道，为区域内的产业协同发展提供有力的支撑。最后，与巴彦淖尔等城市加强文化交流，通过文化的交流互鉴，实现区域文化的繁荣发展。通过举办文化活动、推广地方特色文化产品以及加强文化旅游等，打造区域文化品牌，吸引更多的游客前来参观体验，为区域的经济发展注入新的动力。总之，石嘴山市可以通过加强产业协同发展、促进人才流动、加强基础设施建设和加强文化交流等多种方式，实现与周边城市的优势互补，推动自身的高质量发展。

（3）生态位特化策略。石嘴山市作为综合生态位适宜度整体较低的涵养发展型城市，应采取生态位特化的策略，先实现障碍度相对较低的某种资源生态位适宜度提升，再带动其他资源生态位适宜度提升，最终实现全面高质量发展。在石嘴山市未来发展中，实施生态位特化策略，将提高农业资源生态位适宜度作为发展重点，积极发展特色农业，实现农业的特化。

石嘴山市地处黄河下游，农业资源丰富，应充分发挥自身的农业优势。首先，石嘴山市拥有良好的土地资源，该地区不仅土地肥沃，而且有着丰富的水资源，大多数农作物皆适宜，如玉米、小麦和水稻等。同时，该地区还拥有丰富的果蔬资源，如苹果、葡萄、西瓜和甜瓜等。因此，石嘴山市应通过科技创新和推广现代化种植技术，帮助农民增收。其次，石嘴山市拥有得天独厚的气候条件，地处黄河流域，日照充足，降雨充沛，非常适宜发展特色农业。该地区应积极引进先进的农业生产技术，如节水灌溉和精准施肥等，可以实现高产、优质以及高效的农业生产。最后，石嘴山市还应积极拓展农产品的销售渠道，开拓国内外市场，提高农产品的知名度和竞争力。同时，通过发展农业产业化和规模化经营，降本提效，实现农业的高质量发展。总之，石嘴山市应充分发挥自身的农业资源优势，积极发展农业，推进农业现代化，提高农民的生活质量，促进经济的可持续发展。石嘴山市农业的高质量发展将带动其他方面的高质量发展，从而为全面高质量发展提供强有力的支持。

第9章　结论与展望

9.1　研究结论

从生态学的角度来看，黄河流经区域是一个特殊的自然—经济—社会复合生态系统，其高质量发展受自然资源禀赋、基础设施和经济发展基础等多个生态位因子的制约和限制。本研究基于生态位相关理论，以城市高质量发展为目标，通过构建黄河流域城市高质量发展生态位测度指标体系，从基础设施资源、服务业资源、对外开放资源、创新资源、工业资源、农业资源和生态环境资源七个资源生态位角度评价黄河流域城市高质量发展状况，并在此基础上探索流域城市高质量发展适宜性路径的分类和演化与实施，得到主要研究结论如下。

（1）本研究通过对黄流域 50 个城市高质量发展生态位进行测度分析，证实了城市之间发展的巨大差异和对资源的激烈竞争。在适宜度方面，黄河流域 50 个城市生态适宜度两极分化比较明显，差异化较大，部分城市具有明显的特色，但大部分城市差异化不明显，整体比较落后；在宽度方面，大部分城市各资源生态位的生态位宽度差异较大，两极分化明显，且整体生态位宽度值在不断下降；在时空演化方面，流域整体创新资源生态位波动不大，基础设施、服务业和对外开放三个资源生态位中上游城市波动较大，空间差异较大，上游城市整体较落后；在重叠度方面，七个资源生态位的黄河流域各城市之间的生态位重叠度差异化较大，服务业资源竞争最为激烈，主要原因是其整体发展水平较低；在网络结构方面，流域上游城市基本在边缘地带，与其他城市之间的联系较少，流域整体发展不均衡，大部分以省会城市为中心，向外辐射。

（2）基于测度结果，本研究将黄河流域城市高质量发展适宜性路径分为三大类：引领发展型、特色发展型、涵养发展型。其中，引领发展型包括两类：一是中心性引领型，适宜城市有济南市和西安市等；二是区域性引领型，适宜城市有太原市和济宁市等。特色发展型包括四类：一是农业特色发展型，适宜城市有巴彦淖尔市和德州市等；二是工业特色发展型，适宜城市有鄂尔多斯市和榆林市等；三是服务业特色发展型，适宜城市有兰州市和呼和浩特市等；四是生态功能型，适宜城市有固原市和商洛市等。涵养发展型适宜城市有石嘴山市和乌海市等。根据上述分类结果，对黄河流域城市高质量发展障碍因子进行分析，结果表明，创新是除中心性引领型之外的其他 6 种类型城市高质量发展的首要障碍因子，对外开放是影响所有城市高质量发展的次要障碍因子。

（3）黄河流域城市类型多样，发展基础和资源禀赋不尽相同，其高质量发展的路径和重点也各不相同。从宏观的类别层面，引领发展型城市要充分利用自己的优势，加强在创新等方面的引领作用，集中提升"短板"。特色发展型城市要做大、做强和做精特色行业，形成自身优势发展壁垒，扩充资源生态位数量。涵养发展型城市要改善民生和提高生活水平，积极对外开放，和其他优势城市达成资源寄生关系，实施生态位特化战略，寻找自身的优势发展点。从微观的城市层面，西安作为引领发展型的典型城市，其路径实施的思路为以创新等优势为载体，以自身扩展效应、产业转移等带动效应和经济社会网络的结构效应为纽带，发挥中心城市的引领作用。以生态环境治理为主攻点，补齐短板，提升自身高质量发展。鄂尔多斯市作为特色工业发展型的典型城市，其高质量发展路径实施的思路为发挥工业优势，发掘文旅产业潜力，立足生态保护长远发展，培育农业新增长点。

（4）从整体过程来看，黄河流域城市高质量发展路径演化过程与黄河流域城市高质量发展生态位演变过程是一致的。生态位的高低决定了流域城市应该选择的高质量发展路径，流域城市高质量发展路径与生态位相互匹配地呈阶梯式演化；从演化过程的影响因素来看，不同生态位主导的最优路径演化过程是不同的，基础设施、对外开放、创新资源是影响流域城市高质量发展的核心要素；服务业、工业、农业和生态环境资源是非核心要素。

9.2　不足与展望

在本书的研究和写作过程中，由于黄河流域城市较多，数据搜集难度较大以及现有研究能力等多方面的限制，研究还存在许多不足，还需进一步提升和完善。

（1）在测度黄河流域城市高质量发展生态位的评价指标体系的构建过程中，由于要考虑到数据的获取问题，部分指标数据不全，缺失较多，因此只能找相近指标替代，这可能会导致部分二级指标无法精准反映出一级指标的内涵，对研究结果可能会造成一定程度的影响。

（2）为了避免人为因素对评价结果产生影响，本研究指标选取以定量评价指标为主，数据均来自相关统计年鉴等官方网站，缺乏定性评价指标，具有一定的局限性。另外，尽管选取了具有一定代表性的指标，但仍难以覆盖高质量发展的全部内涵。在今后的研究工作中，评价指标体系的构建可以通过定性和定量相结合的方法进一步优化。

（3）在路径演化方面，本研究对黄河流域高质量发展路径的研究是基于理论层面进行的自组织过程研究，没有考虑政策、文化和经济形势等方面的影响及流域城市间的资源整合和相互促进。所以后续应着力于研究如何通过宏观调控，将黄河流域高质量发展过程中系统的自组织过程与人为设计相结合，从而增强黄河流域高质量发展路径研究的可操作性。

（4）影响黄河流域城市高质量发展的因素很复杂，且相互影响。在把握其空间特征的宏观视角下，未来的研究还应该从微观角度探究影响黄河流域城市高质量发展的因素，探索其驱动机制。

附　　录

本研究中 NK 模型中使用的 MATLAB 程序：

```
city_number = 5000;
yinsu = 7;
sui_data = rand(city_number, yinsu);
orig_data = sui_data;
for i = 1:yinsu
    summ(i) = sum(sui_data(:,i));
end
summ = summ/city_number;
for i = 1:yinsu
for j = 1:city_number
if orig_data(j,i) < summ(i)
            orig_data(j,i) = 0;
else
            orig_data(j,i) = 1;
end
end
end

xlswrite('original_data. xls', sui_data);
xlswrite('sui_data. xls', orig_data);
```

参 考 文 献

［1］ 钞小静，惠康. 中国经济增长质量的测度 ［J］. 数量经济技术经济研究，2009，26（6）：75 – 86.

［2］ 何伟. 中国区域经济发展质量综合评价 ［J］. 中南财经政法大学学报，2013（4）：49 – 56.

［3］ 吴传清，邓明亮. 科技创新、对外开放与长江经济带高质量发展 ［J］. 科技进步与对策，2019，36（3）：33 – 41.

［4］ 肖红叶，李腊生. 我国经济增长质量的实证分析 ［J］. 统计研究，1998（4）：8 – 14.

［5］ 周及真，李凌. 城市创新驱动能力评价指标体系构建——一项基于东部沿海发表性城市的实证研究 ［C］//中国软科学研究会. 第十三届中国软科学学术年会论文集. 江苏省社会科学院无锡分院中共无锡市委党校，上海社会科学院，2017：7.

［6］ 卡玛耶夫. 经济增长的速度与质量 ［M］. 武汉：湖北人民出版社，1983.

［7］ Robert J B. Inequality and Growth in a Panel of Countries ［J］. Journal of Economic Growth，2000，5（1）.

［8］ 西蒙·库兹涅茨. 各国的经济增长 ［M］. 北京：商务印书馆，1999.

［9］ 徐学敏. 发展经济重在质量 ［J］. 财经问题研究，1998（12）：10 – 12.

［10］ 韩士元. 城市经济发展质量探析 ［J］. 天津社会科学，2005（5）：83 – 85.

［11］ 赵大全. 实现经济高质量发展的思考与建议 ［J］. 经济研究参考，2018（1）：7 – 9.

［12］ 杨伟民. 贯彻中央经济工作会议精神　推动高质量发展 ［J］. 宏观经济管理，2018（2）：13 – 17.

［13］ 李变花. 中国经济增长质量研究 ［D］. 长春：吉林大学，2005.

［14］王珺. 以高质量发展推进新时代经济建设［J］. 南方经济，2017
（10）：1 – 2.

［15］张立群. 中国经济发展和民生改善进入高质量时代［J］. 人民论坛，
2017（35）：66 – 67.

［16］任保平，文丰安. 新时代中国高质量发展的判断标准、决定因素与
实现途径［J］. 改革，2018（4）：5 – 16.

［17］朱永明，贾宗雅. 城市经济高质量发展的空间联系及其特征研究：
以中原城市群为例［J］. 生态经济，2022，38（12）：82 – 88.

［18］Sabatini, F. Social Capital and the Quality of Economic Development
［J］. Kyklos, 2008, 61（3）：466 – 499.

［19］Mlachila M, René T, Sampawende J A T. A Quality of Growth Index for
Developing Countries：A Proposal［J］. Social In dicators Research,
2014, 134（2）：675 – 710.

［20］张博雅. 长江经济带高质量发展评价指标体系研究［D］. 合肥：安
徽大学，2019.

［21］王蔚然，梁明俏，苏敏，等. 城市更新驱动经济高质量发展效应研
究［J］. 统计与信息论坛，2022，37（12）：112 – 125.

［22］周艳霞. 中国城市经济增长质量时空演进研究［D］. 广州：华南理
工大学，2017.

［23］胡敏. 高质量发展要有高质量考评［N］. 中国经济时报，2018 – 1 –
18（2）.

［24］王小广. 高质量发展要聚焦做好哪些大事［J］. 人民论坛，2020
（4）：22 – 24.

［25］任保平. 新时代中国经济从高速增长转向高质量发展：理论阐释与
实践取向［J］. 学术月刊，2018，50（3）：66 – 74.

［26］陈明华，谢琳霄，李倩，等. 中部地区高质量发展水平测度与演进
趋势分析［J］. 统计与决策，2022（23）：107 – 111.

［27］Thomas V, Wang Y, Fan X. Measuring Education Inequality：Gini Co-
efficients of Education［R］. 1999.

［28］Barro R J. Quantity and Quality of Economic Growth［R］. Working Pa-
pers Central Bank of Chile, 2002.

［29］宋明顺，张霞，易荣华，等. 经济发展质量评价体系研究及应用
［J］. 经济学家，2015（2）：35 – 43.

［30］潘建成. 通过创新驱动实现高质量发展目标［J］. 现代国企研究，
　　　2018（7）：46 – 47.

［31］任保平，李禹墨. 新时代我国高质量发展评判体系的构建及其转型
　　　路径［J］. 陕西师范大学学报（哲学社会科学版），2018，47（3）：
　　　105 – 113.

［32］徐志向，丁任重. 新时代中国省际经济发展质量的测度、预判与路
　　　径选择［J］. 政治经济学评论，2019，10（1）：172 – 194.

［33］师博. 论现代化经济体系的构建对我国经济高质量发展的助推作
　　　用［J］. 陕西师范大学学报（哲学社会科学版），2018，47（3）：
　　　126 – 132.

［34］程广斌，吴家庆，李莹. 数字经济、绿色技术创新与经济高质量发
　　　展［J］. 统计与决策，2022（23）：11 – 16.

［35］Room G. Social quality of Europe：perspectives on social exclusion［M］.
　　　The social quality of Europe. Kluwer Law International，1997：255 – 62.

［36］Beek，Wolfgang. Social Quality：A Vision for Europe［M］. 1981：1 –
　　　408.

［37］崔岩，黄永亮. 中国社会质量指标指数分析［J］. 国家行政学院学
　　　报，2018（4）：84 – 90.

［38］王群勇，陆凤芝. 环境规制能否助推中国经济高质量发展？：基于省
　　　际面板数据的实证检验［J］. 郑州大学学报（哲学社会科学版），
　　　2018，51（6）：64 – 70.

［39］闫丽洁，赵永江，邱士可，等. 黄河流域高质量发展指标体系构建
　　　与评价：以河南段为例［J］. 地域研究与开发，2022，41（6）：
　　　37 – 43.

［40］李馨. 我国省际区域经济高质量发展的测度与分析：基于30个省份
　　　相关数据［J］. 无锡商业职业技术学院学报，2018，18（5）：20 – 24.

［41］师博，任保平. 策略性竞争、空间效应与中国经济增长收敛性［J］.
　　　经济学动态，2019（2）：47 – 62.

［42］赵敏，夏同水，马宗国. 黄河流域生态保护和农业产业高质量发展
　　　评价研究［J］. 长江流域资源与环境，2022，31（9）：2096 – 2107.

［43］孙静，刘学录，王淑媛，等. 黄河流域甘肃段高质量发展水平演变
　　　及驱动力分析［J］. 国土与自然资源研究，2023（3）：33 – 37.

［44］杨仁发，杨超. 长江经济带高质量发展测度及时空演变［J］. 华中

师范大学学报（自然科学版），2019，53（5）：631－642.

[45] 宋冬林，邱赛男，范欣. 东北地区高质量发展的测度及对策研究 [J]. 学习与探索，2021（1）：111－119.

[46] 陈雯，兰明昊，孙伟，等. 长三角一体化高质量发展：内涵、现状 及对策 [J]. 自然资源学报，2022，37（6）：1403－1412.

[47] 赖敏，余泳泽，刘大勇，等. 制度环境、政府效能与"大众创业万 众创新"：来自跨国经验证据 [J]. 南开经济研究，2018（1）：19－ 33.

[48] 刘瑞. 在中国特色宏观调控范式下完善宏观调控体系研究 [J]. 经 济纵横，2020（11）：77－83.

[49] 王爱民，李子联. 高质量发展评价及推进路径研究——以徐州为例 [J]. 阿坝师范学院学报，2021，38（1）：55－63.

[50] 李子联，王爱民. 江苏高质量发展：测度评价与推进路径 [J]. 江 苏社会科学，2019（1）：247－256.

[51] 徐辉. 面向城市精细化治理的大数据应用探索 [J]. 中国建设信息 化，2019（9）：12－15.

[52] 钞小静，薛志欣. 新时代中国经济高质量发展的理论逻辑与实践机 制 [J]. 西北大学学报（哲学社会科学版），2018，48（6）：12－22.

[53] 王山，刘文斐，刘玉鑫. 长三角区域经济一体化水平测度及驱动 机制——基于高质量发展视角 [J]. 统计研究，2022，39（12）： 104－122.

[54] 刘海霞，王嘉枫. 新时代黄河流域高质量发展的路径探赜 [J]. 华 北水利水电大学学报（社会科学版），2021，37（3）：16－21.

[55] 王文彬，许冉. 城市群视角下黄河流域生态效率时空格局演化及溢 出效应研究 [J]. 生态经济，2021，37（5）：27－33.

[56] 张一萱. 黄河流域环境规制与产业结构升级对绿色发展的影响 [J]. 新西部，2021（Z1）：104－106.

[57] 赵传新. 黄河流域文旅产业高质量发展的路径选择分析 [J]. 经济 管理文摘，2021（12）：7－8.

[58] 黄庆华，时培豪，刘晗. 区域经济高质量发展测度研究：重庆例证 [J]. 重庆社会科学，2019（9）：82－92.

[59] 赵文莉. 基于熵值法的黄河流域区域发展质量评价研究 [J]. 广西 质量监督导报，2021（3）：29－30.

［60］晋晓琴，郭燕燕，黄毅敏．黄河流域制造业高质量发展生态位测度研究［J］．生态经济，2020，36（4）：50－55．

［61］申庆元．黄河流域中心城市高质量发展水平测度分析［J］．人民黄河，2023，45（1）：19－24，40．

［62］王章豹，汪立超，李巧林．生态位理论指导下的高校科技创新策略［J］．合肥工业大学学报（社会科学版），2007（1）：18－23．

［63］陈元．基于生态位理论的高校科技创新能力评价［J］．广东科技，2008（8）：16－18．

［64］王哲，聂飞飞．基于生态位理论的高校科技创新能力分析［J］．经济研究导刊，2010（4）：223－224．

［65］石薛桥，薛文涛．基于生态位理论的中部六省高校科技创新能力评价［J］．经济问题，2020（11）：119－123．

［66］阳镇，刘畅，季与点，等．平台治理视角下高校科技成果转化治理创新［J］．科学学与科学技术管理，2021，42（12）：64－78．

［67］刘则渊，代锦．产业生态化与我国经济的可持续发展道路［J］．自然辩证法研究，1994（12）：38－42．

［68］傅羿芳，朱斌．高科技产业集群持续创新生态体系研究［J］．科学学研究，2004（S1）：128－135．

［69］雷雨嫣，陈关聚，刘启雷．高技术产业创新生态系统的创新生态位适宜度及演化［J］．系统工程，2018，36（2）：103－111．

［70］杨剑钊．高技术产业创新生态系统运行机制及效率研究［D］．哈尔滨：哈尔滨工程大学，2020．

［71］伊辉勇，曾芷墨，杨波．高技术产业创新生态系统生态位适宜度与创新绩效空间关系研究［J］．中国科技论坛，2022（11）：82－92．

［72］黄芳．优化旅游系统的生态学原理［J］．生态经济，2001（11）：19－20．

［73］李淑娟，陈静．基于生态位理论的山东省区域旅游竞合研究［J］．经济地理，2014，34（9）：179－185．

［74］彭莹，严力蛟．基于生态位理论的浙江省旅游城市竞争发展策略［J］．生态学报，2015，35（7）：2195－2205．

［75］孙海燕，孙峰华，吴雪飞，等．基于生态位理论的山东半岛蓝色经济区旅游业竞争力［J］．经济地理，2015，35（5）：198－203．

［76］马勇，童昀．基于生态位理论的长江中游城市群旅游业发展格局判

识及空间体系建构 [J]. 长江流域资源与环境, 2018, 27 (6):
1231 – 1241.

[77] 陈文捷, 闫孝茹. 区域城市旅游生态位测评及发展策略研究——以
珠江—西江经济带为例 [J]. 生态经济, 2019, 35 (9): 145 – 150.

[78] 贺小荣, 彭坤杰. 生态位理论视角下湖南省城市旅游脆弱性评价
[J]. 经济地理, 2021, 41 (4): 174 – 182.

[79] 黄鲁成. 区域技术创新生态系统的制约因子与应变策略 [J]. 科学
学与科学技术管理, 2006 (11): 93 – 97.

[80] 刘洪久, 胡彦蓉, 马卫民. 区域创新生态系统适宜度与经济发展的
关系研究 [J]. 中国管理科学, 2013, 21 (S2): 764 – 770.

[81] 李晓娣, 张小燕, 尹士. 共生视角下我国区域创新生态系统发展观
测: 基于 TOPSIS 生态位评估投影模型的时空特征分析 [J]. 运筹与
管理, 2020, 29 (6): 198 – 209.

[82] 甄美荣, 江晓壮, 杨晶照. 国家级高新区创新生态系统适宜度与经
济绩效测度 [J]. 统计与决策, 2020, 36 (13): 67 – 72.

[83] 黄顺春, 何永保. 区域经济高质量发展评价体系构建: 基于生态系
统的视角 [J]. 财务与金融, 2018 (6): 46 – 51.

[84] 刘和东, 陈洁. 创新系统生态位适宜度与经济高质量发展关系研究
[J]. 科技进步与对策, 2021, 38 (11): 1 – 9.

[85] 郭燕青, 姚远, 徐菁鸿. 基于生态位适宜度的创新生态系统评价模
型 [J]. 统计与决策, 2015 (15): 13 – 16.

[86] 姚远. 生态位视角下新型城镇化适宜度评价研究 [J]. 沈阳工程学
院学报 (社会科学版), 2020, 16 (2): 38 – 46.

[87] 蔡海生, 陈艺, 张学玲. 基于生态位理论的富硒土壤资源开发利用
适宜性评价及分区方法 [J]. 生态学报, 2020, 40 (24): 9208 –
9219.

[88] 王明杰, 余斌, 何永娇, 等. 空间规划视阈下的洱海流域土地利
用多功能适宜性研究 [J]. 中国农业资源与区划, 2020, 41 (3):
220 – 229.

[89] 李菲菲, 耿修林, 袁少茹. 高质量发展背景下新丝绸之路经济带省
域旅游产业竞争力生态位演化研究 [J]. 经济问题探索, 2019 (9):
30 – 40.

[90] 符勇拓. 基于生态位适宜度的江苏海洋产业比较研究 [D]. 南京:

江苏科技大学，2020.

[91] 塞令香，曹章露.基于生态位理论的广东省港口产业发展研究［J］.科技管理研究，2018，38（12）：205 – 209.

[92] 高仓健，梁钦.生态位理论视角下高校社会创业教育的发展策略［J］.石家庄铁道大学学报（社会科学版），2020，14（4）：81 – 86.

[93] 蒲星权.重庆高校市级重点学科生态位适宜度研究［D］.重庆：重庆师范大学，2014.

[94] 解学梅，刘晓杰.区域创新生态系统生态位适宜度评价与预测：基于 2009—2018 中国 30 个省市数据实证研究［J］.科学学研究，2021，39（9）：1706 – 1719.

[95] 唐棠.区域创新生态系统生态位适宜度评价研究［D］.大连：东北财经大学，2017.

[96] 傅建敏.基于生态学的京津冀地区创新适宜度评价研究［D］.北京：北方工业大学，2015.

[97] 王薇，任保平.我国经济增长数量与质量阶段性特征：1978 ~ 2014 年［J］.改革，2015（8）：48 – 58.

[98] 魏敏，李书昊.新常态下中国经济增长质量的评价体系构建与测度［J］.经济学家，2018（4）：19 – 26.

[99] William A L. The Theory of Economic Growth ［M］. Princeton University Press，1955.

[100] Grinnell Jr，Fordyce. Some Variations in the Genus Vanessa（Pyrameis）［J］. Psyche：A Journal of Entomology，1918，25（5）：110 – 115.

[101] Elton C. The Study of Epidemic Diseases among Wild Animals ［J］. Journal of Hygiene，1931，31（4）.

[102] 孙儒泳.理论生态学［M］.北京：科学出版社，1980.

[103] Whittaker，Robert H，Simon A Levin，Richard B Root. Niche，habitat，and ecotope ［J］. The American Naturalist，1973，107（955）：321 – 338.

[104] 李自珍，李文龙，马智慧，等.作物生态位适宜度模型及其在春小麦生长系统中的应用［J］.兰州大学学报（自然科学版），2010，46（02）：45 – 50.

[105] 朱春全.生态位态势理论与扩充假说［J］.生态学报，1997（3）：324 – 332.

［106］ Leibold，M A，Holyoak，M，et al. The Metacommunity Concept：a framework for multi-scale community ecology ［J］. Ecology Leeters，2004，7（7）：601－613.

［107］ Grinnell Jr，F. Some Variations in the Genus Vanessa ［J］. Pyrameis：A Journal of Entomology，1918，25（5）：110－115.

［108］ Elton，C. Notes on a Traverse of Norwegian Lapland in 1930 ［J］. The Geographical Journal，1932，79（1）：44－48.

［109］ Elton，C. The Study of Epidemic Diseases Among Wild Animals ［J］. Epidemiology Infection，1931，31（4）：435－456.

［110］ MacArthur，D M. Current emphasis on the Department of Defense's social and behavioral sciences program ［J］. American Psychologist，1968，23（2）：104.

［111］ MacArthur，R. H. The Theory of the Niche ［J］. Population biology and evolution，1968：159－176.

［112］ Putman R，Wratten S D. Principles of ecology ［M］. Univ of California Press，1984.

［113］ Gause，G F. Experimental Analysis of Vito Volterra's Mathematical Theory of the Struggle for Existence ［J］. Science，1934，79（2036）：16－17.

［114］ 吴颖莹，鲁小珍. 聚宝山郊野公园乔木层优势种群生态位特征 ［J］. 福建林业科技，2016，43（1）：89－93.

［115］ Smith A. An inquiry into the nature and causes of the wealth of nations：Volume One ［M］. London：printed for W. Strahan and T. Cadell，1776.

［116］ 娄伟，李萌，潘家华. 新发展格局下的要素流动与区域合作——以粤港澳大湾区及贵州省为例 ［J］. 中国流通经济，2021，35（8）：40－48.

［117］ M Maneva，D Rizova，et al. On the principles of political economy and taxation ［M］. Cambridge University Press，2015.

［118］ Hesselborn P-O，Ohlin B，Wijkman P M. The international allocation of economic activity ［M］. Springer，1977.

［119］ 周密，王家庭. 雄安新区建设中国第三增长极研究 ［J］. 南开学报（哲学社会科学版），2018，262（2）：19－28.

［120］ 刘晶晶，王静，戴建旺，等. 黄河流域县域尺度生态系统服务供给

和需求核算及时空变异 [J]. 自然资源学报, 2021, 36 (1): 148-161.

[121] 彭高辉, 马建琴. 黄河流域干旱时序分形特征及空间关系研究 [J]. 人民黄河, 2013, 35 (5): 38-40.

[122] 徐龙. 高质量发展背景下黄河流域经济增长与水资源利用关系探讨 [D]. 郑州: 华北水利水电大学, 2020.

[123] 常丹东. 黄河流域水土保持用水研究 [D]. 北京: 北京林业大学, 2006.

[124] 杨永春, 穆焱杰, 张薇. 黄河流域高质量发展的基本条件与核心策略 [J]. 资源科学, 2020, 42 (3): 409-423.

[125] 刘芬. 黄河流域人口空间分异研究 [D]. 郑州: 河南大学, 2008.

[126] 方宏阳. 黄河流域多时空尺度干旱演变规律研究 [D]. 石家庄: 河北工程大学, 2014.

[127] 谢奔一. 航运中心生态位演化研究 [D]. 南京: 武汉理工大学, 2016.

[128] 李菲菲, 耿修林, 袁少茹. 高质量发展背景下新丝绸之路经济带省域旅游产业竞争力生态位演化研究 [J]. 经济问题探索, 2019 (9): 30-40.

[129] 郭妍, 徐向艺. 企业生态位研究综述: 概念、测度及战略运用 [J]. 产业经济评论, 2009, 8 (2): 105-119.

[130] 单汨源, 李果, 陈丹. 基于生态位理论的企业竞争战略研究 [J]. 科学学与科学技术管理, 2006 (3): 159-163.

[131] 张朝辉. 东北国有林区林业产业生态位演化研究 [D]. 大连: 东北林业大学, 2014.

[132] 王新心. 多维生态位理论视角下的大学生村官成长成才研究 [J]. 华中农业大学学报 (社会科学版), 2015 (5): 128-132.

[133] 李香梅. 基于生态位的我国制造业绿色工艺创新路径演化研究 [D]. 哈尔滨: 哈尔滨理工大学, 2014.

[134] 肖长江. 基于生态位的区域建设用地空间配置研究 [D]. 南京: 南京农业大学, 2015.

[135] 李娜. 基于生态位的装备制造业升级路径研究 [D]. 长春: 吉林大学, 2017.

[136] 赵素霞. 高标准农田建设空间适宜性与稳定性评价及其时空布局研

究［D］．郑州：河南理工大学，2018．

[137] 彭文俊．建筑生态位与评价方法研究［D］．武汉：华中科技大学，
2019．

[138] 梁龙，谢斌，李明红，等．基于生态位视角的贵州茶产业发展现状
及问题与对策［J］．贵州农业科学，2020，48（9）：147 – 152．

[139] 谢奔一．航运中心生态位演化研究［D］．武汉：武汉理工大学，2016．

[140] 李菲菲，耿修林，袁少茹．高质量发展背景下新丝绸之路经济带省
域旅游产业竞争力生态位演化研究［J］．经济问题探索，2019
（9）：30 – 40．

[141] 孙丽文，任相伟．基于生态位理论的我国文化创意产业发展评价研
究［J］．北京交通大学学报（社会科学版），2020，19（1）：64 – 76．

[142] 李建春，袁文华，吴美玉，等．城市文化产业生态位测度及空间网
络效应［J］．经济地理，2018，38（8）：116 – 123．

[143] 王慧，胡志华，刘婵娟．"一带一路"倡议下港口生态位的建模与
比较——以上海港和新加坡港为例［J］．中国航海，2020，43（1）：
128 – 133．

[144] 彭芳梅．粤港澳大湾区及周边城市经济空间联系与空间结构——
基于改进引力模型与社会网络分析的实证分析［J］．经济地理，
2017，37（12）：57 – 64．

[145] 周良君，丘庆达，陈强．粤港澳大湾区体育产业　空间关联网络特
征研究——基于引力模型和社会网络分析［J］．广东社会科学，
2021（2）：100 – 108．

[146] 王兆峰，刘庆芳．中国省域旅游效率空间网络结构演化及其影响因
素［J］．地理科学，2021，41（3）：397 – 406．

[147] 秦腾，佟金萍，章恒全．环境约束下中国省际水资源效率空间关联
网络构建及演化因素［J］．中国人口·资源与环境，2020，30
（12）：84 – 94．

[148] 梁红艳．我国五大城市群物流业发展的空间网络结构及其运行效应
［J］．中国流通经济，2019，33（3）：50 – 61．

[149] 新华社．中共中央 国务院印发《黄河流域生态保护和高质量发展
规划纲要》［J］．中华人民共和国国务院公报，2021（30）：15 – 35．

[150] 国务院办公厅．国务院关于印发全国主体功能区规划的通知［Z］．
2011．

[151] 李征. 黄河流域主体功能区划研究 [D]. 郑州：河南大学，2009.

[152] 任保平，付雅梅，杨羽宸. 黄河流域九省区经济高质量发展的评价及路径选择 [J]. 统计与信息论坛，2022，37（1）：89 – 99.

[153] 王佳岐. 基于企业集体智慧的供应链协作系统研究 [D]. 石家庄：燕山大学，2019.

[154] 赵宇楠，程震霞，井润田. 平台组织交互设计及演化机制探究 [J]. 管理科学，2019，32（3）：3 – 15.

[155] Aldana M, Coppersmith S, Kadanoff L P. Boolean dynamics with random couplings [J]. Perspectives and problems in nolinear science：A celebratory Volume in Honor of Lawrence Sirovich, 2003：23 – 89.

[156] 田红娜，李香梅. 基于生态位的制造业绿色工艺创新路径演化 [J]. 中国科技论坛，2015（10）：53 – 56.

[157] 李香梅. 基于生态位的我国制造业绿色工艺创新路径演化研究 [D]. 哈尔滨：哈尔滨理工大学，2014.

[158] 李健，张伟正，吴成霞. 集群式低碳供应链优化路径研究——基于 ISM 模型和 NK 模型 [J]. 干旱区资源与环境，2015，29（1）：1 – 5.

[159] 乔晶. 大都市地区镇村关系重构研究 [D]. 武汉：华中科技大学，2019.

[160] Philip A, Stuart K, José L, et al. The production recipes approach to modeling technological innovation：An application to learning by doing [J]. Journal of Economic Dynamics and Control, 2000, 24（3）.

[161] 汤洪霞，曹吉鸣，邵志国. BIM 情境下综合设施管理组织合作关系提升路径选择 [J]. 系统工程理论与实践，2020，40（9）：2406 – 2417.

[162] 刘刚. 商业模式结构适应性：组件耦合协调分析 [J]. 科技进步与对策，2017，34（5）：14 – 19.

[163] Daniel S, Chartchai L. Mathematical Models for Studying the Value of Cooperational Leadership in Team Replacement [J]. Computational & Mathematical Organization Theory, 2003, 9（1）.

[164] 王宏起，王卓，李玥. 创新生态系统价值创造与获取演化路径研究 [J]. 科学学研究，2021，39（10）：1870 – 1881.

[165] 尹智刚，王延章，倪子建. 基于 Agent 的技术合作创新仿真模型

[J]. 管理评论，2016，28（11）：75 - 84.

[166] Jan W R, Nicolaj S. Patterned Interactions in Complex Systems：Implications for Exploration [J]. Management Science，2007，53（7）.

[167] Pankaj G, Daniel L. Choice Interactions and Business Strategy [J]. Management Science，2008，54（9）.

[168] Esteve A, Ramon C. Open versus Closed Innovation：A Model of Discovery and Divergence [J]. The Academy of Management Review，2010，35（1）.

[169] 王洁. 内蒙古自治区农业空间布局与评价 [J]. 内蒙古科技与经济，2021（1）：5 - 7.

[170] 马瑞. 内蒙古沿黄经济带经济增长态势分析 [J]. 中国市场，2021（18）：47 - 49.

图书在版编目（CIP）数据

生态位视角下黄河流域城市高质量发展适宜性路径研
究/吴玉萍等著 . －－北京：经济科学出版社，2024.4
国家社科基金后期资助项目
ISBN 978 - 7 - 5218 - 5880 - 8

Ⅰ.①生… Ⅱ.①吴… Ⅲ.①黄河流域 - 城市建设 -
研究 Ⅳ.①F299.21

中国国家版本馆 CIP 数据核字（2024）第 094087 号

责任编辑：袁　薇　高　波
责任校对：杨　海
责任印制：邱　天

生态位视角下黄河流域城市高质量发展适宜性路径研究
SHENGTAIWEI SHIJIAO XIA HUANGHE LIUYU CHENGSHI GAOZHILIANG
FAZHAN SHIYIXING LUJING YANJIU

吴玉萍　等著
经济科学出版社出版、发行　新华书店经销
社址：北京市海淀区阜成路甲 28 号　邮编：100142
总编部电话：010 - 88191217　发行部电话：010 - 88191522
网址：www. esp. com. cn
电子邮箱：esp@ esp. com. cn
天猫网店：经济科学出版社旗舰店
网址：http：//jjkxcbs. tmall. com
固安华明印业有限公司印装
710 × 1000　16 开　20 印张　335000 字
2024 年 4 月第 1 版　2024 年 4 月第 1 次印刷
ISBN 978 - 7 - 5218 - 5880 - 8　定价：98.00 元
（图书出现印装问题，本社负责调换。电话：010 - 88191545）
（版权所有　侵权必究　打击盗版　举报热线：010 - 88191661
QQ：2242791300　营销中心电话：010 - 88191537
电子邮箱：dbts@ esp. com. cn）